tecnica del ciclismo

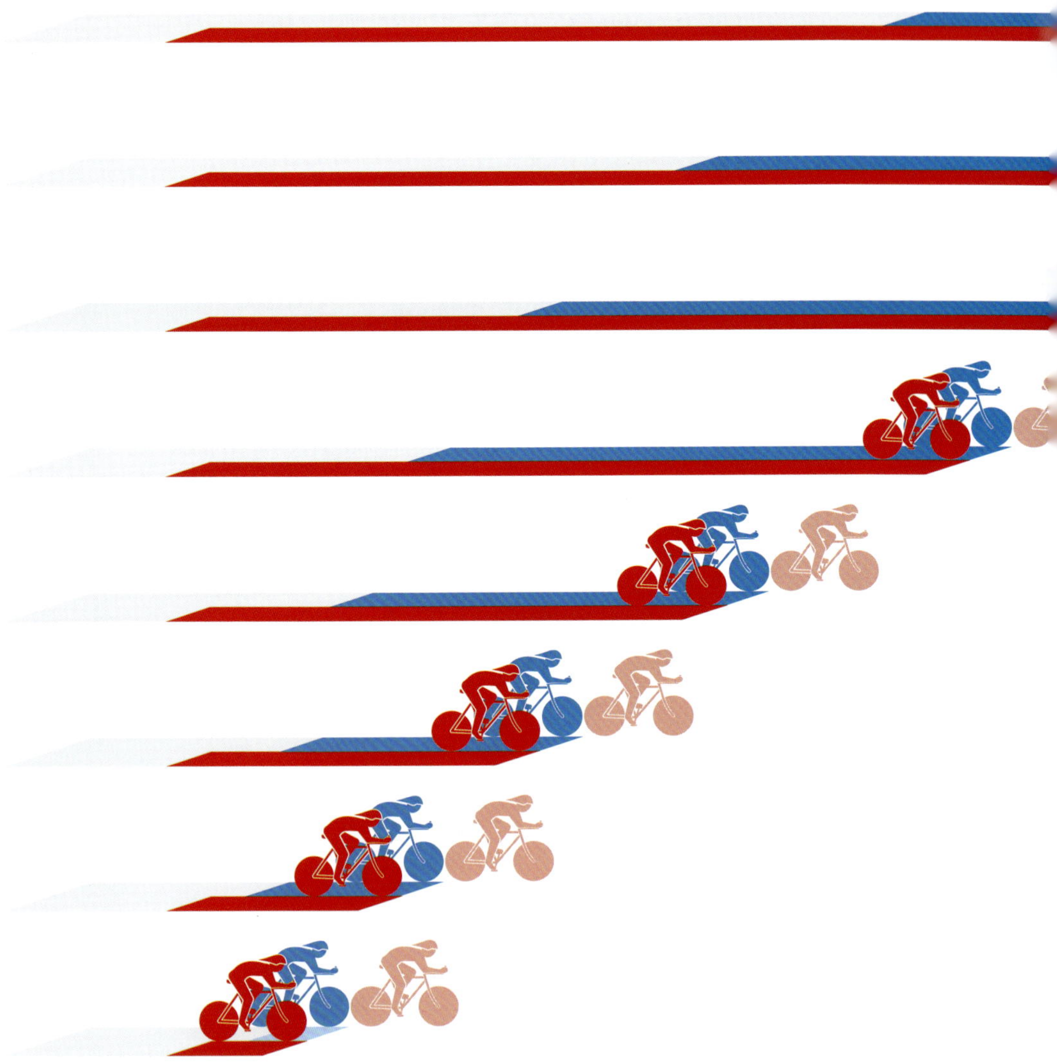

tecnica del ciclismo

MAX GLASKIN

Come l'uomo e la bicicletta lavorano in sintonia

EDIZIONI WHITE STAR

Titolo originale: *Cycling Science*

Pubblicato per la prima volta nel Regno Unito
da Ivy Press un marchio di The Quarto Group

Per l'edizione italiana:

EDIZIONI WHITE STAR

WS Edizioni White Star® è un marchio depositato
e registrato di proprietà di White Star s.r.l.

Piazzale Luigi Cadorna, 6
20123 Milano, Italia
www.whitestar.it

Traduzione ed editing: Iceigeo, Milano (traduzione: Elena Rossi, Metella Paterlini, Valentina Ballardini; redazione: Lara Piffari, Larissa Soffientini, Carlo Batà)

ISBN 978-88-540-3531-7
1 2 3 4 5 6   20 19 18 17

Stampato in Cina

Questo libro è stato ideato, progettato e realizzato da
Ivy Press

Direttore Creativo Peter Bridgewater
Editore Jason Hook
Capo Redattore Tom Kitch
Direttore Artistico James Lawrence
Designer Lisa McCormick
Redattore Jeremy Torr
Redattore Tecnico John King e Sara Hulse
Assistente di Redazione Jamie Pumfrey
Illustrazioni Robert Brandt e Nick Rowland

Sommario

Introduzione

Andare in bicicletta è una delle attività umane più gratificanti, sia che si tratti dei primi tentativi incerti, di una routine quotidiana, di una gita occasionale o della scarica di adrenalina di una gara sportiva di alto livello. Capire la scienza del ciclismo è altrettanto gratificante, perché alimenta passione e divertimento.

La bicicletta rappresenta una nicchia unica al mondo. Rispetta le questioni ambientali, la sostenibilità, la salute e la forma fisica, regalando a milioni di persone la libertà di spostarsi in autonomia. Tutti questi benefici sarebbero solo luoghi comuni, se non fosse che migliaia di scienziati hanno studiato quasi ogni aspetto di questa attività apparentemente semplice. Questo libro riporta i risultati più importanti emersi da queste ricerche; alcuni sono stati raggiunti nel XIX secolo, mentre altri risalgono solo all'ultimo anno.

Ci troveremo a parlare di diversi rami della scienza, perché il ciclismo coinvolge una sorprendente varietà di discipline. Ai principi fondamentali della fisica si deve la magia dell'ingegneria e della tecnologia che ha portato allo sviluppo di biciclette di straordinaria efficienza. Bisogna poi tener conto dei misteri dell'equilibrio, della stabilità e dei meccanismi guida, come pure dei principi fondamentali dell'aerodinamica. Anche il ciclista viene analizzato e messo sotto il microscopio, per scoprire come riesca a compiere il trucco geniale e spesso sottovalutato di andare in bicicletta.

Questo non è un manuale o un corso di addestramento. Ci addentreremo di più rispetto a testi simili, ma forniremo nozioni accessibili a tutti, utili per poter migliorare la propria esperienza, che si usi la bicicletta per andare al lavoro, per svago o per agonismo. Andare in bicicletta vuol dire spostarsi in modo semplice e sfruttare efficacemente la propria energia. Non c'è dubbio: tutti possiamo migliorare il nostro potenziale attraverso la conoscenza tecnica.

Non sempre le scoperte scientifiche sono facili da comprendere, ma qui vi verranno presentate in modo semplice. Le infografiche contenute nelle pagine di *domande e risposte* illustrano i risultati in maniera chiara. Ogni domanda tecnica si rispecchia in un quesito posto da un ciclista. Il testo e gli schemi grafici rispondono a entrambi, in modo complementare.

► ***La scienza dietro il successo.*** *Mentre andare in bicicletta è una semplice attività praticata da più di un miliardo di persone in tutto il mondo, il ciclismo professionistico è uno sport altamente scientifico. Ogni miglioramento tecnologico, dall'efficienza del mezzo e dall'aerodinamica dell'abbigliamento e del casco, fino all'efficacia del programma di allenamento di una squadra, può fare la differenza tra rimanere nel gruppo o vincere il Tour de France.*

sky
LCL
LCL
BANQUE
sky
adidas
IG

Le pagine dedicate all'*attrezzatura* mostrano il modo in cui i componenti fondamentali della bicicletta si sono evoluti a partire dal 1817, l'anno in cui venne inventato il primo veicolo a due ruote dotato di sterzo. Questo fu introdotto come sostituto del cavallo perché il prezzo del foraggio era cresciuto vertiginosamente a causa dei raccolti rovinati dalle nubi e dalle ceneri vulcaniche del Tambora, arrivate in America e in gran parte dell'Europa. Così, eventi oggi pienamente compresi grazie alla scienza furono fondamentali per la nascita della bicicletta.

Va bene spiegare il cosa, il perché, il come e il quando, ma, a parte mettersi in sella, niente può avvicinare più un ciclista al suo sport preferito rispetto a una fotografia ben riuscita. Così la sezione *scienza in azione* mostra come i principi scientifici si applichino alla pratica e allo stesso tempo trasmette l'energia, l'emozione e l'impegno umano dell'andare in bicicletta.

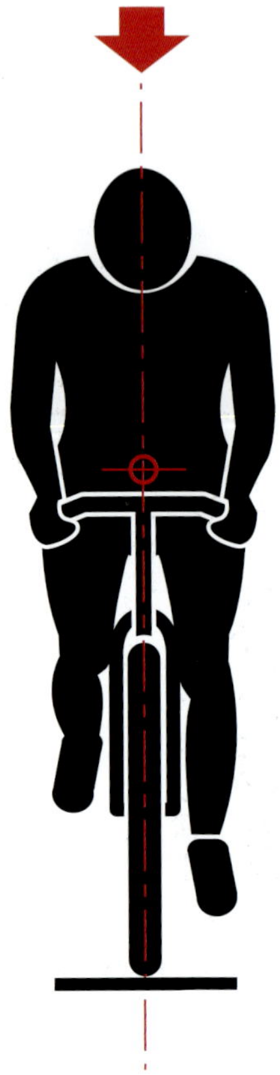

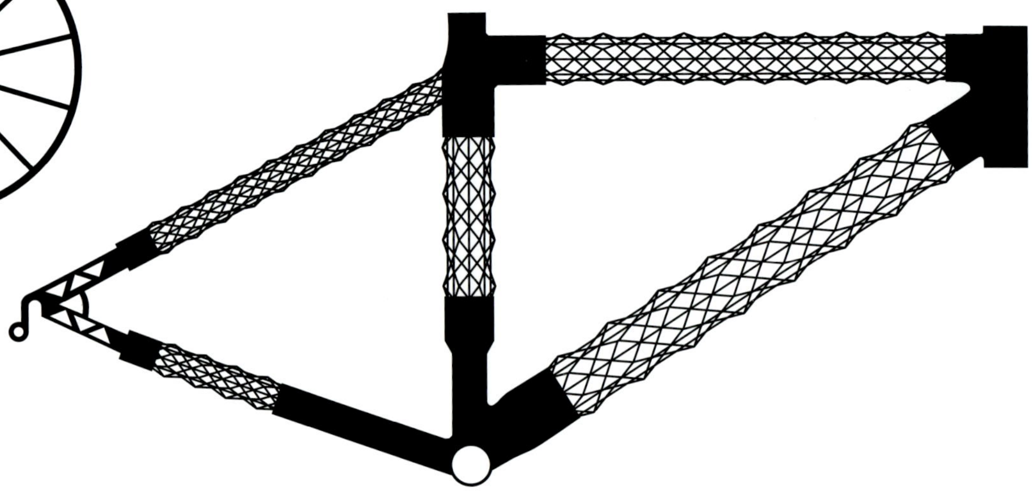

▶ ***Dimostrazioni grafiche*** *Gli schemi e le illustrazioni del libro vi introdurranno alla scienza che si è sviluppata nel corso di duecento anni di ciclismo, dalla fisica delle forze coinvolte mentre si sterza ai vantaggi legati all'aerodinamica, che hanno portato alle più recenti soluzioni per telai e ruote.*

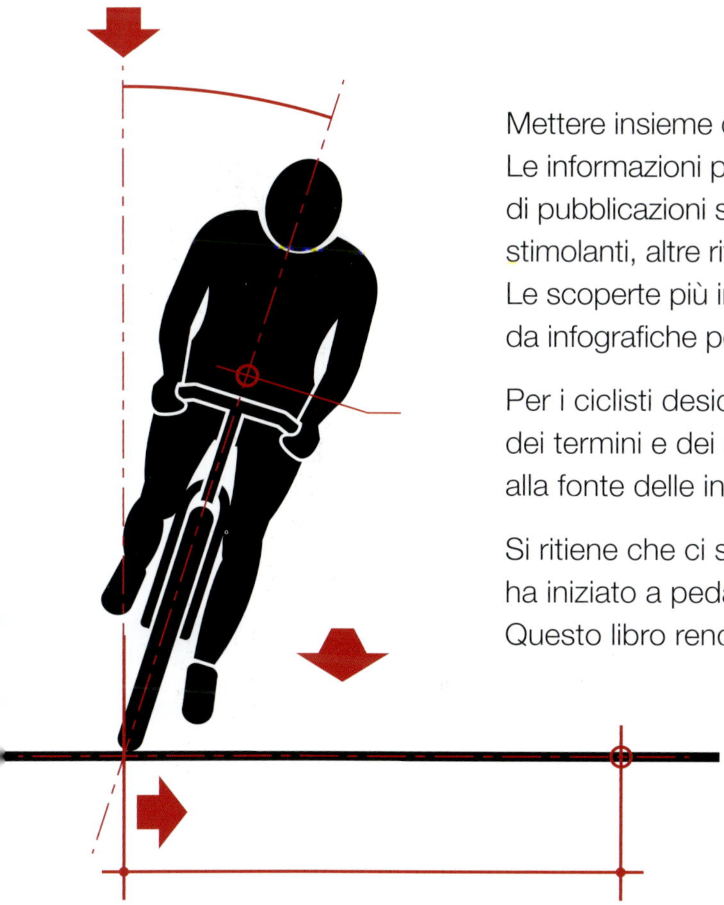

Mettere insieme questa quantità di conoscenze è stata una sfida. Le informazioni presenti in questo libro sono state raccolte da centinaia di pubblicazioni scientifiche, atti di convegni e documenti. Alcune sono state stimolanti, altre rivelatrici, molte erano celate in pubblicazioni accademiche. Le scoperte più interessanti sono state tradotte in parole chiare e corredate da infografiche per poter essere apprezzate da scienziati e da profani.

Per i ciclisti desiderosi di approfondire, l'esauriente glossario definisce molti dei termini e dei concetti citati nel libro. Una ricca lista di note rinvia il lettore alla fonte delle informazioni, per rendere più facile accostarsi alla scienza.

Si ritiene che ci siano 1,2 miliardi di ciclisti al mondo. Ognuno di loro ha iniziato a pedalare per goffi tentativi e ora lo fa con scioltezza. Questo libro renderà ancora più piacevole il loro viaggio.

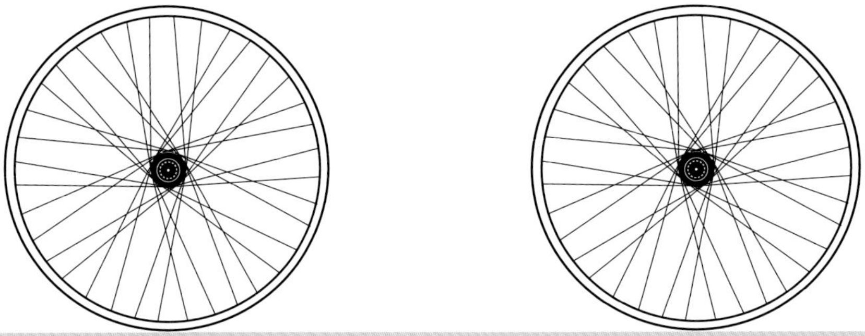

Le leggi e i regolamenti del ciclismo vanno e vengono ma le leggi della natura non cambiano mai, e ciclisti e biciclette devono viaggiare di pari passo con esse. La maggior parte dei principi scientifici basilari rende possibile e facilita l'azione di andare in bicicletta, ma ce n'è almeno uno che al contrario la ostacola. La chiave è usare la scienza e la tecnologia per ridurre al minimo gli svantaggi e massimizzare i benefici, in modo da rendere più facile viaggiare su due ruote. Dev'essere abbastanza facile perché l'interesse per questo mezzo di trasporto sta vivendo un boom, al punto che la vendita di biciclette supera di gran lunga quella di qualsiasi altro veicolo. Andare in bicicletta non è solo un modo molto popolare di spostarsi, ma è diventato una bandiera politica a causa dell'impatto positivo sull'ambiente, sulla società e sull'individuo. Se i leader mondiali di una volta salutavano con autorevolezza dalla scaletta di un jet, ora preferiscono farsi vedere in bicicletta. Questo capitolo tratta di salute, sicurezza, clima e altre questioni fondamentali per l'esistenza umana, tracciando un percorso agevole per il viaggio che ci aspetta.

capitolo uno

nozioni fondamentali

Quali sono le forze in gioco in una bicicletta?

Sulla mia bici agisco da solo?

Ci sono quattro forze esterne con cui ogni ciclista deve fare i conti: gravità, resistenza dell'aria, attrito volvente e attrito radente, oltre a un quinto effetto, l'inerzia. Nessuna di queste può essere annullata del tutto (e non necessariamente è desiderabile farlo), ma è importante capire a cosa ci troviamo di fronte, in modo da minimizzare le conseguenze negative e sfruttare quelle positive.

La gravità è la forza che dà peso alla materia. La Terra attira a sé ogni cosa con un'accelerazione gravitazionale di circa 9,8 m/s^2. In pratica, la gravità rende possibile andare in bicicletta mantenendo il mezzo a terra, ma rende più difficile pedalare in salita. La discesa è resa più facile dalla forza di gravità, ma non vi restituisce tutta l'energia spesa per salire lo stesso pendio.

In genere la resistenza dell'aria lavora contro il ciclista. La gravità del pianeta è abbastanza forte da mantenere una coltre di atmosfera spessa 100 km al di sopra della sua superficie. In sua assenza il ciclista non potrebbe respirare, ma deve vincere continuamente la sua resistenza per avanzare. La stessa forza può essere vantaggiosa se si ha un vento a favore.

L'attrito volvente risulta dal fatto che, quando uno pneumatico viene a contatto con la strada, entrambi si deformano leggermente. Strada e pneumatico non riprendono forma con la stessa energia che li ha deformati, perché una parte di essa viene dispersa in calore, che ha l'effetto di una forza di resistenza.

L'attrito radente aiuta la bicicletta a procedere mantenendo il contatto tra pneumatico e strada. Nel meccanismo di trasmissione della bicicletta – dai pedali alla catena, alle marce e ai mozzi – può assorbire fino al 5% dell'energia di un ciclista.

I ciclisti devono anche vincere l'inerzia, che non è una forza ma una proprietà della materia: è la resistenza a qualsiasi cambiamento nel suo stato di moto. Il moto di una bicicletta non cambia se non ci sono forze che agiscono su di esso.

Inerzia

Il principio di inerzia afferma che un oggetto non cambia il suo stato di quiete o di moto uniforme a meno che non ci sia una forza che agisce per modificarlo. Più grande è la forza, maggiore è la variazione che si avrà nel movimento (in termini di velocità o direzione).
Pendii ripidi, venti forti, gambe muscolose e freni potenti vincono al massimo grado l'inerzia. La massa determina quanto grande sarà l'effetto di una determinata forza: una bicicletta pesante modificherà il suo moto più lentamente di un modello leggero. Allo stesso modo, un ciclista che ha perso peso accelera più rapidamente di quando pesava di più.

inerzia

Forze e inerzia

Gravità

La Terra sottopone bicicletta e ciclista a una forza gravitazionale che, se non fossero sorretti dal suolo, li farebbe accelerare verso il basso a una velocità di circa 9,8 m/s^2. La gravità rende più difficile pedalare in salita ma, in sua assenza, non sarebbe possibile andare in bicicletta; è infatti la stessa forza a tenere il mezzo ancorato al suolo e il ciclista in sella.

Resistenza dell'aria

Un metro cubo di aria secca a 20 °C pesa circa 1,204 kg. Quando il ciclista e l'atmosfera si scontrano frontalmente, parte dell'energia del ciclista viene spesa per respingere l'aria. Se la differenza tra le loro velocità supera i 15 km/h su una strada di pianura, si ha un maggiore dispendio di energia da parte del ciclista.

Attrito radente

L'attrito tra lo pneumatico e la superficie della strada è fondamentale per il moto in avanti. Senza di esso, la ruota girerebbe sul posto, come accade sul ghiaccio. D'altro canto, nel meccanismo di trasmissione della bicicletta, l'attrito disperde energia in calore inutile e rumore.

Attrito volvente

Gli pneumatici della bicicletta si deformano sotto il peso del mezzo e del ciclista quando entrano in contatto con la superficie della strada. Dato che non tornano come prima con la stessa energia con cui si sono deformati, questo cambiamento assorbe una piccola quantità di energia, fornita per la maggior parte dalla spinta sui pedali. Uno pneumatico duro su un terreno soffice è altrettanto soggetto all'attrito volvente, anche se in questo caso è il terreno che si deforma, assorbendo l'energia del ciclista.

attrezzatura: la bicicletta

La bicicletta moderna è il risultato di due secoli di miglioramenti, resi possibili da una crescente comprensione della scienza e della tecnologia. I costruttori e i progettisti di biciclette hanno studiato continuamente nuovi modi per sfruttare materiali già collaudati e per adottarne di nuovi, che integrassero o sostituissero i vecchi. Tuttavia un ciclista della fine del XIX secolo non avrebbe difficoltà a riconoscere una bicicletta odierna perché il disegno del telaio, le ruote, la sella e il manubrio sono rimasti sostanzialmente inalterati. Potrebbe restare sorpreso dalla sella più sottile o divertito dalle 27 marce, ma si sentirebbe sicuramente rassicurato dalla catena e dai raggi, a lui familiari.

In una bicicletta ci sono centinaia di componenti, la maggior parte a vista. Nelle biciclette più tecniche, ognuno di questi svolge un compito meccanico. La parte più importante è senza dubbio il telaio, spesso definito da persone con una conoscenza insufficiente dell'anatomia come il cuore della bicicletta. In realtà il telaio è più simile allo scheletro, che tiene insieme tutto quanto, sostenendo molti dei componenti e il ciclista stesso. Volendo insistere nella metafora, la forcella anteriore potrebbe essere paragonata a un arto, connesso alla serie sterzo.

I componenti principali

Le ruote rendono la bicicletta una macchina capace di trasformare il lavoro del ciclista in moto su suolo, preferibilmente in avanti. Anche un uomo di Neanderthal concorderebbe sul fatto che la ruota è la più grandiosa delle invenzioni umane, e si prenderebbe a calci per non averci pensato per primo. La ruota è stata fondamentale nell'evoluzione umana e la sua applicazione alla bicicletta, allo stesso tempo elegante e minimalista, conferisce al mezzo la sua straordinaria efficienza.

La funzione della sella, di far sedere in modo confortevole il ciclista e permettergli di muovere liberamente le gambe, ha determinato l'aspetto peculiare della bicicletta, riflesso distorto delle parti del corpo che sostiene. La linea del manubrio è varia quanto la sua impugnatura, in quanto il disegno delle manopole è un compromesso tra la necessità di avere un buon controllo del mezzo e la geometria variabile dei movimenti delle braccia del guidatore.

Pedali, pedivelle, guarniture, marce e freni variano nel design e nei dettagli e, con l'evolversi del mercato, delle strategie di marketing e delle tecnologie, continueranno a cambiare. Solo poche delle nuove idee lanciate ogni anno resistono nel tempo. Ciò che non mancherà mai è il telaio, le ruote, la sella e il manubrio. Di tutte le altre centinaia di componenti e di configurazioni, vedremo sopravvivere solo le più funzionali.

◀ ***Variazioni sul tema*** *Le biciclette si presentano in molte varietà, con differenze nel design, nei componenti e nei materiali per ottimizzare l'equilibrio tra funzionalità e costo. Ognuna è un assemblaggio di parti, che possono essere sostituite in base ai desideri del proprietario con accessori prodotti in serie o artigianali.*

Quanto è efficiente la pedalata?

Perché è meno faticoso pedalare che camminare?

Camminare è bello e correndo si va più veloci, ma un ciclista va più lontano, rapidamente e per un tempo maggiore. Andare in bicicletta è il modo più efficiente di usare la propria energia per la propulsione. La bicicletta è una macchina straordinaria, in grado (al suo meglio) di convertire il 98,6% dello sforzo della pedalata in forza motrice, mentre una persona che cammina a passo sostenuto spreca un terzo della sua energia[1].

La velocità media di camminata è di circa 5 km/h[2]. A questa velocità, un essere umano può viaggiare per ore, tuttavia il suo movimento è dispendioso e inefficiente. A ogni passo, il ginocchio della gamba poggiata a terra si piega e si flette, abbassando l'intero corpo per un istante prima di riportarlo all'altezza abituale. Contemporaneamente la spina dorsale si piega di poco, i fianchi ruotano, le braccia oscillano avanti e indietro e il movimento dell'altra gamba si ferma, con un impatto che assorbe energia quando il piede tocca il suolo[3]. In sostanza, se paragonati a una macchina "ideale", siamo efficienti solo al 65% circa. In altre parole, disperdiamo circa un terzo della nostra energia in movimenti diversi dal moto in avanti. Nessun ingegnere sarebbe orgoglioso di un veicolo così inefficiente.

La bicicletta, al contrario, ci obbliga a adottare una postura che massimizza la spesa calorica. Un uomo che cammina a una certa velocità potrebbe viaggiare tre volte più veloce in bicicletta, senza dover aumentare lo sforzo, perché il mezzo a due ruote possiede una straordinaria efficienza[4]. I motivi sono due: il primo è che la bicicletta è configurata in modo da farci usare il nostro corpo con maggiore efficacia; il secondo è che la macchina si comporta come una leva, moltiplicando a ogni pedalata la distanza percorsa dai nostri piedi intorno al movimento centrale e la conseguente distanza percorsa dalle ruote sul suolo.

Efficienza energetica

▼ ***Risparmio di carburante*** *Se un ciclista e un pedone impiegano la stessa quantità di forza, l'efficienza della bicicletta farà sì che il ciclista viaggi tre volte più veloce. Ad andatura media, il pedone impiega una quantità di energia metabolica oltre sei volte maggiore di quella impiegata da un ciclista. Correre richiede quattro volte l'energia del ciclista e, a una velocità normale, un essere umano non regge il confronto.*

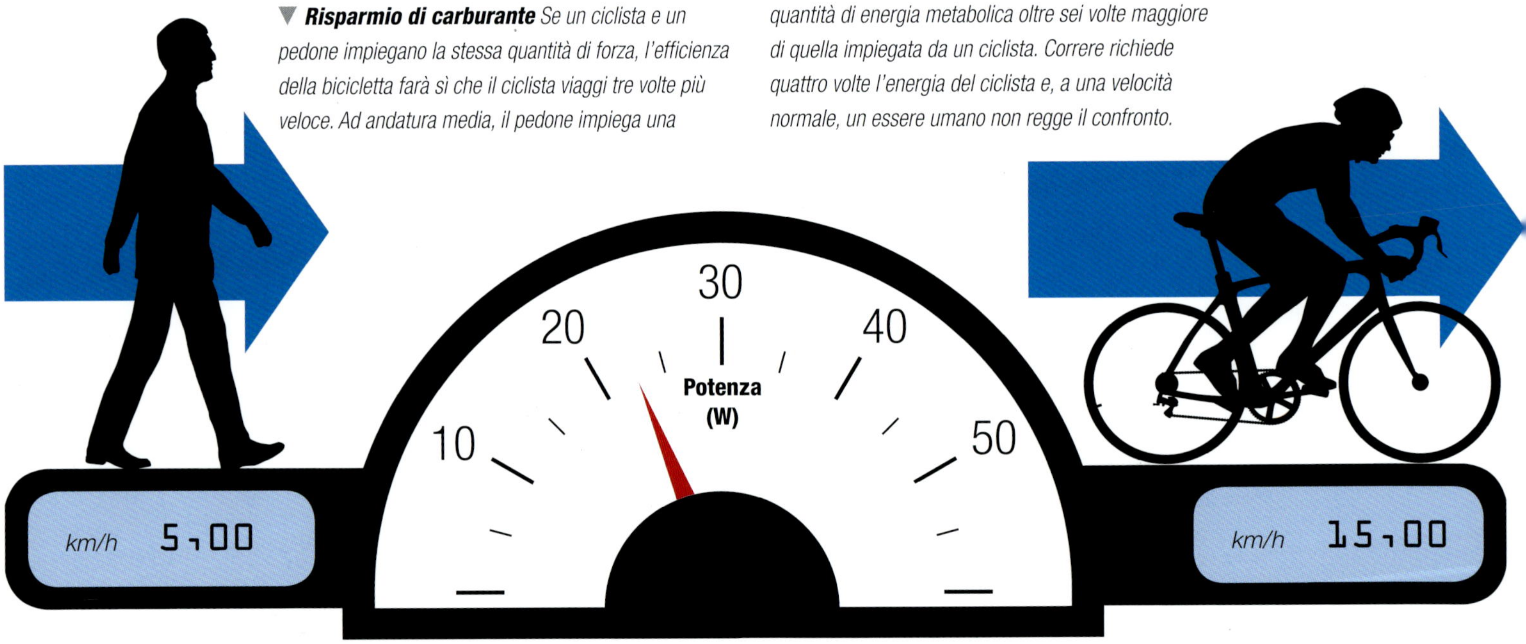

Record di velocità

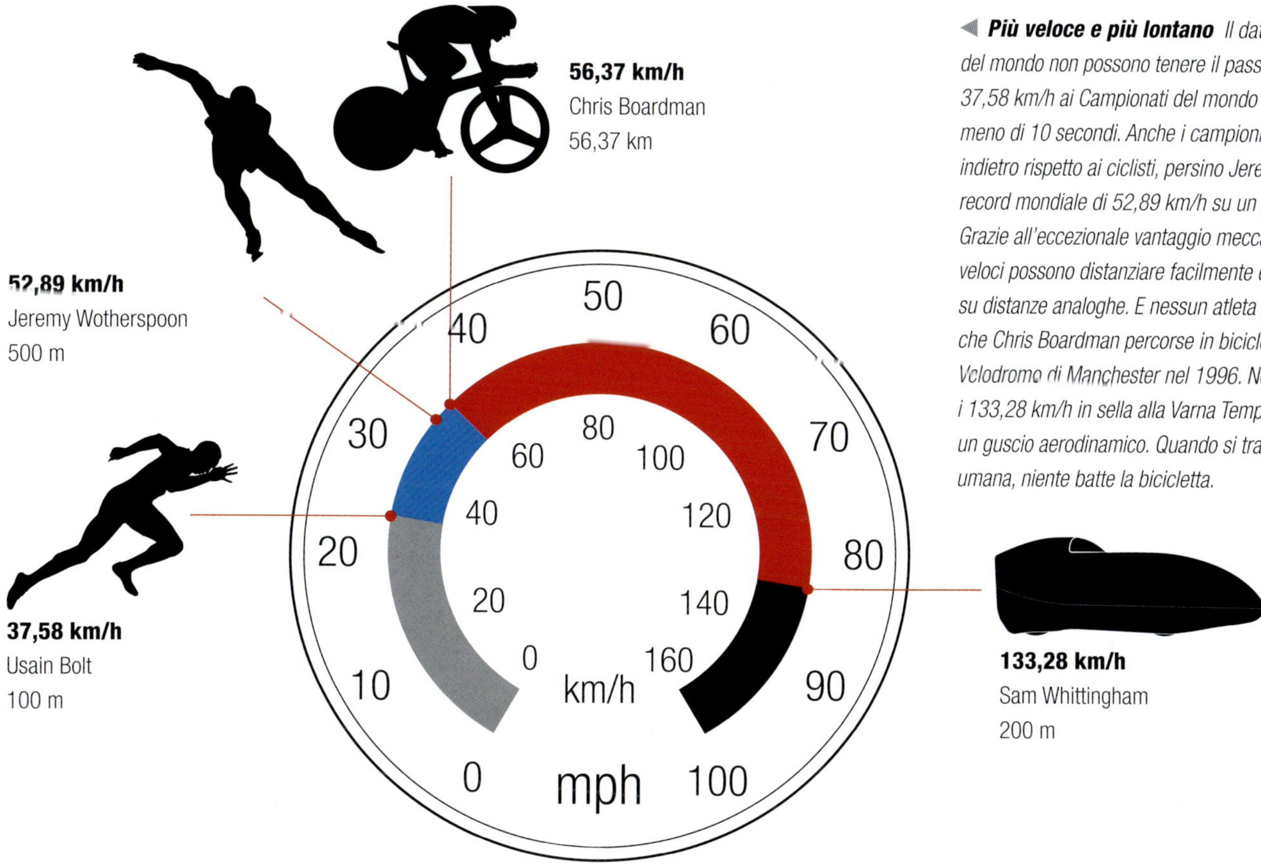

◀ ***Più veloce e più lontano*** *Il dato di fatto è che i corridori più veloci del mondo non possono tenere il passo di un ciclista. Usain Bolt corse a 37,58 km/h ai Campionati del mondo di Berlino, nel 2009, ma lo fece per meno di 10 secondi. Anche i campioni di pattinaggio di velocità restano indietro rispetto ai ciclisti, persino Jeremy Wotherspoon, che stabilì un record mondiale di 52,89 km/h su un percorso di 500 m.*
Grazie all'eccezionale vantaggio meccanico della bicicletta, i ciclisti più veloci possono distanziare facilmente entrambi, raggiungendo i 64 km/h su distanze analoghe. E nessun atleta potrebbe correre per i 56,37 km che Chris Boardman percorse in bicicletta in un'ora sulla pista del Velodromo di Manchester nel 1996. Nel 2009, Sam Whittingham raggiunse i 133,28 km/h in sella alla Varna Tempest, una bicicletta reclinata, chiusa in un guscio aerodinamico. Quando si tratta di spostarsi sfruttando l'energia umana, niente batte la bicicletta.

Potenza dei pedali

▶ ***Rapporto ruota/pedivella*** *Come una leva, il pedale fornisce un vantaggio meccanico che, nella sua forma più semplice, può essere calcolato come il rapporto tra il raggio della ruota e la lunghezza della pedivella. Come esempio indicativo, un velocipede a trasmissione diretta, con una ruota dal raggio di 75 cm e pedivelle da 15 cm, amplifica la distanza percorsa secondo il rapporto 75/15 = 5.*
Con un giro di pedali, cioè, la ruota percorre 471,25 cm lungo il suolo, una distanza cinque volte maggiore ai 94,25 cm percorsi dal ciclista di epoca vittoriana. La vera magia delle biciclette moderne sono le marce, che permettono al ciclista di scegliere volta per volta il rapporto migliore.

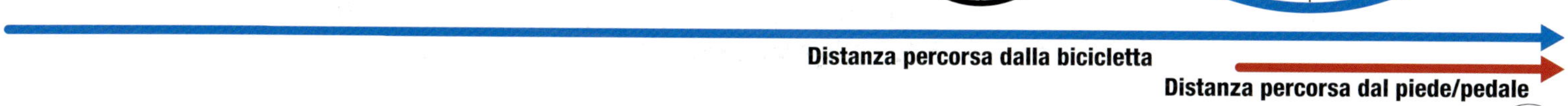

Qual è il design più efficiente?

Che tipo di bicicletta devo scegliere?

Anche se la maggior parte delle biciclette presenta lo stesso design di base, ne esistono diverse varianti, ognuna con un differente livello di efficienza. Quasi tutte hanno pedali, catena, freni, sella e manubrio; molte hanno le marce. Queste sono le basi comuni, ma la bicicletta, come tutte le entità adattabili, si è evoluta in vari modelli, ognuno ideale a una particolare nicchia.

Alcuni design sono stati studiati per fornire le migliori prestazioni in un singolo settore. Una bicicletta da pista, che ha un telaio rigido e non ha freni, può non essere particolarmente comoda, ma permette al ciclista di raggiungere velocità molto elevate in un velodromo. Una mountain bike ha delle sospensioni che attutiscono l'impatto con un terreno roccioso, ma è massiccia e le gomme pesanti impediscono di battere i record di velocità. Un ibrido può trovarsi bene sia in città che sui sentieri. La chiave per scegliere il mezzo adatto è identificare l'area di efficienza che vi interessa. Questa decisione detterà la scelta di ruote e telaio.

La stragrande maggioranza dei telai si basa sulla forma preferita dagli ingegneri: il triangolo. È la figura geometrica bidimensionale più forte, e per questo motivo la parte principale del telaio è un triangolo o gli si avvicina molto. Certo, il tubo superiore può non essere orizzontale e una piccola sezione del tubo sterzo può avere un quarto lato più lungo di pochi centimetri, ma i designer cercano di avvicinarsi il più possibile al triangolo perché è la struttura più stabile e rigida per una determinata massa di materiale. In un triangolo, i tre tubi fissi condividono tra loro la trasmissione delle forze quando sono sottoposti a pressione o a trazione. Il triangolo si può deformare solo modificando la lunghezza di uno dei suoi lati o spezzandolo.

Varianti di questo principio del triangolo si possono trovare in tutti i tipi di biciclette e giocano un ruolo chiave nei requisiti di potenza e comodità di ogni modello. La scienza del telaio a triangolo è spiegata in modo più approfondito alle pagine 48-49.

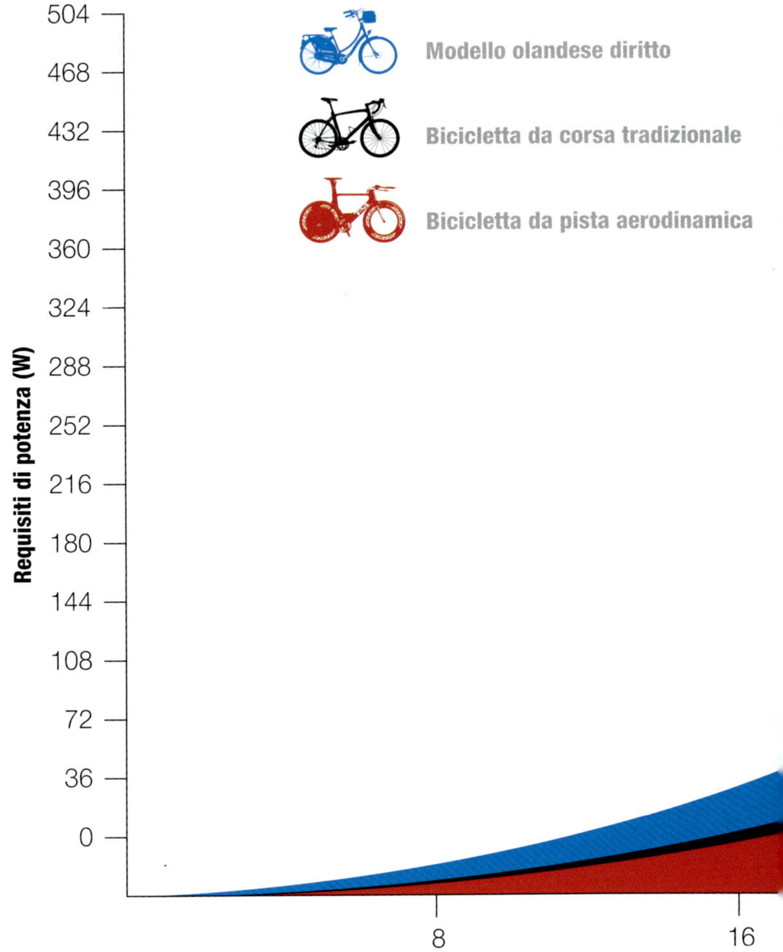

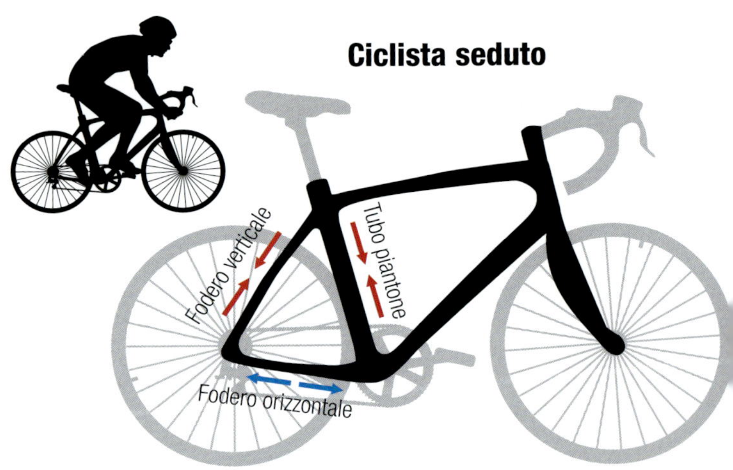

Telaio e potenza

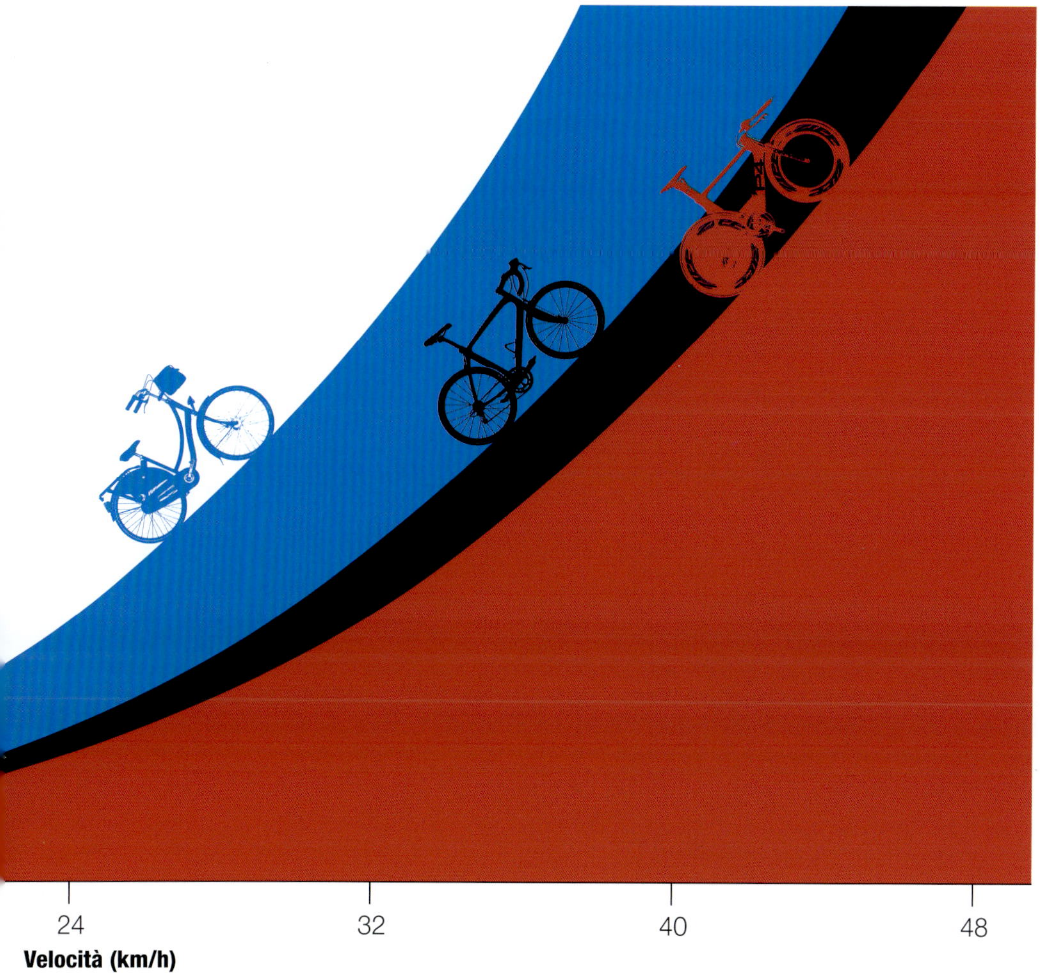

◀ ***Requisiti di potenza*** *Questo grafico mostra come l'efficienza dei diversi tipi di bicicletta aumenta all'estremità della curva della velocità [4]. A una velocità inferiore a 10 km/h, il modello olandese diritto richiede al ciclista solo una piccola spinta supplementare sui pedali rispetto a quella richiesta dalla più snella bici da corsa. Appena il ciclista si impegna seriamente, tuttavia, l'efficienza della prima bicicletta crolla mentre la bici da corsa comincia a dare quello per cui è stata creata: la velocità. Per risparmiare energia a una certa velocità, bisogna sacrificare comodità e capacità di carico [5].*

◀ ▶ ***Il potere dei triangoli*** *Il telaio triangolare eccelle nella trasmissione di forze senza distorsione. Quando un ciclista siede sulla sella (a sinistra), i due lati adiacenti (il tubo orizzontale e il tubo piantone) dividono il carico mentre il lato opposto (fodero orizzontale) è sottoposto a tensione. Quando il ciclista si solleva sulla sella (a destra), il tubo obliquo e il tubo piantone sono in tensione (e il movimento centrale supporta il loro peso tramite i pedali), mentre il tubo orizzontale è compresso e impedisce al mezzo di spezzarsi al centro.*

scienza in azione

la conservazione dell'energia

L'energia non può essere creata né distrutta: questo è uno dei principi fondamentali della fisica e trova dimostrazione ogni volta che si va in bicicletta. I nutrienti presenti nei cibi e nelle bevande che consumiamo vengono metabolizzati per nutrire l'organismo e fornire energia al mezzo. I ciclisti convertono l'energia chimica dei cibi e delle bevande in energia meccanica per spingersi in avanti. Nello stesso tempo avvengono altre conversioni, meno utili al ciclista: sono quelle che gli fanno sentire caldo, che spostano l'aria intorno a lui e che producono rumore dalla catena e dagli pneumatici a contatto con il suolo. Se fosse possibile misurare e sommare tutti i tipi di energia in uscita, avremmo l'equivalente dell'energia immagazzinata, e poi consumata e spesa, nel corso del viaggio. L'energia totale introdotta dal ciclista è stata convertita, ma niente è andato perduto.

Purtroppo, è molto difficile dimostrarlo in modo empirico perché ciclista e bicicletta non costituiscono per la fisica un sistema isolato. Ci sono altri impatti energetici che non possono essere esclusi, per esempio le raffiche di vento, le asperità della strada e ciò che il ciclista ha mangiato per cena la sera prima. Ci sono anche altri fattori difficilmente quantificabili, come la crescita delle unghie e i battiti delle palpebre. Tuttavia la legge della conservazione dell'energia si dimostra veritiera: l'energia può essere convertita da una forma a un'altra, ma nel suo complesso non può essere creata né distrutta.

Juan Manuel Gárate (foto a destra) fu il primo a tagliare il traguardo sul Mont Ventoux durante la 20ª tappa del Tour de France del 2009. La vetta della famosa montagna è alta 1912 m, quindi, dato che Gárate era partito da Montélimar, a soli 100 m sul livello del mare, e stimando il peso uomo-bicicletta in 72 kg, il ciclista dovrebbe aver convertito con successo circa 300 calorie di energia fisiologica in potenziale di energia gravitazionale. Se fosse ridisceso a ruota libera, gran parte di questa energia sarebbe stata convertita in energia cinetica.

► ***Rifornimento*** *I ciclisti esauriscono le energie convertendo le proprie risorse in energia cinetica necessaria per far avanzare il mezzo. Dopo aver speso l'energia metabolizzata dai nutrienti di cibo e bevande, devono fare rifornimento per proseguire. L'acqua non contiene calorie ma senza di essa il metabolismo, i muscoli e l'intero organismo cesserebbero di funzionare.*

LCI
Azpiru
Rabobank
GIANT

Che rapporto c'è tra forma della bicicletta e genere?

Perché le biciclette da uomo e da donna sono diverse?

Probabilmente avrete notato che uomini e donne sono diversi. Così pure le rispettive biciclette: le differenze fisiologiche fanno sì che molti modelli siano configurati in modo differente per i due sessi. I principali cambiamenti nel design sono nelle dimensioni del telaio e nei dettagli che riguardano i principali punti di contatto: manubrio e sella.

Storicamente, le bici da donna non presentavano il tubo orizzontale, lasciando il telaio "aperto". Questo permetteva alle donne di salire senza dover sollevare una gamba ed esporre la caviglia; inoltre era più facile sistemare le gonne lunghe. Il fatto che molte bici da donna siano ancora disegnate così è dovuto più alla convenzione che alla scienza. Questa struttura aperta non offre la stessa stabilità di un triangolo chiuso, così in genere viene rinforzata aggiungendo dei tubi extra, con lo svantaggio di aggiungere peso. Un modello ibrido senza tubo orizzontale può pesare 200 g di più di uno con telaio a triangolo chiuso.

Oggi, tuttavia, le maggiori differenze nelle biciclette da donna riguardano le dimensioni e la geometria. Le donne, in media, sono il 15% più leggere e l'8% più basse degli uomini. Dato che una delle funzioni principali del telaio è di far sedere il ciclista in una posizione stabile e confortevole tra le ruote, mentre pedala al massimo dell'efficienza, è chiaro che i telai da donna dovrebbero non solo essere più piccoli ma avere anche proporzioni diverse. Il primo accorgimento è quello di avvicinare la sella e il manubrio per ridurre il grado di allungamento della schiena e delle braccia richiesto a una donna. Una barra del manubrio più stretta si adatta meglio alla larghezza ridotta delle spalle femminili, spesso con una portata minore. Le mani più minute di una donna richiedono comandi per il cambio e leve dei freni più piccoli, situati più vicino alla barra. Anche un altro punto di contatto, la sella, dovrebbe essere differente da quella progettata per un uomo. Dev'essere più larga per sostenere le ossa del bacino e avere una punta più corta per evitare fastidiose pressioni sui tessuti molli.

La scienza della sella

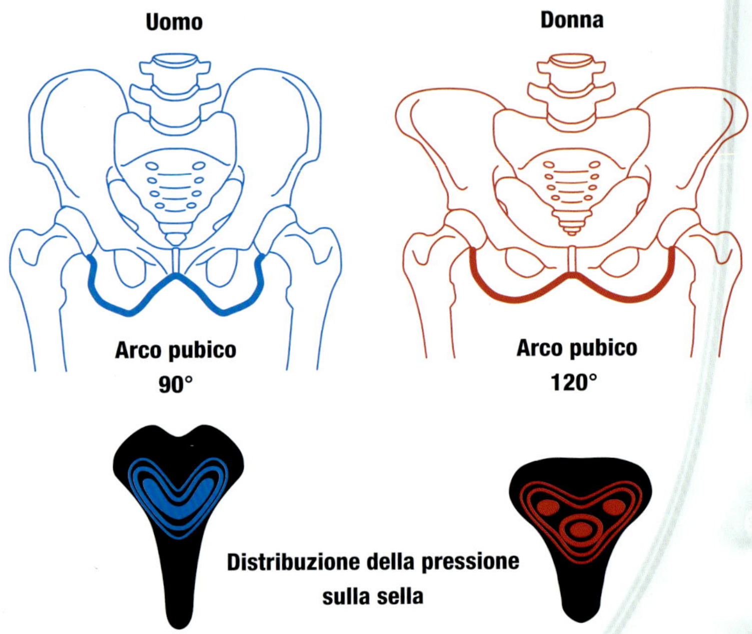

▲ ***La principale differenza*** *Il muscolo grande gluteo copre le ossa del bacino finché una persona non si siede; dopodiché lascia la parte chiamata tuberosità ischiatica a sorreggere senza protezione il peso del ciclista. È compito della sella sostenerla in modo confortevole. Gli uomini non partoriscono, quindi questi rigonfiamenti dell'osso iliaco sono ridotti rispetto a quelli delle donne, e le selle sono progettate di conseguenza.*

Anatomia del ciclista

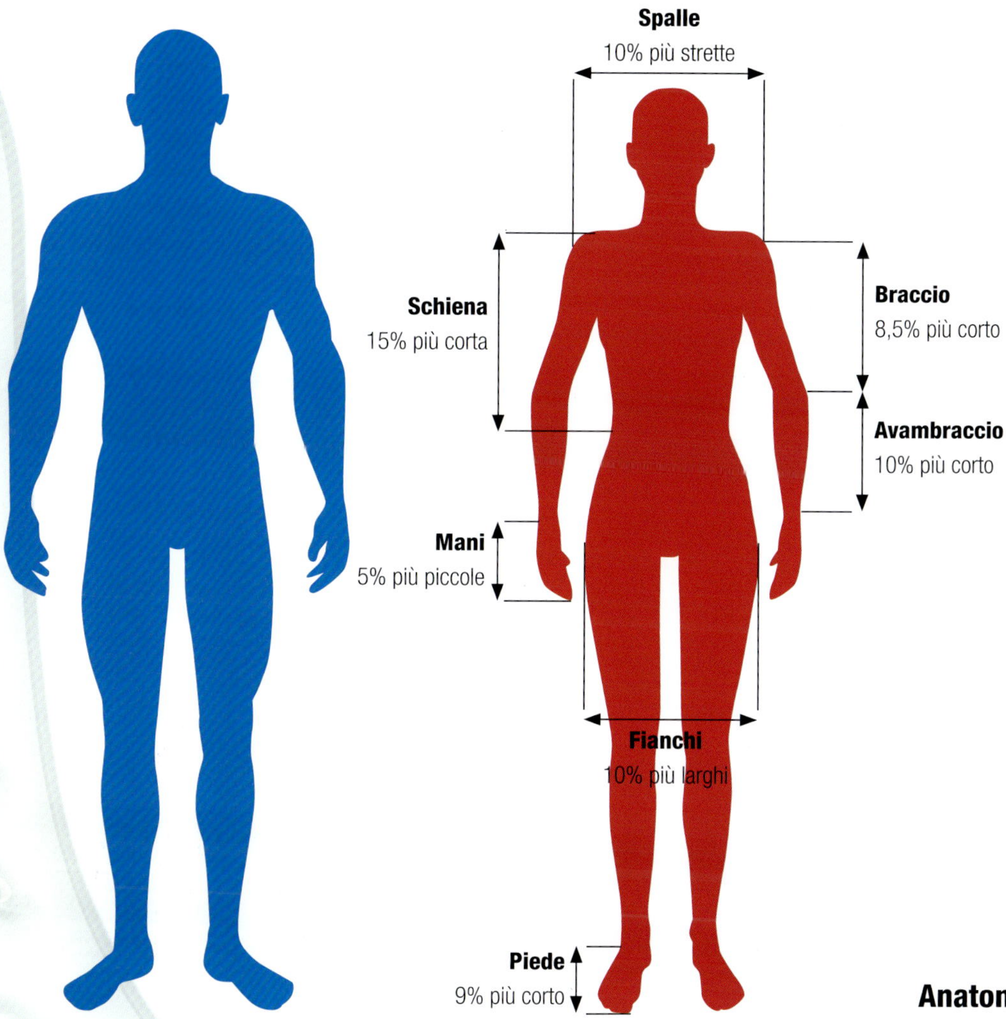

◀ ***Dati a confronto*** *Le ricerche hanno dimostrato che il peso medio di un uomo di 20 anni o più è circa 88,3 kg, mentre per la donna la media è di 74,7 kg. L'altezza media di un uomo è di 176 cm, per la donna di 162* [6]*. Se questi semplici dati sembrano suggerire che le donne necessitino di biciclette più piccole e più leggere di quelle da uomo, otteniamo altri dati più rilevanti confrontando l'anatomia segmento per segmento. Lo scheletro femminile si sviluppa più precocemente di quello maschile e raggiunge la maturità intorno ai 18 anni. Lo scheletro maschile continua a crescere e raggiunge la maturità circa tre anni dopo, quindi la struttura tende a essere più grande e gli arti più lunghi e robusti. La bicicletta dà il suo meglio quando è calibrata su misura per il fisico del ciclista, quindi i modelli studiati appositamente per uomini e donne non sono una trovata di marketing ma rendono più confortevole ed efficiente l'andare in bicicletta.*

Anatomia della bicicletta

▶ ***Telai a confronto*** *La differenza principale tra un telaio da uomo e uno da donna è la distanza tra sella e manubrio. Nel progettare un telaio da donna, accorciare semplicemente il tubo orizzontale potrebbe avere effetti indesiderati: per esempio, rendendo generalmente lo sterzo più sensibile. L'inconveniente può essere evitato riducendo l'angolazione del tubo sterzo, attraverso il quale il tubo forcella collega la forcella all'attacco del manubrio. Presumendo che la geometria della forcella non sia stata cambiata, in questo modo si sposta in avanti l'asse anteriore, ripristinando la distanza tra le due ruote.*

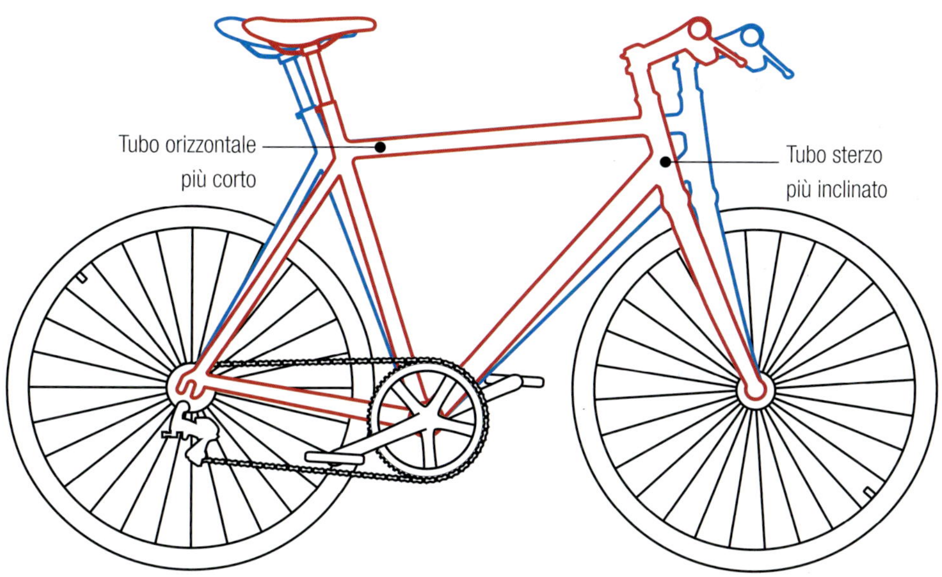

Qual è l'impatto della bicicletta sull'ambiente? Le biciclette salveranno il pianeta?

La scienza conferma la percezione che la bicicletta abbia un basso impatto ambientale, rispetto ad altri mezzi di trasporto. Per ogni 1000 dollari spesi dai produttori di biciclette, vengono generati circa 907 kg di gas a effetto serra[7]. È vero che è il 45% in più di quanto produce l'industria automobilistica, ma con 1000 dollari si producono molte più biciclette che auto. Quindi, a veicolo, la loro produzione è molto più pulita di quella delle auto.

Anche quando viene messa su strada, la bicicletta è più ecosostenibile. L'energia consumata da un automobilista per un viaggio è almeno 42 volte quella consumata da un ciclista; un utente di autobus ne utilizza 34 volte tanto e un passeggero di un treno 27. Il ciclista occupa meno spazio di tutti, tranne che dei passeggeri di treni o dei pedoni. Per i viaggi fino a 10 km, la bicicletta è sicuramente migliore sia per il pianeta che per il viaggiatore. In termini di durata, le analisi del MIT (Massachusetts Institute of Technology) mostrano che la bicicletta, paragonata agli altri mezzi, consuma nel corso della sua "vita" il minimo di energia per passeggero/chilometro[8]. Se si aumenta la distanza annua percorsa, l'analisi sul ciclo vitale della bicicletta fa emergere ulteriormente i meriti ecologici di questo mezzo di trasporto. E c'è anche un altro elemento: l'inquinamento acustico. Esiste forse un veicolo più silenzioso della bicicletta?

Va bene confrontare la bicicletta con altri mezzi di trasporto, ma non c'è dubbio che anche i ciclisti utilizzino parte delle risorse della Terra per pedalare, sotto forma di cibo. La produzione e il trasporto di risorse alimentari generano anidride carbonica e altri gas a effetto serra, il cui peso totale viene usato per valutare l'impatto sul pianeta. Un ciclista che viaggi per 1,6 km e sfrutti circa 50 calorie provenienti da banane sarebbe responsabile della creazione di 65 g di gas a effetto serra. Se invece le calorie provenissero da cereali e latte, la ricaduta aumenterebbe a 90 g di gas a effetto serra. Se queste cifre vi sembrano difficili da digerire, considerate che l'impatto di un'alimentazione a base di cheeseburger è di 260 g di gas a effetto serra[9].

Vantaggi negli spostamenti in città

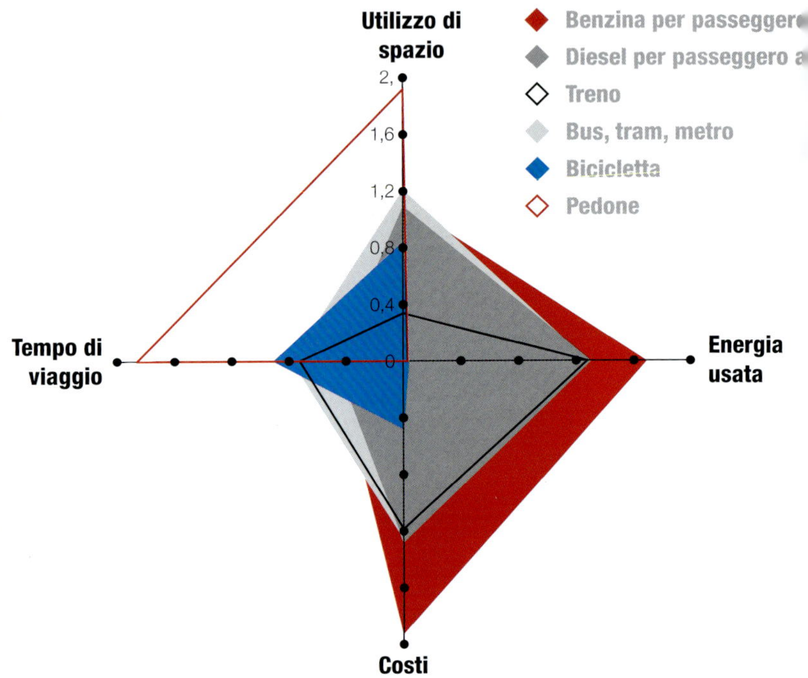

▲ ***Più economica, più sostenibile*** *Alcuni ricercatori olandesi hanno preso in considerazione quattro elementi relativi agli spostamenti urbani da 2,5 a 5 km. Maggiore è la distanza dal centro del grafico, peggiore è il punteggio. I dati riguardanti l'utilizzo di spazio sono stati calcolati dividendo l'area occupata dalle infrastrutture per la distanza percorsa in un anno. I costi si riferiscono solo al singolo viaggiatore, non alle infrastrutture. La bicicletta è solo marginalmente più lenta rispetto ai mezzi a motore presi in considerazione, ma è notevolmente più economica e meno dispendiosa in termini di energia[10].*

▶ ***Emissioni di gas a effetto serra nell'arco della vita*** *Per ogni chilometro percorso in bicicletta nel corso della sua vita, un ciclista utilizza l'equivalente di 126 calorie (527 kJ) provenienti dalle risorse della Terra. Il mezzo che si avvicina di più a questo consumo è un autobus all'ora di punta, che ne utilizza più di tre volte tanto. Questo si traduce anche in un aumento delle emissioni di gas a effetto serra. Una bicicletta produce poco più di 20 kg di gas a effetto serra per ogni chilometro percorso nell'arco della sua "vita". In media, un treno è circa cinque volte più inquinante, un autobus quasi 10 volte, un'auto 11 volte, un SUV 13 volte e un furgone 18 volte[11].*

Emissioni di gas a effetto serra

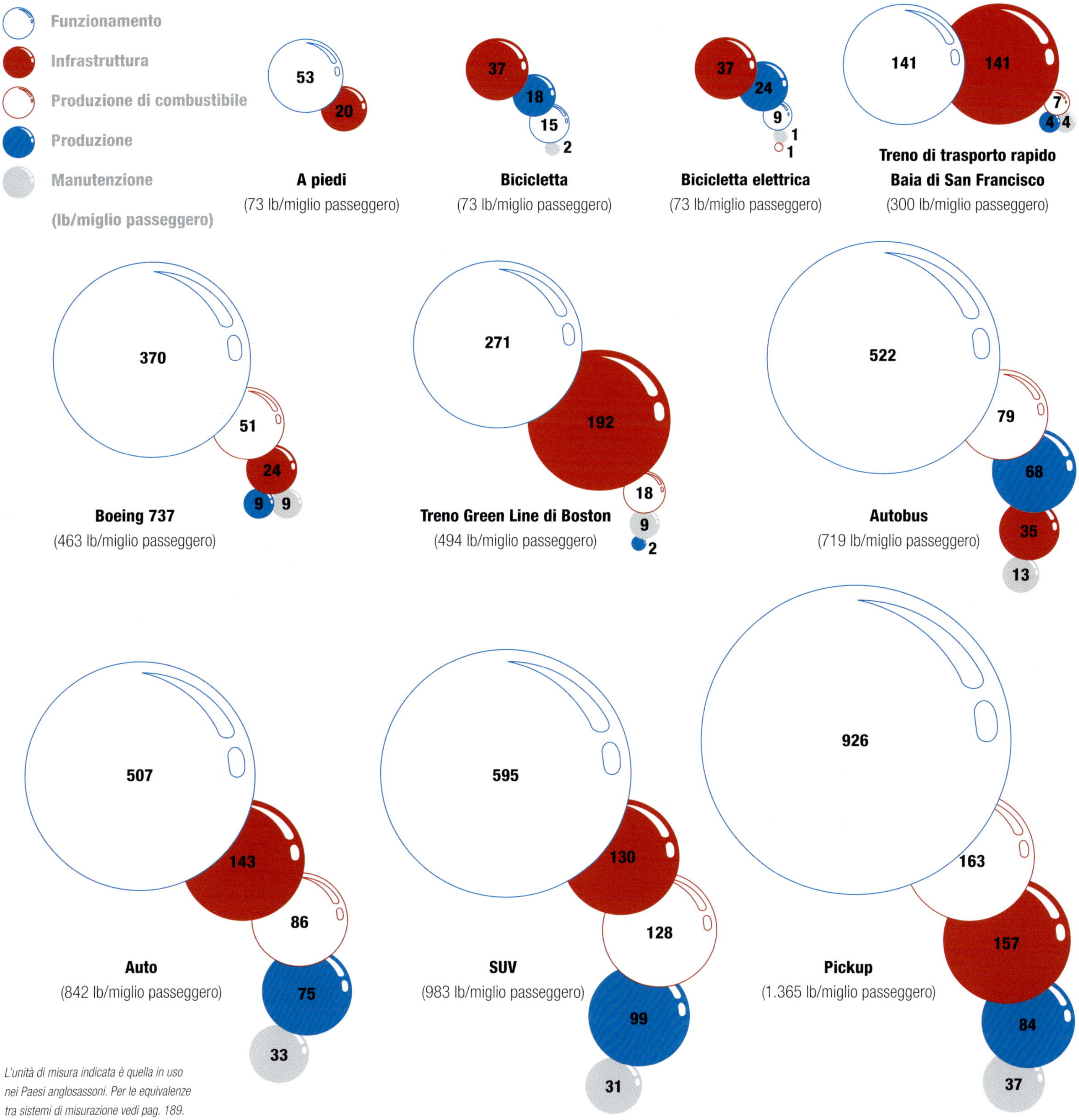

L'unità di misura indicata è quella in uso nei Paesi anglosassoni. Per le equivalenze tra sistemi di misurazione vedi pag. 189.

Quali sono i benefici del pedalare per il ciclista?

Andare in bicicletta può aiutare a vivere più a lungo?

Nel corso di una vita media, cambiando modo di andare al lavoro dall'auto alla bicicletta nelle aree urbane, si stima un aumento dell'aspettativa di vita da 3 a 14 mesi, con una media di 8 mesi e mezzo a persona, grazie all'incremento dell'attività fisica[18].

Andare in bicicletta non può garantire l'immortalità ma può aumentare l'aspettativa di vita di qualche anno. Gli scienziati sono arrivati a questa conclusione monitorando 17.000 studenti di Harvard per 16 anni. A 18 anni compiuti, quelli che avevano praticato esercizio fisico avevano aumentato mediamente l'aspettativa di vita di due anni[12]. Un studio durato 14 anni, condotto a Copenaghen su 30.000 adulti, ha mostrato che chi non usava la bicicletta per recarsi al lavoro aveva una mortalità più alta del 39% rispetto a chi la usava[13]. Da un altro studio è emerso che gli operai che andavano in bicicletta mantenevano la prestanza dei colleghi non ciclisti di 10 anni più giovani[14].

Se è vero che qualsiasi esercizio brucia calorie e aiuta a tenersi in forma, sono poche le attività fisiche praticabili mentre ci si sposta. Andando al lavoro in bicicletta si consumano in media 542 calorie all'ora e uno studio condotto su quasi 2.400 adulti ha rilevato che coloro che vanno al lavoro in bicicletta sono più in forma, più snelli e hanno meno probabilità di diventare obesi. Hanno anche migliori valori di trigliceridi, pressione e livelli di insulina, rispetto ai pendolari che non usano la bicicletta[15].

Il ciclista giudizioso vorrà comparare i rischi di spostarsi in auto con quelli legati alla bicicletta. Questo confronto è stato fatto da un team di ricercatori olandesi, come indicato a destra. La ricerca ha dimostrato che i benefici della bicicletta sulla salute superano considerevolmente i rischi legati all'inquinamento atmosferico e da traffico[16]. Pur con questi rischi, vale la pena sottolineare che andare al lavoro in bicicletta comporta benefici che vanno oltre la forma fisica. Da un sondaggio del Chartered Management Institute (Regno Unito) emerge che i ciclisti hanno maggiori probabilità di arrivare puntuali, sono più produttivi e meno soggetti allo stress rispetto ai colleghi che usano auto o mezzi pubblici[17]. Per molti può non essere una soluzione pratica, ma i fortunati che possono farlo avranno una vita non solo più lunga, ma anche più piacevole, come dimostra la scienza.

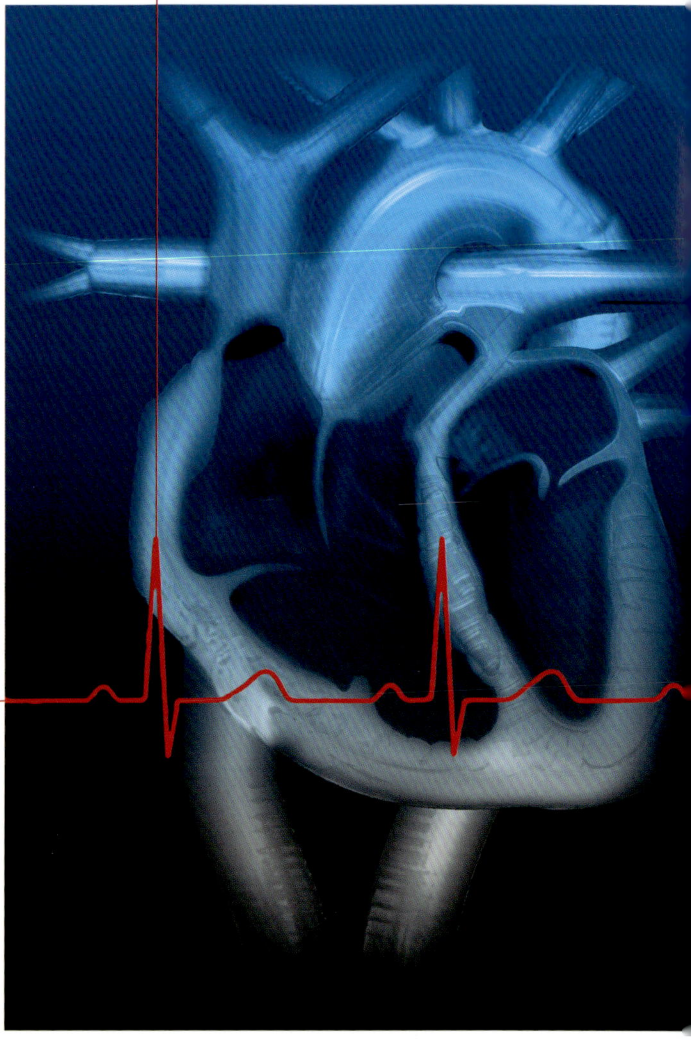

I ricercatori hanno calcolato che i benefici del cambiamento dall'auto alla bicicletta sono nove volte maggiori dei rischi potenziali. Seguendo questa scelta, inoltre, si genererebbero ulteriori benefici per la popolazione nel suo complesso, grazie al minore inquinamento e a un numero ridotto di incidenti stradali causati dalle auto[19].

La bicicletta e il cuore

La riduzione dell'aspettativa di vita a causa dell'aumento dell'inquinamento atmosferico è valutata tra gli 0,8 e i 40 giorni a persona, mentre gli incidenti dovuti al traffico porterebbero a un'ulteriore riduzione di altri 5-9 giorni di media; in tutto si avrebbero circa 2 settimane in meno[20].

▲ ***Bicicletta e salute del cuore*** *Uno studio olandese del 2010 ha calcolato i benefici e i rischi per la salute se 500.000 persone su una popolazione totale di oltre 16 milioni cominciassero a percorrere brevi distanze giornaliere in bicicletta anziché in automobile. Nei Paesi Bassi, circa la metà di tutti i tragitti in auto è inferiore ai 7,5 km*[21].

Assorbimento di ossigeno

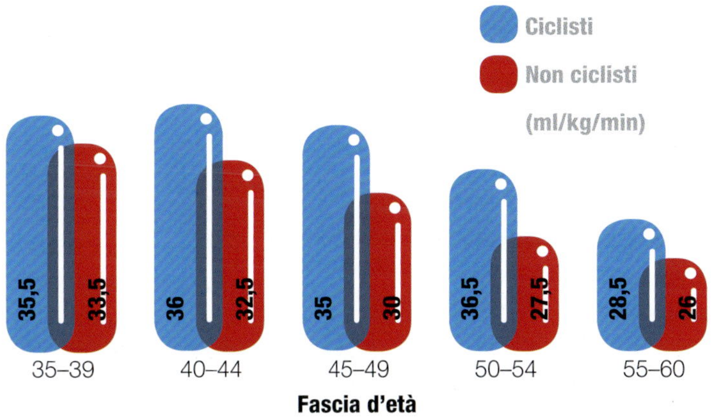

▲ ***Assorbimento di ossigeno: ciclisti a confronto con non ciclisti*** *Una ricerca sugli operai di una fabbrica ha confrontato la forma fisica dei ciclisti con quella dei non ciclisti, misurando l'assorbimento massimo di ossigeno,* VO_2 *max (ml di ossigeno per kg di peso corporeo al minuto). I punteggi comparativi indicano che i ciclisti sono più in forma dei non ciclisti e suggeriscono che, più si invecchia, maggiori sono i vantaggi dell'andare in bicicletta*[22].

▼ ***Effetti comparativi tra chi va al lavoro in bicicletta e chi in auto*** *In un sondaggio, il 58% dei ciclisti ha dichiarato che il tragitto non è mai stato interrotto dal traffico, contro il solo 4% degli automobilisti. Circa il 9% dei ciclisti era stressato dal viaggio, rispetto a quasi il 40% degli automobilisti. Quasi un quarto degli automobilisti sentiva la propria produttività intaccata dallo stress del tragitto, rischio non percepito dai ciclisti*[23].

Vantaggi del pendolarismo

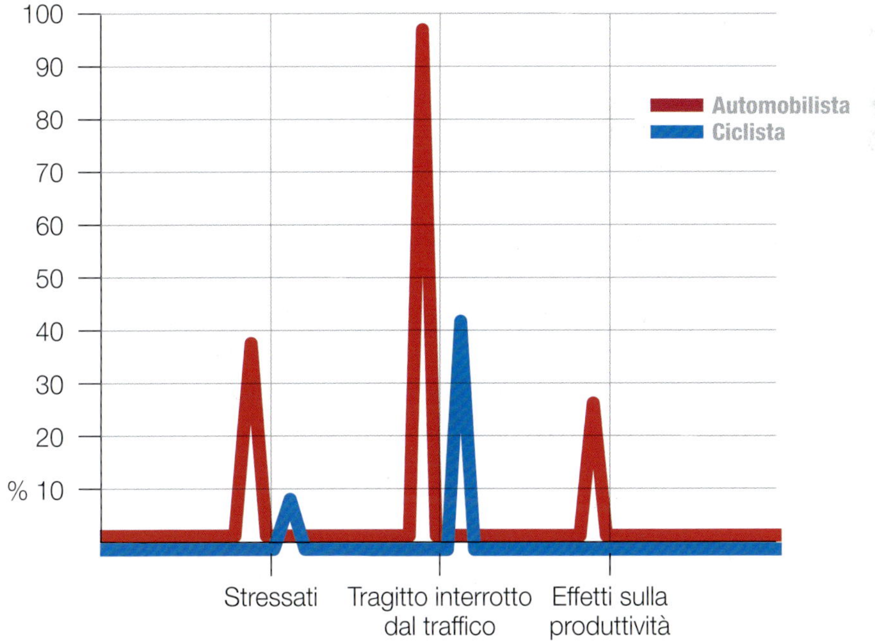

Quanto si rischia viaggiando in bicicletta?

L'unione fa la forza?

Gli automobilisti non sono più al sicuro dei ciclisti. I dati relativi al Regno Unito mostrano che tra i ciclisti si verifica lo 0,4% circa di incidenti mortali per milione di persone all'ora: un dato davvero basso, se si considera che un ciclista dovrebbe pedalare ininterrottamente per oltre 2000 anni per accumulare quelle ore in strada. Questo dato corrisponde all'incirca al rischio medio di morte di un automobilista europeo nell'arco della sua vita. Il rischio annuale è molto simile per automobilisti e ciclisti, mentre la bicicletta è almeno 10 volte più sicura della moto.

Più aumentano i ciclisti, più sicure sembrano diventare le strade, non solo per loro ma per tutti. A Portland, Oregon, il totale di decessi dovuti a incidenti stradali è sceso da 46 a 28 all'anno tra il 1997 e il 2007, mentre le trasferte casa-lavoro in bicicletta si quadruplicavano fino a raggiungere il 6%. Similmente, l'utilizzo di biciclette nei Paesi Bassi è aumentato del 45% nei due decenni precedenti il 1997, mentre le morti tra ciclisti sono scese di quasi il 40%. A Berlino, tra il 1990 e il 2007, la percentuale di spostamenti in bicicletta è raddoppiata, fino a raggiungere il 10%, mentre i feriti gravi sono scesi del 38%[24].

C'è una correlazione diretta tra queste statistiche? Il fenomeno "l'unione fa la forza" non è così difficile da capire. Un aumento del numero di ciclisti li rende più visibili e gli automobilisti agiscono di conseguenza. Nelle città è più facile che si adottino strutture e percorsi stradali più sicuri per i ciclisti quando il loro numero aumenta. E quando un certo numero di automobilisti passa alla bicicletta, questo fa sì che ci siano meno auto in strada e, di conseguenza, minori possibilità che qualcuno vada a sbattere contro un pezzo di metallo ad alta velocità. Gli automobilisti, inoltre, diventano più consapevoli di ciò che significa essere un ciclista e guidano con maggiore prudenza. Non c'è dubbio che un aumento di ciclisti possa migliorare la sicurezza stradale di tutti. A differenza dei conducenti di veicoli a motore, è molto raro che un ciclista, dato il basso livello di energia cinetica, ferisca gravemente o uccida altri utenti della strada.

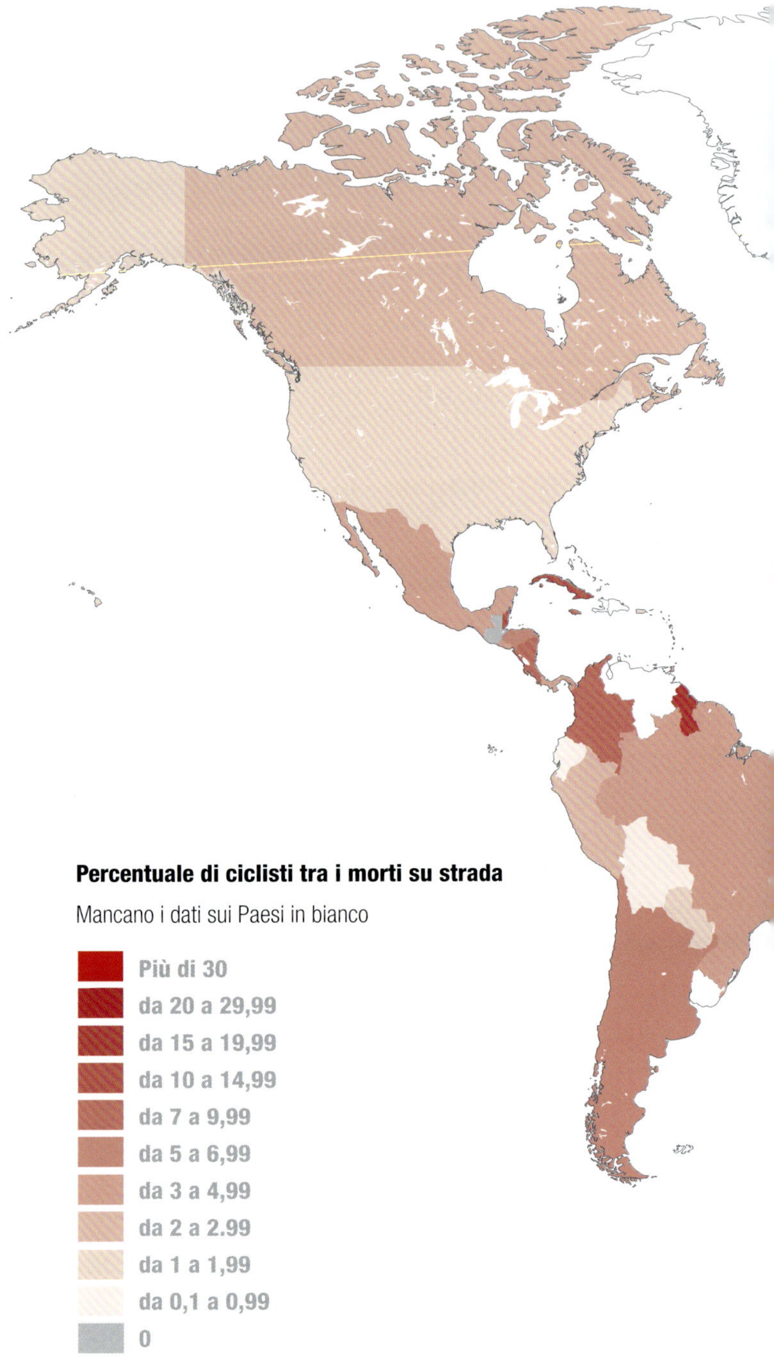

Quanto è sicuro nel mondo andare in bicicletta?

▼ **Sicurezza stradale** *I dati più recenti dell'Organizzazione Mondiale della Sanità rivelano che i ciclisti rappresentano il 24% di tutti i decessi per incidenti stradali nei Paesi Bassi, il quarto valore più alto del mondo. Tuttavia, gli studi ci dicono che l'uso della bicicletta è molto più diffuso qui rispetto a quasi tutti gli altri Paesi analizzati; questo spiega almeno in parte perché la percentuale di morti per incidenti stradali sia così alta. Ulteriori analisi hanno rivelato che la distanza media percorsa a persona in un anno è più o meno inversamente proporzionale al numero di morti per chilometro di viaggio; in altre parole, più ciclisti ci sono su una strada, più è sicuro andare in bicicletta. I motivi sono svariati, dal fatto che gli automobilisti fanno più attenzione ai ciclisti quando sono in tanti a una migliore pianificazione urbana* [25].

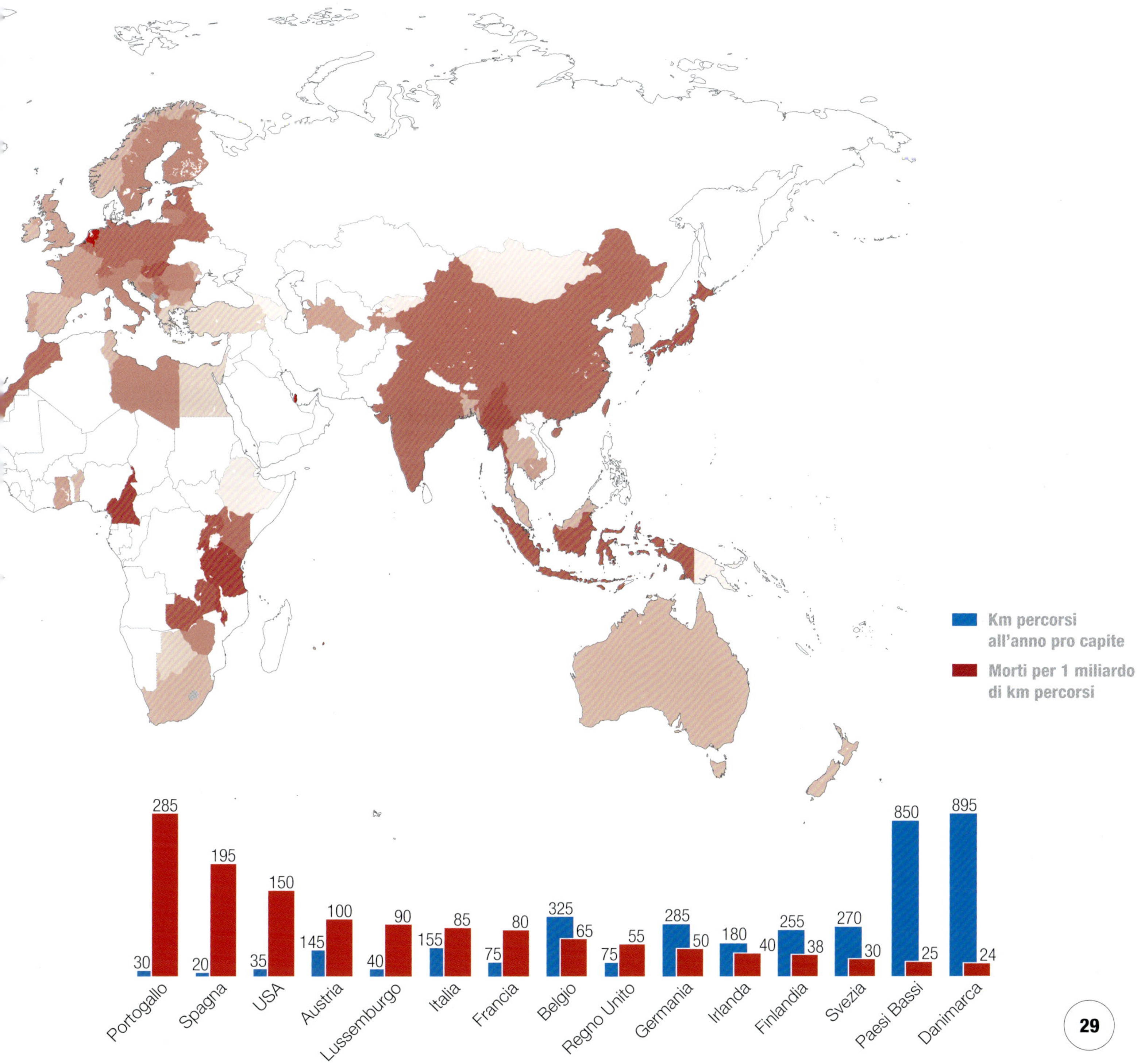

attrezzatura: **sospensioni**

Per molti anni dall'invenzione della bicicletta nessuno sedeva comodamente in sella. La draisina e il velocipede premevano sulle parti più delicate e il biciclo era di poco migliore, con solo la ruota più grande ad attutire gli urti. La vera rivoluzione fu la bicicletta di Dunlop, con sella a molle e pneumatici. Così, non sorprende che i ciclisti siano stati i primi a chiedere strade migliori, anni prima che le automobili spopolassero. Quando si diffuse lo scivoloso asfalto, i ciclisti cominciarono a uscire di strada e chiesero di viaggiare in modo confortevole. Per venire loro incontro e rendere più maneggevole il mezzo, gli ingegneri ridussero le vibrazioni appoggiando i sostegni della sella su molle o elastomeri resilienti, ma la grande svolta si ebbe con l'aggiunta delle sospensioni alle forcelle. Poco dopo seguirono le sospensioni posteriori, derivate dalle moto e adatte alle discipline fuoristrada. Oggi anche le bici da città sono dotate di sospensioni adatte alle strade più irregolari.

▲ ***Doppie sospensioni Becker*** *(1890 ca.) La sospensione anteriore è costituita da un perno fissato al tubo sterzo, con una molla che lo collega al tubo obliquo; la sospensione posteriore da un perno fissato al movimento centrale e da una molla che collega la sommità della forcella al tubo piantone.*

► ***Forcella telescopica Sage*** *(1922 ca.) Una molla all'interno della parte superiore della forcella consente ai bracci di spostarsi su e giù quando la ruota incontra terreni accidentati. Lo stesso principio telescopico viene utilizzato ancora oggi nella maggior parte delle forcelle ammortizzate.*

► ***Brooks B66*** *(1927) Fino a 50 anni fa, la stragrande maggioranza delle selle era ammortizzata con molle metalliche. L'avvento di schiume sintetiche e imbottiture più leggere ha sostituito in gran parte le molle, ma questo modello continua a essere usato ancora oggi.*

▼ ***Sospensioni Moulton*** *(1962) La tecnologia dei coni di gomma, sviluppata per la prima Mini inglese, fu applicata al triangolo posteriore delle biciclette Moulton per ridurre l'impatto della strada dovuto alle piccole ruote.*

Il comfort è di fondamentale importanza per il ciclismo, in termini letterali e metaforici. Dato che fino al 70% del peso del ciclista grava sulla sella, è benvenuta qualsiasi tecnologia che ammortizzi le forze improvvise di accelerazione verticale date dagli scossoni della strada, assorbendole e rilasciandole gradualmente. Molle, ammortizzatori e sospensioni aggiungono peso ma rendono più facile la pedalata, riducendo il prezzo richiesto all'energia umana.

Alcuni telai del XIX secolo erano progettati per funzionare come una grande molla. Questo riduceva il controllo e assorbiva l'energia del ciclista attraverso la compressione e l'espansione delle sospensioni. Un sistema di sospensione ben progettato dovrebbe invece migliorare la manovrabilità di una bicicletta, la frenata, lo sterzo e la sicurezza, nonché il comfort. La bicicletta Pedersen, disegnata nel 1893, raggiungeva esattamente questo obiettivo, con una sella "sospesa" tra i tubi del telaio.

Più comunemente, venivano usate molle di metallo per ammortizzare la sella, lasciando però il telaio senza ammortizzazione. Un secolo più tardi vennero aggiunte delle molle all'interno delle forcelle telescopiche anteriori delle mountain bike. I modelli più recenti utilizzano invece aria compressa in un'unità sigillata, che può essere regolata modificando la pressione, anche se l'affidabilità di questa soluzione dipende dal fatto che le guarnizioni restino ermetiche anche in condizioni ostili.

Sulle biciclette moderne con doppie sospensioni, la ruota posteriore è trattenuta da un braccio oscillante con una molla elicoidale o ad aria compressa abbinata a un ammortizzatore pneumatico o idraulico che attenua il rimbalzo. Il sistema di perni e collegamenti di questi modelli del XXI secolo è fondamentale per le caratteristiche di maneggevolezza.

▼ ***Softride*** *(2007) Un braccio flessibile sospeso assorbiva gli urti per gare su strada e fuoristrada. Messo in commercio nel 1991, il modello venne utilizzato per vincere diversi trofei, ma quando l'UCI, l'organo di regolamentazione della disciplina, restrinse le norme, il telaio senza tubo piantone e foderi superiori non rientrò nelle regole e la produzione cessò. Il modello è ancora usato nel triathlon, che ha regole meno rigide.*

▼ ***Orange 22x*** *(2012)*
La mountain bike da corsa in discesa ha bisogno di sospensioni più robuste, con corsa più lunga e migliore controllo.

Quanta energia può generare un ciclista? → Quanti ciclisti ci vogliono per accendere una lampadina?

La domanda "Quanti ciclisti ci vogliono per accendere una lampadina?" non è del tutto frivola. Nel 2009, le luci dell'albero di Natale nella piazza principale di Copenaghen vennero illuminate da 20 volontari che pedalavano su altrettante bici. A New York, le palestre applicano dei generatori alle cyclette e una compagnia teatrale britannica chiamata Milk Presents illumina gli spettacoli con energia generata da tandem[26]. La bicicletta è un ottimo modo per sfruttare al massimo il potenziale energetico umano.

In fisica, il lavoro è il prodotto della forza applicata a un corpo per la distanza su cui quella forza agisce, e ha come unità l'energia. In una bicicletta, il lavoro è rappresentato da un arco o un cerchio: il ciclista spinge i pedali per far girare le pedivelle. In un sistema di rotazione come questo, il lavoro è descrivibile come il prodotto di un momento meccanico – una "forza circolare" o "rotatoria" – per l'angolo attraverso cui agisce. La potenza è la quantità di lavoro svolto per unità di tempo, e la potenza di una pedalata può essere calcolata moltiplicando il momento applicato alle pedivelle per la loro velocità angolare. Nel Sistema Internazionale di misure la potenza viene espressa in watt (W).

I concorrenti al Tour de France mantengono nelle tappe di montagna una media di circa 300 W di potenza. Quando, nel 2004, si scelse la famosa Alpe d'Huez per una tappa a cronometro, Lance Armstrong segnò un record di potenza in uscita di 495 W[27]. I ciclisti impegnati in una fuga su un tratto in piano generano fino a 275 W.

Un normale ciclista non si avvicina a questi risultati. La maggior parte degli adulti in buona salute può produrre fino a 100 W in continuità a una velocità fino a 24 km/h. Un dilettante appassionato può ragionevolmente aspettarsi di produrre tra i 125 e i 175 W per una o due ore. Con i propri sforzi può alimentare un comune televisore, ma avrebbe bisogno dell'aiuto di quasi 50 vicini se volesse guardarlo godendo del comfort di un ambiente raffreddato da aria condizionata.

Potenze a confronto

▼ ***Energia a pedali*** *Quella di usare i ciclisti per generare energia è un'idea che circola fin dagli esordi della bicicletta. Considerando che è possibile collegare una bicicletta a un generatore per alimentare un apparecchio elettrico, per fornire il fabbisogno energetico medio di una famiglia avremmo bisogno di circa 100 ciclisti che pedalino ininterrottamente sul posto.*

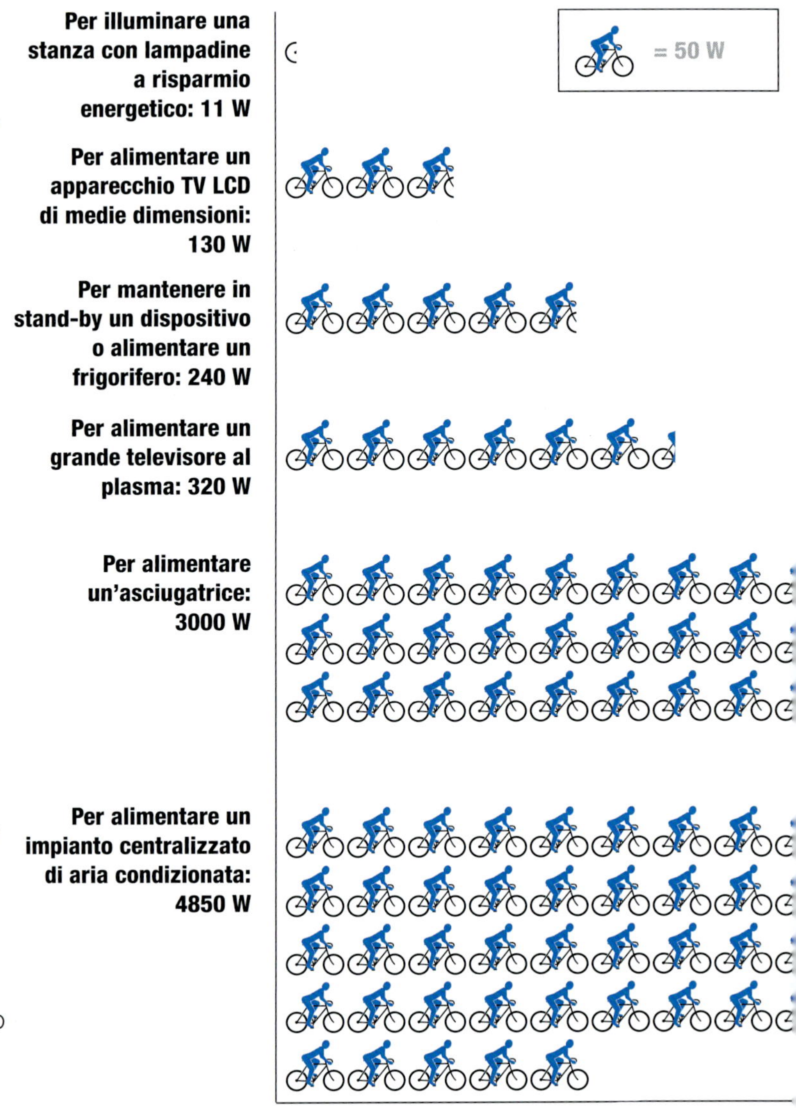

Momento meccanico

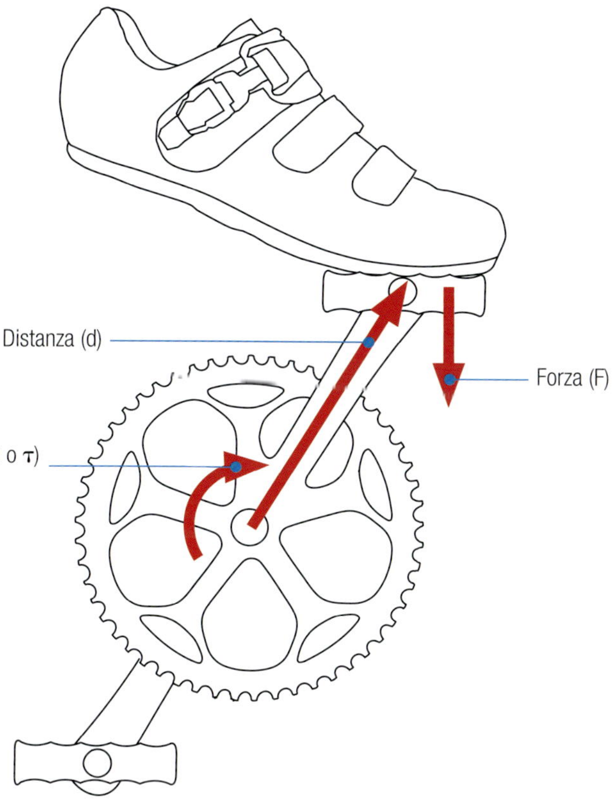

▲ ***Momento*** *A ogni giro di pedivella, gli ingranaggi e i pignoni girano e le ruote ruotano. Tutti sono sottoposti al momento meccanico, un lavoro compiuto in senso circolare. La quantità di forza risultante è proporzionale al lavoro immesso e al raggio del cerchio descritto.*

Importante

La "forza circolare" applicata da un ciclista per far ruotare il movimento centrale e la guarnitura viene chiamata "momento" e indicata con la lettera M o, nei Paesi anglosassoni, con la lettera greca tau (τ), dall'inglese "torque":

$$M = Fd$$

Dove

M = momento (cm x kg)

F = forza (kg)

d = distanza (cm)

Per far ruotare l'intero complesso, la potenza in uscita del ciclista, espressa in cm x kg/s, può essere calcolata moltiplicando il momento per la velocità angolare. Sebbene la velocità angolare venga solitamente calcolata in giri al minuto (giri/min o rpm), un'unità coerente per tutto il resto richiede l'uso di radianti per secondo (rads/s); un cerchio completo corrisponde a un angolo di 2π radianti.

Potenza ed esaurimento

▼ ***Tempi di esaurimento a confronto con la potenza umana***

Lo svizzero Manfred Nüscheler produsse ben 2378 W per soli cinque secondi, in condizioni ideali e con una bicicletta su rulli. Come mostra il grafico sottostante, la potenza generata con una bicicletta ha una durata limitata, a causa della capacità della batteria che la produce: il ciclista [28].

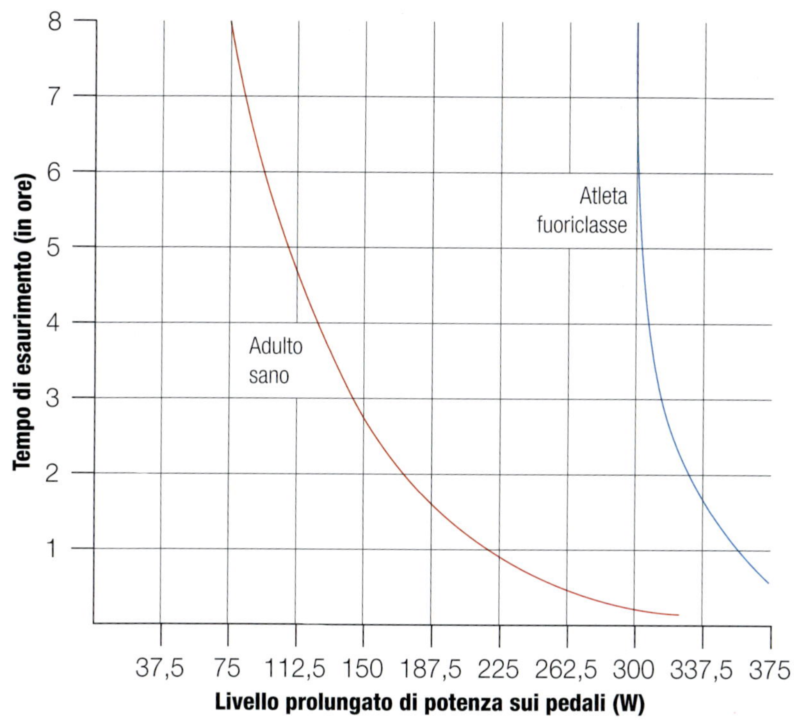

Come posso quantificare la potenza in uscita?

La forza è con me?

L'avvento dei semiconduttori e dell'elaborazione digitale ha permesso la progettazione di accessori sempre più piccoli e leggeri, a un costo accessibile, in grado di mostrare in tempo reale i dati di potenza. Questo significa che i contatori di energia sono alla portata di chiunque sia interessato a misurare la quantità di lavoro fatta in bicicletta. La potenza può essere utile come indicazione di fitness, ma lo è forse di più come aiuto all'allenamento, dato che indica la qualità delle prestazioni e l'intensità dell'esercizio fisico. Una velocità media su un percorso regolare può mostrare un miglioramento complessivo nel corso del tempo, ma bisogna prendere in considerazione anche fattori esterni come il vento e la temperatura. I dati che quantificano la potenza sono molto più… potenti.

Raccogliere da una bicicletta in movimento i dati significativi, in particolare il momento meccanico, senza metterle i bastoni tra le ruote è una piccola sfida per i fisici. La potenza del sistema di trasmissione dev'essere intercettata e misurata in qualche punto del suo percorso dal ciclista alla strada. La distorsione delle parti meccaniche attraverso cui passa la forza può essere minima e può essere misurata nella scarpa, nella tacchetta, nel pedale, nella guarnitura, nella corona, nel movimento centrale, nella catena, nei pignoni, nel mozzo posteriore, nei raggi posteriori o anche nel cerchio. Tutte queste possibilità lasciano largo spazio ai produttori per sviluppare diversi sistemi brevettati.

Qualsiasi punto venga scelto, la tecnologia più usata è l'estensimetro. Un conduttore metallico sottoposto a sollecitazioni meccaniche cambia di poco la sua resistenza elettrica e un estensimetro permette di rilevare con alta precisione questa variazione. Stare in piedi su un pedale nella parte inferiore della sua corsa, per esempio, distorce seppur di poco la pedivella e fa cambiare la sua resistenza elettrica. Un estensimetro, calibrato in condizioni standard, rileverà questa resistenza e indicherà la forza applicata.

▼ ▶ ***Misuratori*** *Su una bicicletta ci sono molti posti dove possono essere montati gli strumenti per raccogliere i dati che servono a calcolare la potenza del ciclista. Ognuno di questi dispositivi dev'essere robusto, leggero e in grado di leggere le misurazioni senza influire sulle prestazioni del ciclista. La possibilità di produrre strumenti sempre più piccoli agevola il compito e rende più accessibile l'attrezzatura.*

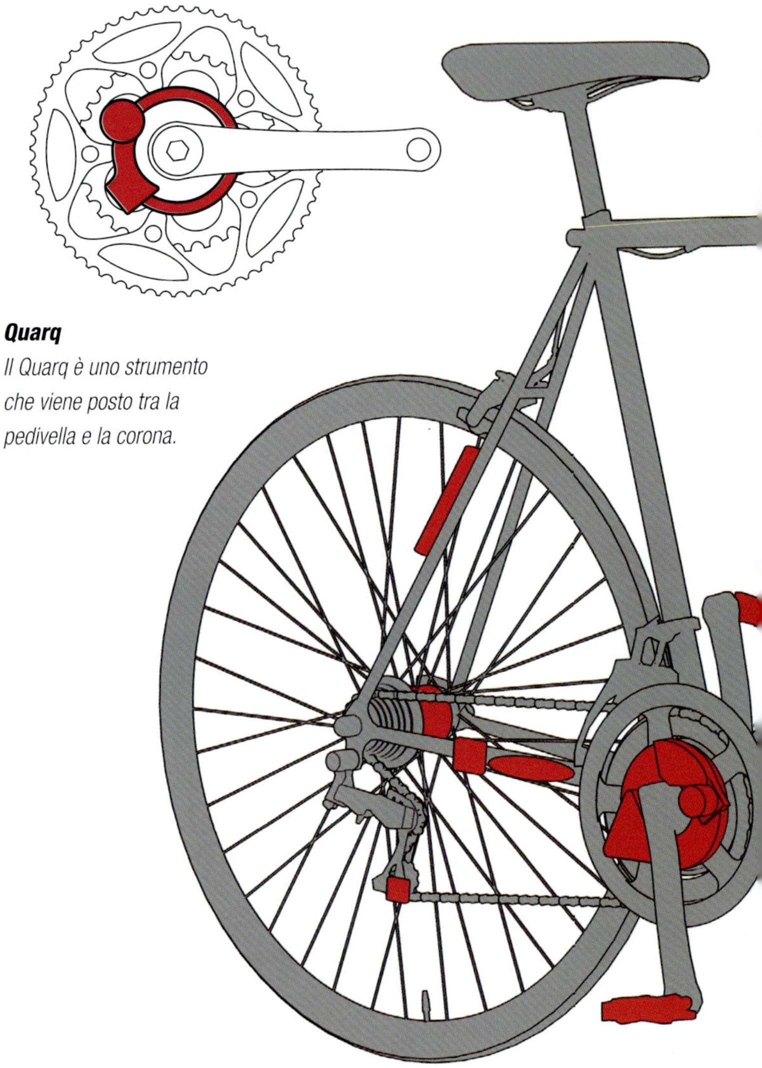

Quarq

Il Quarq è uno strumento che viene posto tra la pedivella e la corona.

Garmin Vector e Look Kéo Power

I misuratori da pedali della Garmin e della Look permettono di monitorare la potenza di ogni gamba.

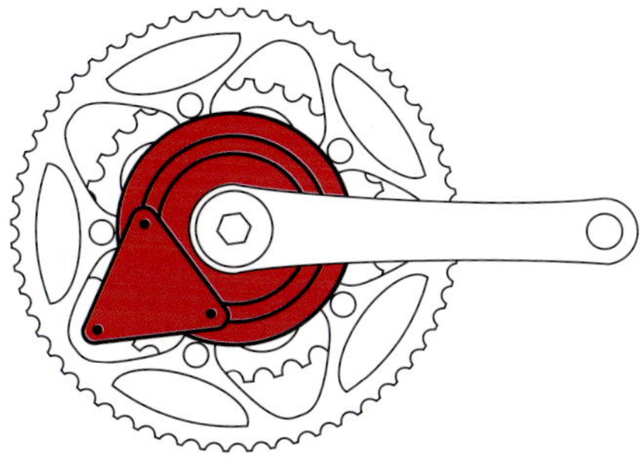

Power2Max

Power2Max segue la strada ben collaudata di un estensimetro posizionato tra pedivella e corona.

Polar

La raccolta di dati dal movimento della catena, inclusa la frequenza delle vibrazioni, permette al sistema Polar di calcolare la potenza.

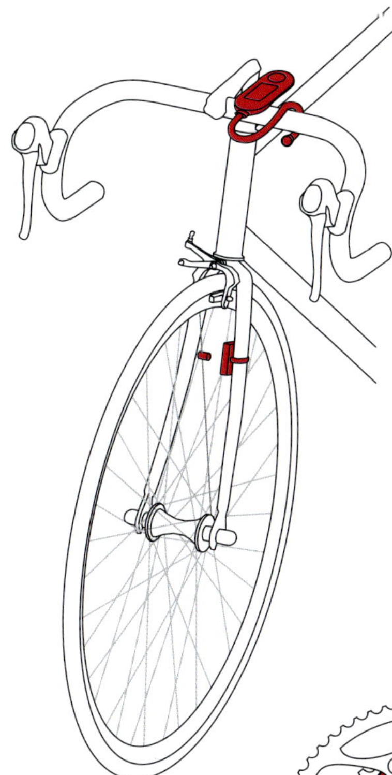

iBike

Invece di misurare la potenza immessa, iBike misura le forze di resistenza uguali e contrarie, tra cui la resistenza dell'aria.

PowerTap

Leader di mercato da lungo tempo è l'estensimetro PowerTap, applicato al mozzo.

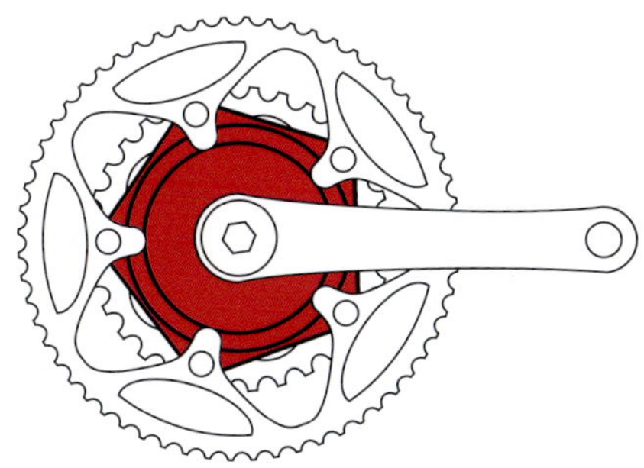

SRM

Il modello SRM calcola il momento misurando lo sforzo esercitato dalla pedivella sulla corona.

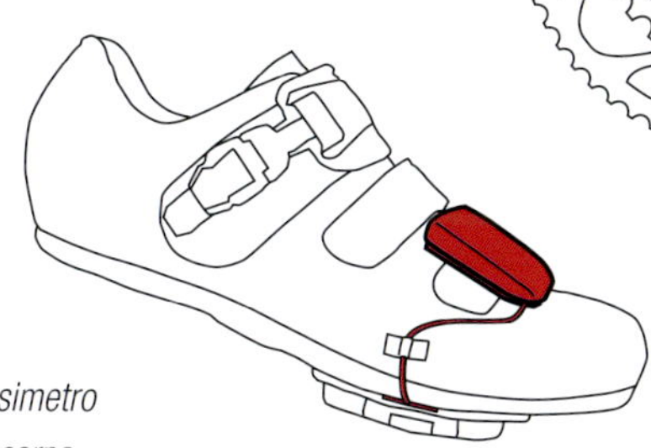

Brim Brothers

Brim Brothers è stato il primo a brevettare un estensimetro da applicare alla suola della scarpa.

Un tandem presenta dei vantaggi dimostrabili?

Due teste sono meglio di una?

I tandem possono essere considerati gli esempi più scanzonati del design delle biciclette, ma offrono un eccellente pretesto per qualche considerazione scientifica. Il tandem ha un solo telaio, due ruote e due selle, ma un modello tradizionale a due posti pesa solo il 60% circa in più di una bicicletta singola. Quindi, con il doppio di ciclisti e di gambe pronte a pedalare, è comprensibile che un tandem sia più veloce di una bicicletta.

La maggiore velocità è notevolmente accentuata dall'aerodinamica. Secondo Chester R. Kyle, uno dei primi esperti americani dell'aerodinamica della bicicletta, la resistenza che l'aria oppone a un tandem è solo la metà di quella incontrata da due biciclette singole[29]. Tuttavia, alle basse velocità e quando la resistenza dell'aria non è un fattore determinante, per esempio in salita, questo vantaggio aerodinamico scompare. Per tenere il passo con una bicicletta singola in salita, entrambi i ciclisti di un tandem devono essere forti e ben allenati tanto quanto un ciclista singolo.

In bicicletta non si va sempre alla massima velocità. I ciclisti regolano l'andatura per essere sicuri di coprire senza esaurirsi la distanza che si sono proposti. In questo caso, il minor peso e la migliore aerodinamica di un tandem fanno sì che i ciclisti non debbano fare la stessa fatica richiesta da due biciclette per produrre sufficiente energia. Il passeggero posteriore di un tandem subisce uno stress fisiologico molto inferiore a un ciclista alla guida di una bicicletta singola. Gli esperimenti dimostrano che la sua frequenza cardiaca è inferiore dal 16 al 22%, mentre il livello di acido lattico nel sangue è inferiore dal 23 al 70%[30].

I ricercatori rilevano che, a parità di fattori, un ciclista può viaggiare dai 5 agli 8 km/h più veloce su un tandem che su una bicicletta. D'altra parte i tandem hanno sistemi di trasmissione più lunghi e complessi, che disperdono un po' più energia di una bicicletta, ma questo è niente in confronto all'attrito di tutt'altro genere che può nascere tra i due passeggeri se non lavorano in sintonia.

Tandem e bicicletta: effetti fisiologici a confronto

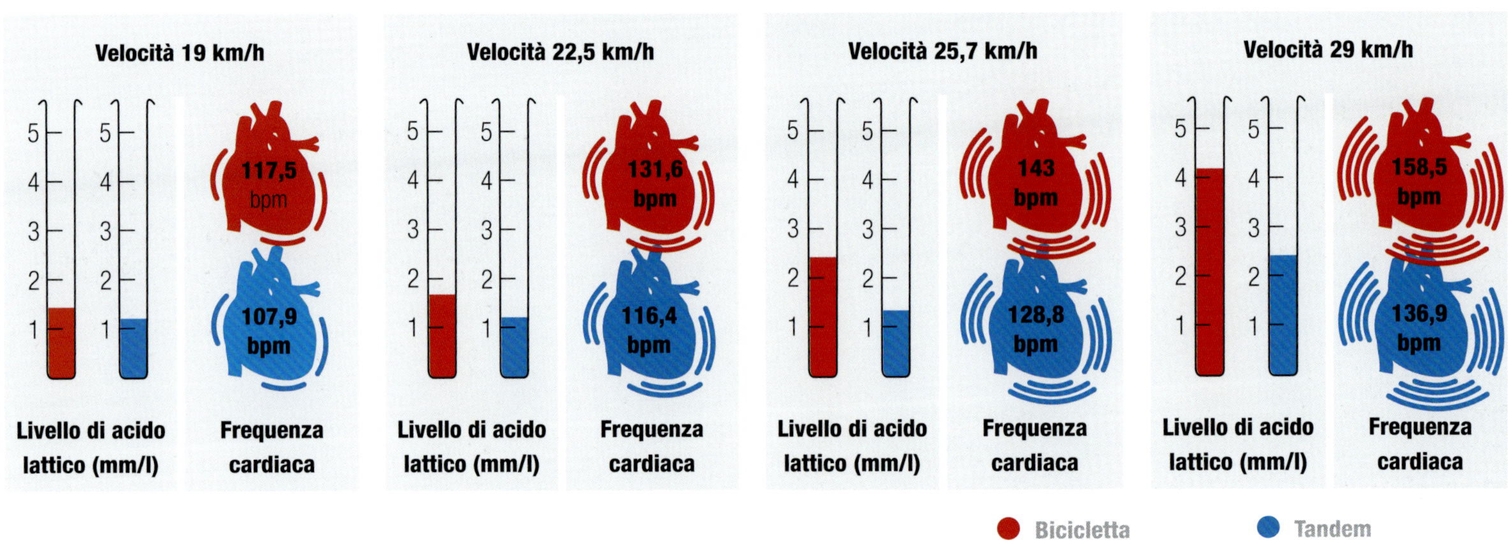

Tandem e bicicletta: potenza e velocità a confronto

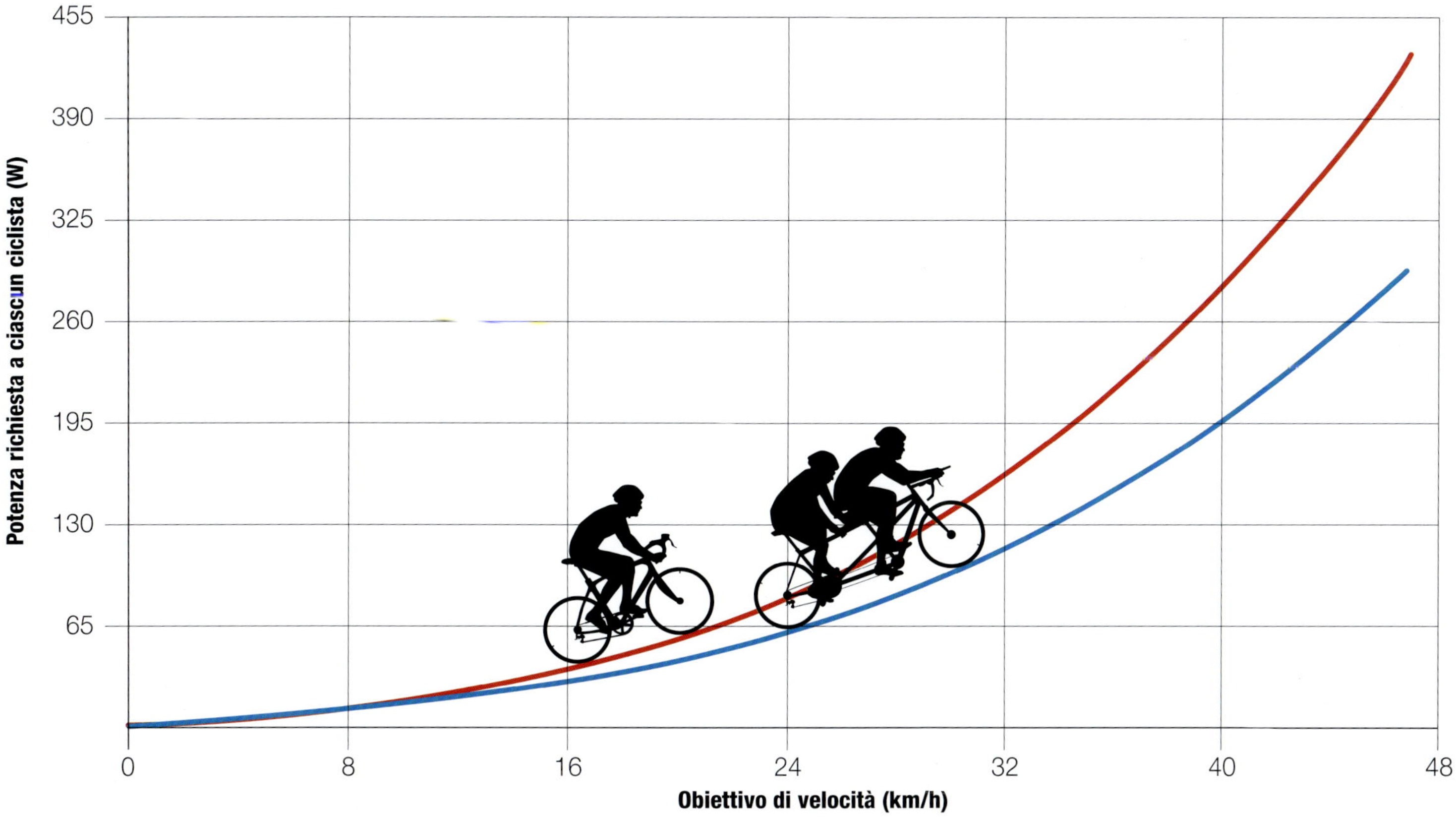

▲ ***Vantaggi aerodinamici di un tandem***
Due gemelli, che impieghino ognuno una potenza di 160 W su un tandem, possono viaggiare a 35,5 km/h, mentre uno dei due su una bicicletta raggiungerebbe solo i 31,1 km/h [31].

Pesi a confronto

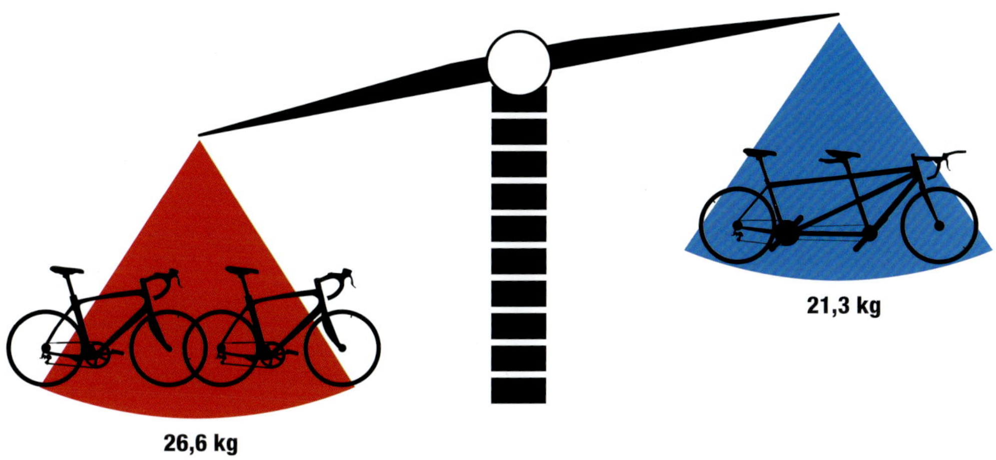

◀ ***Frequenza cardiaca e acido lattico***
A una data velocità, il passeggero di un tandem mostra segni quantificabili di minore stress fisico, tra cui frequenza cardiaca e livelli di acido lattico nel sangue. Le cifre sono una media tra i valori del pilota e del passeggero posteriore [32].

▶ ***Vantaggio di peso***
Due biciclette medie da turismo, di 13,3 kg ciascuna, hanno una massa totale di 26,6 kg, mentre un tipico tandem da turismo pesa 21,3 kg, con una riduzione di peso del 20%.

Le biciclette hanno un compito difficile: devono muoversi, mantenersi in equilibrio, sterzare e nello stesso tempo sostenere una fonte di energia ingombrante e spesso goffa: l'essere umano alla guida. L'insieme di centinaia di componenti diversi deve restare compatto mentre assorbe gli impatti e le vibrazioni. In condizioni normali niente si deve rompere e tutto deve continuare a funzionare per centinaia, migliaia e decine di migliaia di pedalate. La bicicletta può essere ancor più affidabile, prevedibile e resistente della persona che spinge sui pedali e manovra lo sterzo. Le biciclette che non soddisfacevano questi criteri sono uscite dalla storia e i modelli che abbiamo oggi sono progettati appositamente per funzionare come previsto, senza niente di superfluo. Devono in gran parte il loro successo alle scoperte della fisica. I produttori di biciclette hanno maturato una vasta comprensione delle proprietà dei materiali, delle strutture e delle dinamiche, e applicano queste conoscenze al prodotto, in modo da darci il mezzo che desideriamo. Questo capitolo descrive la fisica che fa funzionare così bene la vostra bicicletta.

capitolo due

forza e stabilità

Come posso calcolare lo sforzo di pedalare?

Quale carico può portare la mia bici?

In confronto alla struttura di altri mezzi di trasporto, la bicicletta dà l'impressione di essere fragile, con una gran quantità d'aria delimitata da tubi sottili. Questo è spesso intenzionale: uno degli obiettivi raggiunti da alcuni designer di biciclette da corsa è quello di farle apparire inconsistenti. Se un telaio sembra leggero, può allettare psicologicamente i ciclisti ansiosi di abbassare di qualche secondo il loro tempo migliore. Che porti o meno a una maggiore velocità, un mezzo agile fa sorgere la domanda: come può sostenere un essere umano adulto che pesa sei volte di più e che spinge sui pedali usando le gambe come pistoni?

Il primo concetto necessario per capire la resistenza del telaio di una bici è lo sforzo, che misura il modo in cui un carico applicato (una forza) viene distribuito su una sezione di materiale. Quando un materiale – un tubo del telaio, un raggio, un anello della catena – è sottoposto a una forza esterna, si adatta fino a bilanciarla. Un liquido o un gas possono continuare a scorrere fino a questo momento, ma anche i solidi possono rispondere in modo simile. La parte soffice di una sella o una molla di sospensione cambiano forma finché le forze interne non bilanciano quelle esterne. Componenti "rigidi", come i tubi del telaio, si comportano allo stesso modo, ma i cambiamenti che subiscono prima che le forze interne ed esterne trovino un equilibrio sono così microscopici che non riusciamo a percepirli.

Lo sforzo subito da ciascuna parte è la forza media moltiplicata per unità di superficie del componente. A complicare le cose, componenti come i tubi del telaio spesso non hanno uno spessore o una forma costanti, ma sono progettati per ottimizzare un insieme di caratteristiche specifiche come peso, rigidità e resistenza agli urti. Inoltre lo sforzo aumenta sensibilmente in risposta a una brusca frenata, a dossi e a curve strette, quindi al momento della loro progettazione bisogna sempre calcolare un margine di sicurezza.

▼ ***Calcolare l'area*** *Lo sforzo è la forza esterna divisa per la superficie alla quale viene applicata. Il materiale di un pedale piatto subisce lo sforzo in proporzione alla superficie della scarpa con cui entra a contatto. Allo stesso modo, lo sforzo subito da una sella dipende dall'ampiezza del posteriore del ciclista. Lo sforzo sui tubi cavi che compongono il telaio di una bicicletta è proporzionale all'area della sezione trasversale delle loro pareti. Immaginate una sezione trasversale di un tubo del telaio. L'anello di materiale che subisce lo sforzo si trova tra il raggio esterno (R) e il raggio interno (r). Il suo spessore è* $t = R - r$. *La sua superficie equivale a quella esterna* ($A = \pi \times R \times R = \pi R^2$) *meno la superficie interna* ($a = \pi \times r \times r = \pi r^2$). *La costante* π *(pi greco) è circa 3,14. Così, per esempio, la sezione trasversale di un tubo con diametro esterno di 2,5 cm (R = 1,25 cm) e spessore t = 0,33 cm è circa 2,2* cm^2.

Calcolare l'area della sezione trasversale

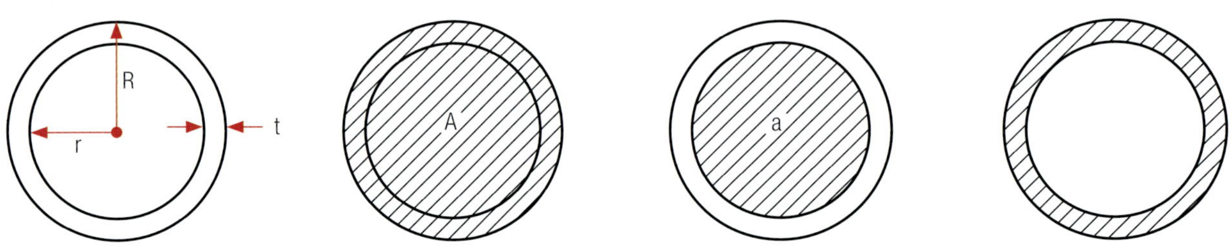

$r = R - t$ $\quad$ $A = \pi R^2$ $\quad$ $a = \pi r^2$ $\quad$ **Area sezione trasversale = A – a**

Variazioni dello sforzo

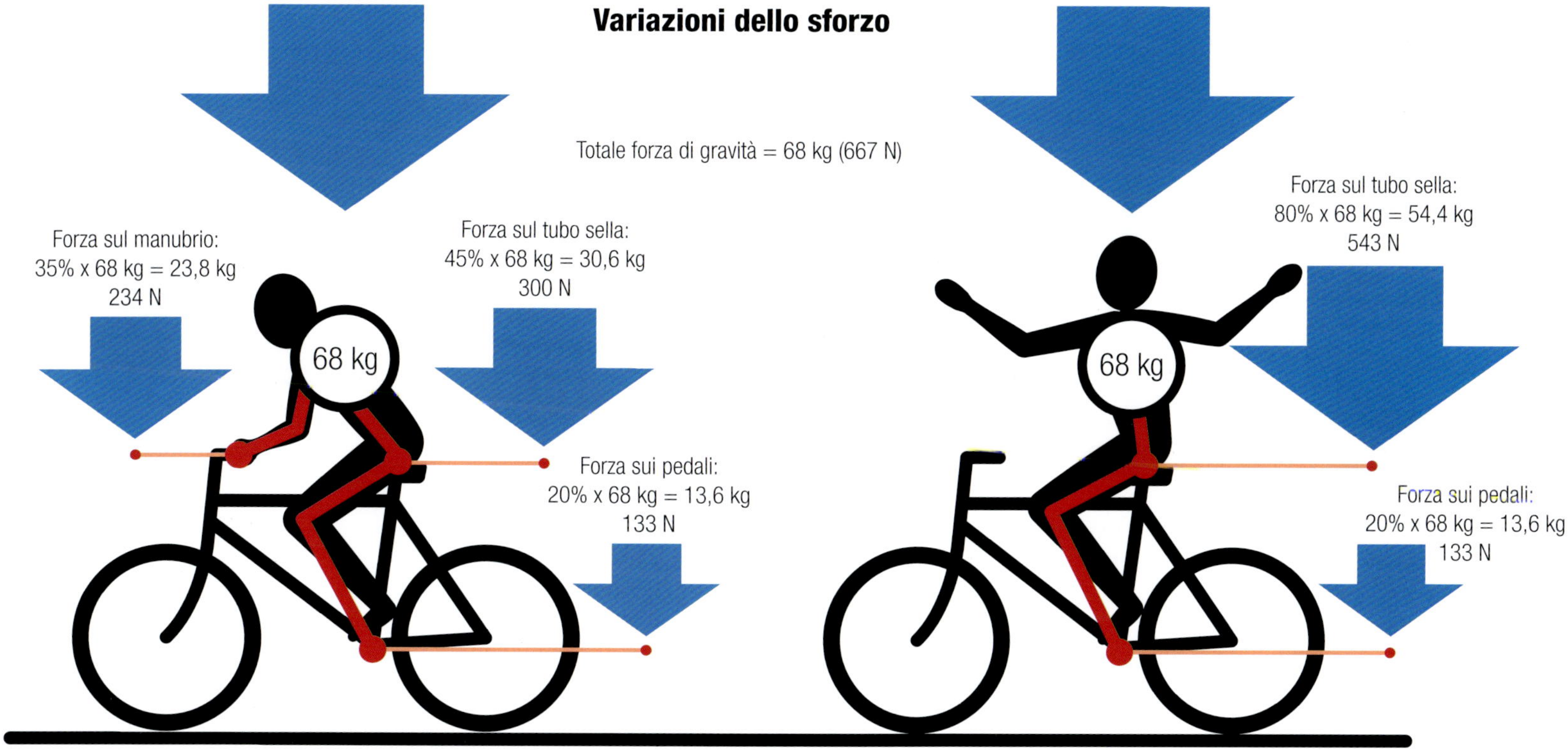

Sforzo sul tubo sella $= \frac{30{,}6 \text{ kg}}{2{,}2 \text{ cm}^2} = 1{,}35$ MPa

Sforzo sul tubo sella $= \frac{54{,}4 \text{ kg}}{2{,}2 \text{ cm}^2} = 2{,}41$ MPa

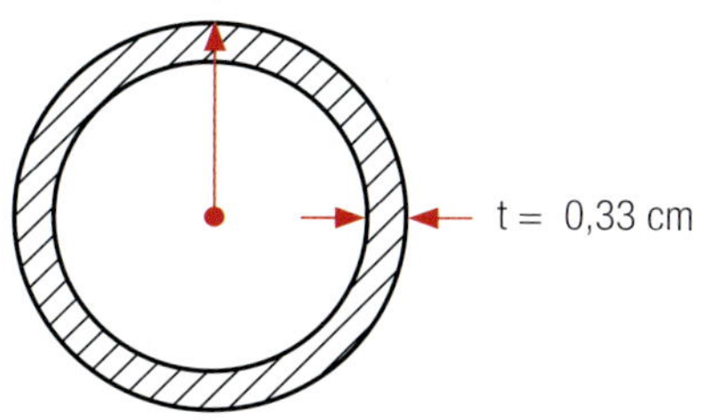

Area sezione trasversale = 2,2 cm²

▲ ***Pressione del ciclista*** *I livelli di sforzo a cui sono sottoposti i componenti di una bicicletta variano continuamente perché il ciclista non sta seduto nella stessa posizione per lungo tempo ma cambia spesso per migliorare la comodità, l'equilibrio, la sterzata e l'efficienza della pedalata. Ogni movimento cambia la distribuzione dei carichi sui tre punti di contatto con la bicicletta: la sella, i pedali e il manubrio. Ogni volta che cambia il carico, cambia anche la pressione sui singoli componenti. Questo grafico mostra come lo sforzo su un ipotetico tubo sella quando un ciclista di 68 kg solleva le mani dal manubrio. Impatti improvvisi come una buca possono moltiplicare le sollecitazioni sui componenti principali come cerchi, raggi e pedali.*

Importante

Questa formula dà il cosiddetto "sforzo normale":

$$\sigma = \frac{F}{A}$$

Dove:

σ = sforzo (Pa)

F = forza esterna (N)

A = area (m^2)

Nel Sistema Internazionale, lo sforzo è espresso in newton (N) per metri quadrati (N/m^2), o pascal (Pa). Una forza di 1 N applicata a una superficie di 1 m^2 produce uno sforzo di 1 N/m^2, o 1 Pa; spesso si usa l'unità megapascal, MPa, che rappresenta 1 milione di pascal. L'unità di misura in uso nei Paesi anglosassoni è lo psi (libbre per pollice quadrato); 1 psi è uguale a circa 6900 Pa, o 0,0069 MPa. Lo sforzo ha le stesse unità di misura della pressione.

Quanto è importante l'elasticità dei materiali?

Perché la mia bicicletta non si piega?

Quando un componente viene messo sotto sforzo, modifica le sue dimensioni. Questo è chiaramente visibile quando si piega un raggio o si allunga una camera d'aria, ma non è così evidente sulle parti più solide, come i tubi del telaio o le pedivelle. Tuttavia, le leggi della fisica non possono essere infrante, così, quando si applica una forza a un pedale, al manubrio o al cambio, qualcosa deve cedere; può essere una torsione, un allungamento o una compressione, descritti da una quantità chiamata "deformazione relativa". In tutti questi casi, è la quantificazione del cambiamento subito dalla forma del componente. La deformazione relativa, indicata in genere con la lettera greca epsilon (ε), non ha unità di misura perché è un rapporto tra due misure ed è di solito espressa come una frazione o una percentuale.

Quasi tutti i materiali di cui sono fatte le biciclette sono "elastici": questo significa che, quando vengono sottoposti a tensione o piegati, assorbono la sollecitazione senza spezzarsi. Quando la sollecitazione esterna viene rimossa, scompare anche la relativa deformazione e i materiali tornano alle loro dimensioni originali. Una camera d'aria, per esempio, quando viene allungata e poi lasciata andare, riprende la sua forma. Lo stesso accade con i componenti in metallo, plastica o fibra di carbonio, anche se la deformazione relativa che subiscono è minima.

Esiste però un punto critico oltre al quale lo sforzo è tale che la deformazione relativa è superiore a quanto il materiale può sopportare; oltre questo punto non potrà più tornare alla forma originale. Il livello di sollecitazione al quale questo fenomeno si verifica è chiamato "limite elastico" o "punto di snervamento". Se un tubo del telaio o un cerchio raggiungono il loro limite elastico, diremo che sono definitivamente "piegati" o, più semplicemente, danneggiati. Come lo sforzo, il limite elastico si misura in pascal (Pa) e megapascal (MPa), o in libbre per pollice quadrato (psi). I progettisti di biciclette si avvalgono di stime della deformazione relativa per essere certi che i componenti non si avvicinino mai al loro limite elastico e non si rompano durante il normale utilizzo.

Sollecitazioni del telaio

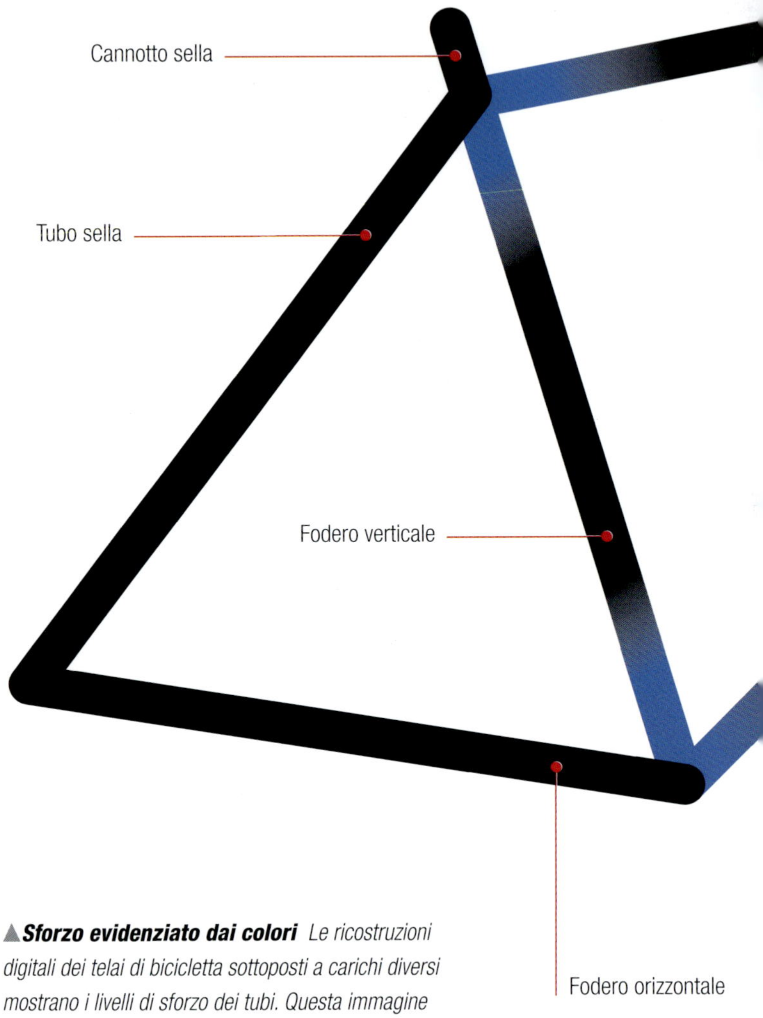

▲***Sforzo evidenziato dai colori*** *Le ricostruzioni digitali dei telai di bicicletta sottoposti a carichi diversi mostrano i livelli di sforzo dei tubi. Questa immagine mostra tramite i colori lo sforzo lungo un telaio quando un tipico carico massimo di circa 122 kg (1200 N) viene applicato alla forcella anteriore. Il carico provoca il piegamento del tubo orizzontale e di quello obliquo e nel punto in cui questi si uniscono al tubo sterzo si ha lo sforzo maggiore, come mostra lo schema. In questo caso lo sforzo è circa il 50% del limite elastico, quindi c'è ancora un buon margine di sicurezza* [1].

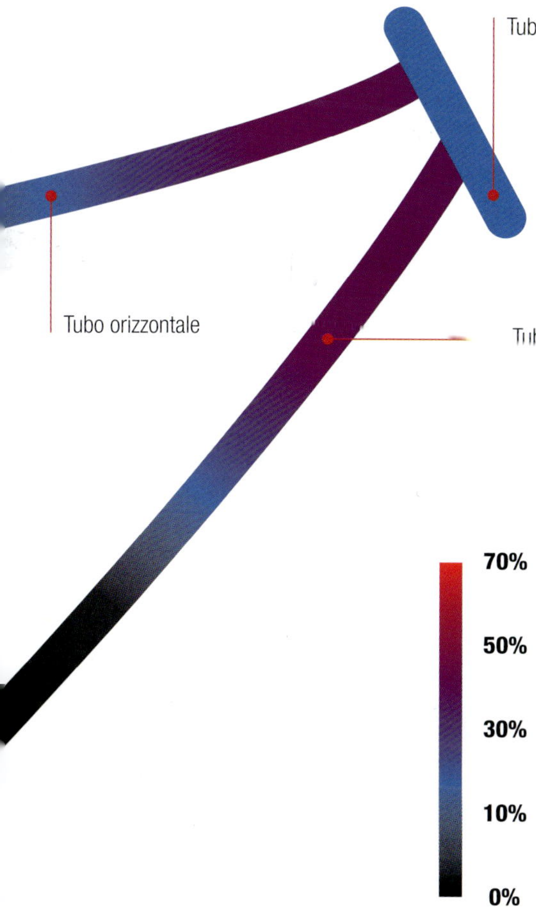

Sforzo come percentuale del limite elastico (carico di 122 kg sulla forcella anteriore)

Importante
La deformazione relativa è un rapporto tra due misure: la quantità della deformazione subita rispetto alla dimensione originale. Nel caso di una parte che cambia lunghezza come risultato di un carico, per esempio, una deformazione relativa di $\varepsilon = 0{,}01$ rappresenta un aumento dell'1% della sua lunghezza, mentre $\varepsilon = -0{,}23$ indica una diminuzione del 23%.

Sforzo sul manubrio

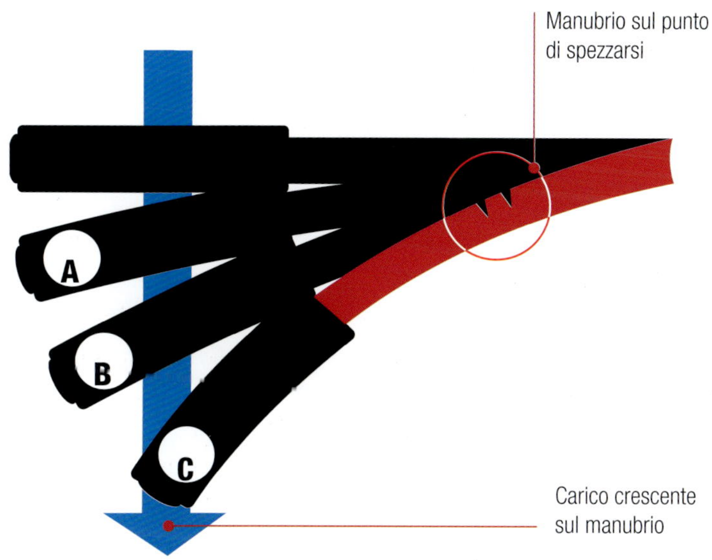

▲▼***Perdere la presa*** *Con l'aumentare del carico verticale, il manubrio si piega progressivamente verso il basso. Se il carico viene rimosso, il manubrio tornerà alla forma originale, a meno che lo sforzo superi il limite elastico, o punto di snervamento, del materiale: a questo punto il manubrio è danneggiato e non torna più alla forma originale. Il grafico qui sotto mostra deformazioni via via maggiori lungo l'asse orizzontale, indicate come A, B e C, e la relativa forza applicata sull'asse verticale. Si vede come, all'aumentare del carico, le dimensioni di un componente cambino, e non in modo lineare. I materiali vengono sottoposti a test di deformazione per determinare la deformazione relativa e il limite elastico all'aumentare dello sforzo, in modo che i produttori di componenti possano prevedere il materiale adatto per il carico previsto.*

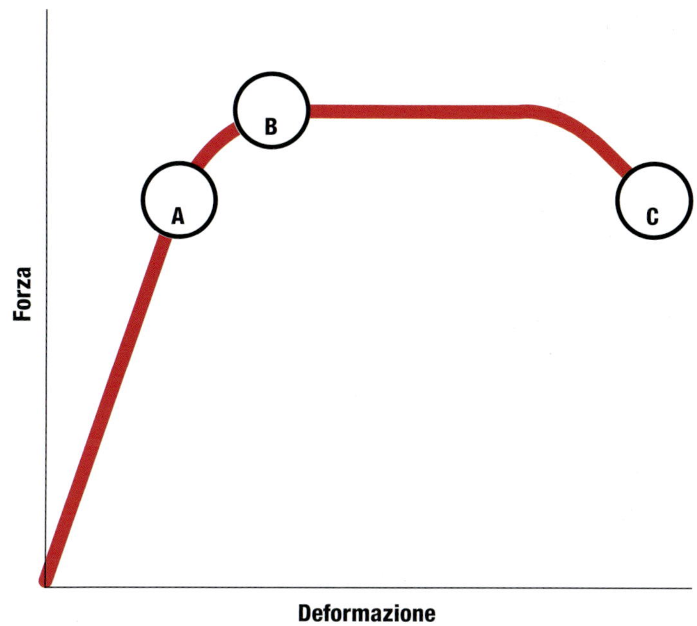

Un buon modulo di Young può aiutare a migliorare la guida?

La rigidità rende una bicicletta migliore?

I laboratori di ingegneria misurano le sollecitazioni sui materiali utilizzati per essere sicuri di costruire biciclette che non si pieghino o cedano all'uso. Inoltre, sono interessati alla rigidità dei materiali, la capacità di assorbire gli urti senza flettersi troppo. La qualità della pedalata è soggettiva, ma i progettisti hanno bisogno soprattutto della prevedibilità, che trasmette senso di sicurezza all'utente. È qui che la rigidità assume importanza.

La misura scientifica della rigidità di un materiale è detta "modulo di Young", così chiamato in onore di Thomas Young, un brillante ed eclettico scienziato britannico vissuto a cavallo tra XVIII e XIX secolo. Il modulo di Young (chiamato anche "modulo di elasticità") è connotato dalla lettera E e definito come il rapporto tra lo sforzo (σ) e la conseguente deformazione relativa (ε); vale a dire la quantità di deformazione di un materiale sottoposto a un determinato carico. Ha le stesse unità di misura dello sforzo: Pascal (Pa) o libbre per pollice quadrato (psi).

Se un progettista sceglie un materiale con un modulo di Young noto, si potrà prevedere con precisione la sua rigidità, "flessibilità" o "elasticità". Se poi conosce anche le dimensioni di un componente e il peso previsto dell'utente, potrà prevedere il comportamento del componente. In linea di massima, maggiore è il valore del modulo di Young, più rigido è il componente. Queste informazioni vengono utilizzate dai progettisti per tarare comfort e rigidità di un telaio. Un telaio rigido e una guarnitura semirigida, abbinati a un cannotto sella e a un manubrio con basso modulo di Young, adatti a flettersi e assorbire le vibrazioni, possono dare vita a un mezzo complessivamente più efficiente.

I calcoli di base vengono fatti con i più semplici materiali per telaio, come tubi metallici di dimensioni e spessore costanti. In realtà, le biciclette utilizzano tubi irrobustiti di spessore variabile, tubi con profili aerodinamici, tubi curvi, tubi in alluminio idroformato e forme plastiche rinforzate con fibra di carbonio, ben lontani dai semplici tubi.

Rigidità dei materiali

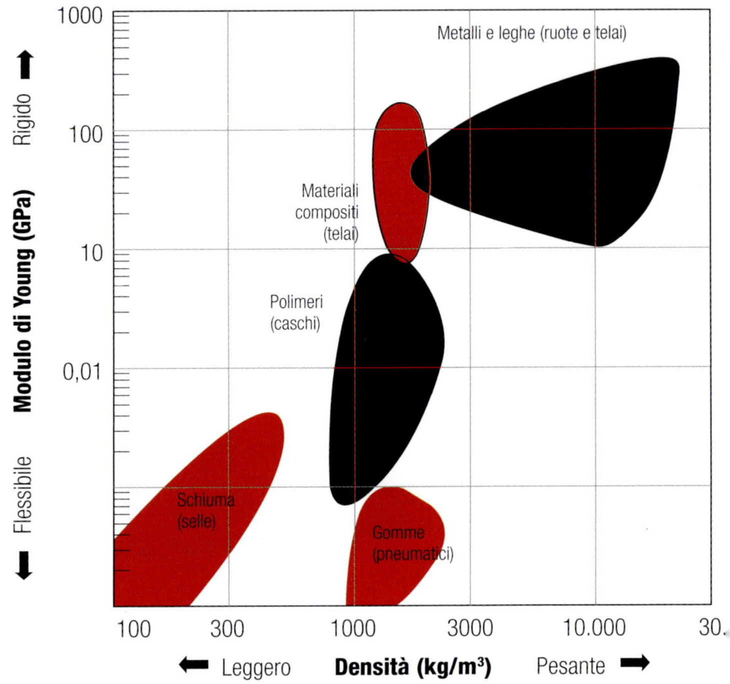

▲ ***Rigido o flessibile?*** *Questo grafico mostra la gamma di rigidità e peso per i materiali utilizzati nella costruzione di biciclette. Nessuno vuole una sella rigida quanto un tubo orizzontale, ma le pedivelle dovrebbero essere il più rigide possibile per trasferire con efficienza l'energia. Bisogna trovare il materiale della giusta densità e rigidità per ogni impiego. Negli anni '80 del '900 si tentò di immettere sul mercato una bicicletta in plastica, chiamata Itera, che fu un insuccesso commerciale, dovuto in parte alla mancanza di rigidità del mezzo [2]. Il grafico mostra una scala logaritmica: 1000 GPa equivalgono a 145 Mpsi [3].*

▶***Non tutti i metalli sono uguali*** *Maggiore è il modulo di Young (E), più rigido è il materiale. La lega media di acciaio al carbonio utilizzata per la maggior parte dei telai, per esempio, ha un modulo di Young di circa 206,8 GPa o 30 Mpsi (30 milioni di psi), mentre la lega di alluminio classe 6061-T6 ha un modulo di Young di 68,9 GPa o 10 Mpsi. Che l'acciaio sia più rigido dell'alluminio a parità di spessore non sorprenderà chiunque abbia provato a piegare entrambi: l'acciaio è più difficile da deformare e il modulo di Young quantifica la differenza. Il grafico a destra indica il modulo di Young relativo a una serie di metalli.*

Importante

Il modulo di Young si calcola in questo modo:

$$E = \frac{\sigma}{\varepsilon}$$

Dove:

E = modulo di Young (Pa)

σ = sforzo (Pa)

ε = deformazione relativa

Importante

Ci sono due motivi principali per cui oggi la maggior parte delle biciclette funziona senza problemi. Il primo è che la produzione di telai è un'industria matura, che ha avuto anni per eliminare attraverso tentativi e aggiustamenti la maggior parte degli errori fatti nei primi tempi. È vero che di recente alcuni utilizzatori di materiali innovativi hanno dovuto progredire a proprie spese, ma anche loro sono stati aiutati dal secondo motivo di fondo per cui i telai sono affidabili: il facile accesso a software di modellazione 3D e la potenza di calcolo a costi contenuti.

Rigidità dei metalli da telaio

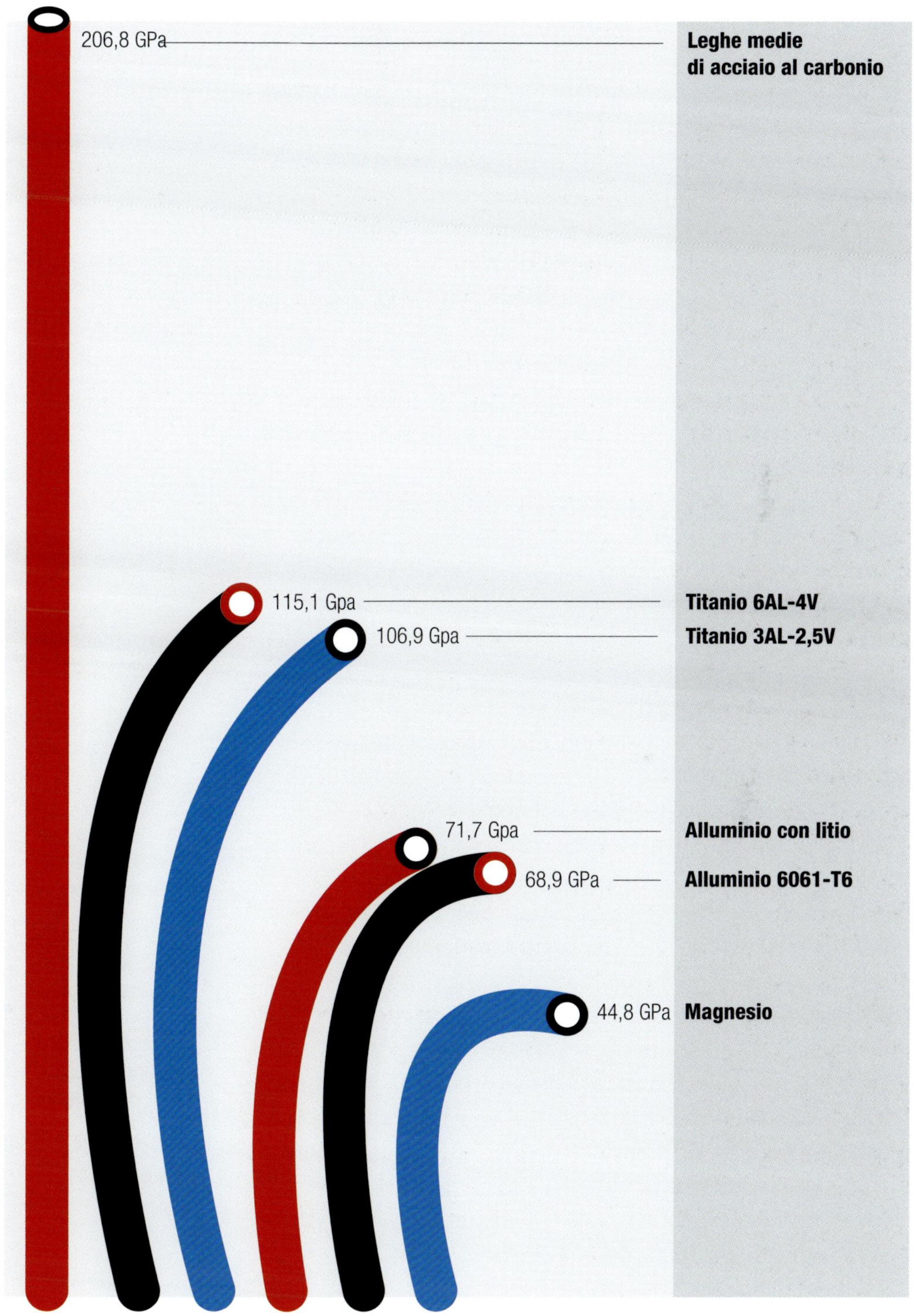

Quanto è importante il carico di rottura?

Quando rischio di rompere il telaio?

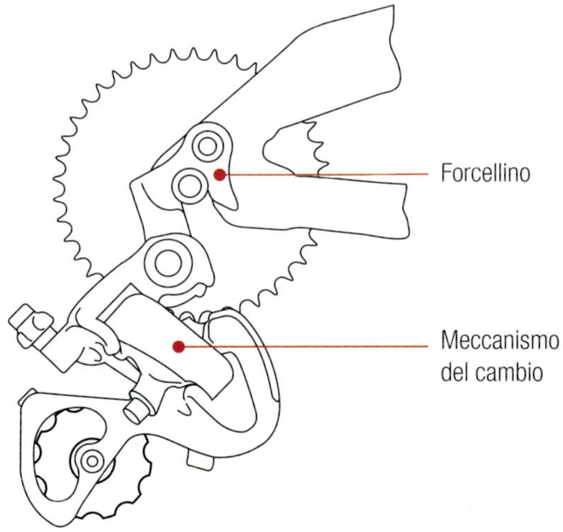

Per evitare che un componente della bicicletta si pieghi o subisca distorsioni durante l'uso, i produttori optano per materiali con limite elastico molto superiore allo sforzo e alla tensione ai quali sono sottoposti normalmente. Qualsiasi bicicletta, però, può subire occasionalmente uno sforzo maggiore, per esempio quando incontra una buca. Piegare una parte in modo che rimanga deformata per sempre può essere un inconveniente, ma romperla è ancora peggio, soprattutto se accade all'improvviso.

Il punto di rottura si raggiunge quando i livelli di sforzo vanno al di là del limite elastico, raggiungendo quello che viene chiamato "carico di rottura" (nei Paesi anglosassoni UTS o TS, da "Ultimate Tensile Strength"). Se il telaio di una bicicletta è costituito da un materiale che ha un grande divario tra limite elastico e carico di rottura, il ciclista dovrebbe avere la possibilità di individuare la deformazione prima che si arrivi al completo cedimento.

Come fanno i produttori a capire quali sono, nei materiali utilizzati, tali parametri tanto cruciali per la sicurezza? Raccolgono dati da test distruttivi in laboratorio, con campioni sottoposti a carichi misurati. I dati necessari includono la superficie della sezione trasversale del campione prima che il test abbia inizio e la forza massima di trazione (allungamento) che dev'essere applicata per rompere il materiale. Il carico di rottura (in Pa) è il rapporto tra la forza applicata (in kg) e la superficie della sezione trasversale (in cm^2); un'unità più utile è il megapascal (MPa).

Naturalmente componenti più spessi evitano catastrofiche rotture, dato che maggiore è la superficie della sezione trasversale, maggiore è la forza necessaria per provocare danni. Ma questo renderebbe il mezzo più pesante, cosa che i progettisti cercano di evitare. Gli ingegneri devono destreggiarsi tra tutti questi requisiti in conflitto tra loro per poter scegliere dei materiali che rimarranno intatti quando usati correttamente. Quindi basta evitare buche enormi e il carico di rottura dovrebbe garantirvi una bicicletta integra.

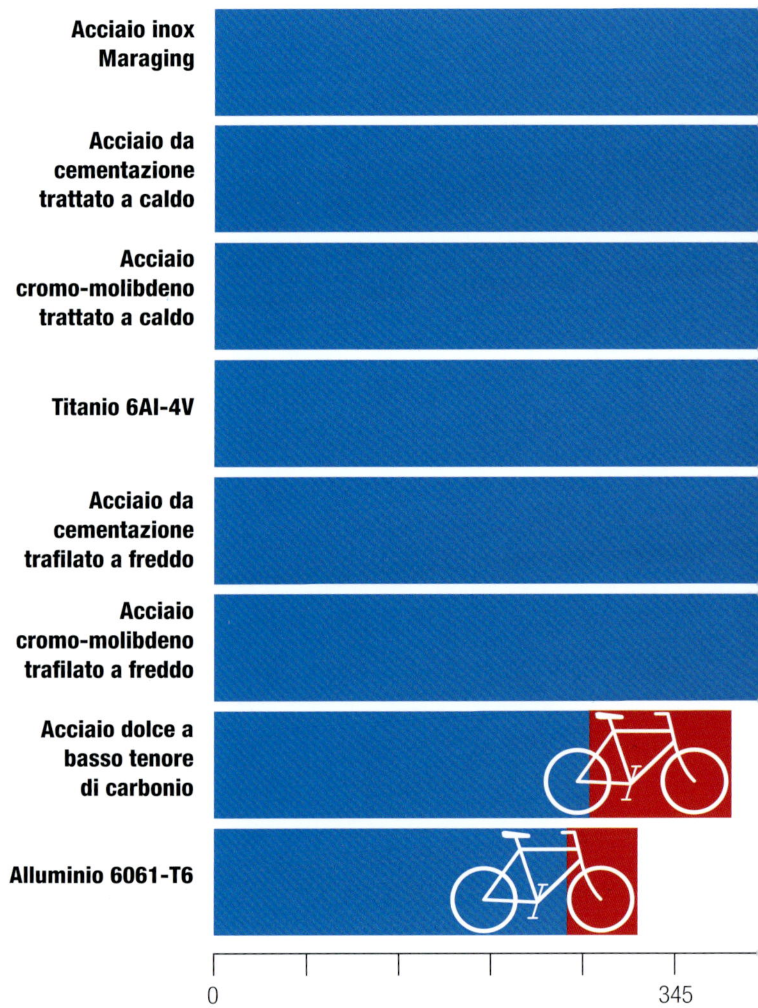

Design e forza relativa

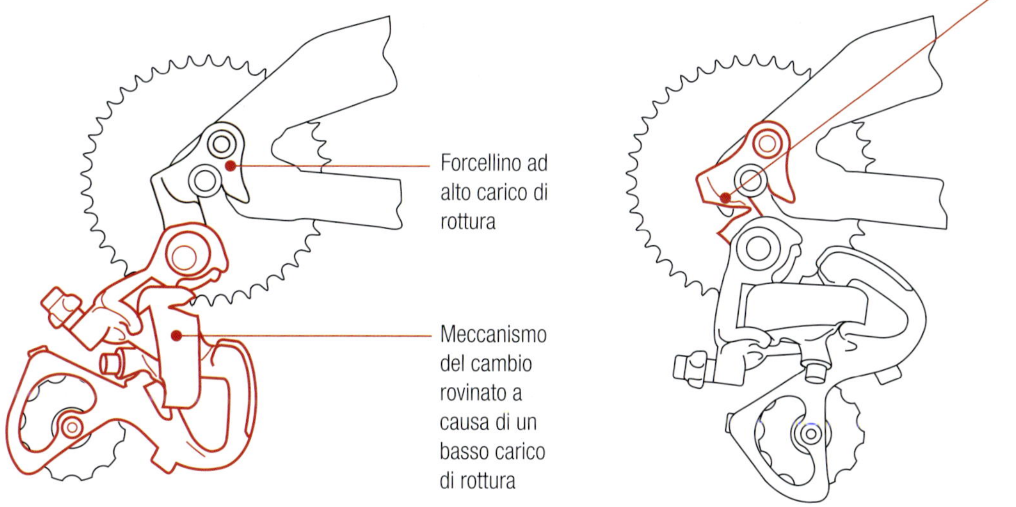

◀ ***Sopravvivono i migliori*** *Una bicicletta è fatta di molti componenti, ognuno con un proprio carico di rottura. Se uno di questi è troppo forte, potrebbe portare alla rottura di un pezzo adiacente, quindi è di vitale importanza assicurarsi che tutti lavorino insieme. Alcuni produttori progettano volutamente elementi "sacrificabili" per proteggere le parti delicate come il cambio posteriore. I primi cambi si rompevano spesso perché i forcellini erano troppo resistenti. Oggi i forcellini, facilmente sostituibili, sono progettati per raggiungere il carico di rottura e rompersi prima che lo faccia il più costoso meccanismo del cambio.*

Deformazione e rottura

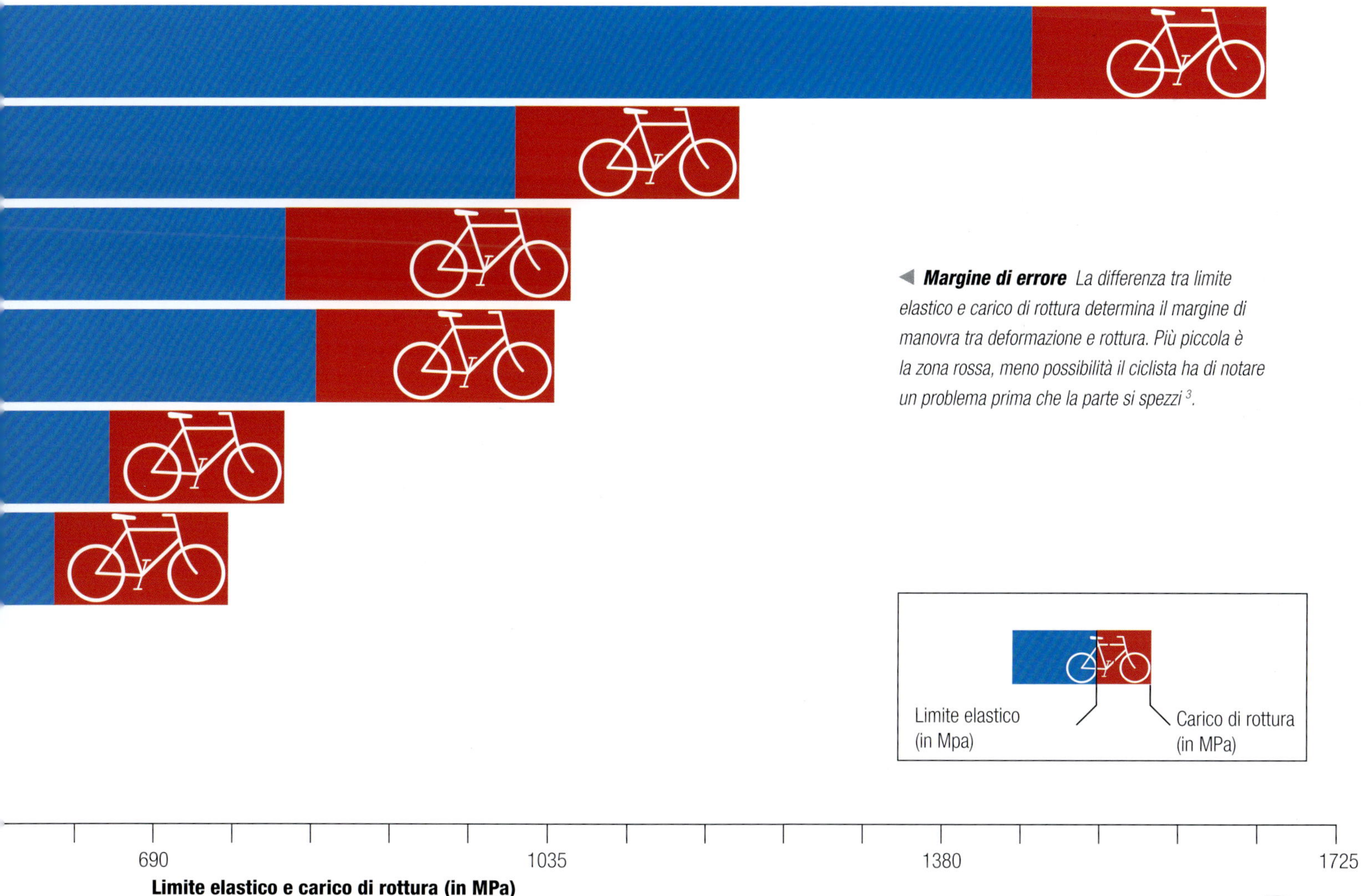

◀ ***Margine di errore*** *La differenza tra limite elastico e carico di rottura determina il margine di manovra tra deformazione e rottura. Più piccola è la zona rossa, meno possibilità il ciclista ha di notare un problema prima che la parte si spezzi*[3].

attrezzatura:
geometria del telaio

La grande maggioranza dei telai di bicicletta si basa strutturalmente sulla forma preferita dagli ingegneri: il triangolo. Perché? Perché il triangolo è la più stabile tra tutte le figure geometriche bidimensionali. Una volta decisa la lunghezza di tutti i lati, gli angoli sono determinati automaticamente e non possono assumere nessun altro valore. Il triangolo può essere deformato solo modificando la lunghezza di uno dei lati o spezzandolo. Questo significa che se l'angolo di un telaio è soggetto a una forte sollecitazione (per esempio, una salita ripida, una brusca frenata o uno scontro), la struttura tenderà a mantenere la sua forma. Questo non sarebbe vero per altre figure bidimensionali, come il quadrato, che cambiano facilmente la loro angolazione anche quando la lunghezza dei lati rimane fissa.

Il triangolo principale di una bicicletta è costituito dal tubo orizzontale, da quello obliquo e dal tubo sella. Quest'ultimo fa parte anche di un altro triangolo, che comprende i due foderi, orizzontale e verticale, che si collegano all'asse della ruota posteriore. La combinazione tra i due triangoli è comunemente detta "telaio a diamante". È vero che il tubo sterzo può aggiungere un quarto lato più breve al triangolo principale, e che non tutti gli elementi formano una linea retta, ma i progettisti cercano di avvicinarsi il più possibile a un triangolo, perché in questo modo ottengono la struttura più rigida su un unico piano per una determinata massa di materiale. Anche sulle biciclette con doppie sospensioni, che non hanno il fodero verticale,

Distribuzione delle forze

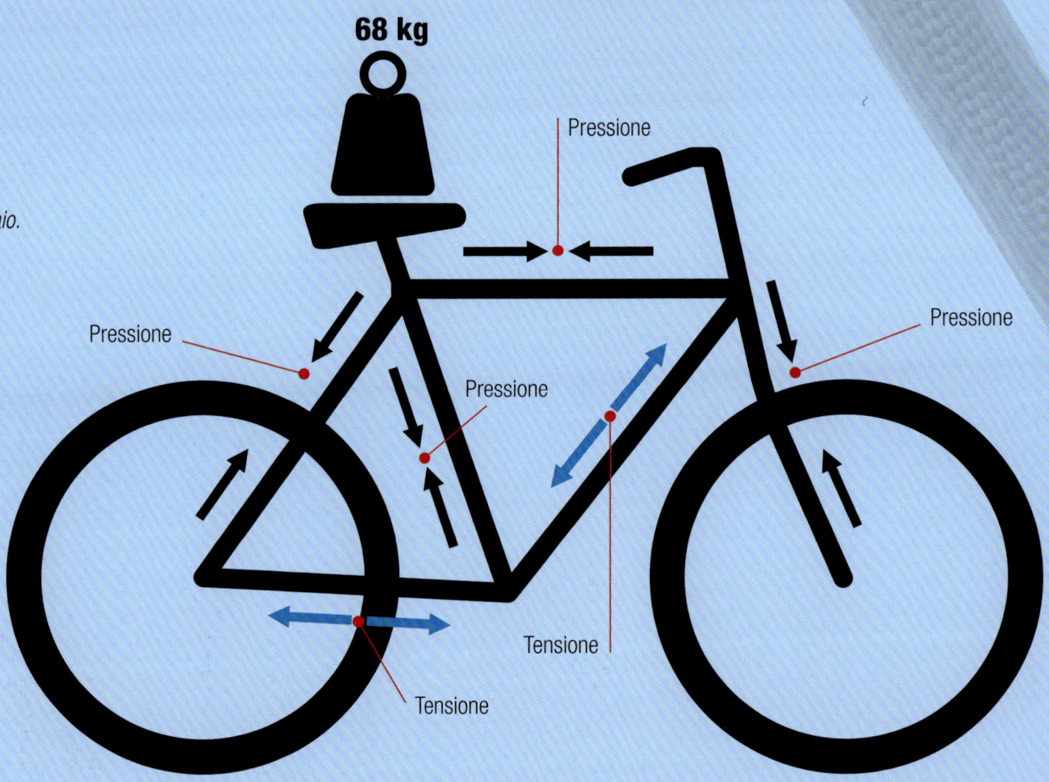

▶ ***Distribuzione delle forze in un triangolo***
Quando viene applicata una forza a uno degli angoli del telaio, come quando un ciclista siede sulla sella, il carico viene distribuito alle ruote attraverso l'intero telaio. Il tubo orizzontale, il tubo sella e i foderi verticali sono sotto pressione, mentre il fodero orizzontale e il tubo obliquo sono sottoposti a tensione. La stabilità del triangolo fa sì che il carico venga distribuito con il minimo rischio di distorsione del telaio. Anche la forcella è sotto pressione.

la ruota posteriore è sempre tenuta in posizione da un triangolo. Il triangolo è la chiave della stabilità di una bicicletta, perché i tre tubi fissi dividono tra loro la distribuzione delle forze quando sono sottoposti a pressione o a tensione, con rischio minimo di distorsione.

▼***Il lavoro laterale dei triangoli*** *I triangoli lavorano anche lateralmente, oltre che verticalmente. Basta guardare una qualsiasi bicicletta da dietro per vedere che il perno della ruota e i foderi verticali formano un terzo triangolo, che conferisce stabilità laterale; ecco perché i foderi verticali si congiungono quasi sempre a un punto centrale dietro il tubo sella. Un quarto triangolo si può vedere guardando la ruota posteriore; il fodero orizzontale diverge dal movimento centrale e utilizza l'asse posteriore come terzo lato del triangolo. E la forcella anteriore? Un altro triangolo, dal perno della ruota al tubo sterzo, offre una configurazione rigida a tre lati.*

Triangoli laterali

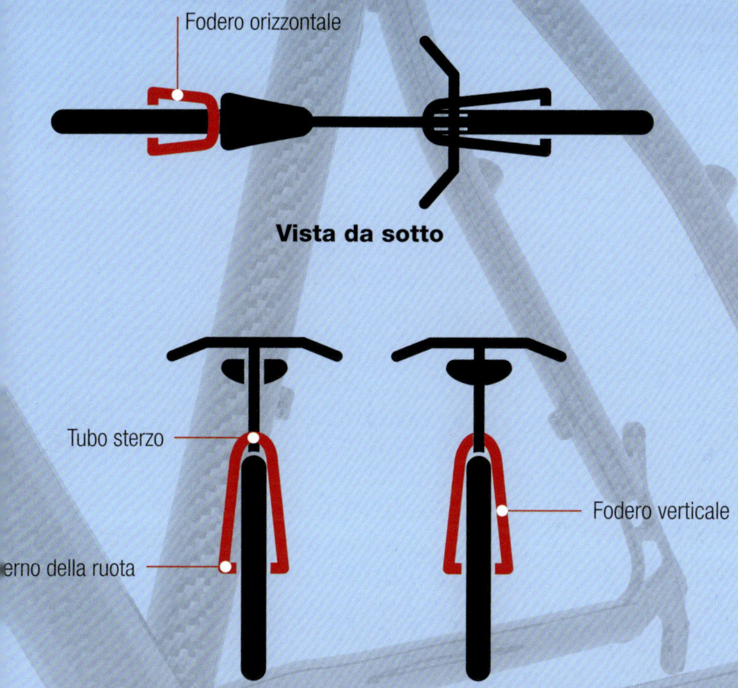

Triangoli a diamante

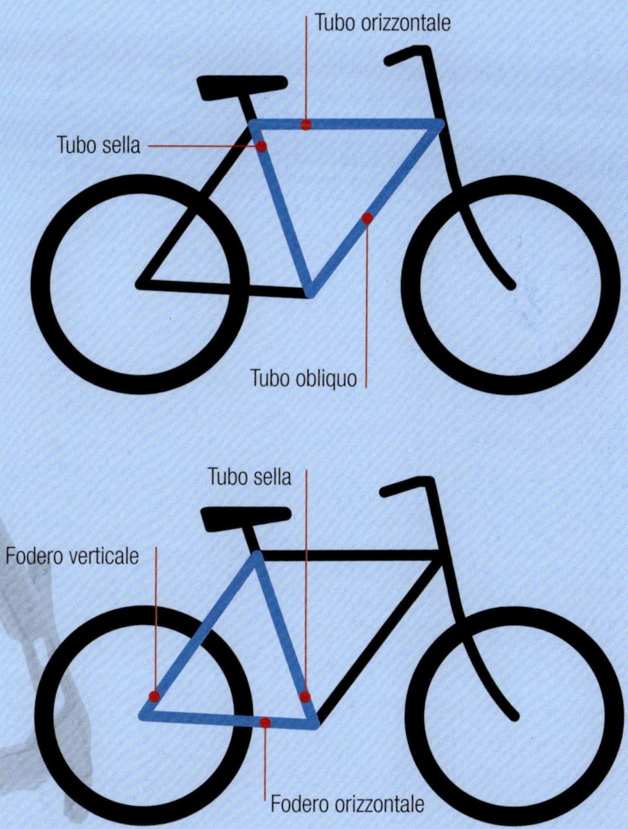

Esiste una forma ottimale per il telaio?

Esiste una bicicletta perfetta?

Ognuno di noi può pensare che la propria bicicletta sia perfetta, ma in realtà ci sono centinaia di migliaia di modelli perfetti. Per scegliere quello a noi più congeniale, è necessario imparare qualcosa sulla geometria del telaio. La lunghezza dei tubi e gli angoli da essi formati, la geometria dei foderi e della forcella sono tutti cruciali per una seduta e una funzionalità perfette.

Per i telai di biciclette, si prende come piano di riferimento il livello del suolo; si dice quindi che un tubo verticale è a 90° e un tubo orizzontale a 0°. Semplificando, più il tubo sella e il tubo sterzo sono verticali, più il telaio sarà adatto a una corsa veloce, perché lo sterzo tenderà a essere più diretto e sensibile. Questo perché il punto in cui lo pneumatico anteriore tocca il suolo è appena dietro il punto in cui è toccato da una linea verticale che passa dal tubo sterzo, chiamata "asse dello sterzo". La distanza immaginaria tra i due punti è detta "avancorsa", e le sue dimensioni sono importanti. Viceversa, se il tubo sterzo è più inclinato all'indietro, lo sterzo sarà meno sensibile, perché l'avancorsa è maggiore. Un angolo rilassato rende anche la guida più fluida, perché le forcelle assorbono più facilmente le vibrazioni della strada. Così i campioni di triathlon possono optare per un telaio con tubo sella e tubo sterzo che formano un angolo di 76° con il piano orizzontale, mentre un pendolare di buon senso sceglierà un angolo di 65°[4]. L'angolo di sterzo non è l'unico fattore importante nella maneggevolezza della bicicletta. La maggior parte delle forcelle sono curvate e spostano così l'asse in avanti, riducendo l'avancorsa. Maggiore è la curvatura, più lo sterzo tende a raddrizzarsi – una caratteristica conosciuta come "effetto raddrizzante" – e maggiore è lo sforzo richiesto per girare il manubrio. Oggi i costruttori di telai sembrano essersi accordati su una curvatura di circa 45 mm[5].

L'angolazione del tubo sella influisce su comfort e potenza. Un angolo acuto pone le cosce del ciclista sopra la guarnitura, rendendo più efficiente la pedalata. Un angolo più ampio, invece, assorbe meglio le vibrazioni, non trasmesse così alla sella.

Curvatura della forcella e avancorsa

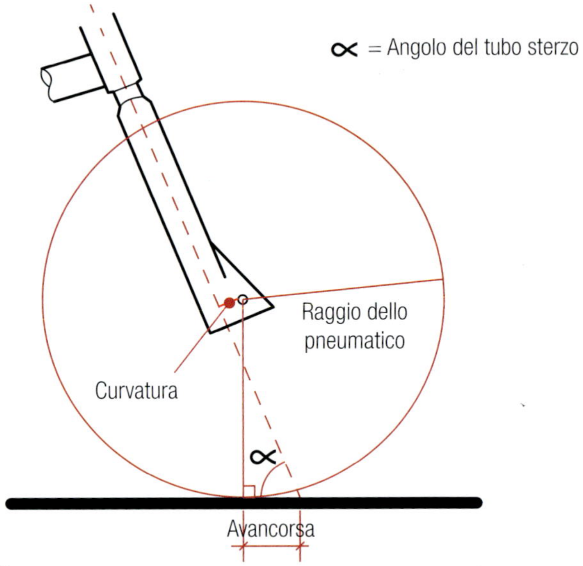

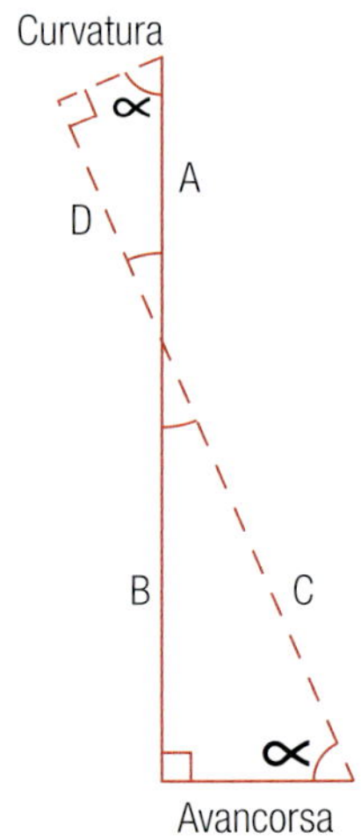

$$\cos\alpha = \frac{\text{curvatura}}{\text{A}}$$

$$\text{A} = \frac{\text{curvatura}}{\cos\alpha}$$

$$\text{A} + \text{B} = \text{raggio pneumatico}$$

$$\text{B} = \text{raggio pneumatico} - \frac{\text{curvatura}}{\cos\alpha}$$

$$\tan\alpha = \frac{\text{B}}{\text{avancorsa}}$$

$$\tan\alpha = \frac{\text{raggio pneumatico} - \frac{\text{curvatura}}{\cos\alpha}}{\text{avancorsa}}$$

$$\text{avancorsa} = \frac{\text{raggio pneumatico} - \frac{\text{curvatura}}{\cos\alpha}}{\tan\alpha}$$

▲ ***Un assetto perfetto*** *Non sono solo l'angolazione e la lunghezza del tubo sterzo a essere importanti. Altri parametri che migliorano l'assetto di una bicicletta sono l'altezza del movimento centrale, l'angolo del tubo orizzontale e il fatto che i tubi e i foderi siano diritti o curvi: le varianti sono infinite. Per avere una bici perfetta, ci vuole un telaio costruito su misura, ma molte biciclette standard possono essere regolate quasi alla perfezione per un utente di corporatura media. La curvatura della forcella e l'avancorsa giocano un ruolo importante nella maneggevolezza dello sterzo.*

Comfort ed efficienza a confronto

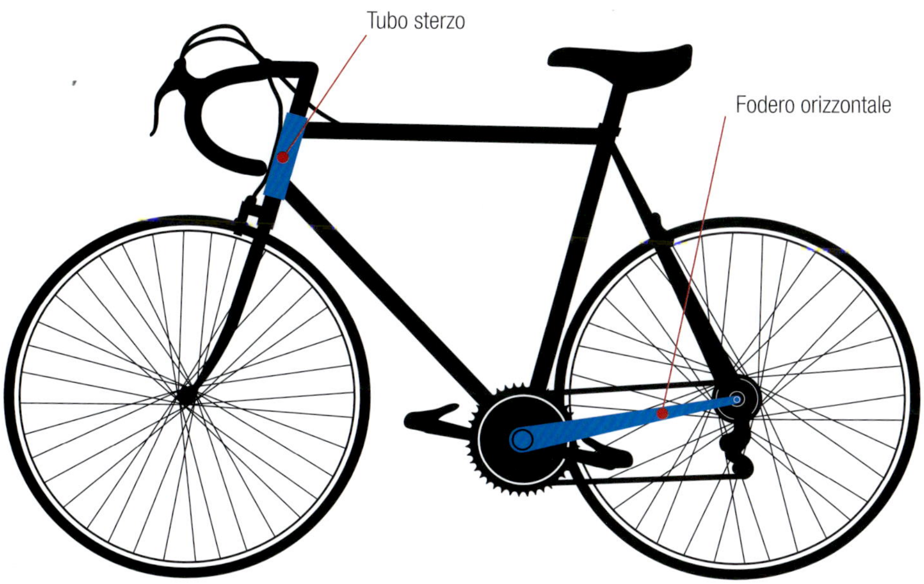

Un angolo rilassato rende anche la guida più fluida, perché le forcelle assorbono più facilmente le vibrazioni della strada.

▲***Come sarà la guida?*** *Insieme alla loro angolazione, anche la lunghezza dei tubi del telaio determina il comfort e l'efficienza del ciclista. Per un assetto più aerodinamico, è meglio scegliere un tubo sterzo corto e angoli stretti, una combinazione che manterrà il manubrio basso, in modo che il ciclista tenda a piegarsi in avanti e in giù, fendendo il vento. Per una postura più eretta e rilassata, è consigliabile un tubo sterzo più lungo, che alza il manubrio. Foderi orizzontali più lunghi offrono un maggiore comfort aumentando la distanza tra le ruote, ma la catena più lunga e più pesante richiesta avrà un'efficienza meccanica inferiore.*

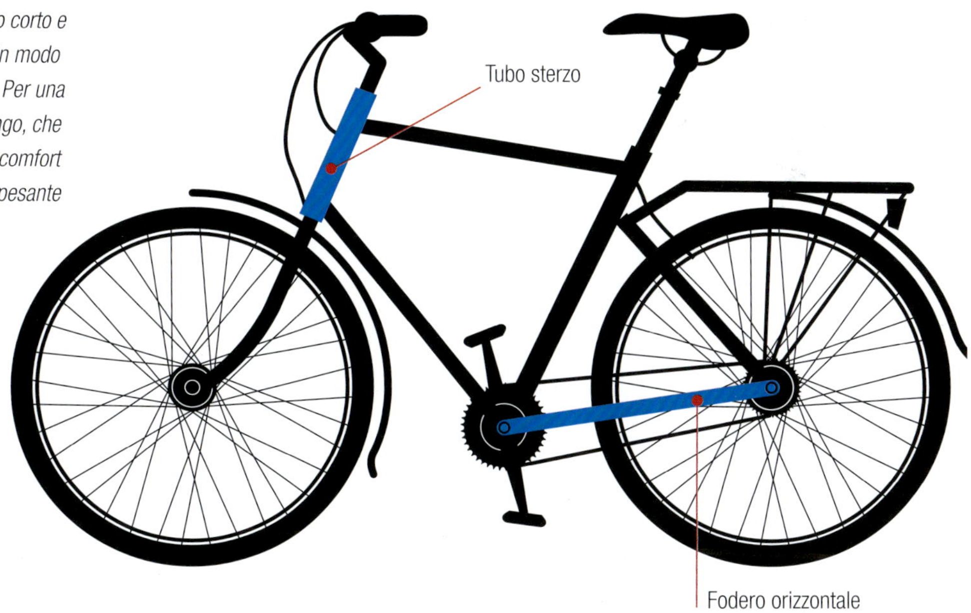

Come calcolare l'assetto ideale?

Ho la bici giusta per il mio fisico?

I negozi di biciclette offrono in genere telai di diverse misure, adatti alle dimensioni medie, ma i ciclisti sono molto diversi tra loro per forma e corporatura. È importante avere un telaio delle giuste dimensioni per ottimizzare potenza, equilibrio, comfort e controllo del mezzo.

Le teorie sul calcolo dell'assetto sono tanto numerose quanto le ossa del corpo umano. Diversi sistemi di misurazione arrivano ai minimi dettagli ma, per la maggior parte dei ciclisti, sono necessarie solo un paio di misure per avvicinarsi alla perfezione. La misura chiave è la lunghezza interna della gamba, ma anche altezza e lunghezza di busto e braccia sono utili per affinare la scelta. Mettetevi in piedi, con la schiena appoggiata a una parete e i piedi nudi a una distanza di 15 cm. Fate scivolare un libro tra le gambe e contro il muro, poi tiratelo su fino al cavallo. Prendete la misura dal bordo superiore del libro al pavimento. Rifatelo tre volte e fate la media. Usate questa misura per scegliere la bici che fa per voi; molti produttori forniscono una tabella.

Tuttavia, per quanto vi siate misurati con precisione, l'industria della bicicletta genera confusione. In genere le misure delle mountain bike sono date in pollici e quelle delle bici da strada in centimetri. Alcuni produttori dividono i telai in "small" o "large", quindi chiedete misure specifiche o portate con voi un metro. Le dimensioni del telaio possono essere definite in diversi modi, per cui controllate sempre. Anche la posizione della sella è critica e determina una differenze in termini di comfort, stabilità e potenza. Una regola empirica è quella di avere il tubo sterzo a una distanza dalla punta della sella pari alla larghezza delle spalle. Non preoccupatevi se sospettate che il telaio non sia della giusta dimensione, perché si possono regolare l'altezza del cannotto sella, la posizione di sella, manubrio, pipa manubrio e pedivelle.

Definire le dimensioni

▶ ***Nel telaio*** *Ci sono diversi modi per valutare le dimensioni di un telaio. Per esempio, la lunghezza del tubo sella può essere descritta come quella che va dal centro del movimento centrale al centro del tubo orizzontale (C-C), oppure alla sommità del tubo sella (C-T), o ancora a un punto virtuale in cui i due tubi si incontrerebbero se il tubo orizzontale fosse trasversale al tubo sella.*

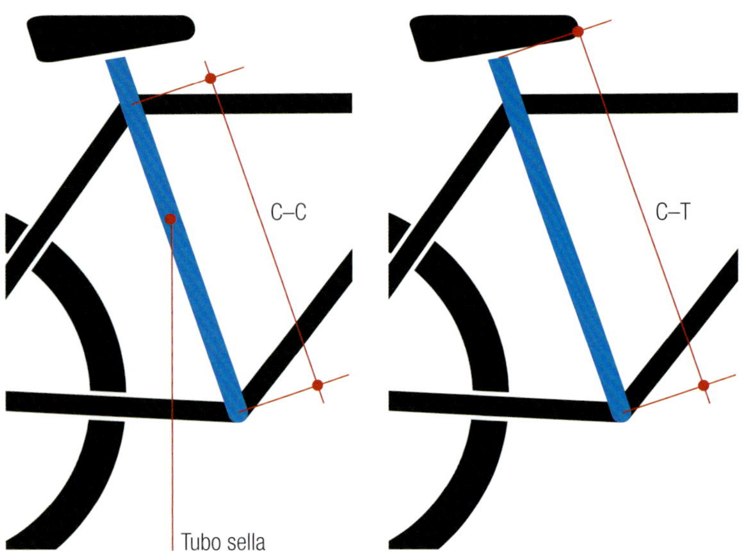

Importante

Per chi ha misure fuori dallo schema o per i ciclisti perfezionisti è possibile rivolgersi a un costruttore artigianale di telai per avere un mezzo su misura; in questo caso la bicicletta calzerà come un guanto. Qui sotto diamo le formule più comuni per calcolare le dimensioni del telaio (un metro a nastro e un rivenditore esperto possono essere preziosi).

Tubo sella = lunghezza gamba interna x 0,64
Tubo orizzontale = (lunghezza del braccio + lunghezza dal cavallo allo sterno) x 0,51

Grafico delle misure del telaio per biciclette da strada per adulto con cerchi 700c (700 mm)

Altezza del cavallo del ciclista (colonne) – **Altezza ciclista** (righe)

ft	in	cm	25	25½	26	26½	27	27½	28	28½	29	29½	30	30½	31	31½	32	32½	33	33½	34	34½	35	35½	36	36½	37	37½ in
			64	65	66	67	69	70	71	72	74	75	76	77	79	80	81	83	84	85	86	88	89	90	91	93	94	95 cm
4' 8"	56	142	43	44	**45**	**46**	47	47																				
4' 8½"	56½	144	43	44	**45**	**46**	**47**	47	48																			
4' 9"	57	145		44	45	**46**	**47**	47	48																			
4' 9½"	57½	146		44	45	**46**	**47**	**47**	48	49																		
4' 10"	58	147			45	46	**47**	**47**	48	49																		
4' 10½"	58½	149			45	46	**47**	**47**	**48**	49	50																	
4' 11"	59	150			45	46	**47**	**47**	**48**	49	50																	
4' 11½"	59½	151				46	47	**47**	**48**	**49**	50	51																
5'	60	152				46	47	**47**	**48**	**49**	50	51																
5' ½"	60½	154					47	47	**48**	**49**	**50**	51	52															
5' 1"	61	155					47	47	**48**	**49**	**50**	51	52															
5' 1½"	61½	156						47	48	**49**	**50**	**51**	52	53														
5' 2"	62	157						47	48	**49**	**50**	**51**	52	53														
5' 2½"	62½	159							48	49	**50**	**51**	**52**	53	54													
5' 3"	63	160							48	49	**50**	**51**	**52**	53	54													
5' 3½"	63½	161							48	49	50	**51**	**52**	53	54	54												
5' 4"	64	163								49	50	**51**	**52**	**53**	54	54												
5' 4½"	64½	164								49	50	51	**52**	**53**	54	54	55											
5' 5"	65	165									50	51	**52**	**53**	**54**	54	55											
5' 5½"	65½	166									50	51	**52**	**53**	**54**	54	55	56										
5' 6"	66	168										51	52	**53**	**54**	**54**	55	56										
5' 6½"	66½	169										51	52	**53**	**54**	**54**	55	56	57									
5' 7"	67	170										51	52	53	**54**	**54**	**55**	56	57									
5' 7½"	67½	171											52	53	**54**	**54**	**55**	56	57	58								
5' 8"	68	173											52	53	54	**54**	**55**	**56**	57	58								
5' 8½"	68½	174												53	54	**54**	**55**	**56**	57	58	59							
5' 9"	69	175												53	54	54	**55**	**56**	**57**	58	59							
5' 9½"	69½	177													54	54	**55**	**56**	**57**	58	59	60						
5' 10"	70	178													54	54	55	**56**	**57**	**58**	59	60						
5' 10½"	70½	179														54	55	**56**	**57**	**58**	59	60	60					
5' 11"	71	180														54	55	**56**	**57**	**58**	**59**	60	60					
5' 11½"	71½	182														54	55	56	**57**	**58**	**59**	60	60	61				
6'	72	183															55	56	**57**	**58**	**59**	**60**	60	61				
6' ½"	72½	184															55	56	57	**58**	**59**	**60**	60	61	62			
6' 1"	73	186																56	57	**58**	**59**	**60**	**60**	61	62			
6' 1½"	73 ½	187																56	57	58	**59**	**60**	**60**	61	62	63		
6' 2"	74	188																	57	58	**59**	**60**	**60**	**61**	62	63		
6' 2½"	74½	189																	57	58	59	**60**	**60**	**61**	62	63	64	
6' 3"	75	191																		58	59	**60**	**60**	**61**	**62**	63	64	
6' 3½"	75½	192																		58	59	60	**60**	**61**	**62**	63	64	65
6' 4"	76	193																		58	59	60	**60**	**61**	**62**	63	64	65

Lunghezza pedivella: 165 mm – 170 mm – 172,5 mm – 175 mm

◄ ▼ ***Trovare l'assetto giusto*** *Questa tabella si riferisce a ciclisti di taglia media e non sempre è valida per individui con arti lunghi e busto corto o viceversa. Tuttavia, in questi casi potrebbe essere d'aiuto sostituire dei componenti, come il manubrio, la pipa manubrio, il cannotto reggisella o le pedivelle. Esistono tabelle specifiche per biciclette da strada, mountain bike e BMX, che riflettono le diverse esigenze come l'altezza dal suolo e la distanza tra cavallo e tubo orizzontale* [6].

Le misure del telaio sono date in cm, dal centro alla sommità (C-T); sottrarre da 1,5 a 2 cm per avere la misura da centro a centro (C-C). Dimensioni del telaio e lunghezza delle pedivelle sono solo punti di partenza.

45 Misura standard per altezza/cavallo

45 Misura possibile per altezza/cavallo

Quanta energia assorbe un telaio? → Sto sprecando la mia potenza sui pedali?

A nessuno piace sprecare, in particolare la propria energia. È questo l'unico motivo per cui i telai rigidi sono tanto attraenti: alcuni ciclisti temono che un telaio flessibile possa disperdere la potenza dei pedali dalla trasmissione e dalla ruota posteriore.

Pedalare non è un'azione simmetrica: una gamba spinge in avanti e in su mentre l'altra è a riposo o tira indietro e in giù. Delle buone pedivelle sono abbastanza rigide, quindi tale squilibrio potrebbe essere trasmesso al movimento centrale: questo si muove da un lato all'altro, applicando un momento meccanico (forza rotatoria) su tubo obliquo, tubo sella e fodero orizzontale, disperdendo così energia. Alcuni ciclisti giurano di percepire il movimento, ma è estremamente difficile trovare uno studio scientifico che dimostri che parte della loro energia cinetica viene utilizzata per distorcere i tubi del telaio e quindi dispersa sotto forma di calore.

L'opinione prevalente è che il telaio si comporti come una molla. Quando il movimento centrale si sposta di lato, una certa quantità di energia viene immagazzinata come energia potenziale (come in una molla allungata). Questa viene quindi rilasciata quando il telaio ritorna in posizione neutra e va ad aggiungersi alla forza della pedalata mentre l'altro piede spinge in avanti e in giù. Questa azione si ripete a ogni pedalata, quindi il risultato finale dovrebbe essere una perdita zero.

Esperimenti condotti su alcuni telai da corsa, sottoposti a forze di deflessione che simulano l'azione della pedalata, hanno dimostrato che è necessaria una forza di circa 8 kg (78 N) per deviare solo di 1 mm i telai all'altezza del movimento centrale; quelli più rigidi non si spostano finché la forza non raggiunge i 12,4 kg (122 N). Gli sperimentatori hanno concluso che qualsiasi telaio maggiore a 8,1 kg (80 N) presenta una rigidità accettabile (e perdite di energia trascurabili)[7]. I ciclisti non dovrebbero preoccuparsi che il telaio disperda la loro energia: la bicicletta è uno dei mezzi di trasporto più efficienti sulla Terra.

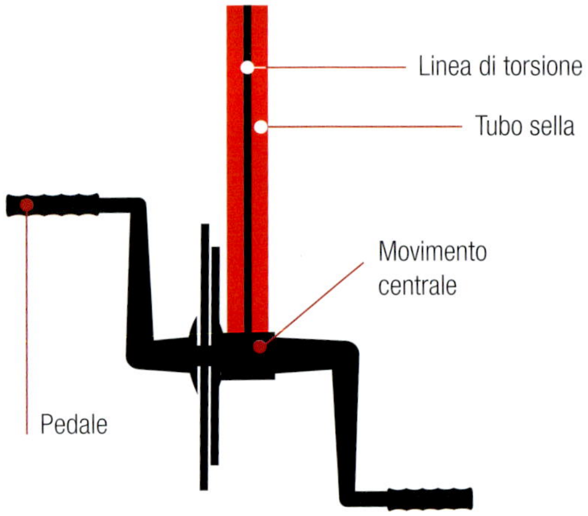

▲▼ ***In che modo la pedalata può provocare deformazioni al telaio*** *La dinamica della pedalata crea forze di rotazione e tensione nei tubi del telaio che sono collegati al movimento centrale. Queste forze possono ruotare il movimento centrale e flettere i tubi, che però tornano alla loro posizione quando la forza è applicata al pedale opposto. Il risultato più probabile è che questa flessione non assorba una gran quantità dell'energia del ciclista.*

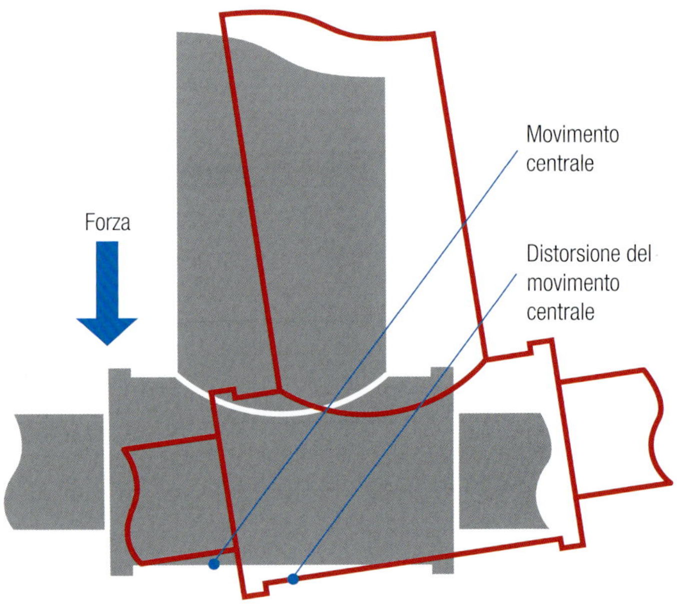

“I ciclisti non dovrebbero preoccuparsi che il telaio disperda la loro energia.

Torsione del telaio

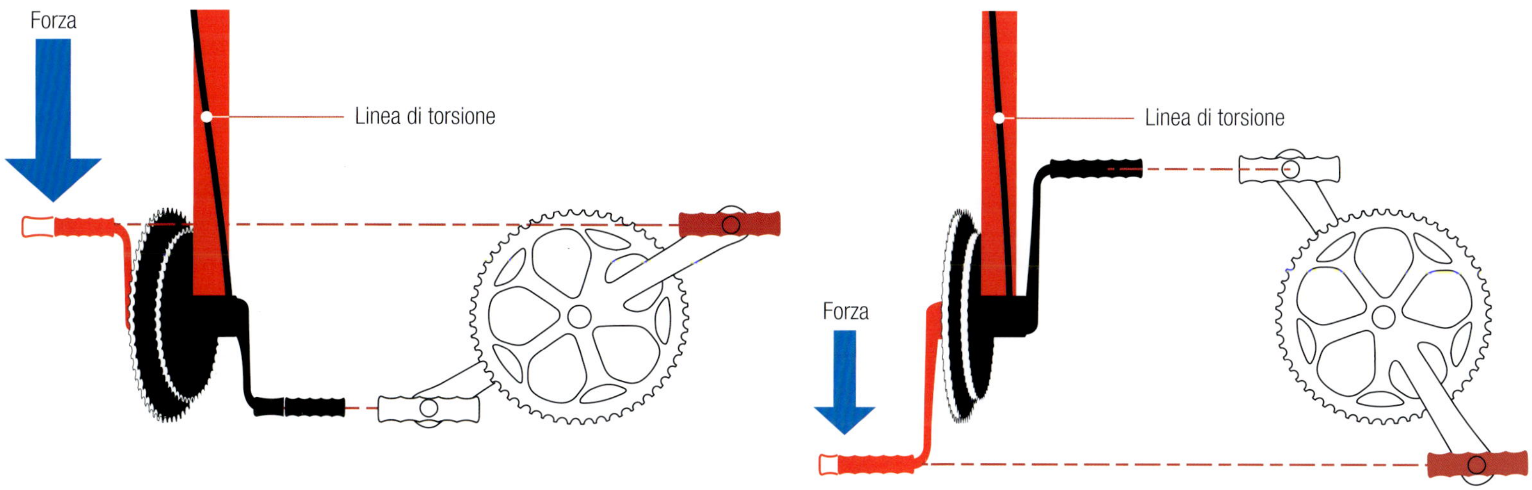

Flessione media

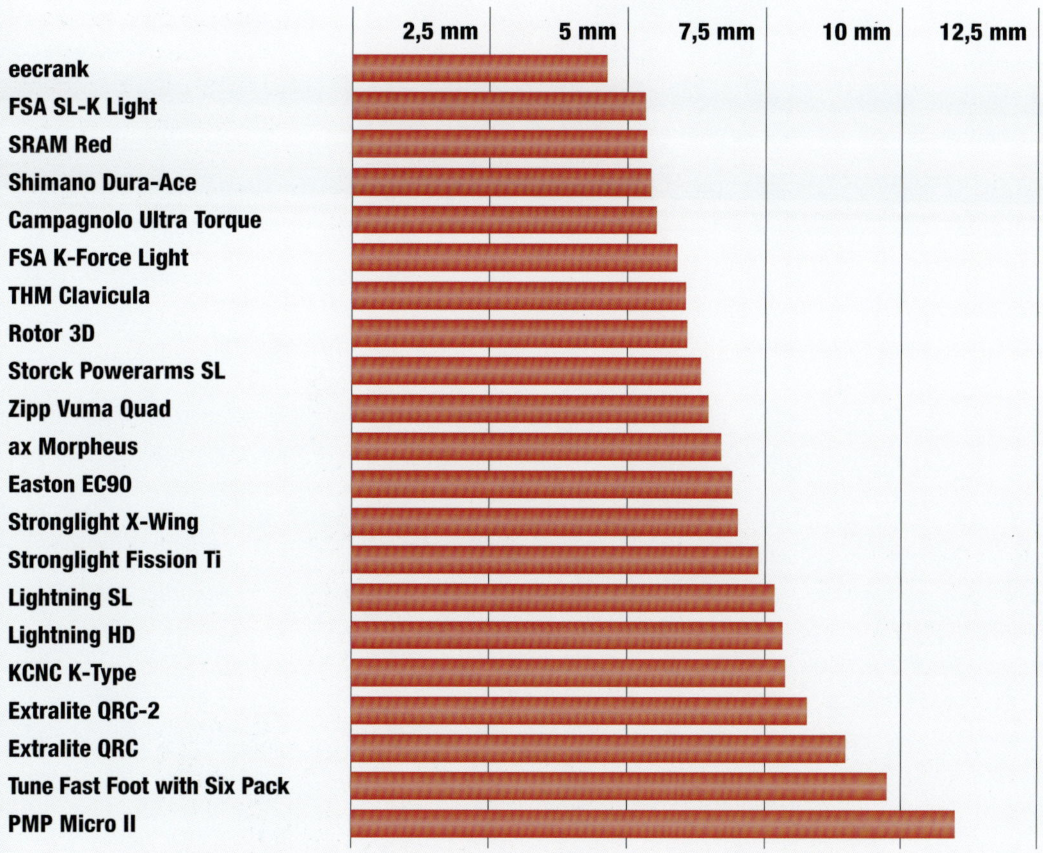

Flessione della pedivella

◀ ***Rigido come una pedivella***

Alla fin fine, il grado di rigidità ottimale è determinato dalle preferenze personali in termini di maneggevolezza e comfort. Una bicicletta molto rigida può perdere contatto con la strada sui terreni accidentati e ridurre la capacità di controllo del ciclista. Viceversa, un telaio molto flessibile può essere più confortevole ma anche meno prevedibile in caso di manovre repentine. L'ingegnere di biciclette Jason Woznic ha testato una serie di pedivelle molto diffuse per calcolare la loro flessione media. Ogni braccio è stato caricato con 22,6 kg (222 N); successivamente è stato aggiunto un peso di 90,7 kg (890 N) e sono stati registrate le variazioni di flessione. L'esperimento è stato poi ripetuto ed è stata calcolata la flessione media[8].

scienza in azione

controllare le forze

I ciclisti usano forza e movimenti non solo per pedalare e sterzare, ma anche per attenuare forze che altrimenti potrebbero danneggiare la bicicletta o minacciare la loro stabilità. Proprio come uno stuntman rotola per attutire una caduta, i ciclisti piegano le braccia, il busto e le ginocchia e spostano il peso per contrastare un brusco cambiamento di velocità, risparmiando danni al mezzo e aiutandoli a rimanere diritti. Gli esperti possono credere che queste azioni siano istintive, ma gli esseri umani hanno dovuto imparare ad andare in bicicletta, quindi è solo attraverso la pratica che sappiamo che cosa fare per evitare un sobbalzo dovuto alla rottura della forcella o una caduta per cedimento di una ruota. Nessuno vuole biciclette pesanti e ultraspecializzate, quindi ricorriamo al corpo per mediare in sicurezza tra velocità e forza di gravità.

Le competizioni BMX sono i test che più mettono alla prova queste abilità. I ciclisti devono pedalare veloci e reagire in modo rapido e deciso per evitare insidie; sfruttano il terreno a loro vantaggio, riducendo costantemente le probabilità di una caduta catastrofica. Su una pista olimpionica, la frequenza massima di pedalata (cadenza) può superare i 170 giri al minuto (rpm) in 6 m, a 1,6 secondi dall'inizio. I campioni possono portare a termine una prova a cronometro in meno di 40 secondi, di cui solo 12 sono spesi pedalando, 10 saltando e 18 "pompando". Le donne, su un percorso modificato, possono spendere 15 secondi pedalando, 7 saltando e 18 "pompando"[9].

Passare da un'azione all'altra sterzando rapidamente richiede un controllo finissimo dei movimenti. Analisi condotte da alcuni ricercatori del Millennium Institute of Sport & Health di Auckland su dei filmati hanno rivelato che, durante il salto e il "pompaggio", lo schema di movimento dominante sono l'abduzione e adduzione orizzontale delle braccia, che si allontanano e si avvicinano al busto per ottenere il massimo controllo. Considerando l'alto numero di azioni da compiere in meno di un minuto, non sorprende che il BMX sia considerato lo sport che, tra le tutte le discipline ciclistiche, più si avvicina alla forza e alla potenza pure. Richiede un programma di allenamento che comprende esercizi di sollevamento pesi come squat, stacchi da terra e panca.

▶ ***Rilassamento in aria*** *Non c'è motivo di pedalare mentre si è in aria, quindi è un'occasione per riposare i muscoli delle gambe mentre si cambia posizione alle braccia per mantenere l'equilibrio. Si tratta inoltre di preparare il corpo ad assorbire parte delle forze dell'atterraggio. Una volta tornati sulla terraferma, si ricomincia subito a pedalare a raffica nel giro di pochi secondi. Gli olimpionici di BMX hanno dimostrato di sfruttare al massimo il tempo del salto per rilassarsi, in modo da essere meno affaticati quando entrano nello sprint finale*[10].

Le sospensioni incidono molto sull'efficienza?

Perché non tutte le bici hanno le molle?

Le sospensioni sono studiate per migliorare il comfort, la maneggevolezza e l'efficienza, ma comportano un costo, in termini di complessità, prezzo e peso. Possono anche richiedere uno sforzo maggiore nella pedalata, perché il sistema di molle assorbe parte dell'energia del ciclista, altrimenti utilizzabile per spingere il mezzo. I sistemi di sospensione erano popolari nell'800, in gran parte perché non erano stati ancora inventati gli pneumatici. Quando le ruote in gomma si diffusero, le sospensioni scomparvero quasi del tutto. Oggi sono tornate di moda grazie alle mountain bike, progettate dapprima con sospensioni anteriori e poi con sospensioni anteriori e posteriori (doppie sospensioni), per affrontare terreni ancora più impervi.

I vantaggi e gli svantaggi della guida con telaio rigido, con sospensioni anteriori o con doppie sospensioni sono stati valutati in esperimenti scientifici. Uno di questi ha dimostrato che, affrontando un dosso di 6 cm a velocità media, la sospensione anteriore riduce del 37% le forze verticali che agiscono su una bici e del 28% quelle orizzontali[11]. Queste ultime rallentano il mezzo, quindi, riducendole di oltre un quarto, ci vuole molta meno energia per spingere in avanti il mezzo. Ciò significa che c'è bisogno di meno energia per guidare una bicicletta con sospensioni anteriori che una mountain bike dal telaio rigido.

Un altro test ha messo a confronto una bici con sospensioni anteriori e una con doppie sospensioni. Quella a doppie sospensioni dimezza il movimento verticale della sella quando il mezzo supera dei dossi, rendendo più confortevole la guida. Ancor più interessante, ha rivelato una differenza nello sforzo del ciclista: quello alla guida della bici con doppie sospensioni ha consumato il 30% in meno di ossigeno rispetto all'altro. Anche la frequenza cardiaca era più lenta, da 20 a 50 battiti al minuto. Questo è legato a una riduzione dal 30 al 60% della potenza da trasmettere attraverso le pedivelle per mantenere la velocità[12]. In altre parole, nonostante l'aggiunta di peso, è più facile guidare una bici a doppie sospensioni.

Sospensioni e consumo di ossigeno

▼ ***Dammi aria*** *Le sospensioni apportano un particolare vantaggio al ciclista su terreno accidentato: un ridotto consumo di ossigeno. L'ossigeno richiesto al conducente è un'indicazione dello sforzo necessario per far muovere la bicicletta. In uno studio condotto su otto ciclisti, i consumi comparati di ossigeno (valori in ml/kg/min) hanno mostrato che la bicicletta con sospensioni anteriori è più difficile da guidare su terreni accidentati rispetto a una bicicletta con doppie sospensioni, mentre è leggermente più facile su un terreno liscio*[13]*. La bici con sospensioni anteriori si è anche dimostrata più facile da guidare di una a telaio rigido.*

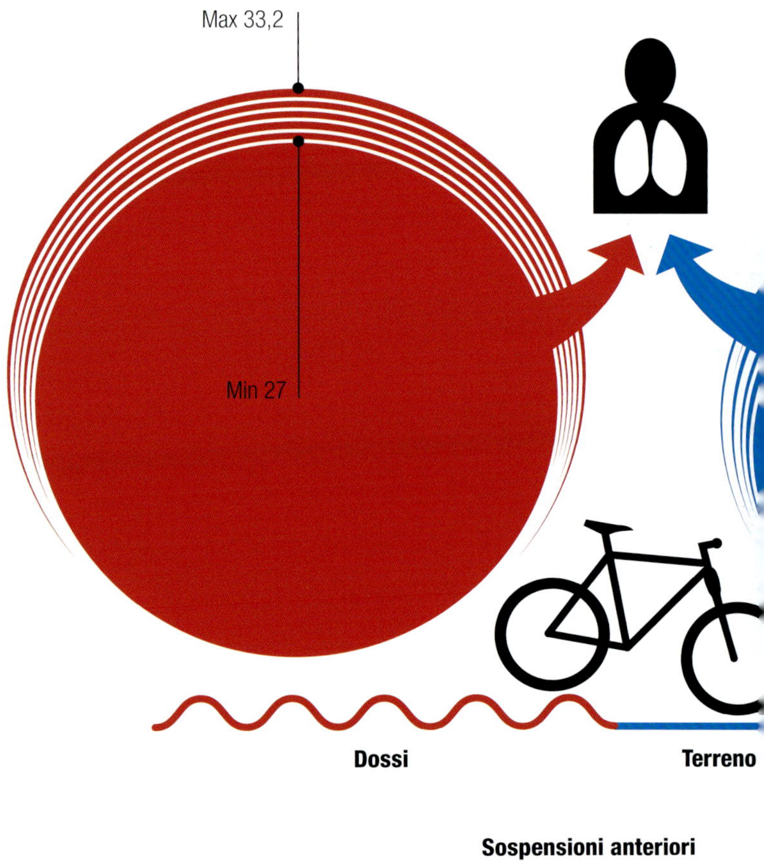

▶Ammortizzare gli urti *Su terreno accidentato, le sospensioni sono vincenti. La linea blu mostra le forze verticali che agiscono sullo pneumatico anteriore di una mountain bike che supera un singolo dosso. La linea rossa mostra la stessa bicicletta con l'aggiunta delle sospensioni anteriori. La variazione è minore e non raggiunge picchi alti perché le sospensioni assorbono parte delle forze verticali risultanti dal sobbalzo.[15] (Questo vale per i terreni accidentati, ma è tutt'altra questione sull'asfalto liscio. Nel corso di una lunga gara a tappe, lo sforzo extra richiesto per spingere avanti il peso in più delle sospensioni cancella i vantaggi della riduzione del carico d'impatto su telaio e ciclista. Questo significa che è improbabile che nel prossimo futuro i ciclisti professionisti su strada useranno biciclette ammortizzate).*

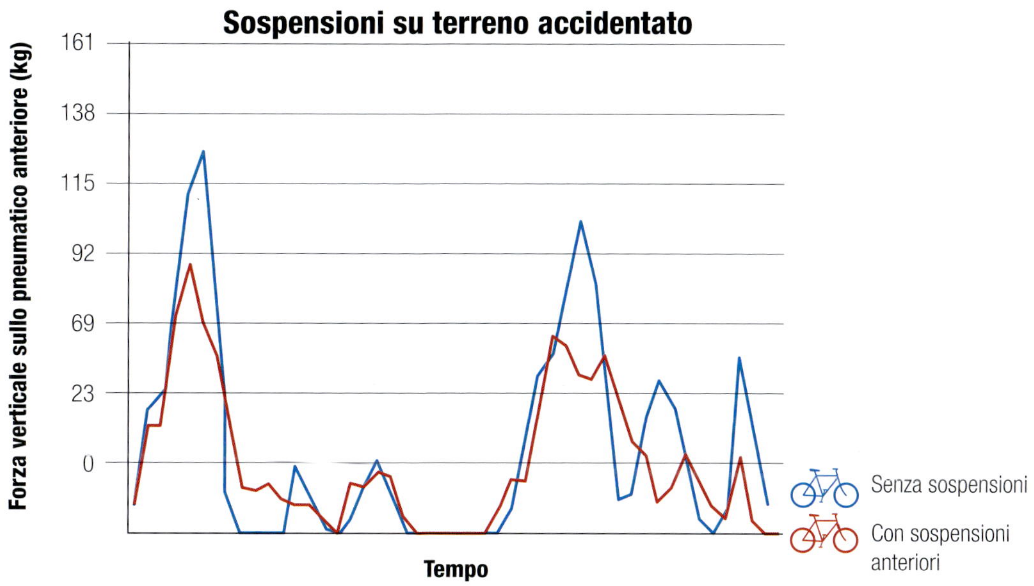

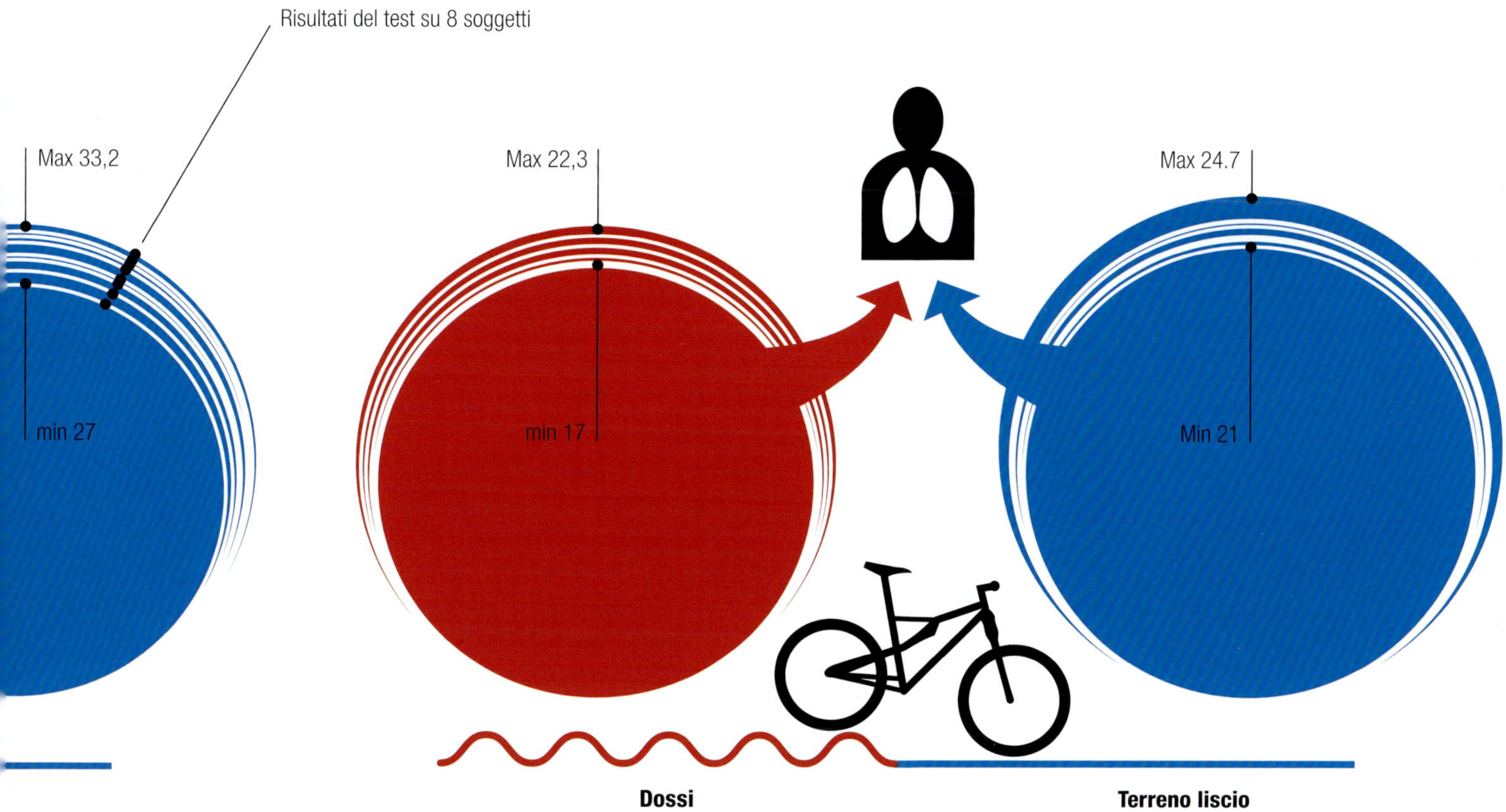

Doppie sospensioni

Cosa sono le dinamiche autostabilizzanti?

Come fa una bicicletta a stare in piedi?

Si tratta del più grande mistero del ciclismo: una bicicletta può restare in piedi senza nessuno alla guida finché si muove a una velocità di circa 14 km/h. L'unica cosa che gli scienziati possono dire con certezza è che i fattori in campo sono diversi.

Per restare diritta, una bicicletta ha bisogno prima di tutto di una ruota anteriore libera di sterzare. Questo requisito è noto a ogni ciclista che abbia avuto la sfortuna di finire con la ruota in un solco: quando questa è intrappolata, è praticamente impossibile mantenere l'equilibrio. In secondo luogo ha bisogno che la forcella sia inclinata: più ampio è l'angolo della forcella, più stabile sarà il mezzo. Terzo, la distribuzione della massa di manubrio e forcella influisce sul modo in cui lo sterzo reagisce a un cambiamento nella verticalità (oscillazione). Per esempio, una bici con un cesto da manubrio pieno di mattoni sarà meno stabile di una che porta lo stesso carico in borse laterali anteriori.

Mettendo insieme nella giusta proporzione queste tre proprietà, si ottiene la "dinamica autostabilizzante". Una spiegazione è che quando una bicicletta in movimento comincia a inclinarsi su un lato, il momento gravitazionale fa ruotare la ruota anteriore rispetto alla linea retta e la bicicletta inizia a descrivere un cerchio. Per reazione, la superficie stradale applica una forza centripeta, che riporta la ruota a puntare in avanti. La forza centripeta esercita sull'intera bicicletta anche un momento in grado di allontanarla dalla posizione laterale; così l'asse centrale della bicicletta ritorna allo stesso piano verticale del suo baricentro.

Questa è la teoria. Il problema è che finora nessuno è stato in grado di quantificare le relazioni tra le forze coinvolte e di spiegare in che modo interagiscano nella dinamica autostabilizzante. Alcuni esperimenti hanno dimostrato che l'effetto giroscopico delle ruote di una bicicletta senza nessuno alla guida è trascurabile, e che nemmeno l'inclinazione della forcella è essenziale. Come la bici stessa, la questione sembra semplice ma in realtà non lo è affatto.

Come funziona l'autostabilizzazione

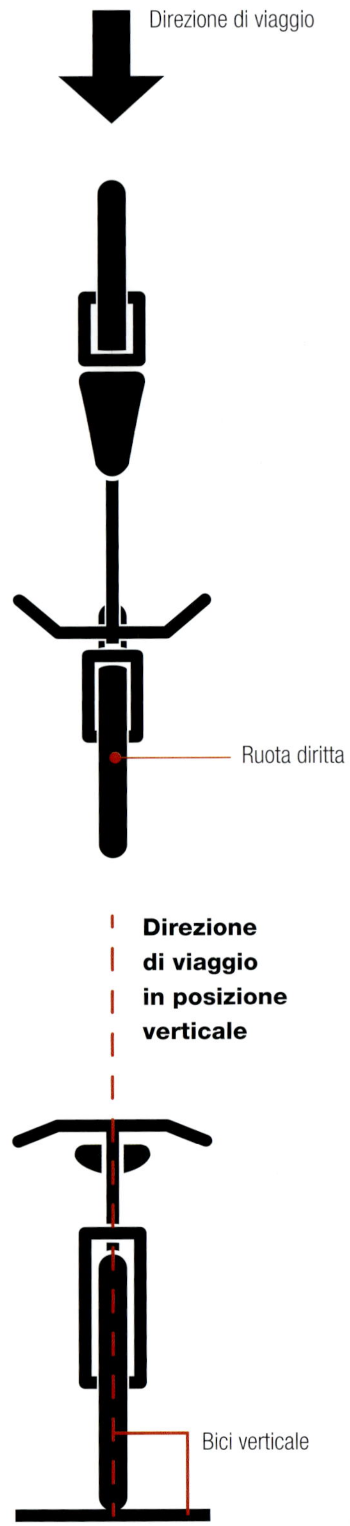

▶ ***Equilibrismo*** *Provate a lanciare una bicicletta a una certa velocità su un terreno liscio e osservate come si inclina e sterza da sola per mantenere l'equilibrio. La forza centripeta e la gravità si combinano con il movimento del telaio articolato e la distribuzione della massa per mantenere diritto il mezzo quando viaggia al di sopra di una certa soglia di velocità. Se il telaio inizia a inclinarsi, le ruote si piegano nella stessa direzione, contribuendo a raddrizzare il veicolo.*

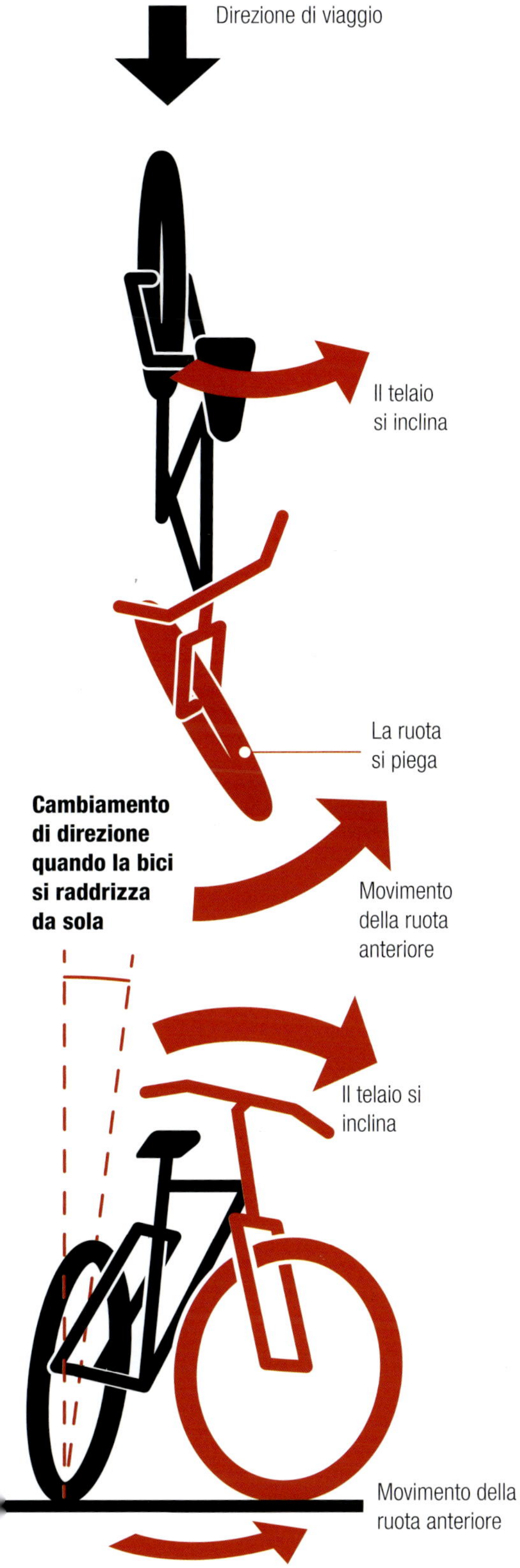

Inclinazione della forcella e forze giroscopiche

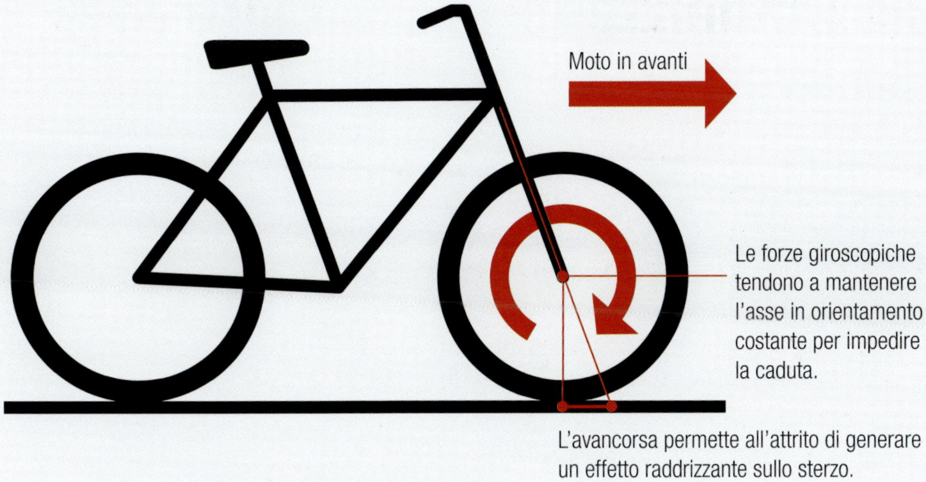

Effetto del momento meccanico

▲ ***Rapporti di equilibrio*** *Massa, avancorsa ed effetto giroscopico della ruota che gira hanno tutti una funzione nella capacità di una bicicletta in movimento, senza nessuno alla guida, di mantenersi in equilibrio, ma nessuno ha ancora quantificato le relazioni tra questi fattori. Modelli particolari che eliminano totalmente alcune di queste caratteristiche, infatti, mantengono comunque l'equilibrio.*

Quali sono le forze del ciclista che influenzano una svolta?

Come funziona il controsterzo?

Mettete una persona su una bicicletta e la dinamica del mezzo cambierà. Il centro di massa sarà più alto di quello del solo mezzo. Per di più, si sposterà con i movimenti del ciclista. La sfida scientifica è identificare come questi movimenti influenzino il comportamento direzionale della bicicletta. Il principio base che fa cambiare direzione a un veicolo a trazione singola è il controsterzo. Per girare a destra, è necessario girare prima momentaneamente a sinistra. Questa piccola manovra controintuitiva, eseguita in automatico da chiunque abbia un minimo di dimestichezza, sfrutta la forza di gravità.

Ecco che cosa succede. Immaginate un piano verticale che attraversi il tubo orizzontale e i punti di contatto tra pneumatici e suolo. Se il centro di massa complessivo di ciclista e mezzo cade all'interno di quest'area, la bici è in equilibrio e mantiene un moto rettilineo. Se il manubrio viene girato di poco e per un breve istante a sinistra (controsterzo), il centro di massa si sposta a destra di questo piano, quindi la bicicletta in movimento comincia a inclinarsi verso destra per effetto della forza di gravità. Per fermarla prima che cada, il ciclista gira il manubrio a destra, portando la bicicletta lungo la curva che intendeva intraprendere.

Una volta che la ruota anteriore è girata, per la fisica è necessaria una forza centripeta affinché il mezzo continui a muoversi in cerchio, un po' come la forza di gravità che mantiene un satellite in orbita. Questa forza è l'attrito tra gli pneumatici e il suolo. Per convincersene, basta immaginare che cosa accadrebbe sul ghiaccio o su una chiazza di petrolio, dove l'attrito è nullo: la bicicletta non girerebbe ma continuerebbe ad andare diritta.

Questo per quanto riguarda le ruote, ma come far sì che il resto smetta di andare diritto? Un ciclista lo sa istintivamente e si piega verso l'interno. La fisica è complessa, ma è possibile calcolare l'angolo di inclinazione in una situazione ideale: svolta decisa in un cerchio prefissato, nessuna frenata o accelerazione, assenza di vento o di trazione aerodinamica e pneumatici stretti.

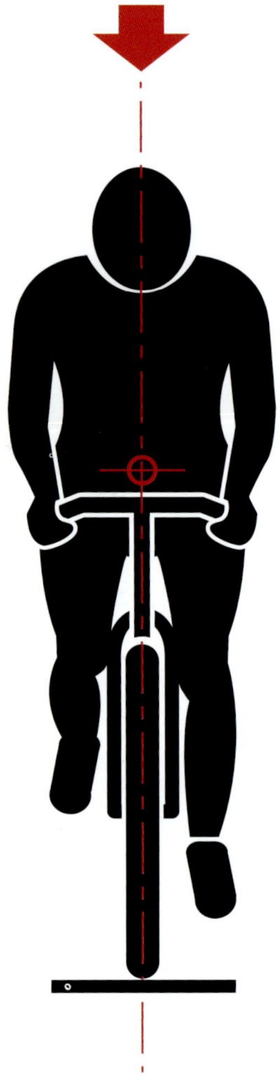

▶ ***Le forze coinvolte in una svolta*** *Un ciclista di 68 kg su una bicicletta di 9 kg, che viaggi a 32 km/h intorno a una curva con raggio di 15,2 m sperimenta una forza centripeta di oltre 406 N. È questa forza che mantiene mezzo e ciclista sulla curva anziché farli procedere in linea retta.*

Come funziona il controsterzo

▶ ***Sterzo e controsterzo*** *Il punto chiave è che è necessario alterare l'equilibrio di una bicicletta in movimento per farle cambiare direzione in modo controllato. Per preparare una curva a destra, il ciclista deve sterzare momentaneamente a sinistra, in modo che la bicicletta diventi instabile e incominci a inclinarsi verso destra. Dopodiché, svoltando a destra, si riacquista la stabilità nella nuova direzione*[16].

Stabilità in posizione verticale e in curva

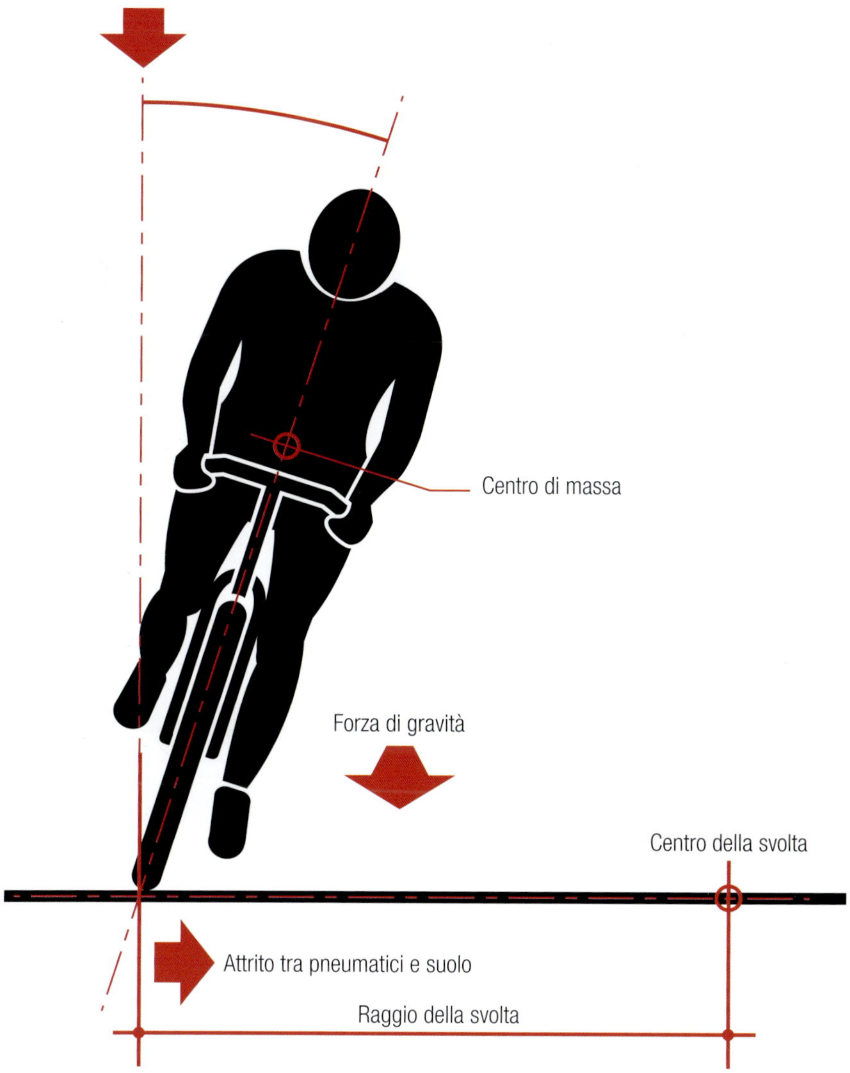

Importante

Forza centripeta:

La forza centripeta che agisce su bicicletta e ciclista può essere calcolata con la formula:

$$F = \frac{mv^2}{r}$$

dove:

F = forza centripeta (kg)

m = massa di bici e ciclista (slug o kg)

v = velocità (m/s)

r = raggio dell'angolo (m)

Uno slug è uguale al peso sulla Terra diviso per l'accelerazione gravitazionale (9,8 m/s^2) ed è pari a circa 14,5939 kg.

Angolo di inclinazione:

In una situazione ideale, l'angolo di inclinazione è dato da:

$$\theta = \arctan\left(\frac{mv^2}{r}\right)$$

dove:

θ = angolo di inclinazione (°)

m = massa di bicicletta e ciclista (slug o kg)

v = velocità di avanzamento (m/s)

r = raggio della curva (m)

attrezzatura:
biciclette pieghevoli

I ciclisti che non hanno spazio per riporre o trasportare una bicicletta scelgono una versione pieghevole. Sono felici di rinunciare a qualità come maneggevolezza, comfort e peso in cambio della praticità. Nel 1888, Emmit G. Latta, di Friendship, Pennsylvania, depositò il primo brevetto per una bicicletta pieghevole e la principale spinta per il suo sviluppo fu legata a esigenze militari. Diversi inventori cercarono di progettare bici compatte, che potessero essere trasportate facilmente dagli eserciti di Stati Uniti, Giappone e dei Paesi europei. Telai, manubrio e perfino ruote erano incernierati, i telai smontabili e i pedali pieghevoli: le soluzioni originali erano infinite. Dopo un crollo di popolarità negli anni ’70 del ’900, il successo delle bici dotate di ruote piccole, insieme all’esigenza di spostarsi con più mezzi, ha portato a un recente revival delle bici pieghevoli.

▲ ***Il primo brevetto*** *(1888)*
Non esistono esemplari della bici pieghevole brevettata da Emmit G. Latta, ma la forcella anteriore quasi orizzontale doveva produrre una sterzata piuttosto insolita.

▲ ***Columbia Compax Paratrooper*** *(1942)*
Ultima di una lunga serie di biciclette pieghevoli progettate per i paracadutisti durante la Seconda guerra mondiale. Il telaio smontabile e il manubrio pieghevole venivano forniti con dadi a farfalla.

▲ ***Prototipo Brompton*** *(1975)*
La struttura semplificata in acciaio permette di ripiegare la bicicletta con eccezionale rapidità, ottenendo un pacco portatile molto compatto.

Disegnare una bicicletta pieghevole comporta dei compromessi. Introducendo deliberatamente punti di rottura nel telaio, si indebolisce la capacità della struttura di sopportare i carichi durante la pedalata; quindi, per compensare, bisogna rinforzare le cerniere e i tubi del telaio. Purtroppo, solitamente questo si traduce in un aumento di peso.

Ciò rappresenta un dilemma per il progettista: una delle ragioni per cui un ciclista vuole una bicicletta pieghevole è perché è portatile. È uno dei motivi per cui si usano spesso ruote piccole, che sono più leggere e rendono il mezzo più facile da trasportare, dato che il diametro ridotto limita anche l'ingombro. Un'altra possibilità è quella di utilizzare materiali più leggeri o ridurre la massa dei componenti. Bickerton usò l'alluminio molto prima che diventasse largamente popolare per i telai di bicicletta; un'altra pieghevole, un prototipo chiamato Switch, utilizza la fibra di carbonio; la Strida e la Brompton, invece, hanno meno tubi, tutto per ottenere un peso inferiore.

Un altro aspetto fondamentale è la facilità di piegatura e montaggio. Le soluzioni sono diverse e le migliori sono protette da brevetti. Un'alternativa alla piegatura sono i telai smontabili. Biciclette smontabili moderne come le Moulton hanno tubi di piccolo diametro per contenere il peso e sono dotate di sospensioni per una guida confortevole come quella di una bicicletta con ruote standard. Montague progettò quello che è forse l'esempio più sofisticato, finanziato dall'Agenzia di ricerca del Dipartimento della Difesa americano: una sorta di mountain bike segreta, invisibile ai radar, con un motore elettrico pressoché silenzioso e ruote di dimensioni regolari.

▲ ***Strida*** *(1987)*
Con un telaio composto da soli tre tubi di alluminio e ruote molto piccole, questa bici pieghevole riduce il peso al minimo. Qualità di prestazioni e maneggevolezza sono sacrificate a favore della semplicità dell'operazione di piegatura e della compattezza.

▲ ***Montague Paratrooper*** *(1999)*
La versione civile della mountain bike pieghevole commissionata dal Dipartimento della Difesa americano. Un tubo orizzontale robusto compensa la rigidità persa con la rimozione del tubo obliquo. Per riporla, bisogna togliere la ruota anteriore.

Che effetto ha una ruota in più in curva?

Se due ruote vanno bene, tre sono meglio?

È evidente che guidando un triciclo o una bicicletta con le rotelle si ha una maggiore stabilità, ma le ruote in più fanno sì che la guida di un triciclo sia molto diversa da quella di una bici. Se una bicicletta da corsa può pesare meno di 7 kg, il triciclo più leggero pesa almeno un terzo di più, 9 kg. Un quadriciclo pesa di rado meno di 36 kg. Su un triciclo verticale o un quadriciclo, il peso supplementare richiede uno sforzo maggiore per raggiungere la stessa velocità o la stessa distanza, anche se i tricicli reclinati possono raggiungere velocità molto elevate (vedi pagg. 132-33). L'altra questione è la maneggevolezza: guidare un mezzo con più ruote è controintuitivo per chi ha imparato a pedalare sulla bici.

Su una bici si impara a sterzare istintivamente; spostando lateralmente al piano verticale il centro di massa, il mezzo gira da quel lato. Questa abitudine ben collaudata su due ruote, però, è messa immediatamente in discussione su tre o quattro ruote. Un triciclo o un quadriciclo vanno semplicemente nella direzione in cui viene girato il manubrio, quindi bisogna reimparare a sterzare. Quando si gira il manubrio ad angolo, la forza centripeta che attira il mezzo in una traiettoria curva è l'attrito tra gli pneumatici e il suolo, proprio come accade con una bicicletta. E come su una bicicletta, la tendenza generale a proseguire in linea retta induce una sensazione di squilibrio (dall'interno di un veicolo che sta affrontando una curva si sente una vera forza che tira verso l'esterno, la "forza centrifuga"). Il ciclista può inclinarsi verso l'interno ma il triciclo, a differenza di una bicicletta, non può farlo. Il centro di massa si sposta verso l'esterno della curva e, se un triciclo diritto prende una curva a una velocità troppo elevata, la ruota interna può sollevarsi, facendo ribaltare il mezzo.

Anche in questo caso la risposta corretta contraddice l'istinto del ciclista, che solleverebbe il pedale interno. Al contrario, questo dev'essere spinto verso il basso; il ciclista vi deve appoggiare il peso e sporgersi verso il centro della curva, come un marinaio che cerchi di governare uno yacht. È semplice, ma per chi ha guidato solo biciclette può volerci un po' di tempo per abituarsi.

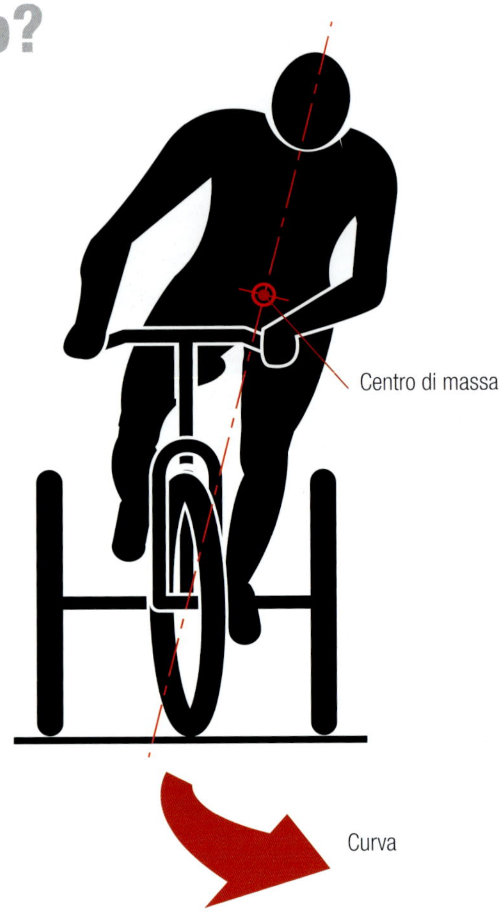

▲ ***Svolta su triciclo*** *Un ciclista che affronta una curva con un triciclo assume una posizione completamente diversa da quella di chi compie la stessa manovra su una bicicletta. Appoggia il peso sul pedale interno e si inclina su quel lato, perché il triciclo rimane in posizione verticale. In questo modo tiene il centro di massa complessivo all'interno della curva. Il triciclo svolta solo quando viene girato il manubrio.*

Svoltare su tre e su due ruote

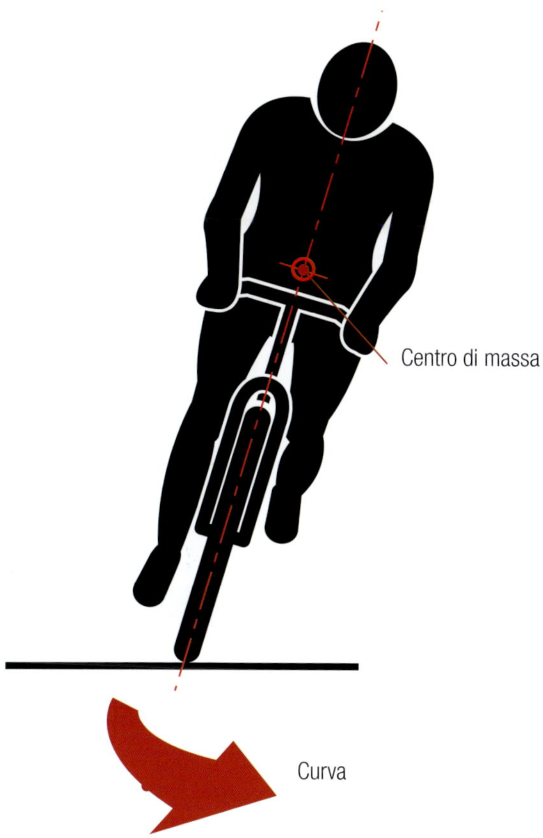

▲ ***Svolta in bicicletta*** *Con una bicicletta, l'inclinazione mantiene la curva (vedi pagg. 62-63); il ciclista non ha bisogno di girare il manubrio e la ruota anteriore rimane in linea con il telaio.*

Triciclo reclinato

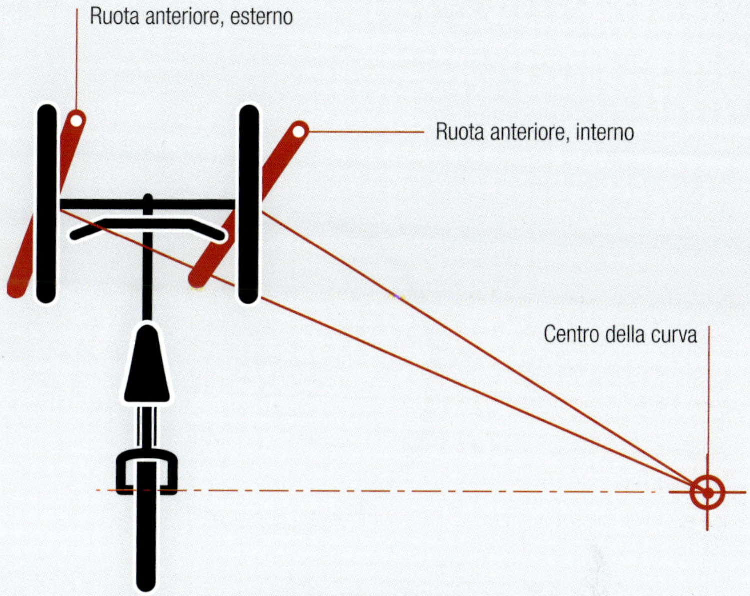

▲ ***Easy Rider.*** *Un triciclo reclinato con due ruote orientabili davanti e una ruota fissa dietro gira intorno a un punto lungo la linea del suo asse posteriore. Per fare questo, le due ruote appaiate sono collegate in modo da girare con un'angolazione leggermente diversa. La ruota all'interno della curva, essendo più vicina al centro, gira più rapidamente rispetto alla ruota esterna, riducendo il rischio che questa scivoli e raschi il terreno.*

> **"Guidare un mezzo con più ruote è controintuitivo per chi ha imparato a pedalare sulla bici.**

La bicicletta ideale è leggera, comoda, resistente e a costo zero. Naturalmente non esiste. Le persone che si occupano di scegliere i materiali migliori per i componenti di una bicicletta, di costruirli e di modellarli in forme e dimensioni ottimali amano veder ricompensati i loro sforzi e la loro competenza. Hanno studiato il comportamento dei materiali e applicato le scoperte della scienza per realizzare opere di ingegneria che hanno reso la bicicletta una delle invenzioni più efficienti al mondo. Gli ingegneri creano mezzi su due ruote basandosi sulla comprensione della struttura, del potenziale e dei limiti dei diversi materiali. Ingannano la natura creando materiali che non sarebbero mai esistiti senza l'intervento umano e li forgiano in componenti sui quali poter fare affidamento. Non è un lavoro semplice, anche se è reso più facile dall'osservazione delle esperienze altrui. Gli ingegneri che hanno inventato dei modi migliori per realizzare parti già esistenti, o hanno usato nuovi materiali innovando il design, hanno spinto la produzione di biciclette oltre i limiti noti fino a quel momento. Questo capitolo fornisce le prove materiali della loro ingegnosità.

capitolo tre

materiali

Di che materia è fatta una bicicletta?

Una bici non è fatta semplicemente di materia?

Qualsiasi tipo di bicicletta abbiate, è fatta di materia, che è ciò che costituisce l'universo visibile. Le teorie attuali suggeriscono che gran parte dell'universo sia formato dalle cosiddette "energia oscura" e "materia oscura". Nessuna delle due è mai stata osservata direttamente, ma la loro esistenza è stata ipotizzata osservando il comportamento della frazione visibile. Si tratta di ciò che conosciamo come "materia", classificata in cinque principali stati di aggregazione.

Per quanto riguarda il ciclismo, lo stato fisico più ovvio è la materia solida, come il metallo, la gomma e la plastica. Anche se alcuni componenti, come la copertura della sella e i cavi dei freni, si possono schiacciare, torcere e piegare, li consideriamo solidi. Il secondo stato della materia, quello liquido, è stato associato solo di recente al ciclismo, con l'avvento dei freni idraulici. Il terzo stato, quello gassoso, è essenziale per la comodità e l'efficienza sin da quando John Boyd Dunlop rese popolare lo pneumatico, nell'800. Anche le sospensioni anteriori possono essere pneumatiche (usano un gas compresso come l'aria). Il quarto stato della materia è il plasma che, pur costituendo quasi tutto l'universo visibile, non è ancora stato sfruttato per la produzione di bici. Non escludiamolo del tutto, però, perché potrebbe avere presto un ruolo nell'aerodinamica del ciclismo. Il quinto stato della materia, il condensato di Bose-Einstein, non esisteva sulla Terra fino al 1995 e non ha applicazioni fuori dai laboratori.

Tutta la materia è fatta di atomi o di combinazioni di atomi chiamate molecole e possiede una massa. I differenti stati di aggregazione sono il risultato del tipo di interazione e di moto di questi atomi e molecole. La materia non è costante e può passare da uno stato (o fase) a un altro quando variano le condizioni. Questo capitolo spiega come le differenze di struttura della materia determinino le proprietà di tutti i materiali che compongono una bicicletta.

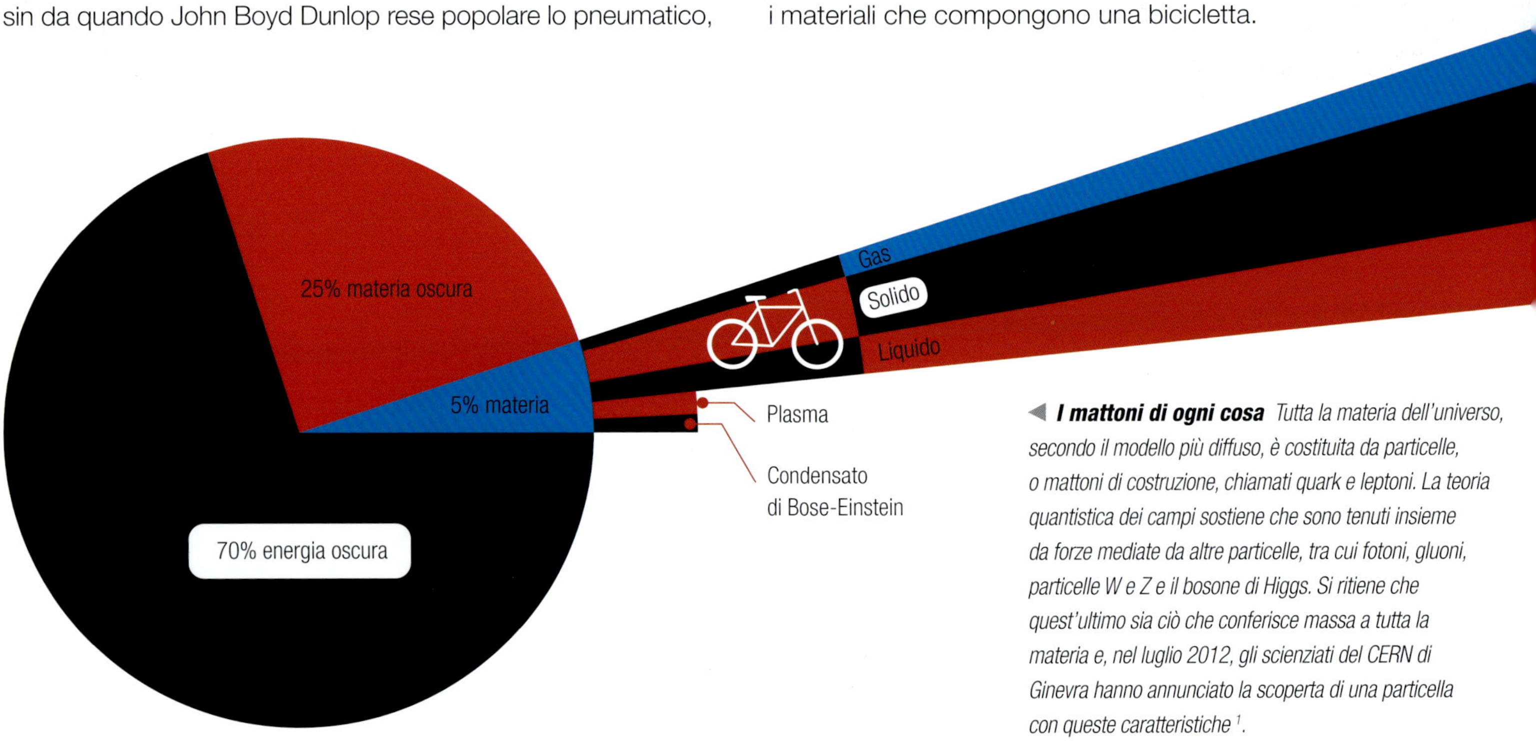

◀ ***I mattoni di ogni cosa*** *Tutta la materia dell'universo, secondo il modello più diffuso, è costituita da particelle, o mattoni di costruzione, chiamati quark e leptoni. La teoria quantistica dei campi sostiene che sono tenuti insieme da forze mediate da altre particelle, tra cui fotoni, gluoni, particelle W e Z e il bosone di Higgs. Si ritiene che quest'ultimo sia ciò che conferisce massa a tutta la materia e, nel luglio 2012, gli scienziati del CERN di Ginevra hanno annunciato la scoperta di una particella con queste caratteristiche*[1].

Gli stati della materia nella bicicletta

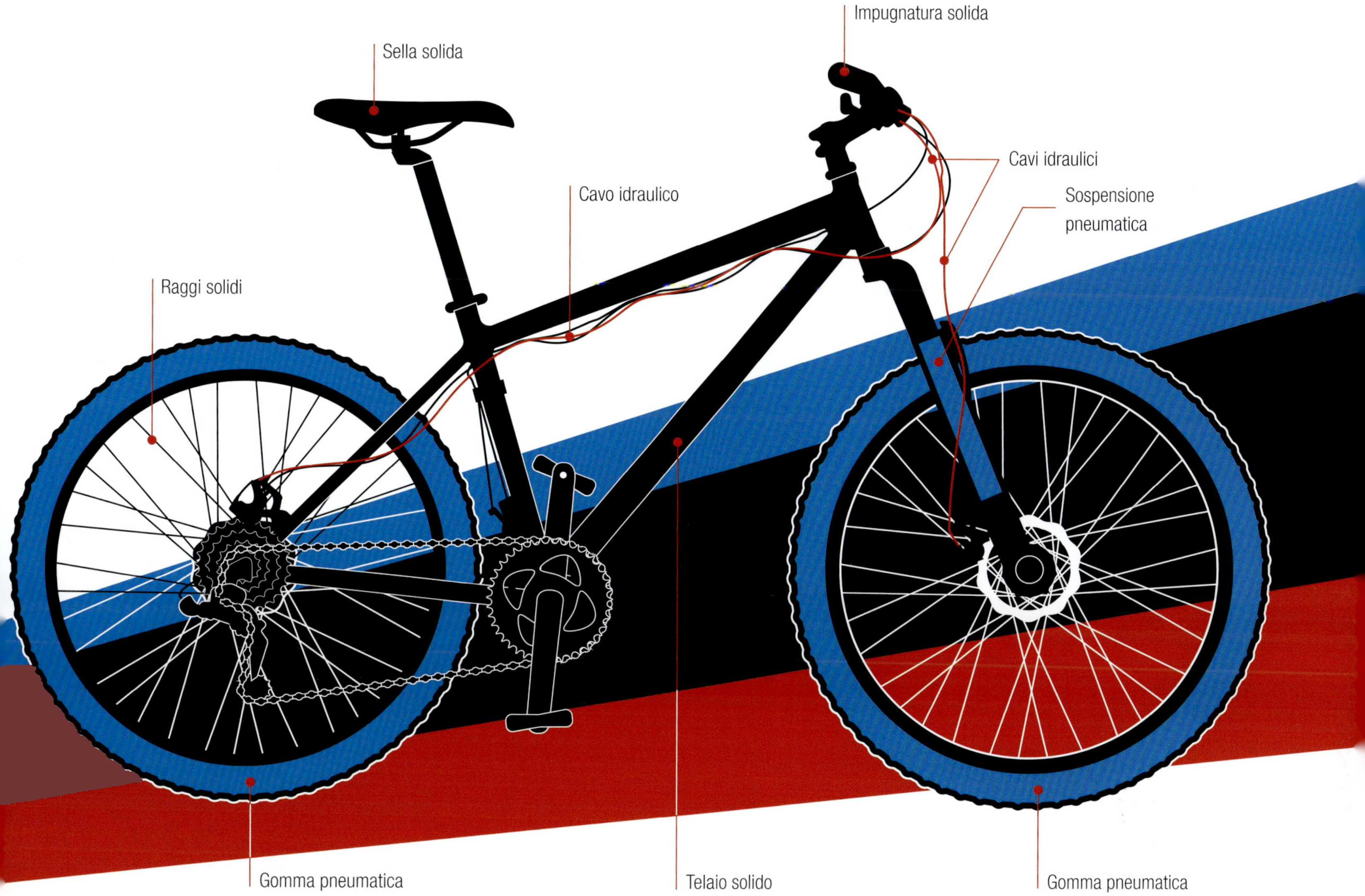

▲ ***Di che cosa è fatta una bicicletta?*** *In normali condizioni, sulla superficie terrestre la materia usata per costruire biciclette è stabile, nel senso che non cambia stato fisico. I primi mezzi a due ruote dotati di sterzo sfruttavano solo materia allo stato solido, motivo per cui le draisine e i primi bicicli erano poco confortevoli. Fu solo quando vennero combinati due diversi stati della materia che la bicicletta cominciò a diffondersi. Un solido flessibile, la gomma, venne modellato a forma di tubo per contenere una certa quantità di gas, l'aria, e avvolto intorno a un cerchio. Oggi i progettisti di biciclette sono sempre più interessati ai liquidi. Questi sono già utilizzati per trasmettere la forza frenante dalle leve ai cuscinetti e si sta studiando il modo per sostituire la convenzionale trasmissione a catena con una trasmissione idraulica.*

Solido
Liquido
Gas

Perché i metalli sono così robusti?

Perché i telai non sono di polistirene espanso?

La materia solida utilizzata per molte parti della bicicletta è il metallo. I metalli non sono tra i materiali più leggeri, ma sono relativamente robusti grazie alla loro struttura atomica. Il classico modo di visualizzare un atomo è uno sciame di elettroni con carica negativa che orbita intorno a un nucleo costituito da un numero uguale di protoni a carica positiva (più, in quasi tutti gli elementi, alcuni neutroni privi di carica). Nei metalli, un certo numero di elettroni è legato così debolmente al proprio nucleo che sono sostanzialmente liberi di passare tra un nucleo e l'altro. Questo libero diffuso di elettroni genera forze elettromagnetiche che legano saldamente tra loro gli atomi del metallo.

In generale, più gli elettroni di un atomo sono liberi di unirsi a questo "mare" di elettroni, più robusto sarà il metallo. Un atomo di titanio ha 22 elettroni, mentre l'alluminio solo 13 ma, cosa più importante, la struttura atomica del titanio permette a un numero maggiore di elettroni di fluttuare tra un atomo e l'altro. Per questa e altre ragioni, l'alluminio è più debole del titanio e di altri metalli e non è adatto per i componenti della bicicletta soggetti a uno sforzo intenso, come i cuscinetti a sfera e le maglie della catena.

Il metallo più usato per le biciclette è il ferro (26 elettroni, 26 protoni, 30 neutroni), il principale componente dell'acciaio. È presente ovunque, anche nelle biciclette con telaio in altri metalli o in plastica rinforzata con fibra di carbonio. Questo perché, come costituente dell'acciaio, il ferro è robusto, duro, resistente nel tempo e duttile. Può essere modellato in tubi, filettato o trasformato in cavi, caratteristiche determinate dalla sua struttura atomica. Attraverso prove ed errori, i meccanici hanno capito quale metallo è migliore per ogni componente della bicicletta; la meccanica quantistica ci spiega perché.

I legami atomici attraggono gli atomi dei metalli secondo schemi ripetitivi (un po' come i cuscinetti a sfera che si dispongono da soli) che, ripetuti più volte, formano strutture cristalline. Sono queste a rendere il metallo resiliente perché permettono agli atomi di slittare gli uni sugli altri, proprio come andare in bicicletta sopra un lastricato compatto risulta più facile che sopra uno con grossi buchi. I tratti in pavé della gara Parigi-Roubaix non sono un buon test solo per i ciclisti, ma anche per gli atomi stessi delle loro biciclette. I metalli giusti resistono al maltrattamento.

Strutture atomiche

Magnesio
12 elettroni, 12 protoni, 12 neutroni

Alluminio
13 elettroni, 13 protoni, 14 neutroni

Titanio
22 elettroni, 22 protoni, 26 neutroni

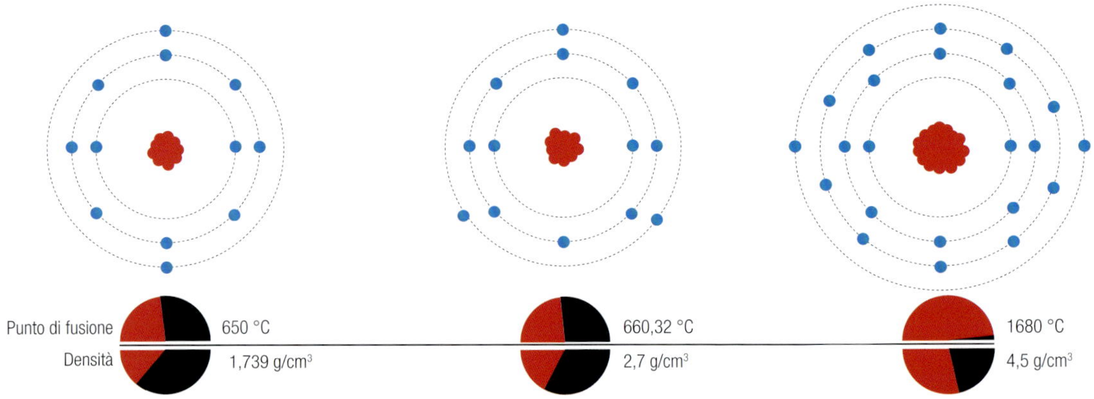

Terzo elemento più comune nell'acqua di mare

8% della crosta terrestre

Nono elemento più comune nella crosta terrestre

◀ ***Di che cosa è fatta una bicicletta?*** *I quattro metalli più usati per le biciclette sono il magnesio, l'alluminio, il titanio e il ferro. Le differenti strutture atomiche conducono a differenti proprietà, inclusa la struttura cristallina. Raramente sono usati in forma pura, perché le loro qualità possono essere migliorate mescolandoli ad altri metalli sotto forma di leghe. Il grafico a sinistra mostra, per ogni metallo, la forma in cui è più disponibile sulla Terra.*

Le proprietà atomiche del ferro

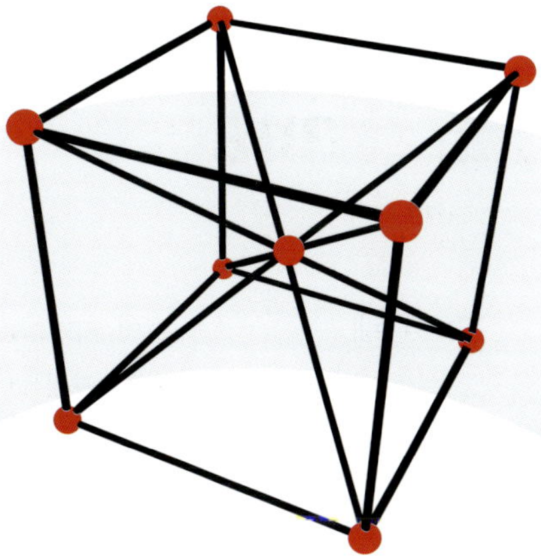

Reticolo cubico a corpo centrato a nove atomi di ferro

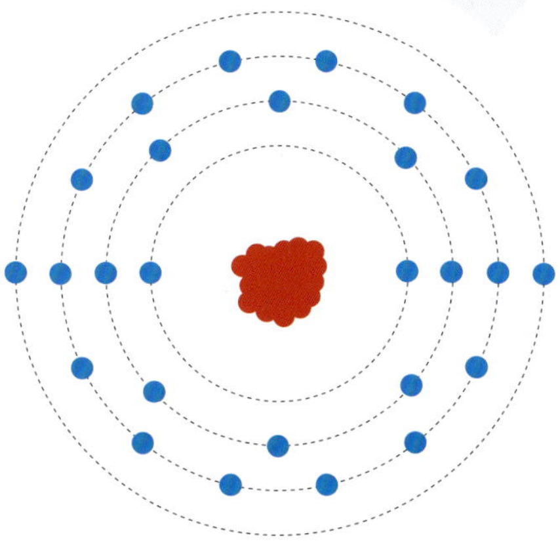

Ferro
26 elettroni, 26 protoni, 30 neutroni

Struttura
26 elettroni, 26 protoni, 30 neutroni

Disponibilità
Quarto elemento più comune nella crosta terrestre

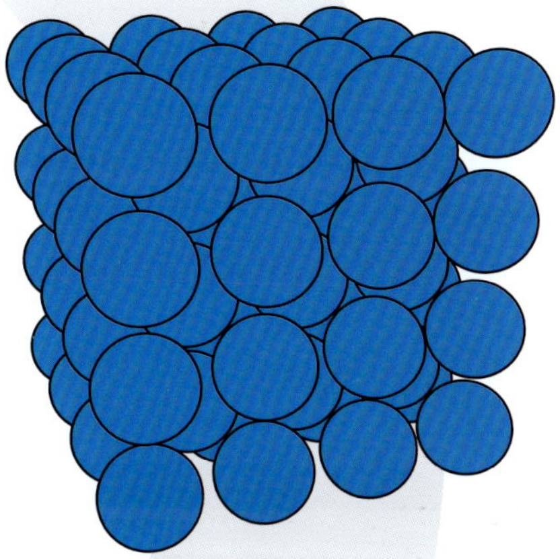

Cristallo di ferro con reticoli cubici a corpo centrato

▲ ***Duro ma flessibile*** *Gli atomi di ferro si legano saldamente perché condividono alcuni dei loro elettroni. Questa attrazione tiene insieme gli atomi in una formazione chiamata reticolo cubico a corpo centrato, con un atomo a ogni angolo del cubo e uno al centro; questo schema ripetuto porta alla formazione di un cristallo di ferro. Quando al cristallo viene applicata una forza, il "mare" di elettroni delocalizzati permette agli atomi di scivolare gli uni sugli altri senza subire le forze repulsive che causano rotture in materiali di diversa origine. Questo dà al ferro una buona duttilità: può essere piegato e allungato senza rompersi.*

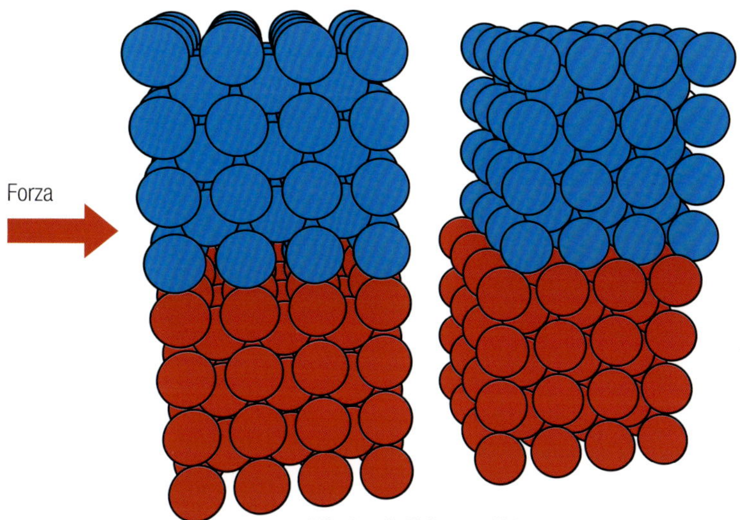

Gli atomi di ferro slittano

Che cosa si guadagna creando una lega di metalli?

Quali sono i vantaggi dell'essere impuri?

Solitamente non si usano metalli puri per componenti della bicicletta. Più spesso vengono resi migliori combinandoli sotto forma di leghe, che sono più robuste, leggere e durature. Queste proprietà derivano dalla struttura atomica dei cristalli di metallo. Un metodo comune per modificare questa struttura è riscaldare il metallo fino alla fusione e poi aggiungervi piccole quantità di altri elementi. Quando la lega ottenuta si raffredda e solidifica, gli ingredienti aggiunti condizionano la struttura cristallina. A volte i nuovi atomi rimpiazzano quelli del metallo di origine, altre volte si insinuano tra di essi. Anche la velocità e la frequenza dei processi di riscaldamento e raffreddamento, insieme allo spessore del materiale, influenzano le caratteristiche della lega risultante.

La lega più utilizzata per le biciclette è l'acciaio, il materiale più comune per la maggior parte dei modelli e dei loro componenti. La metallurgia trasforma da oltre 160 anni il ferro nella lega chiamata acciaio, di cui esistono più di 50 formulazioni diverse. L'acciaio semplice si ottiene aggiungendo carbonio al ferro. Quando la miscela liquida si raffredda, un composto cristallino chiamato carburo di ferro si aggrega in lamine microscopiche tra i cristalli di ferro puro. Questo rende l'acciaio più forte e più leggero del ferro; altre aggiunte, come il cromo e il molibdeno, possono incrementare la robustezza, ridurre la fragilità e migliorare la resistenza alla corrosione. Non tutti gli ingredienti di una lega metallica apportano un miglioramento sensibile nelle prestazioni della bicicletta, ma possono contribuire a mantenere integro il materiale in fase di lavorazione e montaggio.

Il ferro non è il solo metallo utilizzato comunemente in lega. L'alluminio puro è molto morbido e, per irrobustirlo, si lega con magnesio, silicio, rame e cromo. Una valida alternativa ai telai in alluminio a elevate prestazioni è una lega di titanio che utilizza come ingrediente base l'alluminio, unito al vanadio. I pochi telai di magnesio in commercio utilizzano una lega composta anche di zinco e manganese.

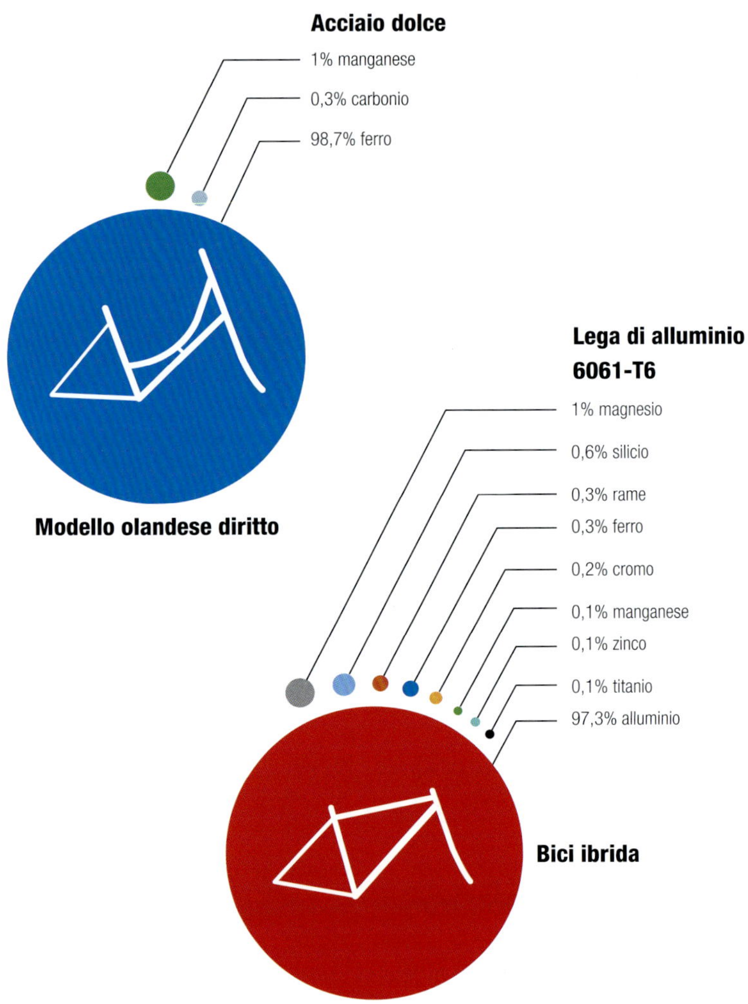

▲ ▶ ***Una delle mie ricette preferite*** *Leghe differenti si adattano a biciclette differenti: si tratta sempre di un compromesso tra prezzo, peso, rigidità e durata. Le formule delle varie leghe sono state perfezionate nel corso di decenni e la metallurgia è alla continua ricerca di miglioramenti attraverso varianti della composizione e dei processi di fabbricazione e postproduzione. L'illustrazione mostra la composizione di alcune tipiche leghe usate per i telai, con i vari componenti elencati in ordine di peso.*

Leghe per telai

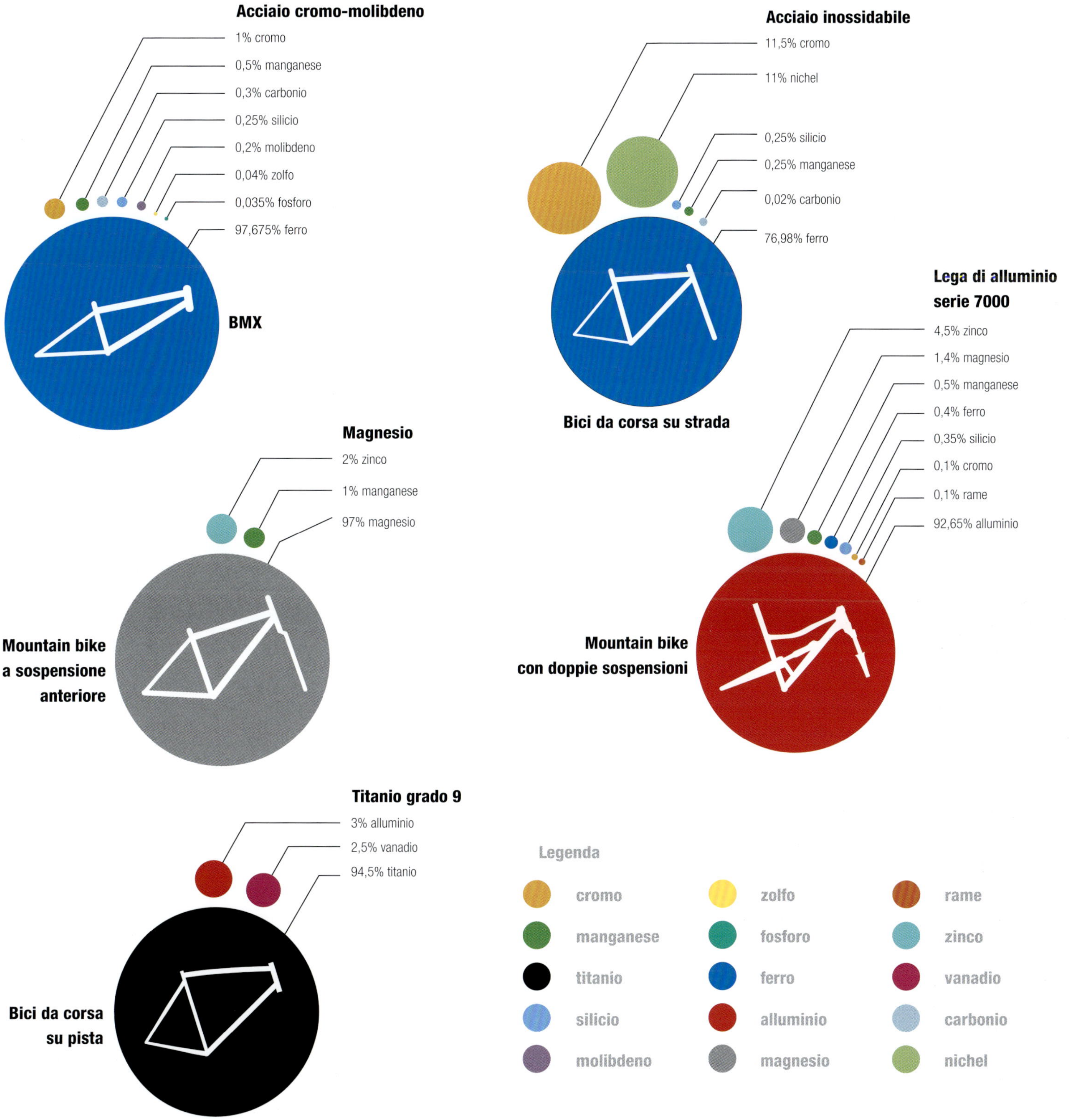

attrezzatura: il telaio

Prime draisine *(1818 ca.)*
Erano formate solo da una trave con due ruote in legno dotate di raggi. Il guidatore avanzava spingendosi con le gambe sui due lati.

Quando Karl Drais inventò il primo "cavallo meccanico", a Mannheim nel 1817, utilizzò legno di frassino comune (*Fraxinus excelsior*), che era molto usato dai costruttori di carrozze per la sua grana diritta, facile da modellare e saldare, oltre che per la buona resistenza in rapporto al peso. Se il materiale era familiare, il design del mezzo era però una rivoluzione tecnologica: aveva due ruote allineate ed era dotato di sterzo. Da allora, il design del telaio è costantemente migliorato grazie ai progressi di materiali e tecnologia. Con la giusta combinazione, oggi i migliori telai sono robusti, leggeri, duraturi e rigidi a sufficienza da permetterci di raggiungere in discesa gli 80 km/h, superare terreni sassosi o atterrare sani e salvi dopo un triplo salto mortale.

Velocipede *(1870 ca.)*
La gigantesca ruota anteriore permetteva al ciclista di percorrere una grande distanza a ogni pedalata.

"Bicicletta di sicurezza" *(1885 ca.)*
Verso la fine del XIX secolo, la bicicletta aveva entrambe le ruote delle stesse dimensioni, con raggi disposti tangenzialmente.

Bicicletta da corsa su strada *(1935 ca.)*
L'accanita rivalità tra costruttori portò a biciclette più leggere e robuste, con tubi diritti, raggi incrociati e manubrio aerodinamico.

BMX *(1981 ca.)*
I bambini andavano spesso fuori strada su biciclette con ruote piccole; i primi modelli appositi vennero prodotti in massa negli anni '70.

La prima draisina pesava circa 20 kg. Oggi l'Unione Ciclistica Internazionale (UCI), che stabilisce le regole per l'attività sportiva, proibisce bici da corsa più leggere di 6,8 kg. Nell'arco di due secoli i costruttori hanno creato metalli, polimeri e composti sintetici che permettono ai ciclisti di andare più lontano, più veloci e più a lungo. Sono stati adottati metodi di produzione migliori, come l'estrusione dei tubi da blocchi di metallo caldo, in grado di variare il diametro interno per ridurre il peso senza perdere robustezza, e l'idroformatura computerizzata dell'alluminio. Si usano tecniche di saldatura TIG (Tungsten Inert Gas) per il titanio e una produzione automatizzata per i materiali compositi.

Tecniche di ingegneria basate su computer, come l'analisi degli elementi finiti, la fluidodinamica computazionale e gli algoritmi genetici, hanno aperto nuove strade alla progettazione di telai che meglio si adeguano alla struttura umana. Nello stesso tempo, gli studi di cinetica hanno mostrato come le dimensioni del telaio possano essere perfezionate per massimizzare il potenziale del ciclista.

Sebbene la bicicletta sia un prodotto maturo, il ritmo dei cambiamenti che si sono visti negli ultimi trent'anni nel design dei telai ha indotto l'UCI a emanare rigide regole per standardizzare la forma delle bici da competizione. I record dell'ora stabiliti negli anni '80 e '90 da Francesco Moser, Graeme Obree e Chris Boardman non sarebbero oggi riconosciuti perché conseguiti su telai non più ammessi. Inevitabilmente, le regole cambieranno ancora. Fino a non molto tempo fa le mountain bike non erano accettate e oggi sono ammesse ai giochi olimpici. Le bici non hanno la marcia indietro, e nemmeno la scienza.

Reclinata a passo lungo *(2003 ca.)*
La posizione di guida più bassa migliora l'aerodinamica, così la velocità è di gran lunga superiore a quella di una bicicletta tradizionale.

Lotus Type 108 *(1992)*
L'ingegnere Mike Burrows perfezionò una monoscocca in fibra di carbonio che permise a Chris Boardman di diventare il ciclista più veloce di tutti i tempi.

Mountain bike con doppie sospensioni *(2000 ca.)*
Le doppie sospensioni assorbono i colpi di un percorso accidentato, i freni a disco aiutano il controllo e le marce multiple facilitano la pedalata.

Che rapporto c'è tra rigidità meccanica e diametro dei tubi?

Perché alcuni telai hanno tubi più grossi?

I produttori di biciclette ottimizzano peso e rigidità scegliendo tubi per telai con dimensioni e sezioni trasversali variabili. La maggior parte dei telai è fatta di leghe metalliche, ma i tubi devono essere forgiati nella giusta forma per sfruttare al meglio le proprietà dei materiali. La maggioranza dei produttori utilizza ancora cilindri cavi perché questa struttura geometrica minimizza la quantità di materiale richiesta per produrre la forma più resiliente in rapporto al peso: questa deve resistere alle numerose sollecitazioni a cui la bicicletta viene sottoposta, provenienti da più direzioni. Un tubo a sezione quadrata o rettangolare non fornirebbe uguale resistenza alla deformazione o alla flessione, a meno che non venga usata una maggiore quantità di metallo per rinforzarla, con conseguente aumento di peso.

Il diametro di un cilindro è direttamente proporzionale alla sua rigidità, ed è questa dimensione che condiziona la rigidità complessiva di un telaio. La rigidità di un materiale è definita dal suo modulo di Young (o modulo di elasticità). Test di laboratorio dimostrano che l'acciaio è tre volte più rigido dell'alluminio; quindi parrebbe logico che per ottenere la stessa rigidità di un pezzo di acciaio ci voglia un pezzo di alluminio tre volte più spesso. Ma i cilindri non sono pezzi di metallo piatti e le loro proprietà meccaniche forniscono un importante vantaggio. Aumentando il diametro di un cilindro cavo, la sua rigidità aumenta in proporzione alla terza potenza del diametro. In altre parole, quando il diametro viene raddoppiato, la rigidità aumenta di otto volte (2^3).

Allo stesso tempo, il peso aumenta solo di 2-3 volte, a seconda dello spessore della parete del cilindro. Quindi, a parità di spessore della parete, il diametro di un tubo in alluminio dev'essere circa 1,44 volte ($1{,}4425^3 = 3$) più grande di quello di un tubo d'acciaio per compensare il modulo di Young più basso. Un limite cruciale della rigidità dei tubi è dato dalla funzionalità del telaio: non ha senso avere tubi molto rigidi se sono così spessi da intralciare i movimenti del ciclista e le parti in movimento.

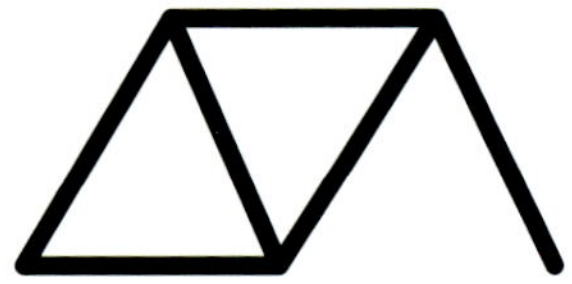

acciaio dolce 1020

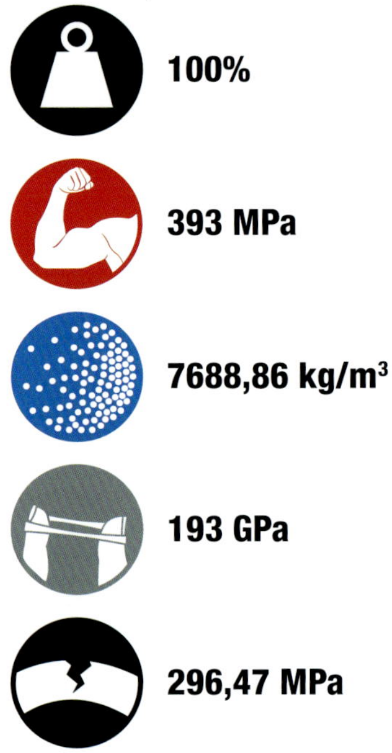

▶ ***A ognuno il suo*** *Ogni metallo ha proprietà e caratteristiche particolari. L'abilità dei costruttori di telai consiste nel trovare un equilibrio tra queste caratteristiche e i risultati che si desiderano; alcuni ciclisti vogliono telai ultraleggeri e rigidi, mentre altri preferiscono un design robusto e più confortevole. Queste quattro leghe sono le più utilizzate per i telai delle biciclette. Per semplicità, i dati si riferiscono a tubi di calibro e spessore costanti. Il prezzo di ogni materiale varia seguendo le oscillazioni del mercato anche se, basandosi su dati storici, è probabile che i prezzi relativi non cambieranno, andando in ordine crescente dall'acciaio dolce al titanio.*

Proprietà meccaniche dei materiali per telai

	acciaio cromo-molibdeno 4130	alluminio 6061-T6	titanio 3Al-2,5V
	67%	67%	52%
	751,52 MPa	303,36 MPa	903,21 MPa
	7688,86 kg/m^3	2723,13 kg/m^3	4485,16 kg/m^3
	193 GPa	68,94 GPa	110,31 GPa
	599,84 MPa	241,31 MPa	586 MPa

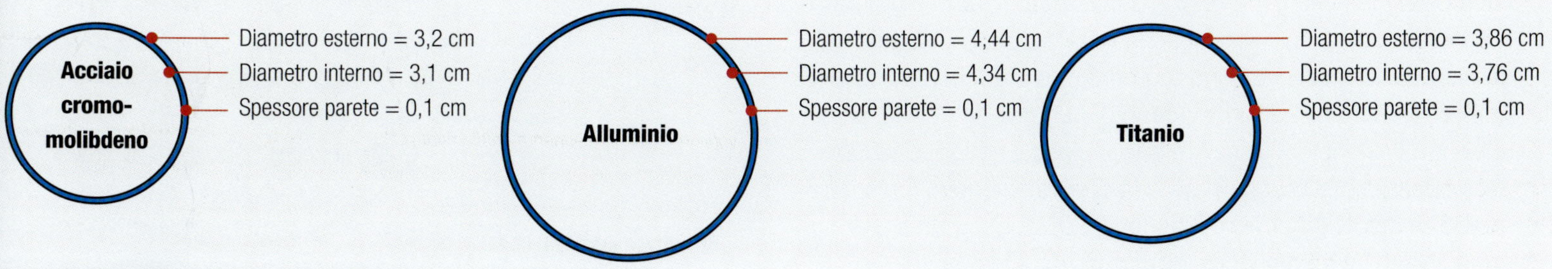

▲ ***Quanto grosso?*** *La rigidità di un tubo da telaio varia a seconda del materiale, del diametro e dello spessore della parete. Se un tubo sterzo in acciaio con diametro di 31,7 mm e spessore di 1 mm viene sostituito con uno in alluminio o titanio dello stesso spessore, il grafico ci dice di quanto dev'essere maggiore il diametro esterno per compensare la maggiore elasticità del nuovo metallo.*

Come sono saldati i metalli?

Che cos'è che tiene insieme il mio telaio?

Quasi ogni telaio metallico è assemblato per mezzo di saldatura o brasatura; entrambi i metodi comportano la fusione del metallo e il suo ritorno allo stato solido. La giunzione dev'essere solida almeno quanto i tubi, e i costruttori ottengono questo risultato controllando la complessa chimica del metallo caldo.

La saldatura implica il riscaldamento di due aree adiacenti di metallo fino alla loro fusione, alla quale seguono raffreddamento e solidificazione. La tecnica è resa complessa dal fatto che il metallo fuso può assorbire molecole di gas che indeboliscono notevolmente una giunzione. L'alluminio ha un basso punto di fusione quindi si salda facilmente. Per proteggerlo da potenziali contaminazioni di gas contenuti nell'aria, si usa un gas inerte. Per questo processo si usa il sistema GTAW (Gas Tungsten Arc Welding), noto anche come saldatura TIG (Tungsten Inert Gas). La saldatura può ridurre la resistenza dell'alluminio dell'80%, ma questo indebolimento può essere annullato attraverso un trattamento termico. Il titanio, in particolare, richiede l'uso di un gas inerte per impedire che ossigeno, idrogeno e azoto si diffondano all'interno della lega calda, rendendola fragile.

La brasatura è una tecnica in cui una piccola quantità di un metallo diverso, detto riempitivo, viene usata per unire le parti. I riempitivi più usati sono ottone o una lega di rame e argento-stagno. Il punto di giunzione viene riscaldato, di solito con un cannello ossiacetilenico, fino a una temperatura sufficiente a far fondere il riempitivo ma non il tubo. Quando il riempitivo fonde, subentra l'azione capillare e le sue molecole vengono attirate nello spazio tra le due parti da una combinazione di forze di adesione (tra il riempitivo e il materiale del tubo) e tensione superficiale (tra le molecole del riempitivo). Questo colma lo spazio e, quando il materiale della brasatura raffredda, solidifica formando cristalli di metallo che legano le due parti della giunzione. Il vantaggio della brasatura rispetto alla saldatura è che conferisce una duttilità (resilienza) leggermente maggiore alla giunzione, rendendola meno incline alla rottura.

Tensione superficiale

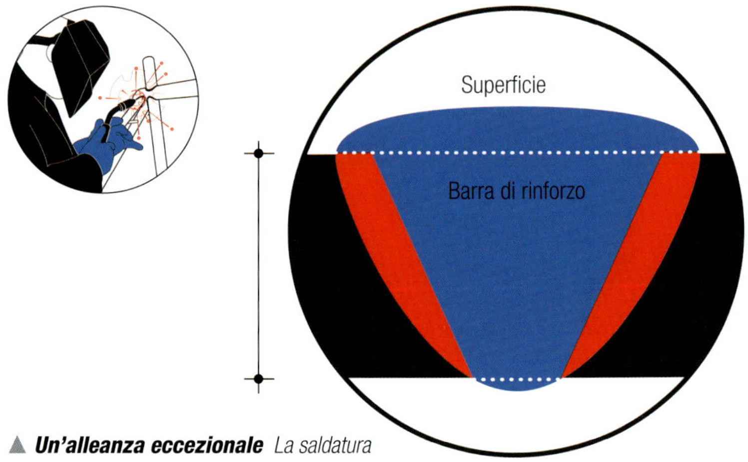

▲ ***Un'alleanza eccezionale*** *La saldatura fonde il metallo grazie all'energia derivante da un arco elettrico e protegge l'area di lavoro con un gas inerte in grado di respingere i gas atmosferici che potrebbero contaminare e indebolire il giunto. Una barra di materiale simile a quello dei tubi viene introdotta per rinforzare la giuntura. La zona di fusione si crea dove il materiale della barra e il tubo fondono insieme e induriscono. La superficie esterna della saldatura è solcata da increspature: la qualità della giunzione può essere giudicata dalla loro regolarità.*

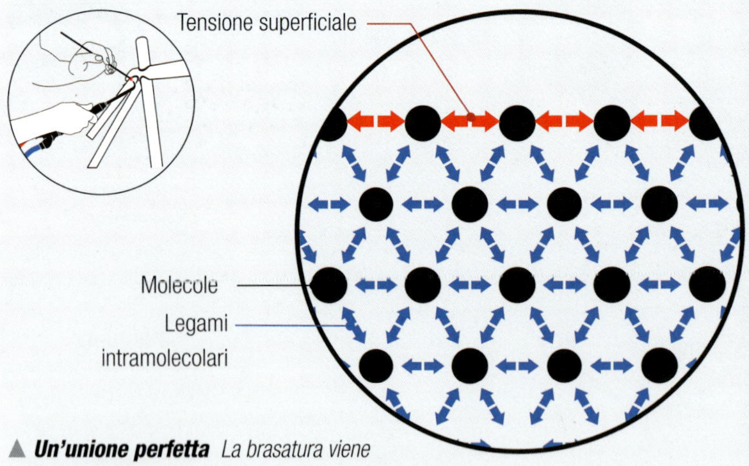

▲ ***Un'unione perfetta*** *La brasatura viene usata solitamente dai costruttori di telai su misura per unire tubi d'acciaio. Una barra di metallo riempitivo che fonde a una temperatura più bassa rispetto all'acciaio viene riscaldata con un cannello e l'azione capillare lo fa penetrare nello spazio tra i tubi. Tradizionalmente vengono applicate intorno all'estremità dei tubi delle guaine d'acciaio aderenti, chiamate connettori, al fine di rinforzare la giunzione, ma nella brasatura a filo non sono strettamente necessarie.*

Cicli solido/liquido: la saldatura

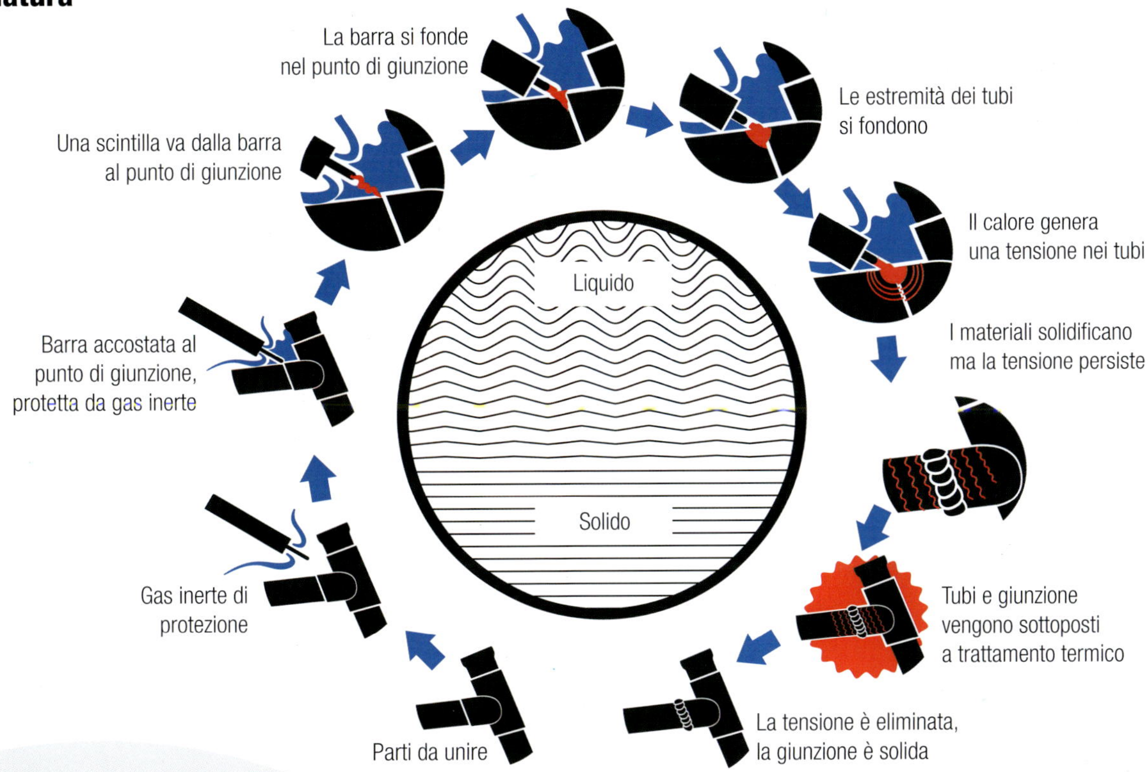

▶ ***Riduzione delle tensioni***
Componenti strutturali importanti per la robustezza della bicicletta si fondono durante la saldatura e alcuni materiali, come l'alluminio, si possono indebolire. Il trattamento termico dopo il raffreddamento permette alle molecole di riacquistare la loro integrità.

Cicli solido/liquido: la brasatura

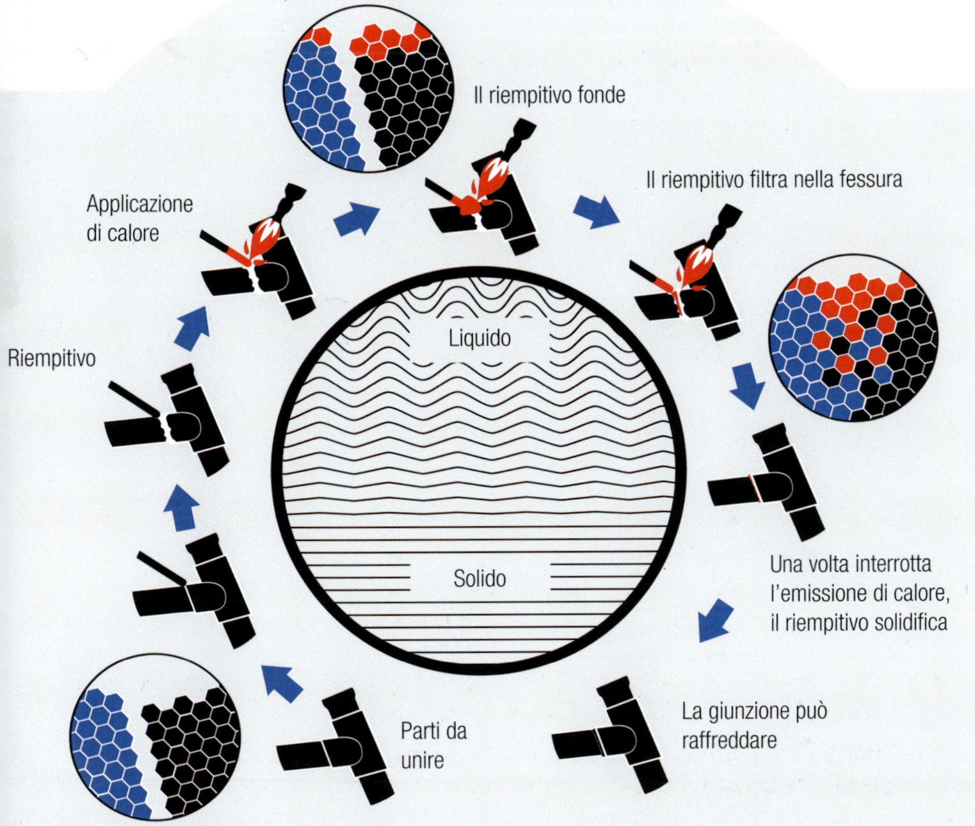

◀ ***Joint venture*** *Il riempitivo è il materiale che fonde, fluisce nelle fessure tra i tubi e si aggrega con il metallo solido ai due lati, creando spesso un legame ancor più resiliente dei tubi stessi.*

attrezzatura:
i tubi del telaio

I tubi da telaio delle prime biciclette erano in ferro, almeno finché non divennero disponibili leghe d'acciaio a buon mercato. Dalla seconda metà del XIX secolo, l'acciaio e le sue leghe sono stati utilizzati per la grande maggioranza delle biciclette perché sono relativamente economici e resistenti a molti processi di fabbricazione. L'alluminio è diventato popolare alla fine del XX secolo e, contemporaneamente, alcuni pionieri hanno utilizzato per la prima volta il titanio. Il magnesio è stato introdotto negli anni '80, ma ancor oggi ci sono solo due produttori in tutto il mondo che lo utilizzano. Al di là dei metalli, negli ultimi 50 anni si è assistito a un incremento di materiali compositi, tanto che oggi ci sono anche telai di bambù.

Sia i tubi d'acciaio più economici che quelli più costosi sono formati da lamine piane arrotolate in cilindri e saldate lungo la lunghezza. I punti saldati sono deboli ma vengono rinforzati attraverso un trattamento termico. Esistono tubi cavi in altri metalli che, al contrario, sono privi di giunzioni. Per l'acciaio, una barra solida di circa 25 cm di diametro e 90 cm di lunghezza viene portata al calor rosso, 1000 °C, in modo da poter essere arrotolata. Per trasformare il cilindro solido e incandescente in un tubo cavo, si fora l'estremità e la si fa passare su una punta d'acciaio chiamata mandrino. Allo stesso tempo il cilindro passa attraverso un foro conico che ne riduce il diametro esterno. La procedura è ripetuta fino a ottenere un tubo delle dimensioni desiderate, detto "a spessore costante".

◄ ***I tubi del futuro*** *I tubi cambiano con l'introduzione di nuovi materiali e nuovi metodi di produzione. La versatilità della fibra di carbonio ha permesso a Delta7 di produrre tubi cavi senza pareti solide ma composte da una rete di fibre rigide disposte a triangolo. Per i suoi telai, Calfee Design ha adottato un materiale naturale, il bambù, integrato con altri componenti.*

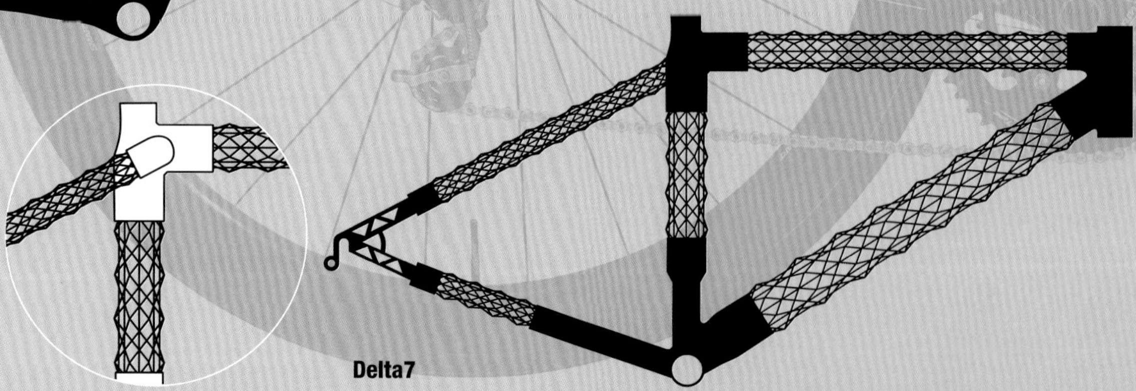

I tubi del telaio, però, devono essere molto robusti alle estremità, pertanto se ne riduce il peso rendendoli più sottili al centro. Questa operazione viene effettuata con la tecnica del "butting". Il mandrino sagomato, che definisce il diametro interno e il profilo del tubo, rimane intrappolato all'interno perché le pareti alle due estremità sono troppo spesse per poterlo rimuovere. Allora il tubo viene fatto ruotare tra due rulli sfasati, e qui viene il bello: mentre l'operazione non ha un effetto significativo sullo spessore della parete e sul profilo complessivo, aumenta il diametro interno ed esterno del tubo in modo che il mandrino possa uscire. Il risultato è una parete più sottile nella sezione centrale e più spessa alle estremità.

I tubi in lega di alluminio posso essere lavorati più facilmente di quelli in acciaio. I profili sono idroformati: il foglio di materiale è inserito dentro uno stampo resiliente e viene messo sotto pressione dall'interno da un fluido idraulico. Questo processo consente di avere una superficie esterna più regolare rispetto ad altri metodi.

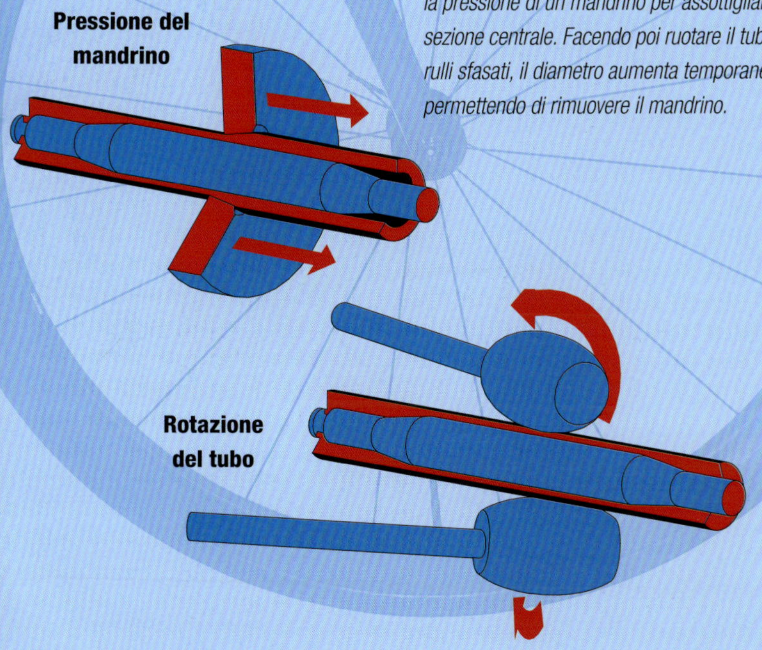

▼ ***Butting*** *Per alleggerire un tubo, viene usata la pressione di un mandrino per assottigliare la sezione centrale. Facendo poi ruotare il tubo tra due rulli sfasati, il diametro aumenta temporaneamente, permettendo di rimuovere il mandrino.*

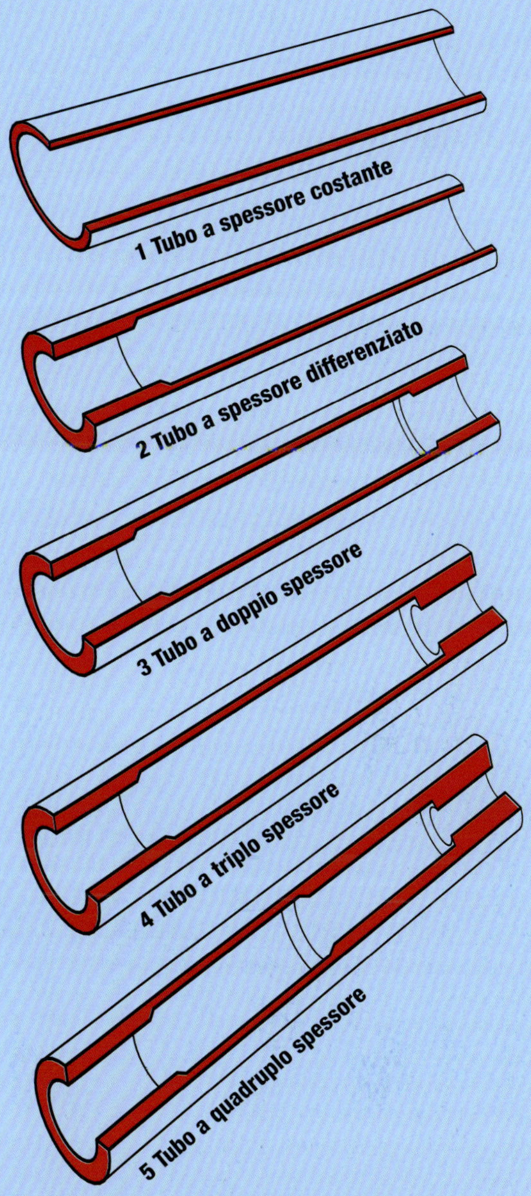

▲ ***I profili dei tubi*** *I tubi dei telai di acciaio standard hanno profili variabili per ridurre il peso e mantenere la robustezza e la rigidità laddove sono necessarie:*

1 *Un tubo a spessore costante ha spessore uguale lungo tutta la parete.*
2 *Un tubo a spessore differenziato ha la parete più spessa in corrispondenza di una sola estremità.*
3 *Un tubo a doppio spessore è più sottile al centro e più spesso alle estremità, di pari spessore.*
4 *Un tubo a triplo spessore ha estremità con diverso spessore.*
5 *Un tubo a quadruplo spessore ha estremità e sezione centrale di spessore variabile.*

Che cos'è un polimero? → Che cosa rende flessibile uno pneumatico?

I metalli non sono gli unici materiali solidi di una bicicletta. Ogni bici fa affidamento anche sui polimeri. Tutti i materiali presenti che non sono metalli sono infatti, con molta probabilità, polimeri. La bici fu una delle prime invenzioni a utilizzarli: la gomma naturale usata per i primi pneumatici è un polimero. Altri polimeri come materie plastiche e schiume sono utilizzati per parafanghi, selle, guaine dei cavi, copertura di leve, impugnature, nastri adesivi del manubrio, guarnizioni, valvole e relativi tappi, pulegge, riflettori e piattaforme dei pedali. I polimeri sono essenziali anche per alcuni telai in fibra di carbonio, per ruote lenticolari e cerchi.

Un polimero è una grande molecola (macromolecola) costituita dalla combinazione di tante piccole unità ripetute, i monomeri. Ogni monomero ha in genere uno "scheletro" composto da una dozzina di atomi disposti linearmente, ai quali si attaccano vari gruppi laterali; i più comuni atomi dello "scheletro" sono di carbonio e ossigeno. Quando migliaia di monomeri si legano insieme, si ottiene un polimero. Ci sono molti tipi di polimeri, perché le catene possono essere costituite da differenti

Parti fatte di polimeri

▶ ***Parti fatte di polimeri*** *Nelle biciclette standard, le parti non metalliche sono quasi sicuramente costituite da polimeri. Due dei punti di contatto con il ciclista, la sella e il manubrio, hanno coperture polimeriche per migliorare il comfort. Pneumatici e camere d'aria sono fatti di polimeri per essere elastici. Altre parti sono fatte di polimeri perché sono più economici, impermeabili o leggeri. Le biciclette di fascia superiore, con telai in fibra di carbonio, sono fatte più di polimeri che di metalli, così come le ruote lenticolari.*

monomeri, uniti in modi diversi, con diverse sequenze, connessioni e ramificazioni. Le proprietà di un polimero, come robustezza o punto di fusione, possono essere notevolmente differenti da quelle dei loro monomeri, e molto dipendono dalla lunghezza della molecola. Alcune proprietà fondamentali come elasticità e resistenza alla rottura aumentano quando le catene sono aggrovigliate, simili a piatti di spaghetti. Materiali di riempimento, rinforzanti e additivi vengono aggiunti per migliorare queste proprietà, ma il segreto delle caratteristiche del polimero – resistenza a carichi di compressione, tensione e torsione – sta nella lunghezza delle catene.

I polimeri naturali hanno alcuni limiti. Il lattice di gomma prodotto dagli alberi, per esempio, è troppo appiccicoso e marcisce rapidamente, quindi tutti i polimeri presenti in una bicicletta sono sintetizzati dal petrolio. La gomma sintetica viene riscaldata in presenza di zolfo per creare legami trasversali tra le catene del polimero, rendendolo più resiliente, duraturo ed elastico.

Proprietà dei polimeri

Polibutadiene (C_4H_6)

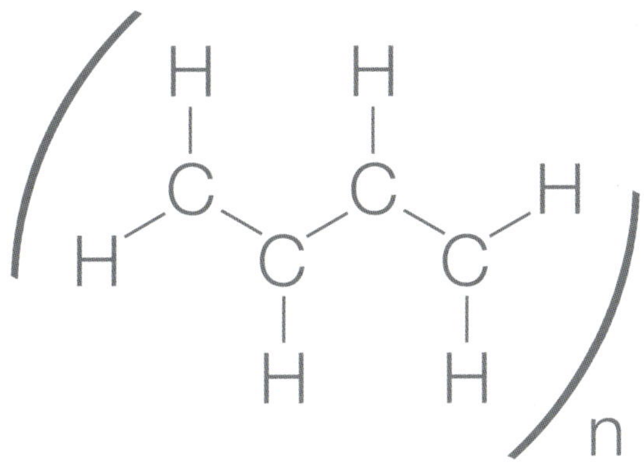

▲ ***Le forme di un polimero*** *I polimeri possono essere lineari o ramificati e questo condiziona le loro proprietà. Le formule di struttura indicano componenti e disposizione; n indica che l'unità di base si ripete.*

Come sono costruiti i materiali compositi?

Che cosa hanno di tanto speciale le bici in carbonio?

I materiali compositi, due materiali solidi legati tra loro ma fisicamente distinti, sono sempre più utilizzati nei telai, nelle forcelle, nei foderi, nelle pipe manubrio, nei cerchi, nelle ruote lenticolari e in piccoli componenti. Un materiale viene aggregato a un altro per combinare la forza e la bassa densità del primo con la resistenza del secondo e ottenere così qualcosa di più robusto, leggero e rigido dei singoli materiali. La coppia più comune è una matrice polimerica rinforzata con fibre di carbonio. Le fibre aumentano la resistenza alla trazione (in genere sono un centinaio di volte più resistenti della matrice) e la matrice è resistente alla compressione.

Le fibre di carbonio vengono prodotte a partire da un polimero solido chiamato poliacrilonitrile, che viene fuso per ricavarne dei fili poi portati alla temperatura di 1200 °C. In questo modo si eliminano l'idrogeno e l'azoto, ottenendo dei filamenti di carbonio con diametro tra i 5 e gli 8 micron (milionesimi di metro), molto meno di un capello umano. Portandoli a temperatura più elevata (2500 °C), diventano più rigidi, con modulo di Young più alto. I filamenti vengono attorcigliati per formare filati che possono essere tessuti o avvolti intorno a uno stampo; gli strati di tessuto vengono poi modellati nella forma del componente voluto.
La matrice è di solito un polimero chiamato epossido, una plastica che viene fusa per rivestire le fibre e che poi solidifica in modo irreversibile. La quantità e la disposizione delle fibre e della matrice vengono calibrate per ottenere il massimo di robustezza e il minimo di peso.
Si possono regolare anche la lunghezza e l'allineamento delle fibre al fine di mettere a punto resistenza, peso, rigidità e altre proprietà del prodotto finito.

Il numero di combinazioni possibili tra fibra, matrice, allineamento, modo di produzione e forma fa sì che i telai al carbonio possano essere enormemente diversi tra loro per aspetto, proprietà e prestazioni.

Fibre di carbonio

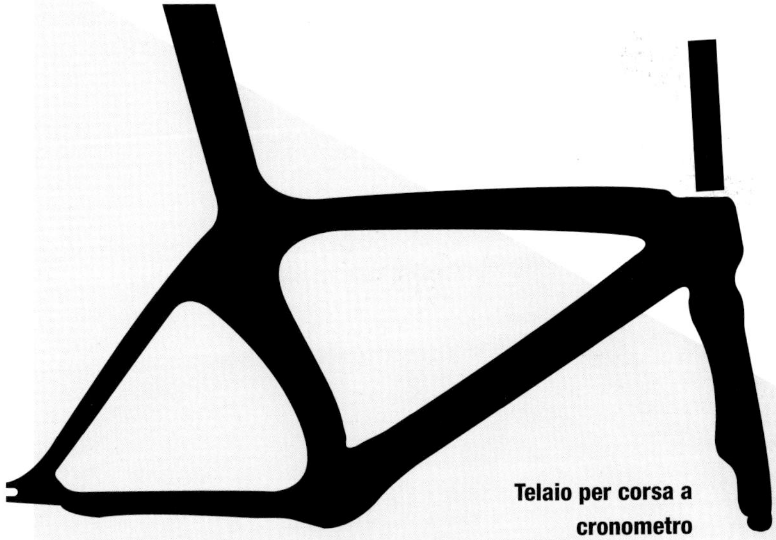

Telaio per corsa a cronometro

▲ ▼ ▶ ***Il predominio del carbonio*** *Un tempo considerati una rarità, i telai e gli altri componenti in fibra di carbonio sono oggi prodotti di massa e il loro prezzo può competere con quello dei telai in metallo. Il loro modulo di Young varia da 135 a 600 GPa; il carico di rottura tra 2200 e 3500 MPa. Basta fare un confronto con l'acciaio cromo-molibdeno 4130, che ha un modulo di Young di 190 GPa e un carico di rottura di 750 MPa. Un tessuto di fibra di carbonio intrecciato in modo semplice ha un rapporto durezza-peso più elevato del 14% dell'acciaio 4130 e del 18% dell'alluminio.*

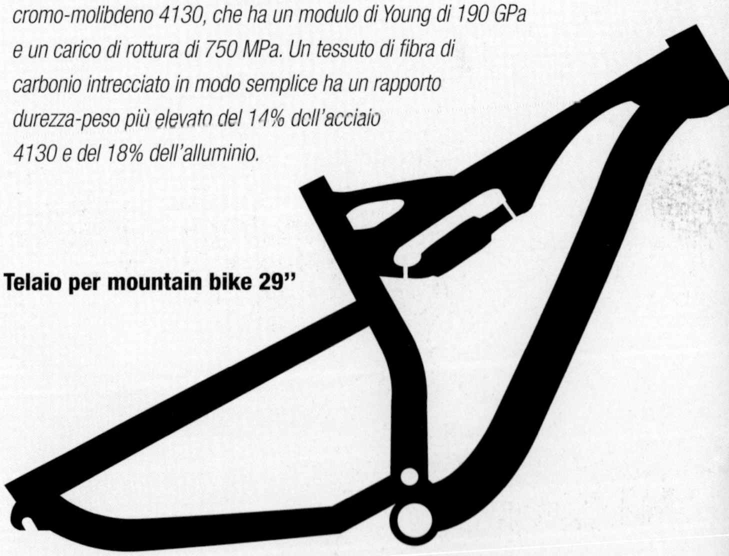

Telaio per mountain bike 29"

Struttura della fibra di carbonio

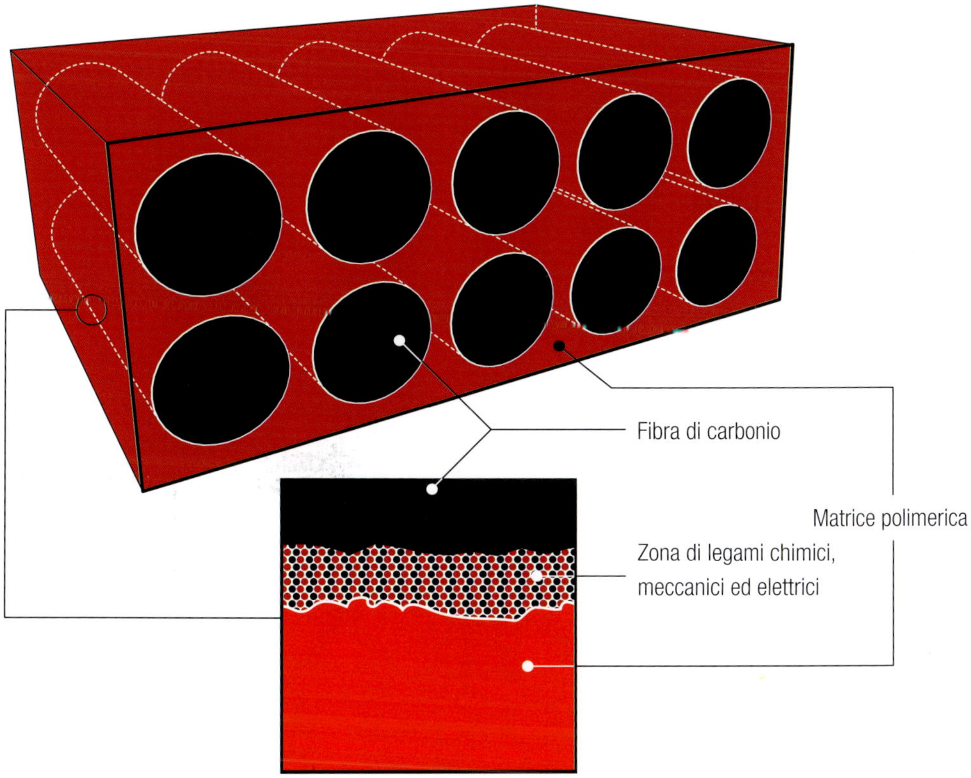

Trama diagonale

Trama semplice

▲ ***La magie della fibra*** *Le proprietà di un polimero rinforzato con fibra di carbonio variano a seconda della trama, della densità della fibra e della matrice polimerica. Le fibre possono essere allineate e tessute in modo da ottimizzare la resistenza alla trazione di un componente. La resistenza alla compressione è data dalla matrice plastica, per cui è importante che questa si leghi bene con le fibre. Sono stati sviluppati diversi metodi: lay-up, vacuum bagging, impregnazione con resina, pultrusione e altri ancora. Diversamente dai metalli, le plastiche rinforzate con fibre di carbonio non si deformano sotto carichi eccessivi ma si piegano e si spezzano senza passare attraverso lo stadio intermedio della deformazione permanente. Una volta rotto, un pezzo non si ripara facilmente e un componente riparato non può essere considerato affidabile se esposto a intense sollecitazioni dinamiche, così di solito viene scartato. Alcuni produttori di biciclette riciclano i frammenti scartati per farne oggetti più piccoli.*

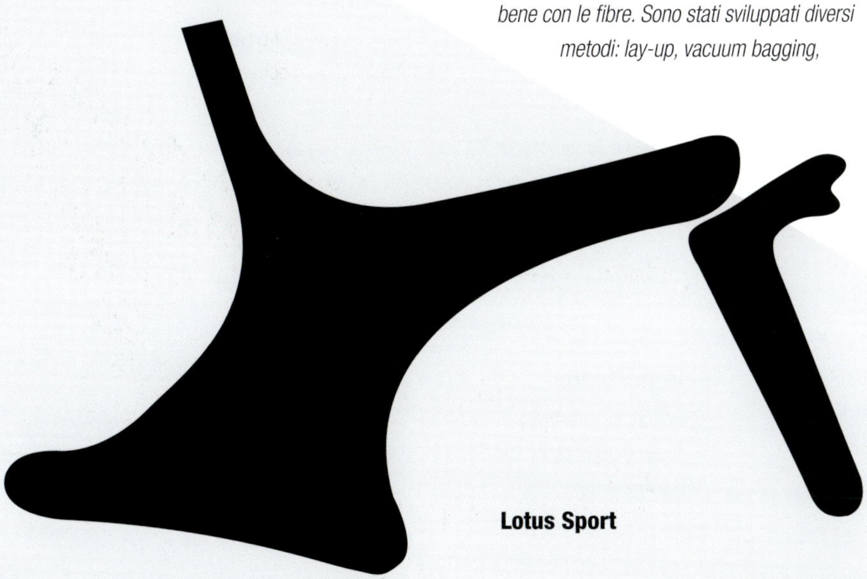

Lotus Sport

Importante

La plastica rinforzata con fibre di carbonio sembra contraddire i limiti del primo materiale composito utilizzato per i telai: il legno. Questo predecessore è una combinazione di fibre di cellulosa in una matrice di lignina, ma la sua formazione e la sua struttura sono determinate dalla natura, non dai fabbricanti di biciclette.

Che ruolo hanno i liquidi nel ciclismo?

Posso farmi trasportare dalla corrente?

Quasi ogni materiale di una bicicletta, nel corso della sua lavorazione, transita dallo stato liquido. Basti pensare a metalli e polimeri, ma anche gomma e leghe vengono lavorate da fuse; ci sono poi fluidi idraulici che vengono pompati all'interno di alcuni telai di alluminio per farli espandere e adattarli agli stampi, ma l'unico liquido che si trova in una bici finita è il fluido lubrificante.

In condizioni normali, un liquido mantiene volume costante ma può cambiare forma perché le molecole hanno legami più deboli di quelli di un solido e sono libere di muoversi o fluire. La velocità del flusso è condizionata dalle forze intermolecolari; queste forze determinano la viscosità, o "densità".
L'olio lubrificante ha una viscosità abbastanza bassa da permettergli di scorrere facilmente negli spazi della catena o dei cuscinetti e vi rimane per effetto delle forze di adesione tra olio e parte metallica. L'olio forma una sottile pellicola che riduce l'attrito tra le superfici metalliche, che altrimenti si sfregherebbero, logorandosi. Forma inoltre una barriera tra il metallo e l'ossigeno dell'aria, che potrebbe reagire in presenza di acqua formando una miscela di ossidi (tra cui FeO, Fe_2O_3 e Fe_3O_4) comunemente chiamata ruggine. Un'altra importante funzione dell'olio è stata scoperta in test condotti in laboratori adeguati. Le catene nuove senza lubrificante si dimostravano altrettanto efficienti di quelle lubrificate, suggerendo che la principale funzione del lubrificante, su strada, sia quella di riempire i microscopici spazi della superficie metallica impedendo l'ingresso di particelle contaminanti[2].

Sempre più biciclette usano anche un fluido idraulico in tubi sigillati per trasferire la pressione dalle leve dei freni ai pattini o dalle leve del cambio ai deragliatori. Il fluido è di solito un olio minerale con viscosità adeguata per trasferire la pressione in modo regolare e ripetuto. Il fluido deve avere un alto punto di ebollizione per percorrere lunghi tratti in discesa, dato che la pressione costante durante una frenata prolungata può aumentarne significativamente la temperatura.

Fluidi idraulici

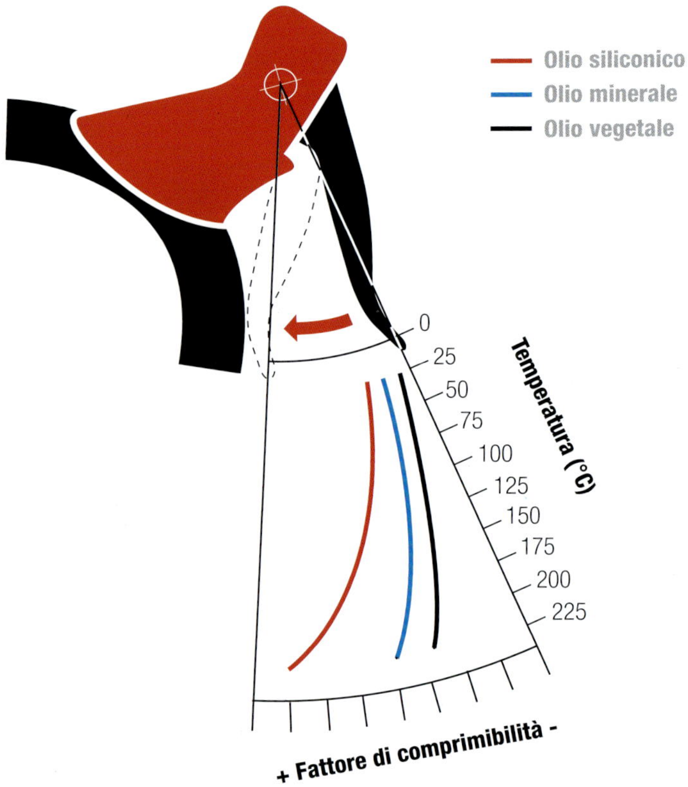

▲ ***Caldo e in tensione*** *La compressione dei fluidi varia con la temperatura e il tipo di fluido utilizzato. Più diventa caldo, più il fluido idraulico può essere compresso. Questo riduce la risposta sotto carico, per cui i freni possono "saltare" alle alte temperature*[3].

Importante
A 20 °C, l'acqua, un liquido "sottile", ha una viscosità di circa 0,001 pascal per secondo (Pa·s o N·s/m^2), mentre quella del più "spesso" olio da macchina è circa 0,1 Pa·s.

Potenza residua dopo la perdita dovuta all'attrito

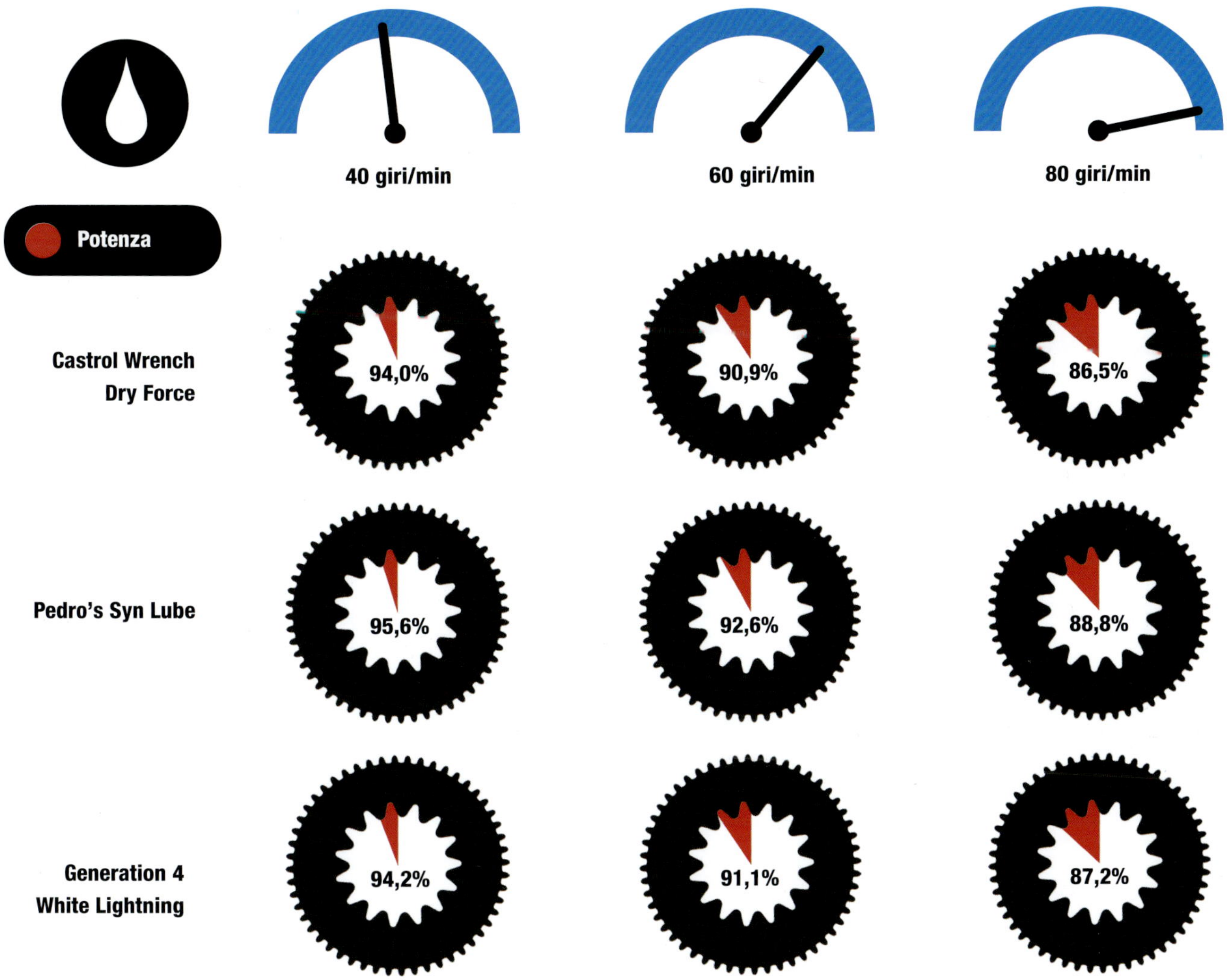

Metalli al microscopio

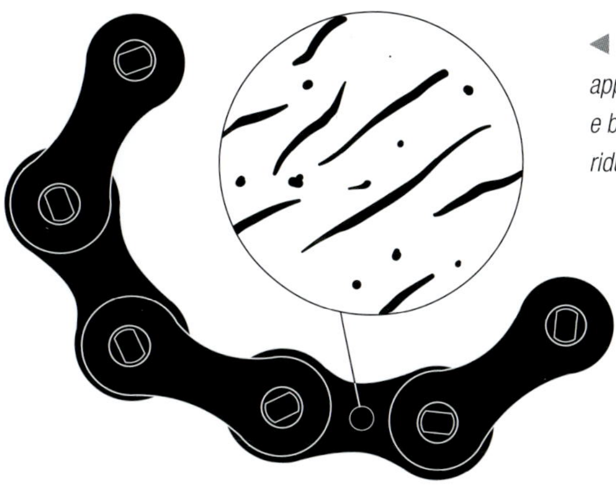

▲ ***Un lubrificante vale l'altro?***
Esperimenti in laboratorio su catene nuove hanno dimostrato che i lubrificanti non sono molto diversi l'uno dall'altro nel ridurre l'attrito della catena. Quando vengono applicati 100 W di potenza alla corona anteriore, la perdita dovuta all'attrito alla cassetta posteriore è molto simile ed è indipendente dal lubrificante (le percentuali indicano la potenza residua). La vita reale, però, è più sporca e più dura di quella in laboratorio e, quando un lubrificante è vecchio e contaminato, può compromettere la durata delle parti in movimento[4].

◀ ***Ruvidezza*** *Una superficie metallica apparentemente liscia possiede creste e buchi microscopici. Il lubrificante riduce l'attrito di questi elementi.*

scienza in azione sconfiggere l'atmosfera

Il principale fattore che rallenta la pedalata è l'aria. Più densa è, più il ciclista viene rallentato. Una buona aerodinamica riduce questo effetto, ma il ciclista può farci ben poco perché la densità dell'aria è condizionata dai più banali agenti naturali, così invasivi e complessi da dare problemi anche agli scienziati: temperatura e umidità.

Con la sua combinazione di azoto, ossigeno e tracce di altri gas, l'aria secca a livello del mare alla temperatura di 21 °C ha una densità di circa 1,202 kg/m^3. Questo valore riconosciuto a livello internazionale, però, si riscontra raramente nella realtà caotica del sistema meteorologico mondiale, con le sue variazioni di temperatura, umidità e pressione. A temperature più alte, le molecole dell'aria acquistano energia e si muovono tutt'intorno, espandendosi e riducendo così la loro densità (e, di conseguenza, la capacità di rallentare). Se si aggiunge vapore acqueo, queste molecole sono più leggere di quelle dei componenti dell'aria e fanno sì che la densità complessiva si riduca ulteriormente. Se poi si genera una bassa pressione, la massa d'aria diminuisce e così anche la sua densità. Tutto questo rende più facile andare in bicicletta.

All'interno di un edificio si ha la possibilità di agire per influenzare la densità dell'aria. Il velodromo delle Olimpiadi di Londra del 2012 venne progettato per aumentare la temperatura della pista a 28 °C e rendere l'aria più rarefatta, aumentando la probabilità che fosse stabilito un nuovo record mondiale. Nelle gare in esterno, invece, la sola strategia è quella di correre a quote elevate, dove l'aria è meno densa. Questa è una delle ragioni per cui nel 1984 Francesco Moser scelse Città del Messico per battere il record dell'ora, come fece anche Jeannie Longo nel 1989 e nel 1996. A 2238 m, la densità dell'aria scende a 1 kg/m^3; questo garantì a Moser un extra di 1,67 km e alla Longo di 1,49 km rispetto ai risultati ottenuti poco prima al livello del mare[5]. L'altitudine ha però lo svantaggio di diminuire l'ossigeno disponibile per la respirazione.

► ***Su pista*** *Ruote e caschi aerodinamici e abbigliamento aderente sono fondamentali per le gare su pista, ma la scelta del velodromo può avere un ruolo determinate nell'aiutare i ciclisti. Le piste all'aperto ad altitudini elevate offrono aria più rarefatta, ma sono esposte a variazioni nella direzione del vento, della temperatura e dell'umidità. Le piste al chiuso possono fornire non solo condizioni più prevedibili, ma possono essere progettate in modo da ottenere aria più rarefatta.*

sky

Che influenza hanno i gas sulla pedalata?

Perché la pompa si scalda?

I gas rendono più facile e allo stesso tempo più difficile andare in bicicletta. Percepita come vento contrario, l'aria è un gas che ostacola, ma senza di essa i ciclisti soffocherebbero. Oltre alla bici e al proprio corpo, il ciclista trasporta circa tre litri d'aria. Più o meno la metà è intrappolata all'interno del telaio cavo, delle forcelle, dei foderi e del manubrio, mentre l'altra metà è all'interno degli pneumatici.

Un gas ha una massa che, pur essendo molto minore rispetto a quella della maggior parte dei solidi e dei liquidi, ha comunque la sua rilevanza. Un materiale diventa un gas quando l'energia cinetica delle sue molecole (dipendente dalla temperatura) è sufficiente per superare le forze di attrazione che le uniscono.

Per ogni gas esiste una relazione specifica tra pressione, volume e temperatura, e ogni volta che si gonfia uno pneumatico se ne ha la prova. Le molecole sono in costante movimento; in un solido possono avere piccole vibrazioni, ma in un gas si urtano, collidono e trasferiscono l'energia cinetica dall'una all'altra e alle pareti del contenitore. Spingendo il pistone nella pompa si riduce lo spazio nel cilindro e aumenta così la densità delle molecole, che sono spinte a collisioni più frequenti. La classica teoria dei gas associa questa frequenza con la pressione: quindi, spingendo delicatamente il pistone, si fa salire la pressione nella pompa (e nello pneumatico).

Per di più, quando si spinge il pistone nella pompa, parte della propria energia cinetica viene ceduta alle molecole di gas presenti all'interno attraverso il movimento del pistone. Se consideriamo un gas come un insieme di piccole sfere elastiche che si muovono a caso, si può dimostrare che la temperatura è proporzionale alla loro energia cinetica media; più veloci si muovono, più caldo è il gas. Parte di questa energia viene trasferita alle pareti della pompa, che si riscalda. Pompando più velocemente e vigorosamente, si trasferisce maggiore energia e l'aumento di temperatura diventa più percepibile.

Pompare molecole

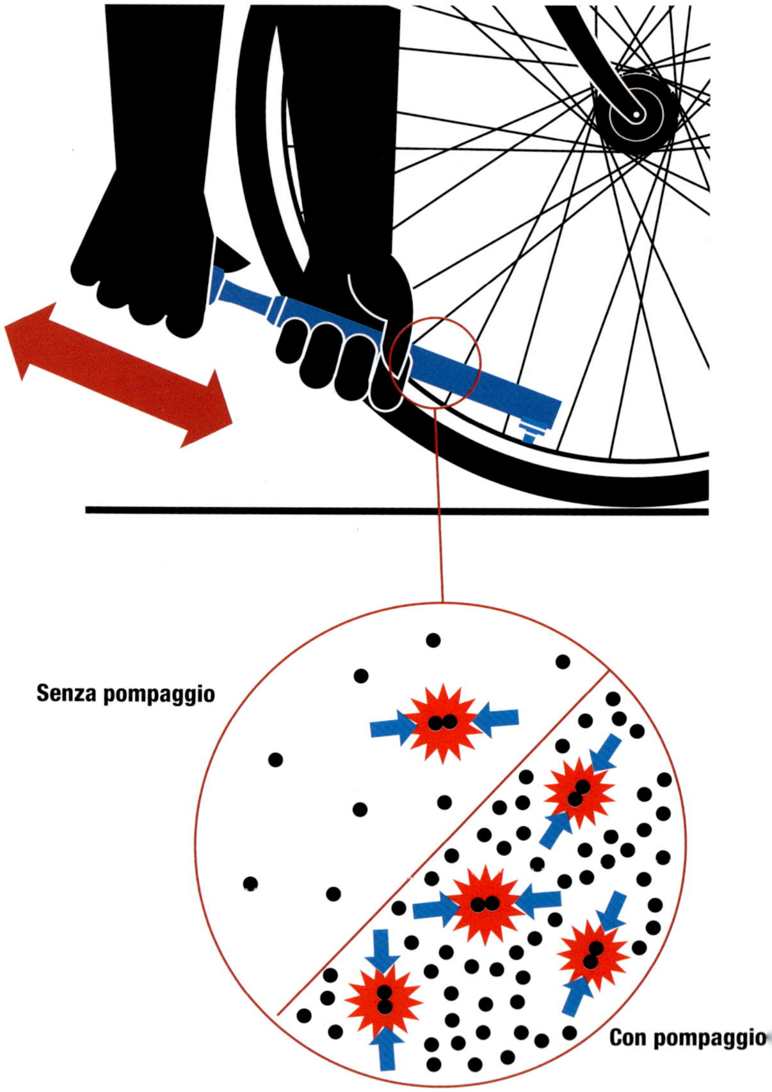

▲***Pressione e temperatura*** *Mettendo sotto pressione un gas con una pompa manuale, questo si riscalda perché le molecole acquisiscono più energia cinetica. È quello che succede quando si gonfiano le gomme.*

L'elio può aiutare?

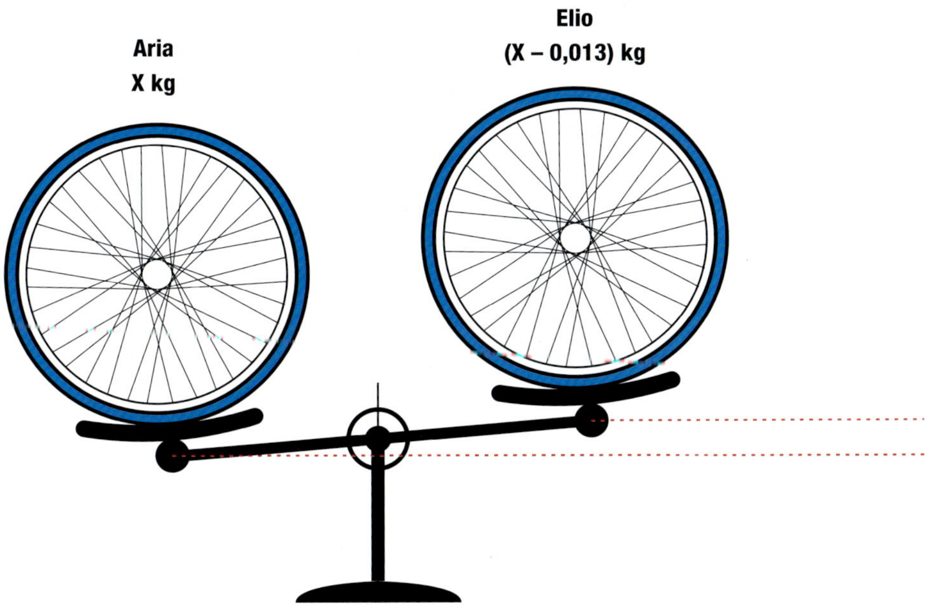

La differenza di massa è minore di quella dell'aria contenuta nel telaio

◀ ***Più leggero*** *Quando nel 1972 Eddy Merckx si stava preparando a battere il record dell'ora in Messico, pensò di adottare l'elio per gli pneumatici perché avrebbe diminuito il peso di circa 14 g; ma, dando ascolto al suo costruttore, Ernesto Colnago, non ne fece nulla*[6]*. Ciononostante stabilì il nuovo record, che resistette per 12 anni.*

▼ ***Insostenibile leggerezza*** *Il peso dei telai continua a cambiare in base ai progressi tecnologici e ai limiti fissati dai regolamenti, ma non ha una relazione diretta con i tempi record*[7]*.*

Record dell'ora maschile

	Peso bici (kg)	**Distanza** (km)	**Ciclista**	**Luogo**	**Data**
	6,98	48,653	Ole Ritter (DK)	Città del Messico	10 ott 1968
più leggera	5,48	49,431	Eddy Merckx (B)	Città del Messico	25 ott 1972
	7,84	50,808	Francesco Moser (I)	Città del Messico	19 gen 1984
	7,48	51,151	Francesco Moser (I)	Città del Messico	23 gen 1984
	8,48	51,596	Graeme Obree (GB)	Hamar	17 lug 1993
	7,12	52,270	Chris Boardman (GB)	Bordeaux	23 lug 1993
	8,48	52,713	Graeme Obree (GB)	Bordeaux	27 apr 1994
	7,21	53,040	Miguel Indurain (E)	Bordeaux	2 set 1994
	8,3	53,832	Tony Rominger (CH)	Bordeaux	22 ott 1994
	8,3	55,291	Tony Rominger (CH)	Bordeaux	5 nov 1994
più veloce	7,16	56,375	Chris Boardman (GB)	Manchester	6 set 1996

Perché il plasma potrebbe essere il materiale del futuro?

Sarà la materia delle stelle a far andare più veloce la bicicletta?

Il plasma è comunemente noto come il quarto stato della materia. Abbastanza simile a un gas per la libertà di movimento delle sue molecole, ne differisce a causa della presenza di energia tanto elevata da strappare gli elettroni agli atomi, creando uno sciame di particelle ionizzate (cariche) e neutre. Di fatto, tale miscuglio forma il 99% dell'universo visibile; è la materia di cui sono fatte le stelle e, un giorno, potrebbe aiutarci a pedalare più veloci.

Gli scienziati hanno utilizzato con successo il plasma per influenzare il flusso d'aria intorno alle ali degli aerei, controllando la direzione di volo senza dover utilizzare i flap. Il plasma viene prodotto utilizzando elettrodi che fanno passare energia elettrica attraverso l'aria, proprio come una carica elettrica che attraversa il gas di un tubo al neon. Posizionando con precisione gli elettrodi e controllando l'energia di scarica, si formano plasmi di volume, posizione e durata desiderati, tali da modificare il flusso d'aria intorno all'apparecchio. La tecnologia è stata sperimentata con piccoli droni; la potenza richiesta non è poi così grande, quindi non è da escludersi che possa venire applicata a ciclisti e bici.[8]

Una rete di generatori di plasma potrebbe essere inserita in un telaio di materiali compositi, nelle forcelle, nei manubri e nelle ruote lenticolari, ma anche nell'abbigliamento e nel casco del ciclista. Si potrebbe creare così un'aerodinamica virtuale che cambi forma e posizione a seconda dell'orientamento della bici in relazione al flusso d'aria, riducendo potenzialmente la turbolenza e ottimizzando l'aerodinamica del ciclista. Siamo ancora nel campo delle ipotesi, ma si pensa che in questo modo si potrebbe ridurre di circa 50 W la potenza necessaria per superare la resistenza dell'aria. La ricerca aerospaziale ha fatto fare grandi progressi alla tecnologia di materiali compositi e leghe utilizzati per le biciclette; il plasma potrebbe seguirne la scia.

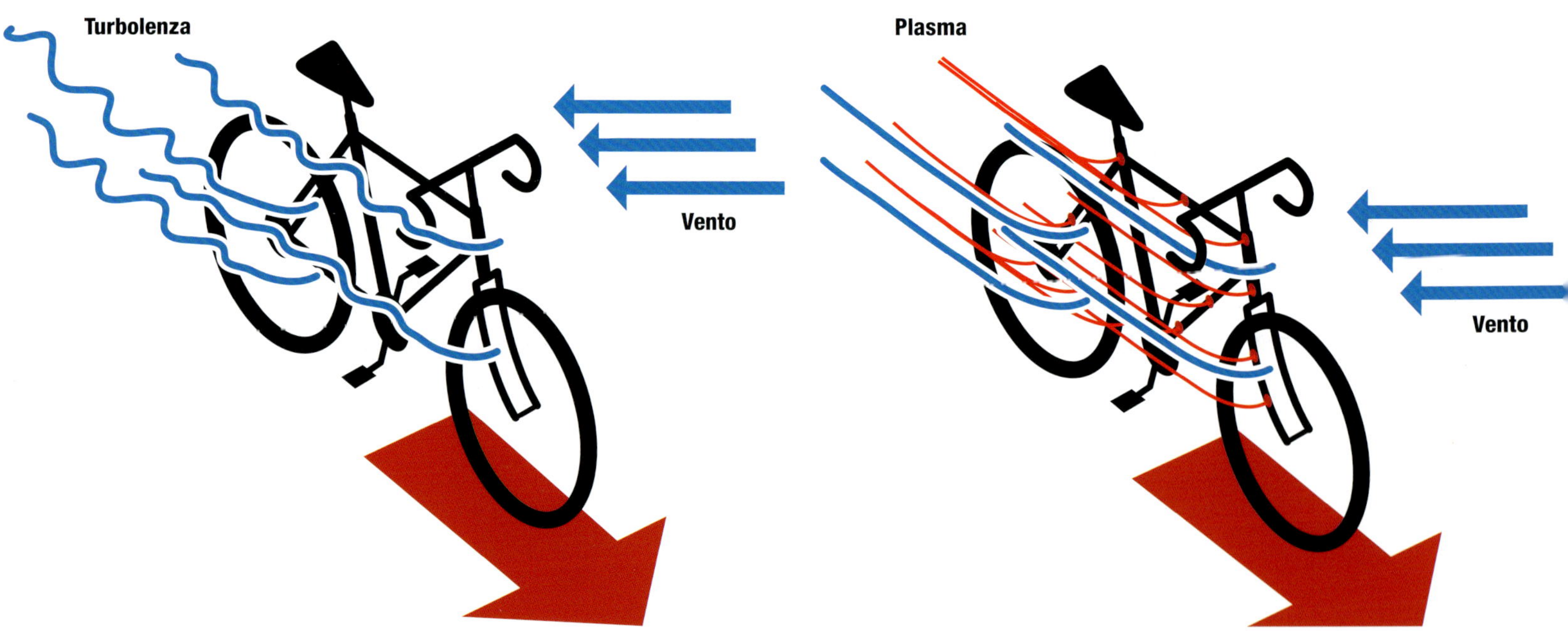

Creazione del plasma

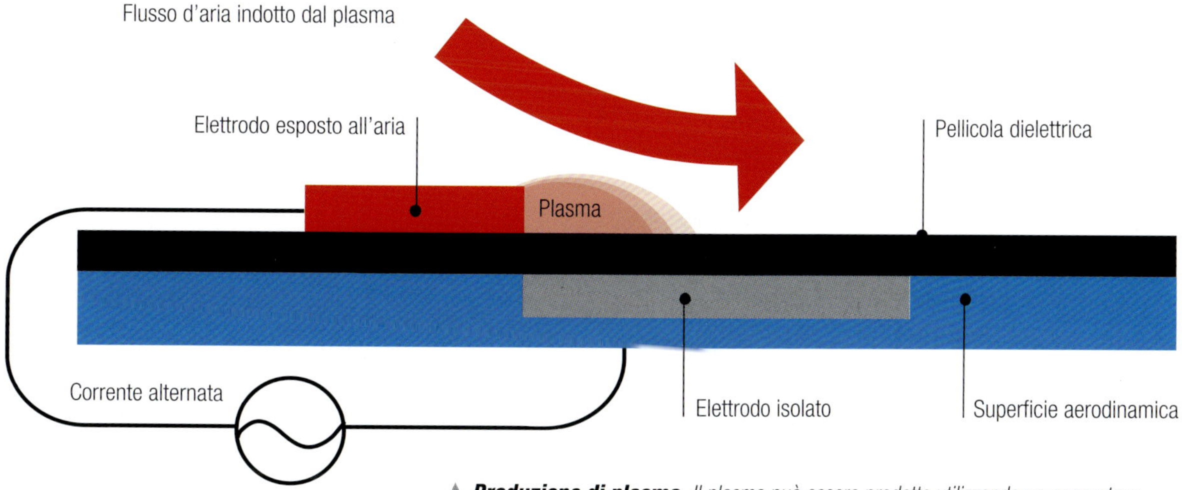

▲ ***Produzione di plasma*** *Il plasma può essere prodotto utilizzando un generatore DBD (scarica a barriera dielettrica). Quando tra due elettrodi, di cui uno esposto all'aria e l'altro isolato in un materiale dielettrico, viene applicato un voltaggio abbastanza alto in corrente alternata, l'aria si ionizza nello spazio dove il campo elettrico è più intenso, solitamente in prossimità del bordo dell'elettrodo esposto all'aria. In presenza della variazione di campo elettrico, l'aria ionizzata (plasma) esercita sull'aria ambientale una forza che altera il profilo aerodinamico virtuale della superficie intorno al generatore.*

Effetti del plasma

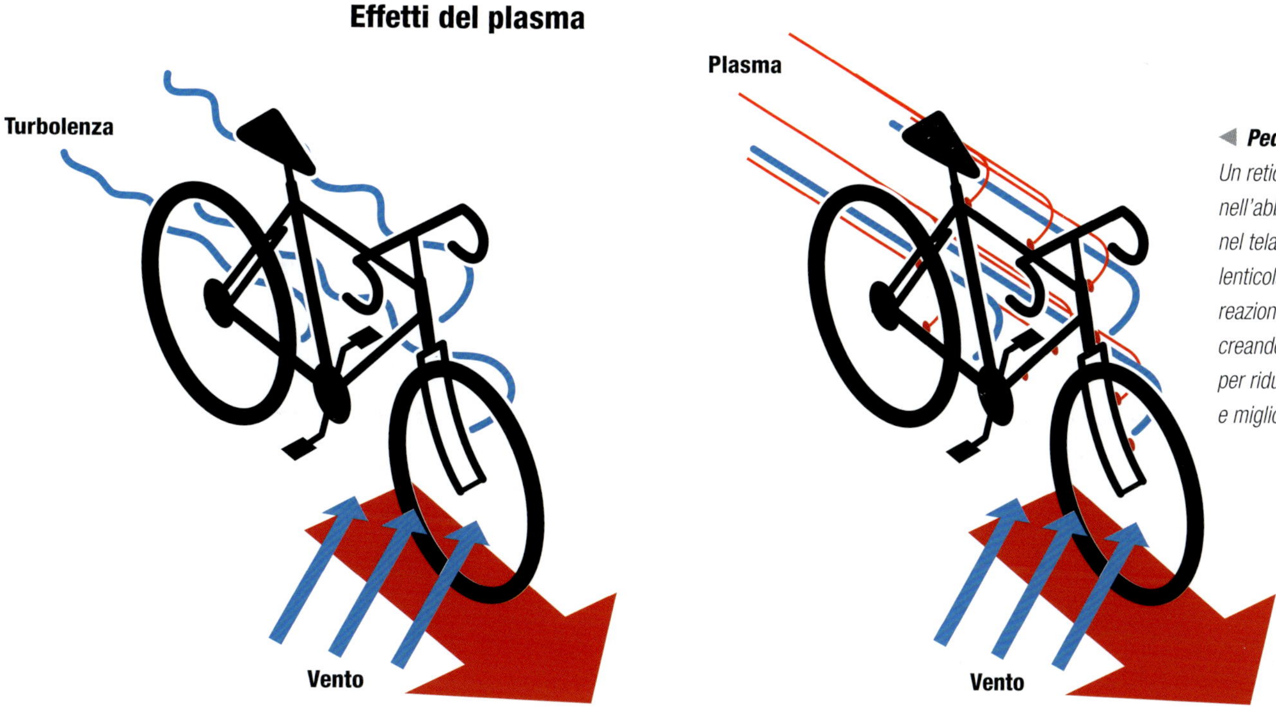

◀ ***Pedalare con il plasma*** *Un reticolo incorporato nell'abbigliamento, nel casco, nel telaio e nelle ruote lenticolari potrebbe avere una reazione dinamica al vento, creando campi di plasma per ridurre la turbolenza e migliorare l'aerodinamica.*

Le gambe si sono evolute per sostenere il corpo eretto ma, spostando il carico su una sella e un manubrio, la loro forza può essere usata per muovere i pedali con una potenza e una continuità senza pari. Nel tempo, i componenti della trasmissione della bicicletta si sono evoluti fino a incanalare al meglio l'energia sviluppata dai pedali e convertirla in moto in avanti. Pezzo dopo pezzo, la meccanica e il design sono stati ottimizzati per consentirci di correre in modo controllato senza sprecare energia. Spingiamo sul pedale e ci spostiamo in avanti grazie ai continui progressi di tutti i componenti. È stato eliminato il peso in eccesso, dai pedali fino agli pneumatici. La ruota con i raggi tensionati sostiene grandi carichi dinamici pur pesando pochissimo. L'attrito dei cuscinetti della trasmissione e della ruota è stato ridotto a tal punto da essere trascurabile per quasi tutti i ciclisti. Le marce ci consentono di pedalare al ritmo che preferiamo indipendentemente dal gradiente. Tutti possono constatare come tutto ciò funziona, ma il perché lo vedremo in questo capitolo.

capitolo quattro

potenza

Come fa la bici a trasformare lo sforzo in velocità?

Perché ho bisogno di tutti quei componenti?

La composizione meccanica della bicicletta è in piena vista, e attira l'attenzione. Vi è una certa eleganza nel modo in cui questa macchina richiede forza ed efficienza a componenti che, insieme, trasformano l'energia cinetica sviluppata dal ciclista in moto in avanti. Per farlo convertono un moto circolare, la pedalata, in uno lineare, grazie all'uso di molte parti specializzate con diverse funzioni e interazioni.

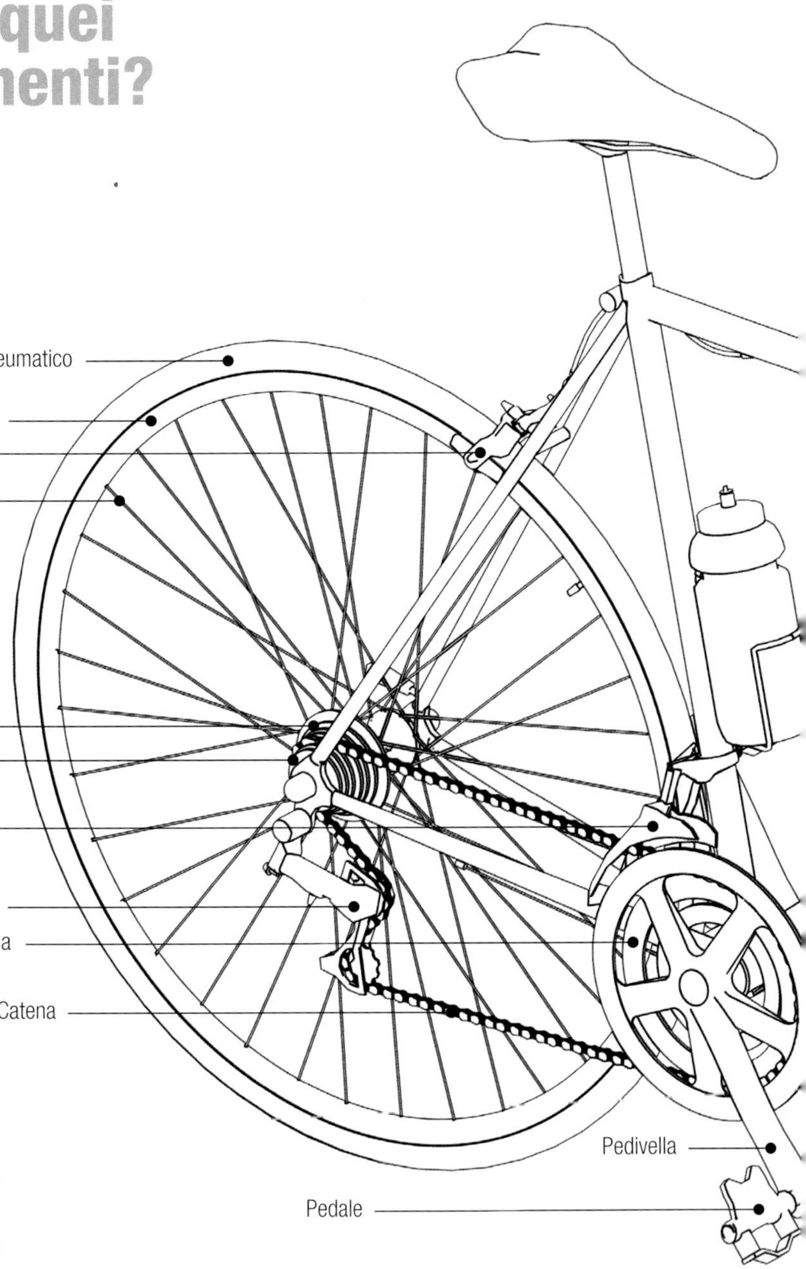

I pedali sono i punti di contatto tra il ciclista e le principali leve di rotazione della bici, le pedivelle. Importanti ma nascosti, i perni consentono ai pedali di ruotare mantenendo la stessa posizione relativa rispetto ai piedi (orizzontali), mentre i cuscinetti all'interno del movimento centrale consentono alle pedivelle di ruotare liberamente. Le corone fissate alle pedivelle ne convertono il moto rotatorio nel moto lineare della catena. Sulla ruota posteriore, la catena si innesta sui denti dei pignoni della cassetta, riconvertendo il moto lineare in rotatorio. I pignoni sono collegati al mozzo e lo fanno ruotare sui cuscinetti intorno all'asse fisso. I raggi della ruota trasferiscono la rotazione del mozzo a cerchio e pneumatici. Se lo sforzo del ciclista è superiore alla quota di energia persa nella trasmissione e alla resistenza dell'aria, la bicicletta si sposta in avanti, sempre che tra gomma e strada vi sia attrito sufficiente a evitare che lo pneumatico slitti.

I modi per modificare questo processo sono fondamentalmente due. Il primo consiste nell'azionare la marcia o deragliatore, modificando il rapporto tra le velocità di rotazione di pedivelle e ruota posteriore. Il secondo consiste nell'azionare la leva che, tramite un cavo, fa appoggiare i pattini dei freni alla ruota, convertendo l'energia cinetica in calore e rallentando la sua rotazione, e quindi la bicicletta.

I principali componenti meccanici

▼ ***Un lavoro di squadra*** *La trasmissione è formata da oltre mille componenti, molti dei quali sono a vista, con l'eccezione di cuscinetti e cavi, che sono coperti per esigenze di protezione. Grazie alla visibilità e all'evidente funzione meccanica della maggior parte di essi, gestire i guasti è semplice. Quasi tutti i movimenti principali sono di rotazione, e solo leve, cavi, deragliatori, bracci dei freni e catena sono lineari.*

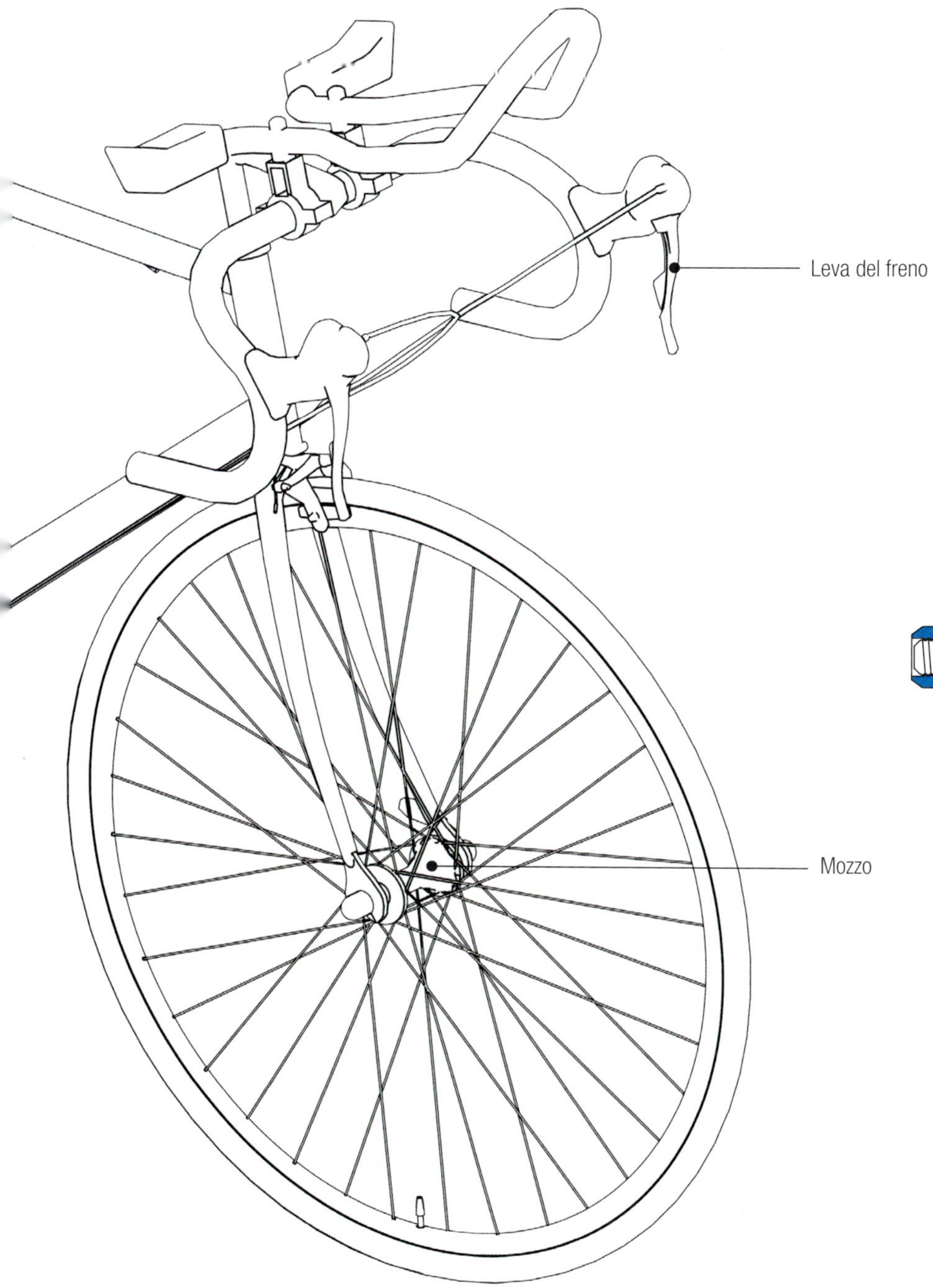

Tecnologie alternative

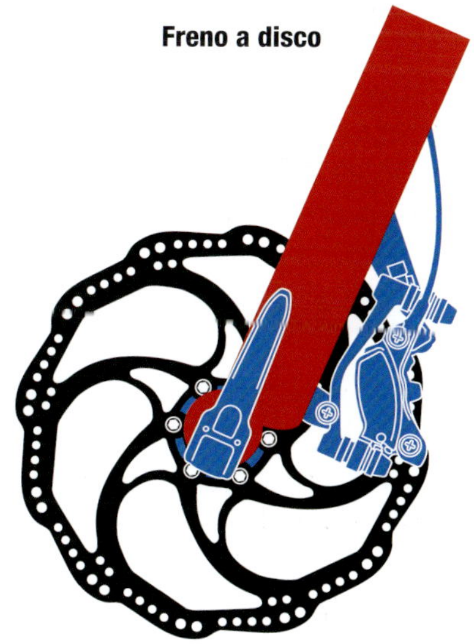

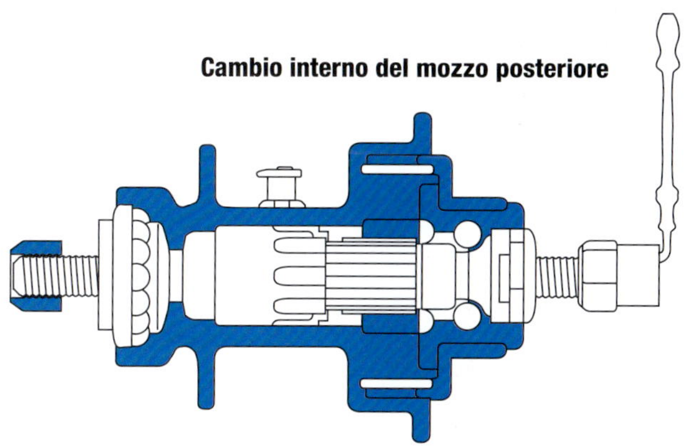

▲ ***Una cosa tira l'altra*** *Le biciclette non sono tutte uguali e nei loro 150 anni di vita sono nati molti componenti diversi. Spesso, la modifica di un componente richiede di cambiarne anche un altro. Per esempio, nessuno ha mai perfezionato un deragliatore in grado di muovere una cinghia dentata da un pignone all'altro, e per questo sono necessari i cambi interni del mozzo posteriore. Altri cambiamenti si verificano con lo sviluppo di soluzioni migliori. Acqua e sporcizia sul cerchio riducono l'efficacia dei pattini dei freni, e sono quindi sempre più diffusi i freni a disco, dotati di una superficie frenante più lontana da terra.*

Qual è l'interfaccia tra uomo e macchina?

Queste scarpe sono adatte al ciclismo?

L'efficienza della pedalata parte dall'interfaccia tra il piede e il pedale. Se i piedi del ciclista non si innestano correttamente sui pedali, si spreca energia o, peggio ancora, il ciclista può ferirsi. Per questo è importante indossare scarpe della misura giusta, con la suola rigida e ben salde sui pedali.

La diversa rigidità può avere risvolti significativi. È stato dimostrato che, con scarpe dalla suola in nylon, il tallone si sposta 40 volte più in là rispetto a quanto accade con suole fatte interamente in plastica rinforzata con fibra di carbonio, più rigida, che elimina quasi del tutto la flessione[1]. L'energia spesa nella flessione può essere convertita in calore, o restituita al ciclista quando la suola si ridistende. In entrambi i casi, comunque, questa energia non fa ruotare i pedali. Inoltre, altri ricercatori hanno scoperto che una scarpa da ciclismo, rispetto a una da running, produce un miglioramento dell'1,9% della forza trasferita al pedale[2]. La suola rigida può però anche dare vita a problemi. Un terzo team di ricerca ha testato la pressione plantare e la rigidità della scarpa su calzature con suola in nylon e carbonio. "Discrepanze rilevanti nella rigidità, soprattutto tra scarpe identiche in tutto il resto, inducono a ritenere che la diversa rigidità sia responsabile dell'aumento del massimo valore di pressione plantare", ha concluso l'équipe, avvertendo che una soletta interna dal profilo sbagliato può causare dolore[3]. Infatti, la pressione applicata dal piede è notevole: un ciclista in forma che genera circa 400 W di potenza carica addirittura 4,6 bar sull'alluce quando spinge sul pedale, a ogni pedalata[4].

Infine, se le scarpe sono bloccate sul pedale, il ciclista si stanca meno rapidamente. In particolare, si affaticano di meno i muscoli del gruppo dei quadricipiti, in quanto il ciclista può usare i flessori di una gamba per sollevare un pedale, alleviando la sollecitazione massima sui quadricipiti dell'altra[5]. I ciclisti poco esperti che adottano questa tecnica aumentano del 57% la loro efficacia meccanica, mentre quelli più esperti migliorano addirittura dell'86%[6]. Tutto questo ha però un prezzo, poiché la gamba che durante la fase ascendente dovrebbe riposare lavora. Mentre la bicicletta riceve più potenza propulsiva, consuma una quantità sproporzionatamente maggiore di risorse del ciclista[7].

Distribuzione della pressione del piede

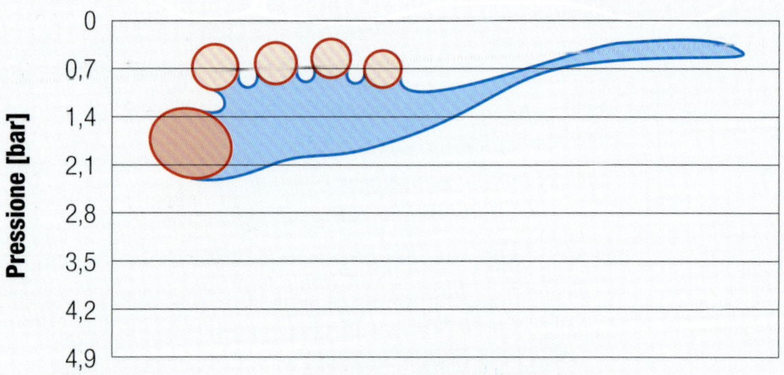

Pedalata lenta: 100 watt

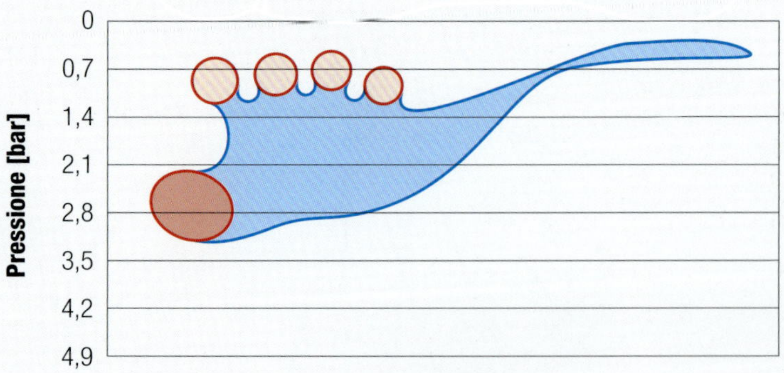

Allenamento leggero: 200 watt

Effetto del materiale della suola sulla flessibilità

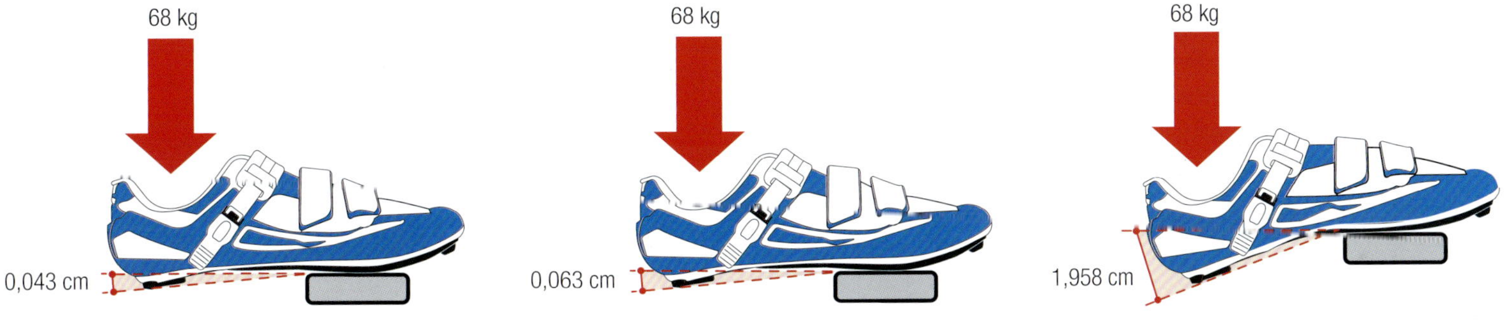

▼ ***Il grosso lavoro dell'alluce*** *La pressione esercitata dalle diverse parti del piede nella pedalata varia notevolmente. Il carico maggiore, di molto superiore a quello del tallone, è applicato dall'alluce. Con l'aumento della potenza, cresce la percentuale della forza totale applicata dall'alluce e dal suo cuscinetto, mentre diminuisce quella esercitata dal quinto dito. I diagrammi mostrano la pressione misurata (in bar) in vari punti, a quattro livelli diversi di potenza*[8].

▲ ***Quanto sono flessibili le scarpe?*** *Secondo calcoli effettuati con il metodo degli elementi finiti (FEA), sostituire anche solo metà del nylon di una scarpa con plastica rinforzata con fibra di carbonio può aumentarne drasticamente la rigidità, rendendola molto simile a una suola in fibra di carbonio al 100%. Una minore flessione aumenta le possibilità di trasmettere la potenza dal ciclista ai pedali (le deviazioni non sono in scala)*[9].

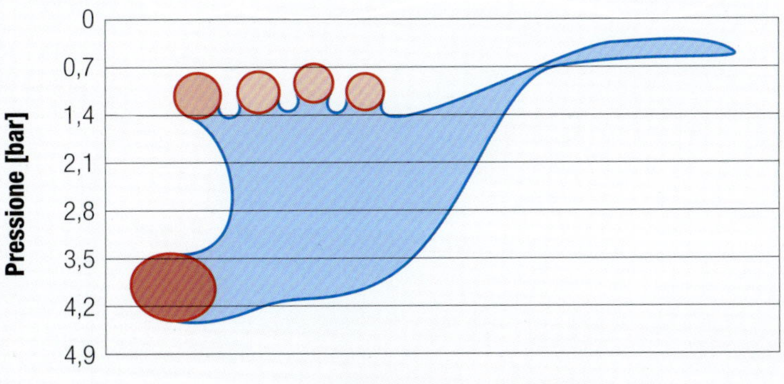

Pedalata intensa: 300 watt

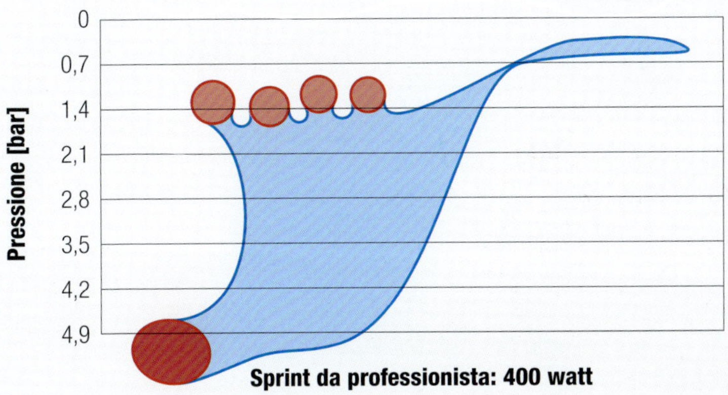

Sprint da professionista: 400 watt

Come migliora l'efficienza cambiando marcia?

Perché si deve pedalare più rapidamente in salita?

Le ruote dentate che muovono la catena, spesso chiamate "cambio", rappresentano dal punto di vista ingegneristico un sistema di pulegge, in cui la catena trasferisce il moto rotatorio dalle ruote dentate anteriori (corone) alle posteriori (pignoni). Il cambio compensa i limiti naturali della potenza di pedalata. Rende più facile andare in bici consentendo di spostare la catena tra corone di misure diverse quando si vuole cambiare velocità o fare meno fatica. Permette al ciclista di sfruttare al meglio la cadenza ottimale della pedalata. I ciclisti "della domenica" vanno in media a 60 giri/min, con un massimo di 90 giri/min, mentre i professionisti possono raggiungere i 175 giri/min[10].

Se la corona e il pignone posteriore avessero lo stesso raggio, ruoterebbero alla stessa velocità, completando una rotazione nello stesso tempo. In genere, però, il pignone posteriore è più piccolo e ha quindi meno denti. Di conseguenza, il passaggio di un particolare tratto di catena corrisponde a una maggiore rotazione del pignone posteriore rispetto alla corona. In altre parole, il pignone posteriore (e quindi il mozzo e la ruota a cui è collegato) ruota più velocemente della corona.

Per consentire di variare la velocità su strada senza variare il ritmo di pedalata, il deragliatore sposta la catena su un pignone posteriore di dimensioni diverse. Se il ciclista pedala a un ritmo fisso, quando la catena muove un pignone (o un ingranaggio del cambio interno del mozzo) più piccolo, la ruota gira più velocemente e la bicicletta accelera. Per riuscirci, però, il ciclista deve lavorare di più: il pignone più piccolo, con il suo raggio minore, è una leva più corta, e quindi il ciclista deve spingere di più sui pedali. È come cercare di aprire una porta spingendo più vicino ai cardini: bisogna spingere più forte di quando si spinge vicino alla maniglia. Per ridurre la forza necessaria per ottenere la stessa velocità, il ciclista potrebbe spostare la catena su un pignone posteriore più grande (o passare a una marcia inferiore sul cambio del mozzo), oppure usare il deragliatore anteriore per spostare la catena su una corona più piccola.

Capire il cambio

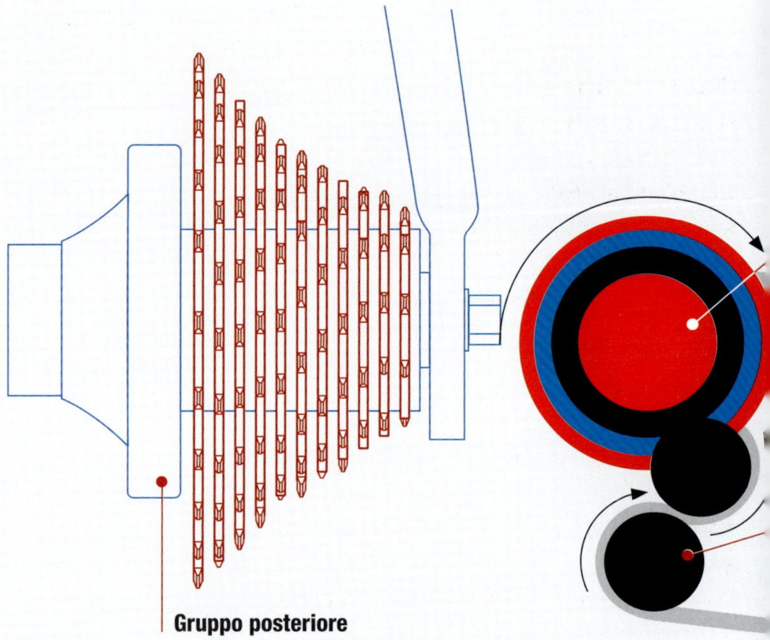

Gruppo posteriore

Molte bici da corsa moderne hanno 11 pignoni sulla ruota posteriore. Lo sviluppo di catene più sottili ha consentito di aggiungere altri pignoni.

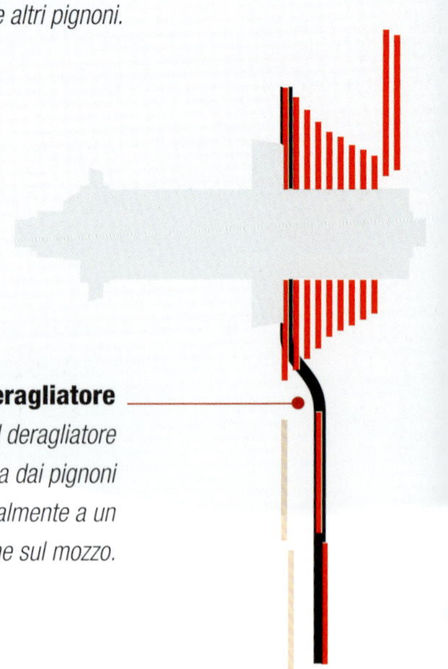

Deragliatore

Il meccanismo del deragliatore disinnesta la catena dai pignoni e la sposta lateralmente a un altro pignone sul mozzo.

▶ ***Il cambio in pollici*** *La tabella dei cambi mostra il rapporto tra il moto in avanti della bici e ciascuna rivoluzione dei pedali. Le dimensioni sono espresse in base al diametro di una ruota anteriore fittizia spinta direttamente, come le ruote del biciclo d'epoca di James Starley. I valori in tabella sono ottenuti moltiplicando il diametro della ruota (in pollici) per il numero di denti della corona e dividendolo per il numero di denti del pignone. I numeri si riferiscono a una ruota 28''.*

Denti del pignone / Denti della corona	46	47	48	49	50	51	52	53
13	93,6	95,7	97,7	99,7	101,8	103,8	105,8	107,9
14	86,9	88,8	90,7	92,6	94,5	96,4	98,3	100,2
15	81,1	82,9	84,7	86,4	88,2	90,0	91,7	93,5
16	76,1	77,7	79,4	81,0	82,7	84,3	86,0	87,6

Mozzo posteriore
Il mozzo posteriore può essere un blocco a ruota libera con pignoni fissi o un cilindro scanalato che consente di innestare singoli pignoni.

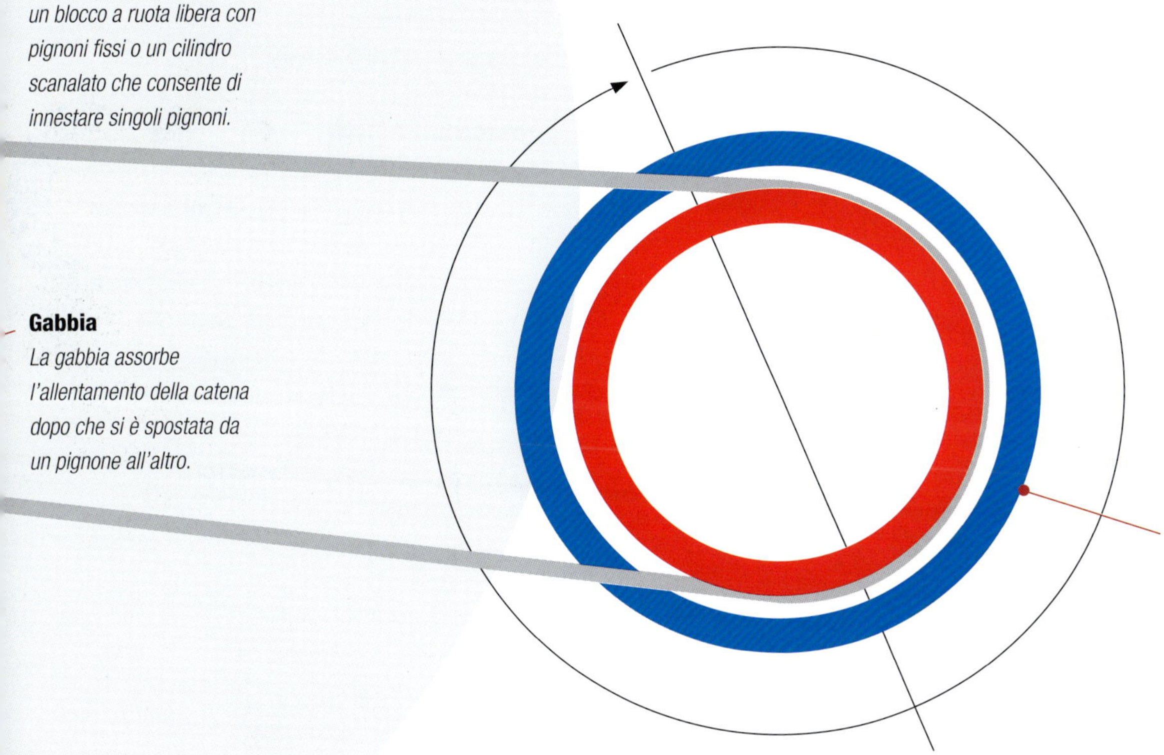

Gabbia
La gabbia assorbe l'allentamento della catena dopo che si è spostata da un pignone all'altro.

Corone
Le guarniture moderne possono avere una, due o tre corone. Il numero di corone moltiplicato per il numero di pignoni posteriori dà il massimo numero di rapporti di cambio disponibili.

▶ ***Il cambio in cifre*** *Per una data combinazione di corone e pignoni posteriori, questa tabella mostra la distanza (in metri) percorsa da una bici con ruote 28'' per ogni rivoluzione delle pedivelle.*

Denti del pignone / Denti della corona	46	47	48	49	50	51	52	53
13	2,26	2,32	2,35	2,41	2,47	2,50	2,56	2,62
14	2,10	2,16	2,20	2,26	2,29	2,32	2,38	2,44
15	1,95	2,011	2,04	2,10	2,13	2,17	2,22	2,26
16	1,8	1,89	1,92	1,95	2,01	2,04	2,07	2,13

attrezzatura: cambio marce

Le marce consentono ai ciclisti di ottenere velocità in cambio di sforzo, sfruttando così al meglio la potenza generata. Per molti anni nella prima metà del XX secolo, i meccanismi di cambio furono banditi dalle gare (i corridori montavano diversi pignoni sulle due estremità del mozzo e giravano la ruota per modificare il rapporto), e quindi furono soprattutto i ciclisti "della domenica" a usare i primi deragliatori e cambi interni al mozzo. Alla fine prevalse il buon senso e le richieste dei professionisti stimolarono innovazione e miglioramenti. Questo sviluppo continua ed è estremamente competitivo; ora sta prendendo piede il cambio elettronico, mentre le catene più sottili consentono di prevedere addirittura lo sviluppo di cassette con 12 pignoni.

▲ ***Biciclo Kangaroo*** *(1886)*
Con trasmissione a catena, consentì di ridurre il diametro della ruota anteriore rispetto al biciclo di James Starley.

▲***Cambio a gradiente di Hodgkinson*** *(1899)*
Antenato del deragliatore: pignoni di varie dimensioni collegati all'asse posteriore potevano innestarsi e disinnestarsi quando la catena veniva sganciata.

▼ ***Super Champion Osgear*** *(ca.1936)*
Una forcellina azionata da un cavo, sotto il fodero orizzontale, spostava la catena tra i pignoni, mentre il braccio tensionatore eliminava l'eventuale allentamento.

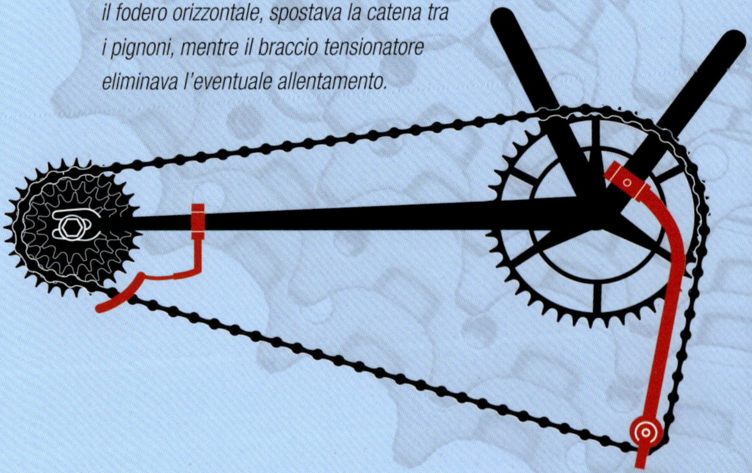

Spostare una catena in movimento da un pignone rotante a un altro è complesso. La catena va disaccoppiata in modo pulito dai denti di un pignone in movimento, spinta di lato per una certa distanza e rilasciata sul pignone scelto senza interrompere il carico applicato ai pedali. Il meccanismo deve essere robusto a sufficienza da eseguire l'operazione ripetutamente in entrambe le direzioni, dai pignoni più grandi ai più piccoli e viceversa, senza errori. Deve anche compensare l'eventuale allentamento prodotto dai pignoni più piccoli, in modo che la catena non scenda mai a terra. E deve essere controllato da una leva facilmente accessibile al ciclista. Tutto questo lo fa il deragliatore.

I primi tentativi risalgono alla fine dell'800: aggiungevano complessità e costi, ma i benefici erano enormi, come dimostrato dall'aumento della velocità media nelle gare non appena l'UCI concesse di usarli, nel 1938. Le prime versioni utilizzavano spesso una puleggia separata per compensare l'allentamento, ma aziende come Simplex e Campagnolo hanno apportato rapidi miglioramenti, insieme all'evoluzione del meccanismo a parallelogramma per il cambio sia posteriore che anteriore. I deragliatori di oggi sono tanto sviluppati da poter essere montati (e funzionare) anche sulle bici più economiche. Le più costose hanno invece cambi azionati elettronicamente.

La popolarità dei cambi interni al mozzo è pian piano diminuita da quando furono inventati, dopo il 1890. Inizialmente offrivano due velocità, mentre oggi ne hanno fino a 14 e offrono una gamma di rapporti equivalente a un sistema deragliatore da 27 rapporti. Ciò che perdono in efficienza meccanica lo guadagnano in affidabilità.

▼ ***Cambio Campagnolo Paris-Roubaix*** *(1940)*
Questa leva solleva una piccola gabbia per spostare la catena da una ruota dentata all'altra e, allo stesso tempo, rilascia la camma sull'asse posteriore, che scivola indietro per assorbire l'eventuale allentamento della catena.

▼ ***Deragliatore a parallelogramma inclinato*** *(ca. 1980)*
Angolato in modo da mantenere la catena equidistante da ciascuna ruota dentata, il braccio mobile è un parallelogramma che mantiene la catena allineata, e la gabbia che tiene la puleggia e le ruote guida è dotata di molle per mantenere la tensione.

Quanto è efficiente la catena?

Perché continuiamo a usare catene lubrificate?

L'importanza della catena della bicicletta è sottovalutata, perché è unta, poco chic e qualche volta sporca. Purtroppo, pur essendo fondamentale, la si nota solo in caso di problemi. È raro che una catena ben tenuta richiami l'attenzione. Nel 1886, Hans Renold inventò per l'innovativa bicicletta di sicurezza Rover la catena a rulli, e da allora nessuno ha progettato niente che trasmetta la potenza dei pedali con altrettanta efficienza[11].

Le nuove catene a 114 maglie (la lunghezza standard) pesano dai 250 ai 500 g. Ogni maglia è composta da otto parti, che devono funzionare in armonia al ruotare dei pedali. Alcuni ciclisti temono che tale sistema in continua flessione disperda parecchia della loro energia in calore, a causa dell'attrito tra le parti in moto. Gli ingegneri della Johns Hopkins University, insieme a Shimano, hanno testato catene non usurate, scoprendo che la trasmissione della potenza dalla corona anteriore al pignone posteriore può arrivare al 98,6%. Il segreto dell'efficienza, a parte l'allineamento preciso della catena, è stato mantenerla nella maggiore tensione pratica, il che dipende dal rapporto scelto. L'efficienza più elevata misurata nello studio, il 98,6%, è stata registrata con una tensione di 305 N della catena, mentre quella inferiore, l'80,9%, a un allentamento di 76,2 N. Una catena che si innesta e si disimpegna in modo efficiente dai denti durante la frazione di pedalata a maggiore tensione (la corsa superiore dal pignone posteriore alla corona) sfrutta al meglio l'energia del ciclista. La misurazione a infrarossi dell'energia dispersa ha dimostrato che, in effetti, l'attrito scalda la catena.

Sono però disponibili delle alternative: quelle di maggior successo sono le cinghie dentate, apprezzate sulle bici da città, con cambi interni al mozzo e tensione costante. La trasmissione a cardano su alcune bici da bike sharing è più pesante e meno efficiente, ma può ridurre la manutenzione. Alcuni ingegneri in Corea del Sud hanno progettato di recente una sofisticata trasmissione idraulica elettromeccanica, e si attende con impazienza di conoscerne l'efficienza[12].

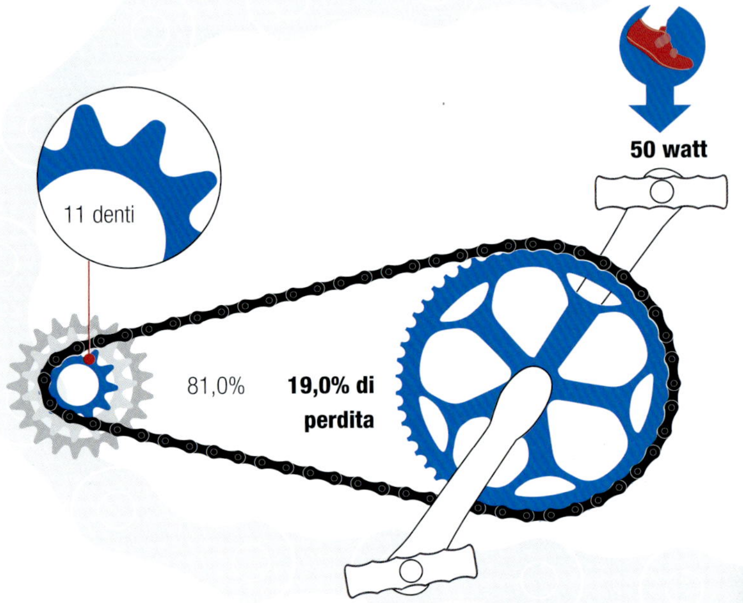

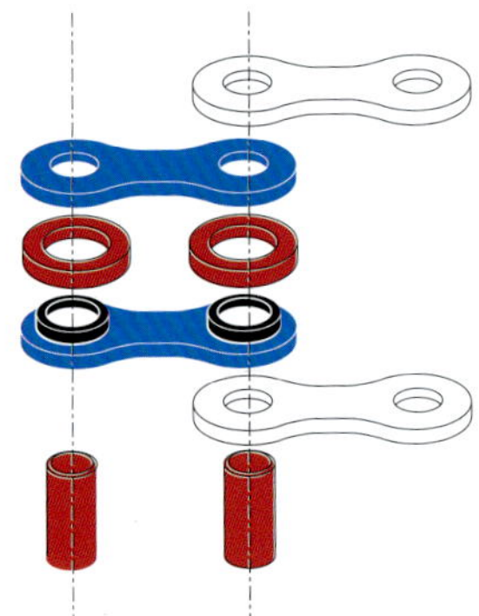

▼ ▶ ***Catena*** *La catena è una sequenza di maglie formate da due piatti esterni saldati a un perno che li collega, in modo più debole, a due piatti interni distanziati tra loro da un rullo.*

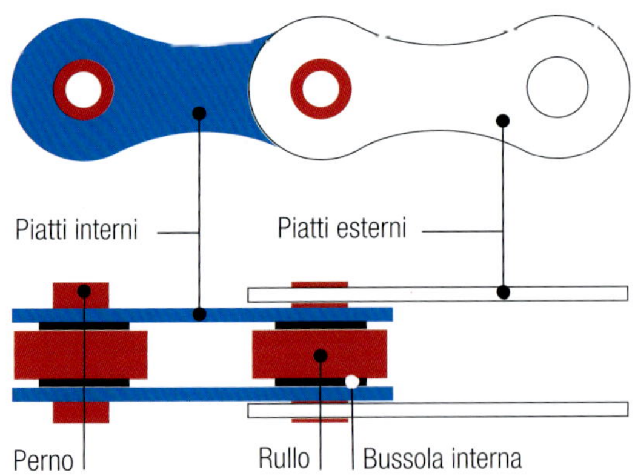

Quanta energia va persa?

▼ ***Reazione a catena***
Sono le dimensioni dei pignoni e la diversa potenza applicata a determinare l'efficienza della trasmissione della potenza dalla corona al pignone posteriore.

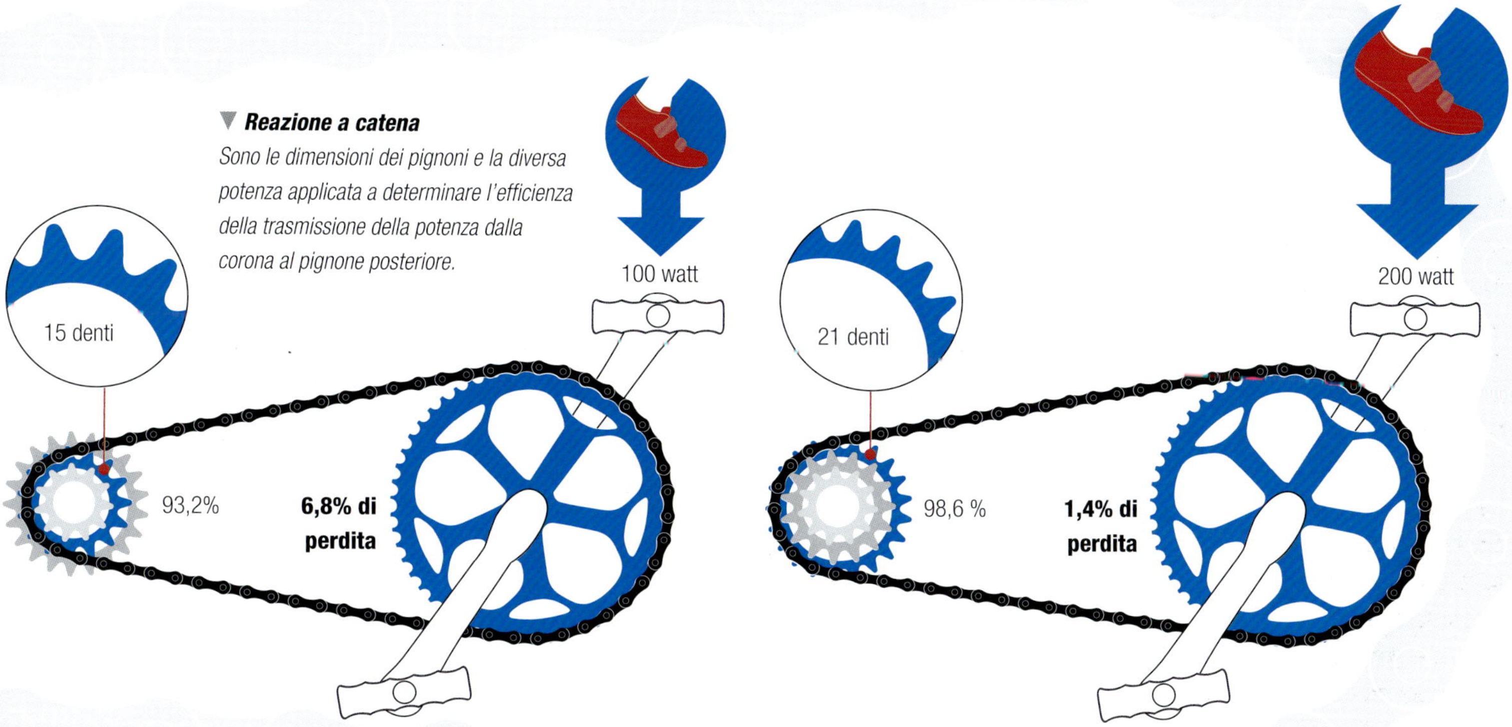

▼ ***Trasmissione a cardano*** *Perde circa il 10% dell'energia del ciclista, perché comporta due cambiamenti di direzione ad angolo retto e richiede ingranaggi conici o simili, che fanno presa a velocità molto bassa con pressioni conseguentemente alte sui denti. Gli ingranaggi a cono presentano elevate perdite dovute all'attrito* [13].

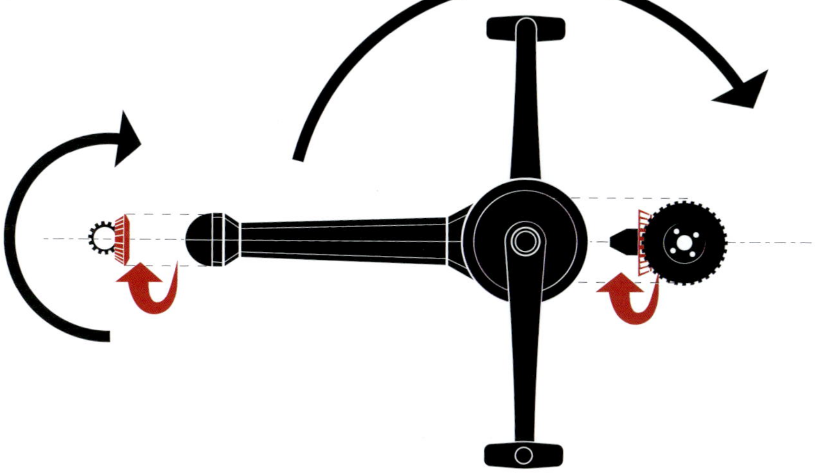

▼ ***Cinghia dentata*** *Promette una trasmissione più silenziosa che non richiede lubrificazione. Non potendo funzionare con un deragliatore, è in tensione costante, cosicché la perdita di energia non varia quando si cambiano le marce nel mozzo della ruota.*

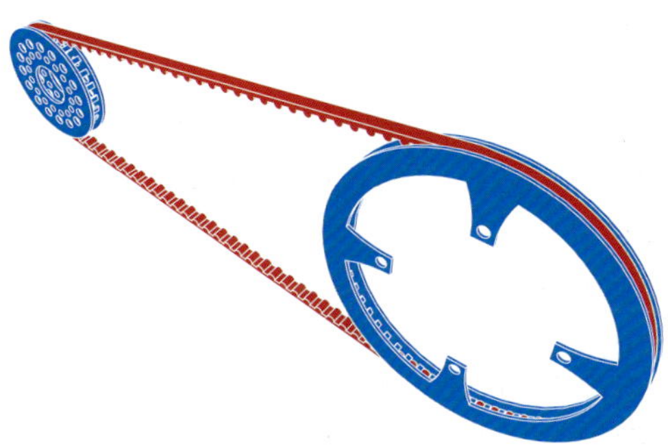

Quanto è importante il peso della ruota?

Devo acquistare ruote più leggere?

Il peso è importante, perché muovere una bici più pesante costa più fatica. Una credenza popolare vuole che il peso delle ruote sia particolarmente importante, e infatti si dice che "1/2 kg in meno sulle ruote è equivalente a 1 kg in meno sul telaio".

In base al secondo principio della dinamica di Newton, un oggetto che subisce una forza accelera, e tale forza è pari a massa per accelerazione. Per gli oggetti rotanti, si può quindi dire che l'oggetto che subisce un momento (definito anche "forza di rotazione") subisce un'accelerazione angolare, cioè ruota più velocemente (o lentamente) sul suo asse. L'equivalente rotazionale della massa, in questo caso, è il momento di inerzia dell'oggetto.

Così come la massa indica quanto è faticoso far accelerare un dato corpo su una linea retta, il momento di inerzia indica quanto è faticoso farlo ruotare (o rallentarlo). Ciò dipende sia dalla massa totale, sia da come è distribuita: più è lontana dall'asse di rotazione, più è difficile cambiarne la rotazione. Tra due ruote dello stesso peso, la più piccola è più facile da far ruotare, perché la sua massa è più vicina all'asse. Una ruota con mozzo pesante e cerchio leggero è più facile da avviare di una con mozzo leggero e cerchio pesante.

È da questa osservazione, forse, che deriva quel vecchio detto. Tuttavia, la massa delle ruote è importante quanto quella di tutti gli altri componenti: più sono leggere, più è facile accelerare. In realtà, risparmiare peso sulle ruote può essere poco significativo rispetto al peso di telaio e ciclista. Inoltre, le ruote più leggere producono benefici soprattutto durante le accelerazioni, che sono poco frequenti rispetto al tempo trascorso in sella. Altri fattori, come l'aerodinamica e l'attrito volvente, hanno influenza durante tutta la corsa, per cui un modo più aerodinamico di pedalare, una buona manutenzione e pneumatici gonfiati correttamente sono un investimento più redditizio.

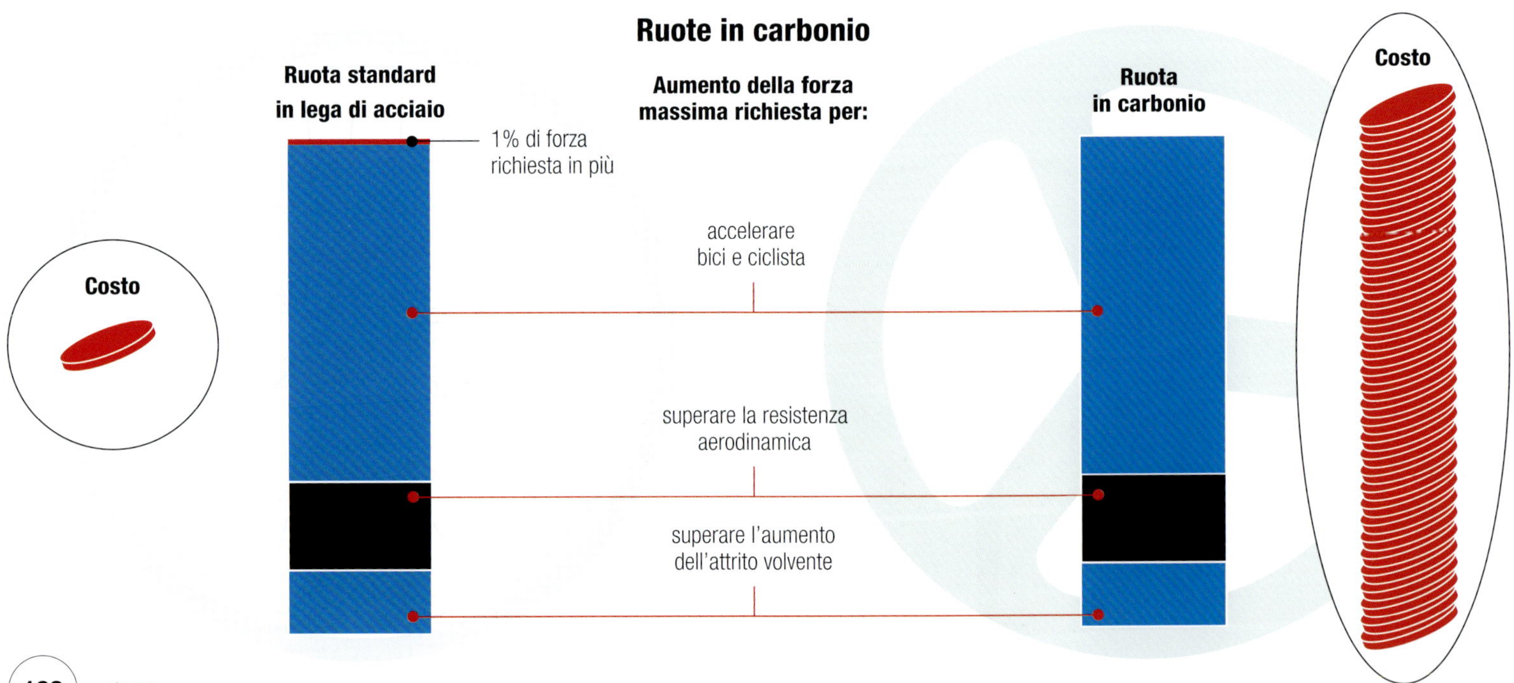

▶ ***E una ruota più leggera?*** *Ruote più leggere possono fornire vantaggi minori di quelli ottenuti migliorando l'aerodinamica, e costare di più. Dai dati degli studi di Kraig Willett su* Bike Tech Review *emerge che un ciclista che si allena per due ore su una bici con ruota posteriore leggera usa meno energia di quando usa una ruota standard a 32 raggi, ma l'efficienza è ancora maggiore se la bici ha un cerchio anteriore a sezione profonda. Naturalmente, diversi produttori di ruote promettono di ridurre il peso delle ruote e migliorarne allo stesso tempo l'aerodinamicità*[14].

Importante
Secondo principio della dinamica (di Newton)

$$F = ma$$

Secondo principio di Newton applicato alla rotazione

$$\tau = I\alpha$$

Momento di inerzia

$$I = mr^2$$

dove:
F = forza (kg)
m = massa (slug o kg)
a = accelerazione (m/s^2)
τ = momento (m·kg)
I = momento di inerzia (slug·m^2 o kg·m^2)
α = accelerazione angolare (radianti/s^2)
r = raggio (m)

◀ ***Ruota della fortuna*** *È stato calcolato che passando da una ruota anteriore in carbonio a una ruota standard in lega di acciaio, per bilanciare il peso aggiuntivo si sacrificherebbe l'1% dell'energia immessa in un'accelerazione di 5 secondi. Tuttavia, per molti ciclisti, le migliori prestazioni delle ruote in carbonio vanno confrontate con i costi (il rapporto dei costi indicato è una stima, i costi reali fluttuano nel tempo)*[15].

Peso in confronto a forma della ruota

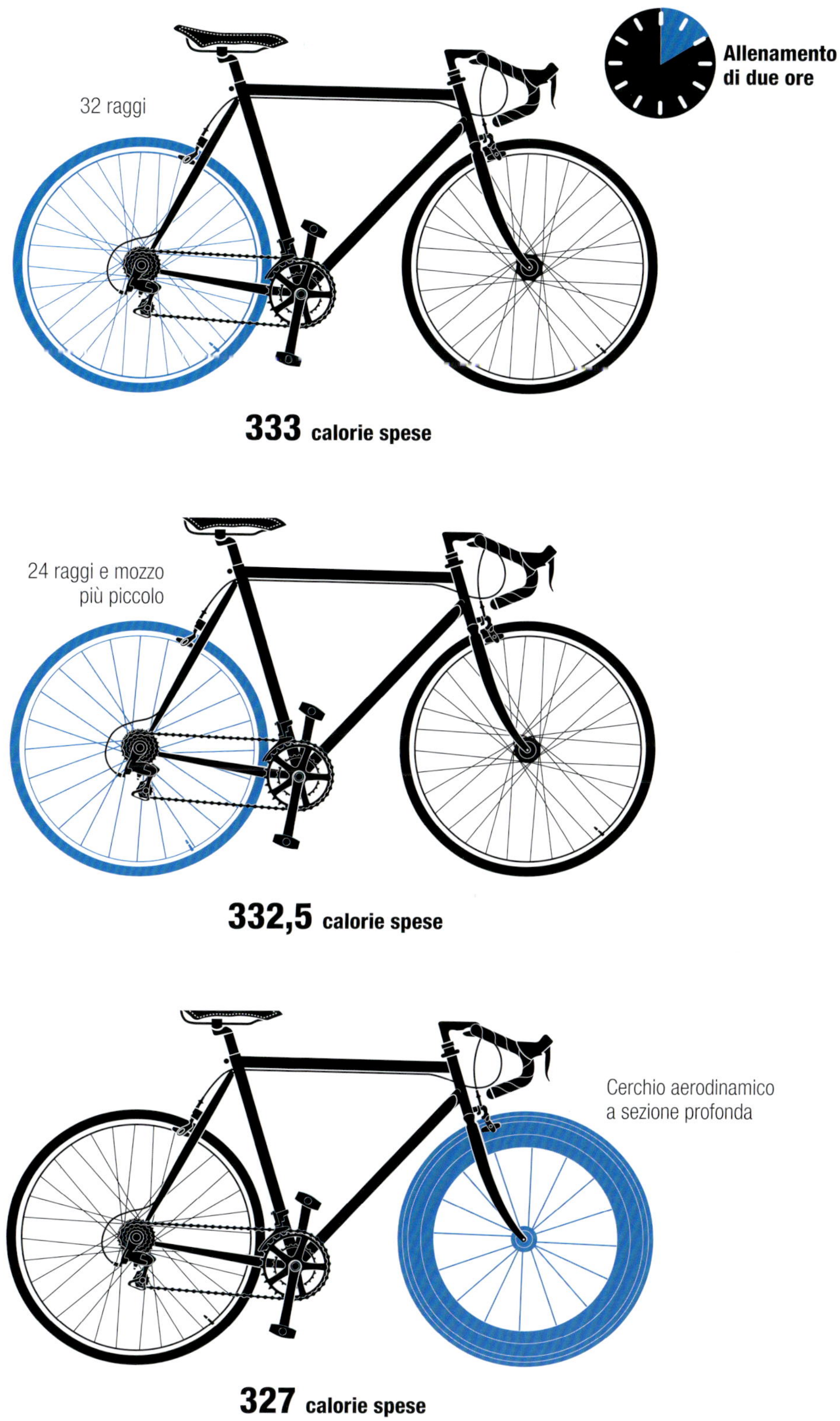

In che modo i raggi tensionati fanno lavorare la ruota?

Posso far lavorare i raggi in armonia?

La ruota è costruita collegando il cerchio al mozzo con raggi metallici tensionati, che tirano il mozzo e il cerchio uno verso l'altro e sono sottoposti a una tensione predeterminata e uniforme, mantenendo la ruota in un cerchio perfetto. Il cerchio resta quindi a una distanza costante dal mozzo e può sostenere il carico totale di ciclista e telaio su qualsiasi punto della sua circonferenza.

I carichi sopportati dall'intera ruota sono impressionanti, se si pensa che si tratta di una struttura che può pesare anche solo 500 g. Una ruota con raggi metallici tensionati a 102 kg (1000 N) può sostenere circa 400 kg, molto più del peso di qualsiasi ciclista e telaio messi insieme. I 36 raggi tensionati sottopongono il cerchio della ruota standard a una forza di compressione di circa mezza tonnellata. Se i raggi sono tenuti alla tensione corretta, la ruota sarà soggetta a guasti catastrofici solo se urterà un grosso ostacolo ad alta velocità e con un carico pesante. Nelle ruote anteriori, i raggi ai lati del mozzo escono dalla flangia ad angoli identici, raggiungendo il cerchio. Nella ruota posteriore con deragliatore, invece, deve trovare posto anche la cassetta; la flangia sul lato del cambio è più vicina al punto centrale del mozzo e i raggi devono seguire un percorso verso il cerchio più ripido rispetto all'altro lato della ruota. Per mantenere il cerchio in equilibrio, devono essere in tensione maggiore.

Sviluppati inizialmente per tentativi, dopo l'avvento dei computer i modelli virtuali delle ruote sono stati studiati con l'analisi a elementi finiti (FEA), per individuare le deformazioni relative e gli stress sui raggi al girare della ruota. Nonostante i risultati della FEA, non si è ancora capito del tutto se il mozzo sia appeso ai raggi superiori o sia sostenuto da quelli inferiori. Da un lato, la FEA dimostra che, se lo stress è ridotto nei cinque raggi che si trovano più in basso quando la ruota è a terra, è però bilanciato da un lieve aumento dello stress in tutti i restanti 31 raggi, che compensano l'allentamento in varia misura. Anche se ciò può significare che il mozzo sia tenuto in sospensione dai raggi superiori, l'argomento contrario è che i raggi inferiori forniscono il 95% del sollevamento del mozzo. La discussione continua.

La tensione dei raggi si sente

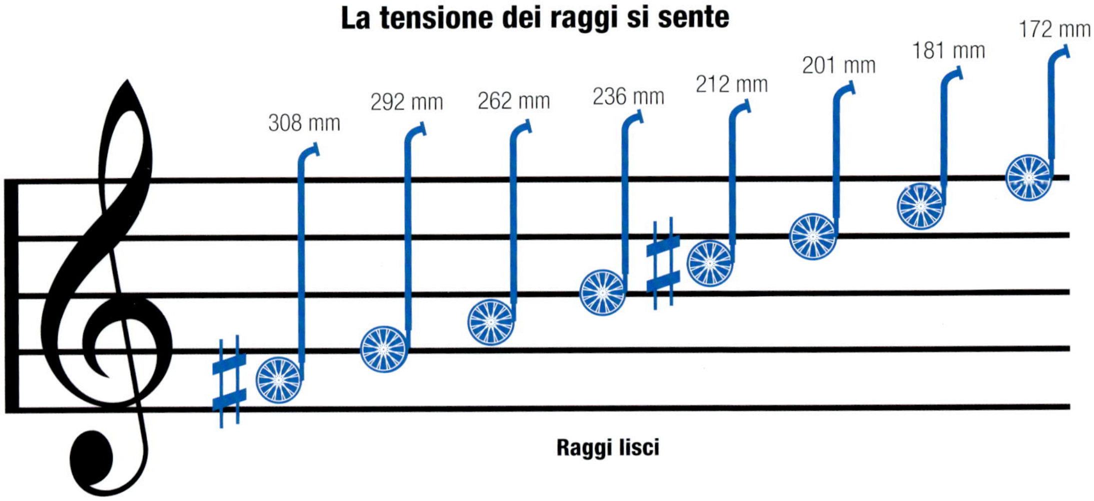

◀ ***Raggi che suonano*** *Icostruttori di ruote controllano che la tensionatura di tutti i raggi sia uguale pizzicandoli come le corde di una chitarra. Se producono la stessa nota hanno la stessa tensione. Con l'aiuto di un diapason è possibile controllare a orecchio se una ruota ha le ruote tensionate in modo ideale. Le note qui indicate sono quelle ottimali per una selezione di raggi lisci*[16].

Tensione dei raggi

▶ ***Alta tensione*** *La ruota a raggi metallici è una struttura che resta sotto tensione per tutta la vita, anche se non trasporta un carico. Quando la si carica con un peso di 102 kg (1000 N) sull'asse centrale, e la ruota è a terra, i raggi inferiori subiscono una certa compressione, non sufficiente però a superare la tensione originaria introdotta durante la sua costruzione. Il cerchio si deforma comunque, aumentando la tensione sui due lati dell'area di contatto. Quando la ruota gira, la tensione nei raggi aumenta e diminuisce di continuo. (Le distorsioni sono volutamente esagerate per maggiore chiarezza. I valori sono la media della tensione in due raggi di una ruota a 36 raggi e della riproduzione dei risultati della FEA su una ruota a 18 raggi)*[17].

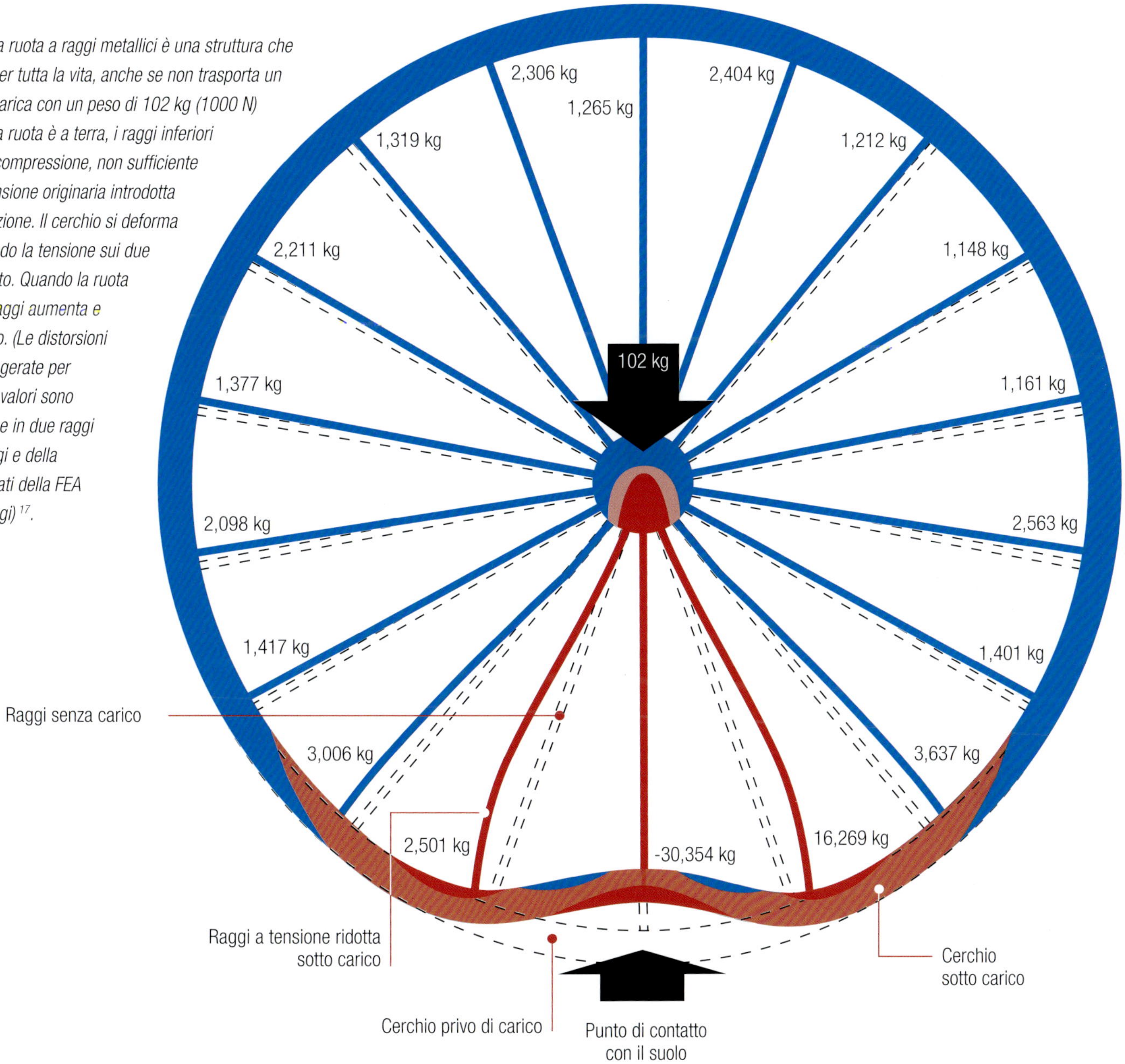

Importante

La tensione nei raggi può essere misurata con un tensiometro, oppure valutata pizzicando i raggi come corde di una chitarra: quando suonano la stessa nota, sono tutti alla stessa tensione. L'espressione della vibrazione fondamentale di un raggio tensionato è:

$$f = \frac{1}{2L}\sqrt{\frac{T}{\mu}}$$

dove:
f = frequenza fondamentale (cicli al secondo)
L = lunghezza del raggio (m)
T = tensione del raggio (kg)
μ = massa per unità di lunghezza (kg/m o slug/m)

attrezzatura: la ruota

La ruota è un componente così ovvio ed essenziale della bicicletta che è facile non accorgersi che si tratta invece di un capolavoro di ingegneria meccanica. La ruota delle biciclette moderne è una delle costruzioni più resistenti mai realizzate dall'uomo, in grado di sostenere circa 400 volte il proprio peso. È in grado anche di assorbire gli stress su diversi piani: radiale, per il peso del ciclista e la conseguente spinta verso l'alto della superficie stradale; laterale, per le pressioni create quando il ciclista si piega in curva o si alza sui pedali per aumentare la potenza, e torsionale, per il momento esercitato dalla catena che spinge la ruota in avanti. La storia dello sviluppo della ruota della bicicletta rivela i tentativi di creare ruote sempre più leggere senza compromettere la forza necessaria.

▼ ***Draisina*** *(1817 ca.)*
Aveva ruote di legno derivate direttamente dal carro e i componenti più avanzati erano le bussole di ottone sugli assi[18].

▲ ***Boneshaker*** *(1860 ca.)*
Questo tipo di velocipede aveva i pedali attaccati all'asse anteriore, ma aveva ancora ruote di legno, sebbene più leggere di quelle del "cavallo meccanico".

▼ ***High Wheeler*** *(1870 ca.)*
I raggi di metallo continuano a replicare il modello radiale dei predecessori e sono molto numerosi.

Le prime ruote (mozzi, raggi e cerchi) erano in legno, come quelle dei carri. Si proseguì a produrre i cerchi in legno per buona parte del XX secolo, in particolare per le bici da corsa, i cui cerchi erano fatti di strisce di legno massello. Dopo il 1870, con lo sviluppo dei bicicli High Wheeler, chiamati anche "Ordinaries", si passò a usare raggi in acciaio per ridurre il peso delle ruote.

I primi raggi in acciaio erano collegati radialmente dal mozzo al cerchio, mentre in seguito vennero connessi tangenzialmente, in modo da formare un angolo rispetto al mozzo e incrociarsi tra loro. Questa configurazione trasmette il moto rotatorio del mozzo al cerchio con maggiore efficienza e resiste alla deformazione della ruota sotto stress. L'immensa forza della ruota da bicicletta deriva dalla tensione a cui i raggi sottopongono il cerchio.

I raggi non sono infatti colonne di sostegno del cerchio: per capirlo, basta togliere un raggio e notare quanto è flessibile. I raggi sono poco resistenti alla compressione, ma hanno una notevole resistenza alla trazione. È praticamente impossibile allungare un raggio, ed è questo il segreto della rigidità di questo tipo di ruota: i raggi tirano il cerchio verso il mozzo, tutta la struttura è in tensione e quindi resiste alla deformazione.

Oggi i progettisti che lavorano per le squadre professionistiche usano materiali leggeri come l'alluminio, la fibra di carbonio e il kevlar, e spesso le ruote da gara hanno cerchi più profondi, con un profilo a V invece della meno profonda U. Alcune ruote hanno raggi lunghi quanto il diametro, flessi sull'asse centrale, per evitare il punto di rottura da stress dove il raggio si attacca al mozzo. Tutto è pensato per ridurre il peso pur mantenendo la rigidità.

▼ ***Ruota leggera*** *(1980 ca.) Cerchio concavo in metallo con pneumatico gonfiabile. I raggi sono tangenziali, incrociati e in acciaio tensionato.*

▼ ***Ruota lenticolare*** *(1984) Francesco Moser stabilì il record mondiale dell'ora rendendo popolari queste ruote.*

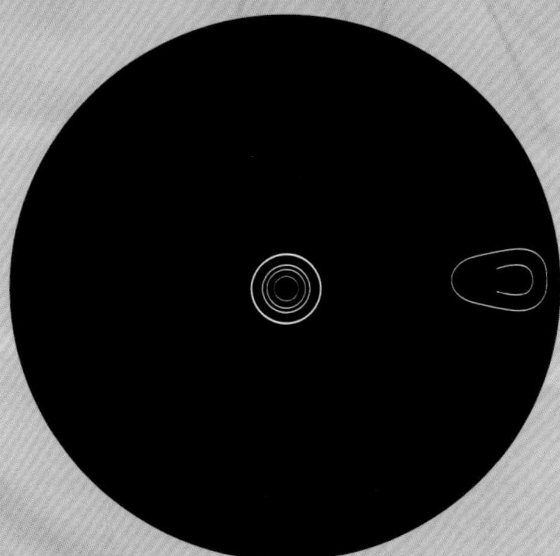

▼ ***Ruota a 3 razze*** *(1989) Le ruote più nuove sono in fibra di carbonio, hanno cerchi dal profilo profondo e pochi raggi, per migliorare l'aerodinamica e ridurre il peso. Notare il ritorno dei raggi radiali.*

Quanto conta lo pneumatico per il moto in avanti della bici?

Perché le mountain bike hanno pneumatici grossi?

La tenuta di strada di uno pneumatico (attrito) è cruciale per creare un moto controllato. Senza un attrito sufficiente tra gomma e strada, la ruota posteriore girerebbe a vuoto una volta che si iniziasse a pedalare e la bici slitterebbe a ogni frenata. E se non ci fosse attrito quando si svolta, come minimo la bicicletta non curverebbe e nel peggiore dei casi si cadrebbe.

L'attrito è la forza che resiste al moto relativo di due oggetti in contatto tra loro. Ha due componenti principali: l'adesione e l'asperità della superficie. L'attrito adesivo agisce a livello molecolare. In un solido, le molecole si legano a quelle vicine. In superficie, non hanno molecole vicine su tutti i lati e mantengono una residua capacità di legame (il potenziale di aderire ad altre superfici con cui entrano in contatto, come la strada nel caso di uno pneumatico). L'altro elemento principale dell'attrito, l'asperità della superficie, può essere capito facendo riferimento alla carta vetrata: si tratta dei milioni di barriere fisiche create da rugosità e protuberanze, talvolta abbastanza grandi da essere percepite a occhio nudo.

L'adesione e l'attrito contribuiscono alla "tenuta di strada" dello pneumatico mentre la ruota si muove. La forza d'attrito tra due materiali è descritta dal loro coefficiente di attrito, in genere rappresentato dalla lettera greca μ. È definito come il rapporto tra la forza d'attrito che impedisce a due superfici di scivolare una sull'altra e la forza che le unisce (il rapporto tra la tenuta della gomma sulla strada e il peso della bici) e si determina con una misurazione diretta. Maggiore è il coefficiente d'attrito, migliore la tenuta.

Per aumentare l'attrito si può appoggiare più gomma sulla strada, aumentando il carico o riducendo la pressione di gonfiaggio dello pneumatico. La superficie di contatto si amplia e l'attrito aumenta. A parte il comfort, è per questo motivo che le mountain bike hanno pneumatici più larghi.

I due componenti dell'attrito

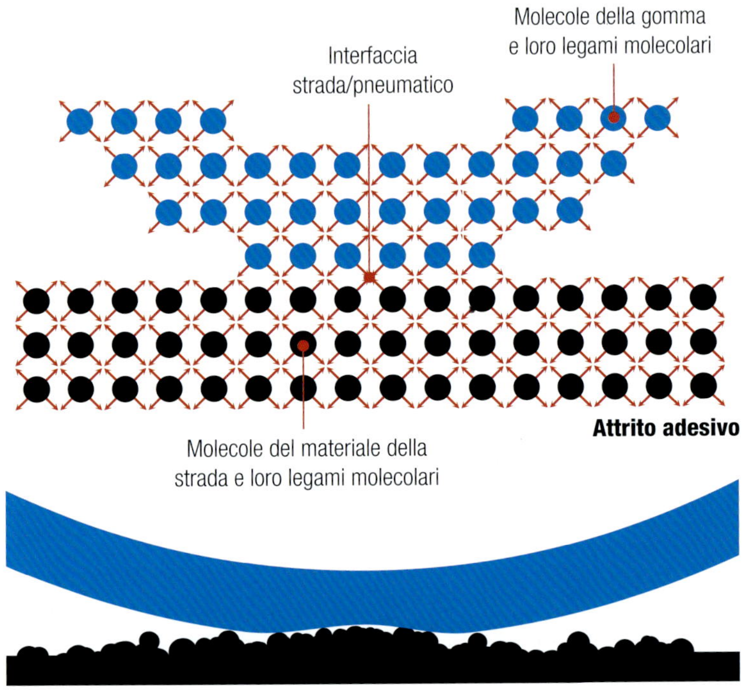

▲ ***Appiccicoso e ruvido***
L'attrito adesivo è il risultato della tendenza delle molecole presenti sulla superficie dei materiali (come asfalto e gomma) a legarsi alle molecole presenti sulla superficie di un altro materiale con cui entrano in contatto. L'attrito dipende anche dall'asperità microscopica e macroscopica della superficie, che consente agli pneumatici di generare tenuta sulle protrusioni della strada.

Importante

La forza dell'attrito varia a seconda della coppia di materiali considerati. Diverse mescole di gomma e diversi materiali stradali creano coefficienti d'attrito diversi. Il coefficiente d'attrito dipende anche da fattori ambientali come temperatura e umidità dell'aria e della superficie, per cui un dato pneumatico e un dato manto stradale possono avere diversi valori di coefficiente possibili[19].

Coefficiente d'attrito per:

Gomma e asfalto asciutto	0,5-0,8
Gomma e asfalto bagnato	0,25-0,75
Gomma e cemento asciutto	0,6-0,85
Gomma e cemento bagnato	0,45-0,75

Vista frontale della sezione trasversale di pneumatico posteriore e strada

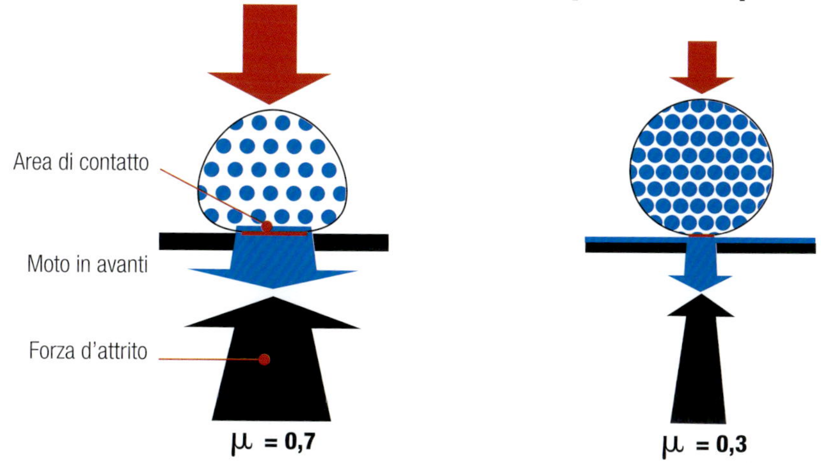

Fattori che influenzano la tenuta di strada
A sinistra: pneumatico sottile, bassa pressione, carico pesante, area di contatto ampia e strada asciutta creano molto attrito tra gomma e strada, cosicché lo pneumatico tiene bene in accelerazione e il momento della ruota si converte in moto in avanti.

Al centro: pneumatico sottile, pressione elevata, carico leggero, area di contatto piccola e strada oleosa/ghiacciata creano poco attrito tra gomma e strada, cosicché il momento fa girare la ruota sul posto.

Area di contatto per diversi carichi e pressioni di gonfiaggio

Le impronte degli pneumatici *L'area dello pneumatico appoggiata alla strada è molto piccola. Le dimensioni di quest'area di contatto dipendono da tre fattori: la sua struttura, quanto è gonfio e il carico che trasporta (che è soprattutto il peso del ciclista). Su una bici da strada seria, con pneumatici ben gonfi, l'area di contatto è di soli 7 cm² circa, non molto più dell'impronta di un pollice. Per un ciclista "della domenica", che tiene gli pneumatici molli per assorbire meglio i dossi, si parla di un valore che è comunque solo 2 o 3 volte tanto. Si può calcolare all'incirca l'area di contatto dividendo la pressione dello pneumatico per il carico, ricordando che la ruota posteriore porta in media il doppio del carico di quella anteriore (motivo per cui in genere la pressione della ruota davanti si tiene a circa il 10% di meno).*

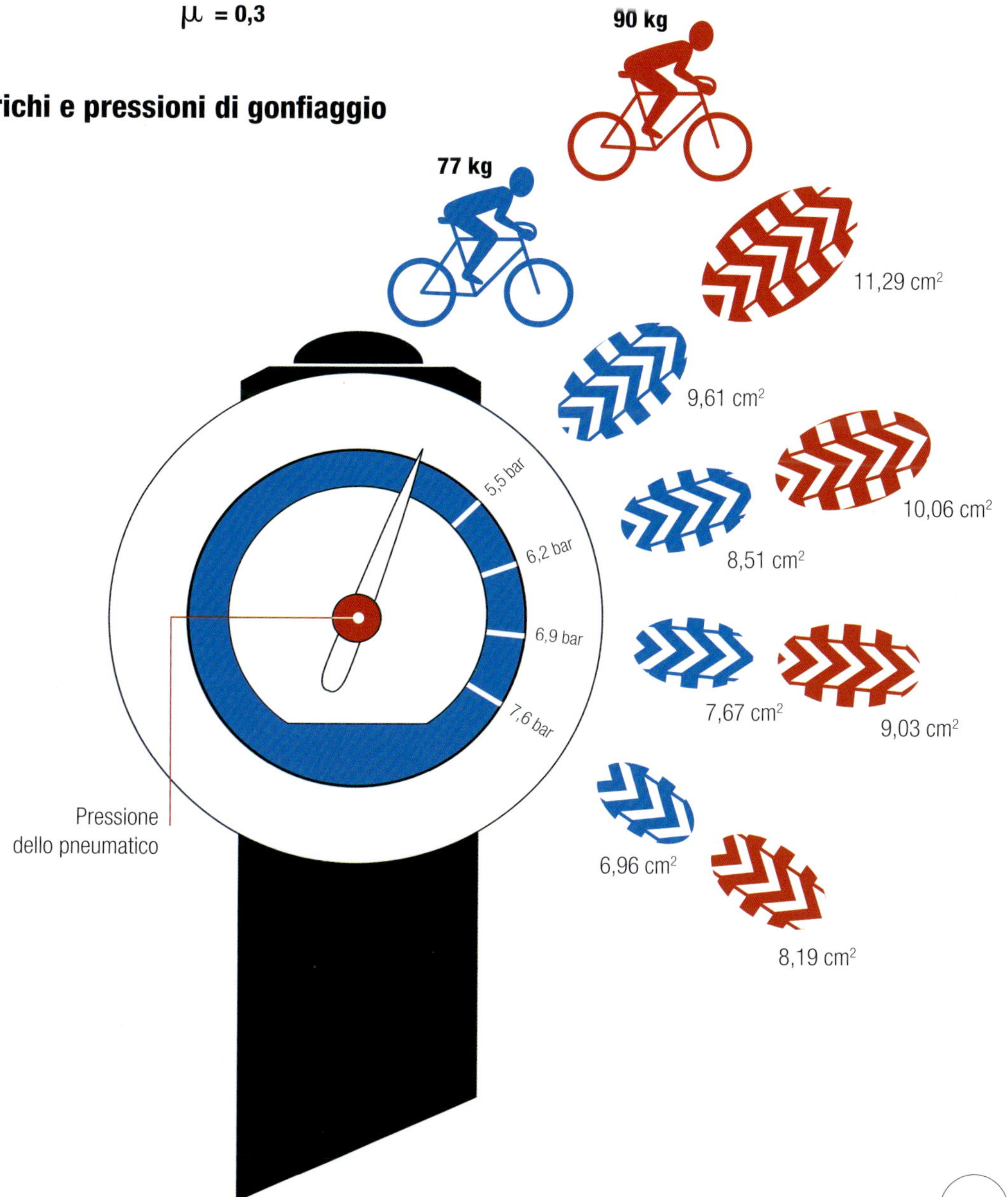

Importante
La forza d'attrito può essere calcolata con la seguente equazione:

$$F = \mu N$$

dove:
F = forza d'attrito (kg)
μ = coefficiente di attrito
N = forza normale (kg)

Che cosa succede all'energia in frenata? → È importante che i freni siano sicuri?

I ciclisti non danno per scontata la possibilità di rallentare. Per quasi tutti, frenare in modo sicuro e prevedibile è più importante che accelerare. L'attrito, tanto essenziale per modificare la propria velocità, è anche necessario per fermarsi.

Quando frena, il ciclista usa l'attrito tirando una leva per stringere il pattino del freno contro la superficie frenante: il cerchio della ruota o un disco. Il pattino poi sfrega contro il cerchio/disco, creando una forza d'attrito in grado di rallentare la ruota che gira. Questo contatto agita le molecole superficiali del pattino e della superficie frenante, che si riscaldano: l'energia cinetica si converte in energia termica.
Avendo perso un po' di energia cinetica, la bici è più lenta e il ciclista può rilasciare il freno. Se il ciclista continua a stringerlo, la ruota si blocca e la bici slitta (generando più attrito in un diverso punto e, in alcuni casi, rilasciando un po' di gomma sciolta sulla strada). Il lato negativo di tutto questo riscaldamento è che una certa quota di energia cinetica contribuisce all'erosione fisica del materiale del pattino e della superficie frenante che, prima o poi, andranno sostituiti.

L'efficienza dei freni della bicicletta dipende da quanto pattino e superfici frenanti sono puliti e asciutti, e dal loro coefficiente d'attrito. Le distanze e i tempi di frenata dipendono anche dalla massa del ciclista e della bici, dalla velocità iniziale e dal gradiente. Se si modifica il valore di una di queste variabili sarà necessaria una maggior forza di frenata per ottenere la stessa velocità di decelerazione. Ciò può causare l'accumulo di più calore e, se i cerchioni si scaldano troppo, il guasto degli pneumatici. Sulle lunghe discese a tornanti bisogna decidere come mantenere una velocità sicura senza rischiare lo scoppio di una gomma.

▶ ***Frenare per tempo*** *La capacità di frenata del solo freno posteriore è del 76% circa rispetto a quella del freno anteriore e, in particolare, costituisce solo il 65% della capacità combinata dei due freni. Il grafico illustra chiaramente la rapidità con cui i freni riducono la velocità; esso è stato ricavato da esperimenti cronometrati su 30 m di percorso di montagna in discesa a un gradiente medio del 10,96%. La forza dei freni è stata applicata a circa 40 km/h*[20]*. È senz'altro possibile ridurre la velocità frenando in modo controllato ma così facendo, oltre ad aumentare l'usura degli pneumatici, si deve confidare maggiormente nelle condizioni della strada o della pista.*

Importante
La massima quantità di energia che può essere convertita in calore frenando è l'energia cinetica della bicicletta più quella del ciclista:

$$E_K = \frac{1}{2}mv^2$$

dove:
E = energia cinetica (m·kg)
m = massa (kg o slug)
v = velocità (m/s)

▶ ***Faccia a terra*** *Frenando solo la ruota davanti il ciclista rischia di ribaltarsi oltre il manubrio. Quando applica il freno, infatti, l'inerzia lo spinge in avanti, e la stessa cosa avviene al baricentro comune di bici e ciclista. Se il baricentro si sposta oltre il punto in cui lo pneumatico anteriore tocca terra, ciclista e bici ruotano intorno a quel punto e cadono in avanti, magari dolorosamente "faccia a terra". Le probabilità che questo accada sono maggiori in discesa, se l'interasse è corto o se il ciclista si trova in sella in posizione elevata e spostato in avanti.*

Moto in avanti

Tempi di decelerazione in frenata

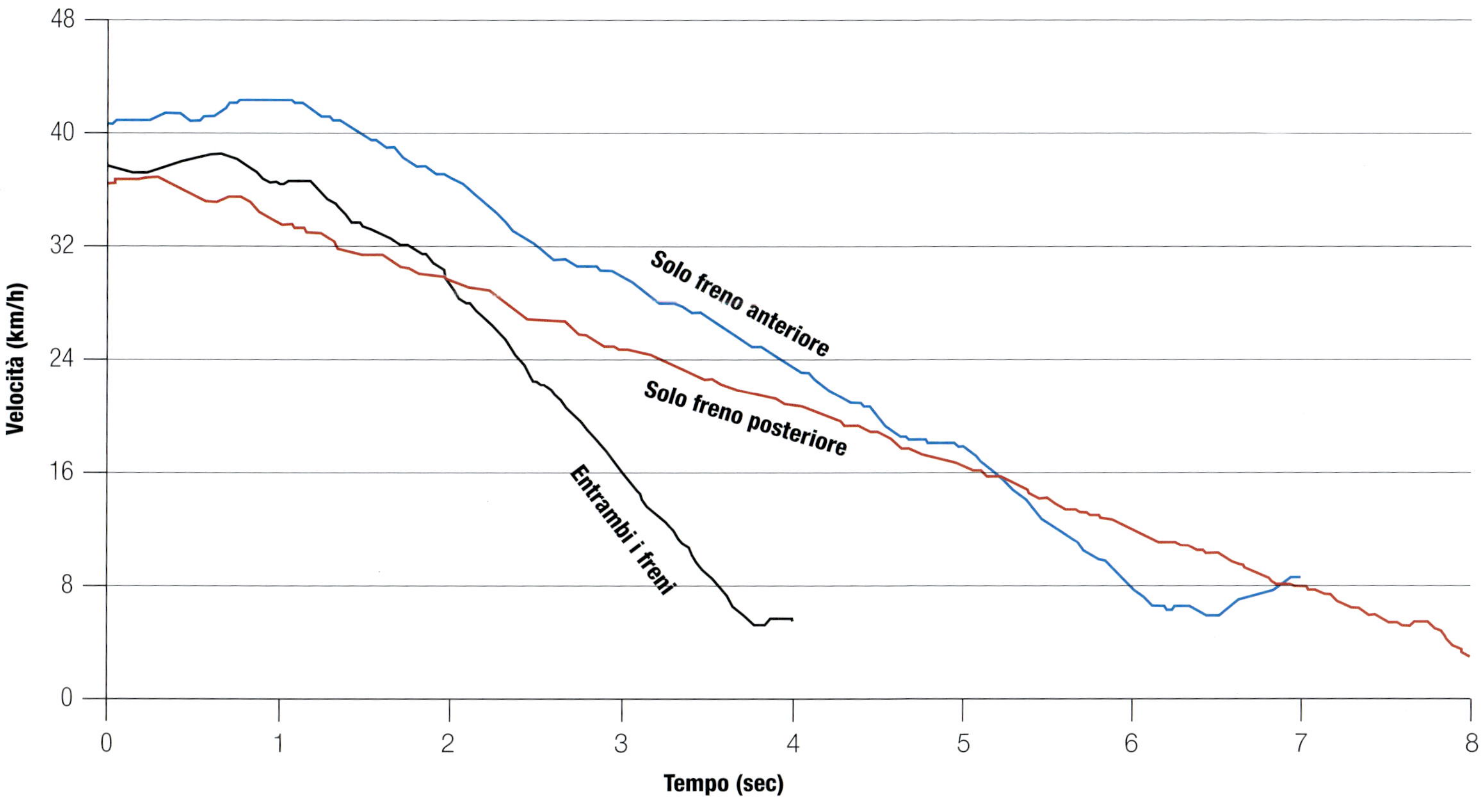

Il disastro dell'inerzia

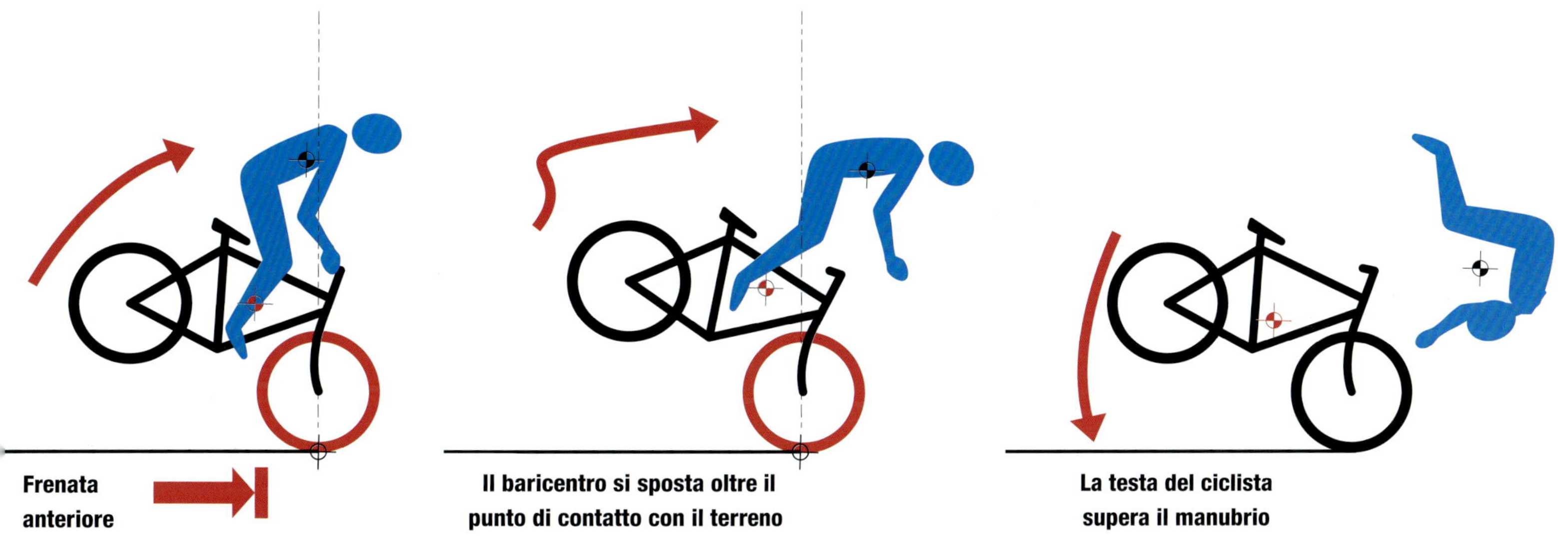

Frenata anteriore

Il baricentro si sposta oltre il punto di contatto con il terreno

La testa del ciclista supera il manubrio

In che modo il guadagno meccanico aiuta a frenare?

Come posso frenare solo con due dita?

La bici si ferma perché le ruote vengono rallentate dai freni. Si stringe una leva sul manubrio, che muove un cavo (o un liquido idraulico) il quale spinge un pattino contro la superficie rotante di un disco o del cerchio. I sistemi frenanti sfruttano il principio del guadagno meccanico e fanno sì che la stretta si converta in forza d'attrito sufficiente a rallentare la ruota.

Il guadagno meccanico si riferisce all'uso di una leva per moltiplicare una forza. La leva più semplice è un lungo braccio rigido che ruota intorno a un fulcro fisso. Per la conservazione dell'energia, il lavoro fatto da un lato fa in modo che lo stesso lavoro si abbia anche all'altra estremità. In fisica, il lavoro è il prodotto della forza per la distanza su cui agisce, quindi una piccola forza che spinge su una lunga distanza può essere convertita in una grande forza che spinge su una piccola distanza. I freni della bici sono più complessi, ma il sistema è lo stesso. La forza del pattino del freno sul disco o sul cerchio è molte volte maggiore della forza applicata perché le leve alle due estremità si spostano su diverse distanze. La parte delle leve dei freni che si stringe ha un effetto che va ben al di là del piccolo braccio che tira il cavo o sposta il liquido. All'altra estremità, una seconda leva, il braccio del freno, riduce ulteriormente questo movimento fino alla distanza minima percorsa dal pattino.

A bassa velocità non serve molta potenza per frenare, quindi la leva manuale può essere lunga quanto quella dell'azionatore del pattino. Ai ciclisti che devono frenare all'improvviso ad alta velocità occorre che la forza di compressione sia moltiplicata per un fattore molto maggiore, cosicché più è breve il movimento del pattino rispetto a quello della leva meglio è.

In realtà, una parte del vantaggio meccanico del sistema di leve va persa tra la mano e il pattino: l'attrito interno nel cavo di collegamento riduce l'efficienza. Perfino i freni a disco idraulici rubano un po' di forza, anche se promettono maggior controllo in frenata perché i liquidi si muovono più uniformemente dei cavi.

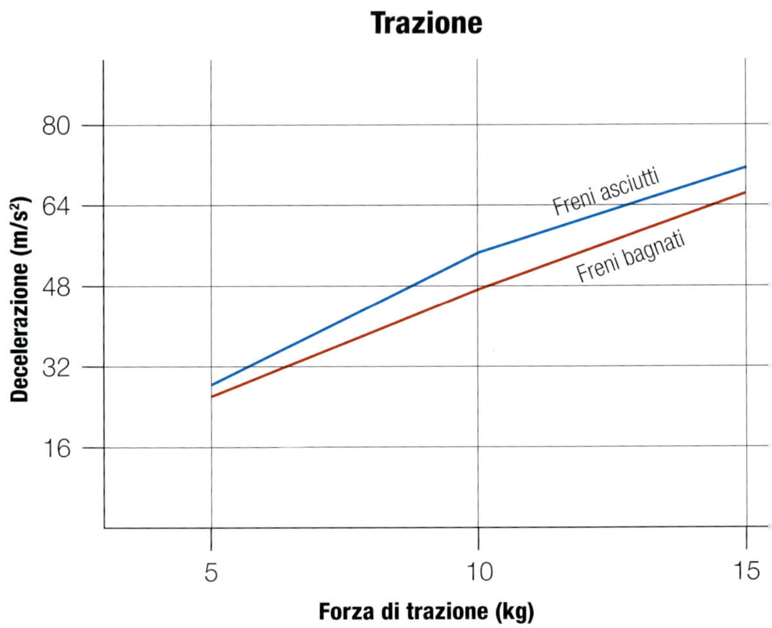

▲ ***Sul bagnato si scivola*** *I test di laboratorio sui freni delle mountain bike dimostrano costantemente che per rallentare la bici quando i pattini sono bagnati occorre una forza di trazione maggiore sulle leve. Sebbene ciascuna combinazione di materiale dei pattini e superficie frenante abbia il proprio coefficiente di frizione, l'acqua presente lubrifica la superficie frenante, riducendo l'attrito che diminuisce il momento della ruota e rallenta la bici. Il rapporto tra forza di trazione e decelerazione con freni asciutti è lineare, ma con freni bagnati può esservi una variazione discontinua, quando l'attrito asciuga pattino e superficie frenante*[21].

Importante

Il guadagno meccanico dei freni della bicicletta è in genere compreso tra 3:1 e 6:1, perché è un compromesso accettabile tra la mano stesa, la sua forza e la distanza tra pattino e superficie frenante. Con un guadagno meccanico di 4:1 e perdite trascurabili dovute all'attrito interno, un ciclista che stringe il freno con una forza di 4,5 kg (44 N) applica circa 18 kg (178 N) sulla superficie frenante, rallentando dolcemente. Per frenare con decisione si applicano alla leva circa 9 kg (88 N). Una frenata di emergenza, con tanto di rischio di slittare o ribaltarsi sopra il manubrio, è abbastanza garantita con una stretta della leva di 13,5 kg (133 N).

Moltiplicare le forze

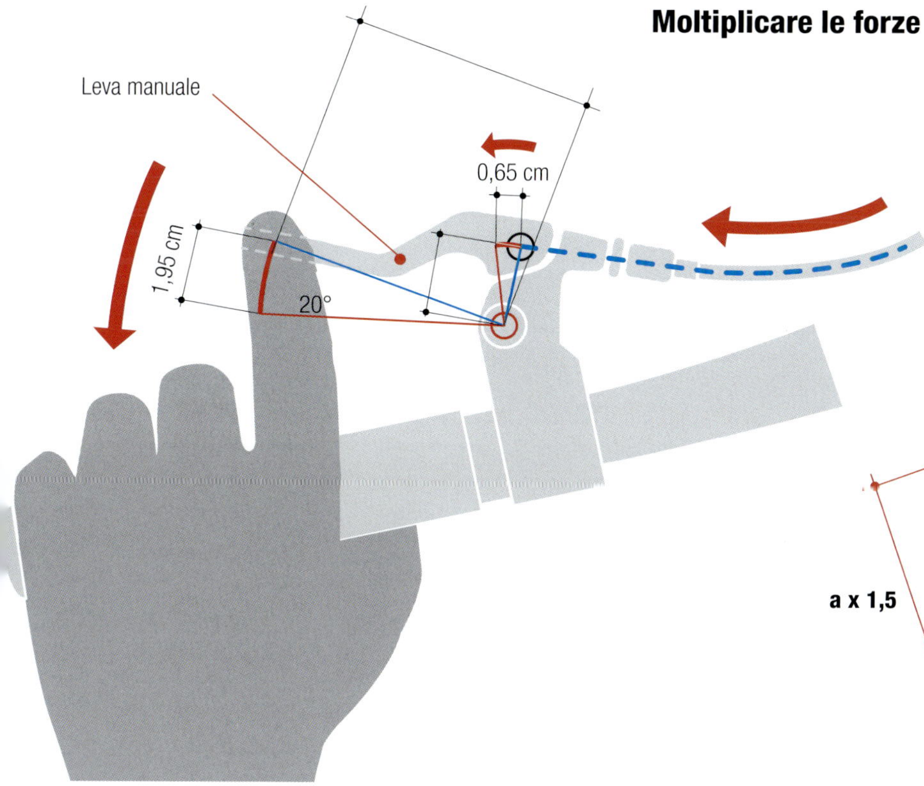

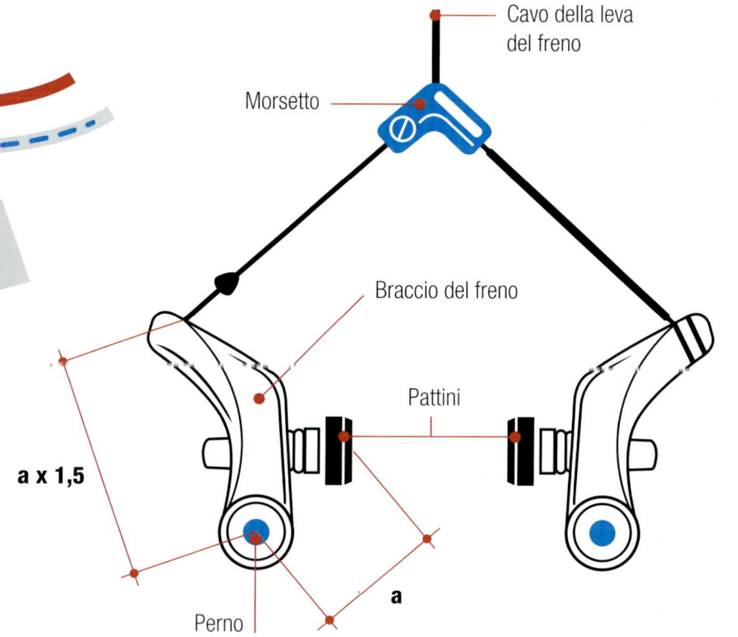

▲ ***Freni a cavo*** *I sistemi di freni a cavo hanno leve a entrambe le estremità e il loro design influisce sulla potenza della frenata. Sulla sinistra è illustrata una leva manuale collegata al cavo del freno. In questo caso il dito del ciclista è a una distanza dal perno doppia rispetto a quella dell'estremità del cavo, quindi se il dito si sposta di 2 cm, il cavo viene tirato per circa un terzo di tale distanza, cioè circa 0,65 cm, ma per il guadagno meccanico la forza esercitata sul cavo è triplicata. All'altra estremità del cavo, la forza è nuovamente moltiplicata dal guadagno meccanico del braccio del freno. Ciò che conta qui è il rapporto tra le distanze dal perno al morsetto all'estremità del cavo e dal perno alla superficie del pattino. In questo esempio il rapporto è circa 1,5:1, cosicché per un movimento di 23 mm da parte del cavo, il pattino del freno si sposta di soli 15 mm. Grazie al guadagno meccanico, però, la forza viene di nuovo moltiplicata per 1,5. Alla fine, una forza leggera sul freno viene raddoppiata dalla leva manuale e poi moltiplicata per 1,5 dal braccio del freno, finché la forza sul cerchio risulta essere tre volte maggiore.*

▶ ***Principio della leva*** *Se una forza costante F agisce su un oggetto, facendolo muovere di una distanza d, il lavoro W su di esso si definisce come F × d, e la sua energia aumenta di una quantità pari a quel lavoro. Senza attrito o altre perdite, la conservazione dell'energia richiede che il lavoro compiuto su un'estremità della leva sia pari al lavoro all'altra estremità. Immaginiamo una leva con un braccio lungo il triplo dell'altro. Abbassando l'estremità lunga con una forza di 4,5 kg (44 N), essa si sposta di una distanza d, e l'estremità corta si muove di una distanza di solo un terzo di d ma esercita una forza di 13,5 kg (133 N). L'energia che entra è la stessa che esce, ma la forza viene aumentata. La leva consente di muovere qualcosa di molto pesante, ma solo per una breve distanza.*

Guadagno meccanico

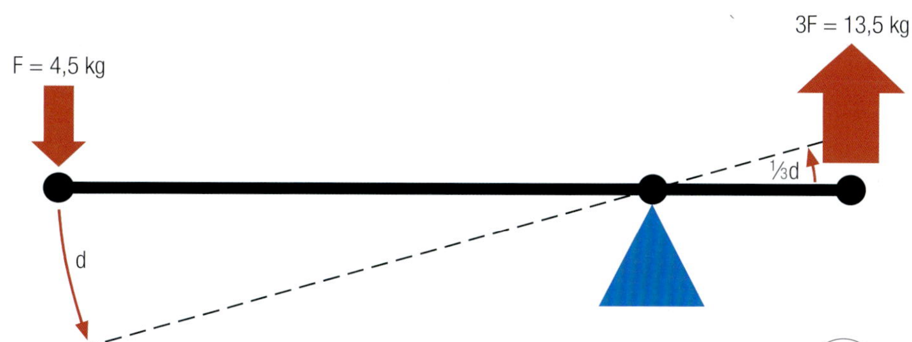

scienza in azione

Mix and match

La bicicletta ha sempre attratto innovatori desiderosi di creare nuovi modelli, migliori e più veloci. Purtroppo questo processo di evoluzione costante va a scapito della standardizzazione, che è l'obiettivo della produzione di massa. Di conseguenza può essere difficile scambiare i componenti tra due biciclette, anche se queste sembrano simili.

Per esempio, le innovazioni al movimento centrale, alle catene e ai meccanismi del cambio avvenute nei primi anni di questo millennio non sono compatibili con i telai più vecchi. I freni a disco continuano a scalzare quelli a cerchio, si stanno diffondendo le forcelle a sospensione e i sistemi idraulici stanno sostituendo quelli a cavo. Assi cavi, cerchi oversize per discipline fuoristrada, pneumatici senza camera d'aria: la lista continuerà a crescere finché vi sarà richiesta di componenti migliori. Non tutti hanno successo: cambio automatico, battistrada complessi e attuatori a camma rotante sono comparsi e poi scomparsi.

Per la maggior parte dei ciclisti, questo non è un problema: al massimo, con il tempo può diventare difficile trovare un pezzo di ricambio, o ci si irrita scoprendo che ogni pneumatico ha una valvola diversa. Per le squadre di professionisti, invece, la compatibilità può fare la differenza tra successo e fallimento. Durante una gara può esservi un guasto quando la vettura di scorta con le bici di ricambio non è in zona, e il modo più rapido per rientrare in gara è prendere un componente dalla bici funzionante di un compagno. Accade spesso nelle corse più importanti, per esempio quando il capitano buca. Un gregario si ferma e cede una ruota funzionante al capitano, sacrificando le proprie chance di gloria. In questo caso, i pezzi standard sono essenziali.

► ***Problemi di ruote*** *Le ambizioni dei professionisti possono essere frustrate da uno dei rischi che tutti i ciclisti devono affrontare a ogni uscita: le forature. Le vetture di scorta di squadra o neutrali possono dare una mano, fornendo una ruota di ricambio, ma quando l'incidente accade a un capitano e lontano dalle scorte tecniche, ci si attende che i compagni di squadra si sacrifichino e donino componenti tolti dalle proprie biciclette, il che può avvenire solo se le ruote sono compatibili: ecco perché tutti i membri di una squadra usano lo stesso tipo di bici.*

LCL
CAISSE D'EPARGNE
CAISSE D'EPARGNE
CAISSE D'EPARGNE
CAMPAGNOLO
Nalini

In che modo i cuscinetti riducono l'attrito?

Perché ho le ruote piene di biglie?

L'attrito consente agli pneumatici di tenere la strada e ai freni di rallentare la bici, ma è il nemico di tutte le altre parti mobili e assorbe una quota di energia cinetica che verrebbe altrimenti tradotta in maggiore velocità. Uno dei modi migliori per ridurre la principale fonte di attrito (l'attrito volvente) è usare i cuscinetti, piccoli componenti rotondi che sostengono il carico di ogni parte in moto e riducono l'attrito rispetto allo sfregamento diretto. Invece di sfregare, infatti, ruotano. Una superficie può rotolare invece di scivolare su un'altra e le parti che rotolano possono ridurre di molto le imperfezioni e l'usura.

I cuscinetti sono sfere, cilindri o cilindri svasati, progettati per ruotare quando entrano in contatto con una parte che gira, ma in grado anche di fornire un sostegno stabile, in particolare quando sono contenuti in un supporto, detto pista, e talvolta separati l'uno dall'altro da un distanziatore, la gabbia. I tipi di carico che i cuscinetti devono generalmente gestire sono tre: radiale, assiale o in combinazione. I carichi radiali sono perpendicolari al cardano o all'asse; i carichi assiali sono paralleli. La serie sterzo della bicicletta consente al cannotto di sterzo di girare sostenendo i carichi di manubrio, telaio e ruota anteriore. Il cannotto di sterzo non è verticale, e quindi il cuscinetto deve gestire alti carichi assiali, più alcuni carichi radiali. Mozzi e movimenti centrali gestiscono soprattutto carichi radiali. Nel punto di contatto, le sfere di metallo dei cuscinetti a sfera possono subire maggiore pressione rispetto agli elementi cilindrici presenti in quelli a rullo o svasati, ma possono tollerare un maggiore movimento, il che li rende adatti ai mozzi. Anche pedali e ruote libere sono dotati di cuscinetti.

Un buon gruppo cuscinetti ha poco gioco e deve essere lubrificato, motivo per cui è spesso sigillato.

Forze sui cuscinetti

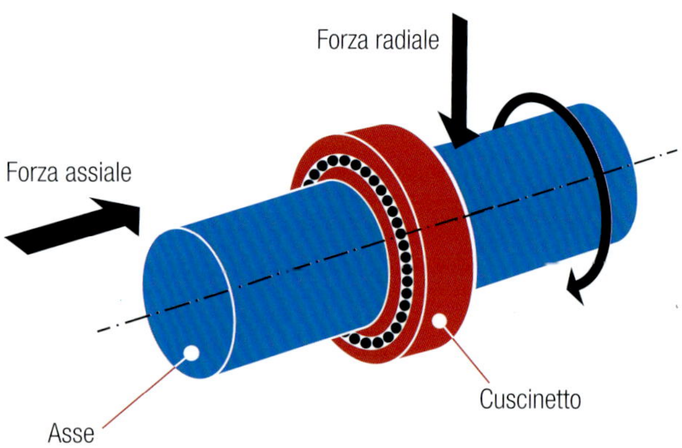

▲ ***Forze radiali e assiali*** *I cuscinetti devono sopportare forze che corrono parallele e/o perpendicolari al loro asse.*

Forze ritardanti

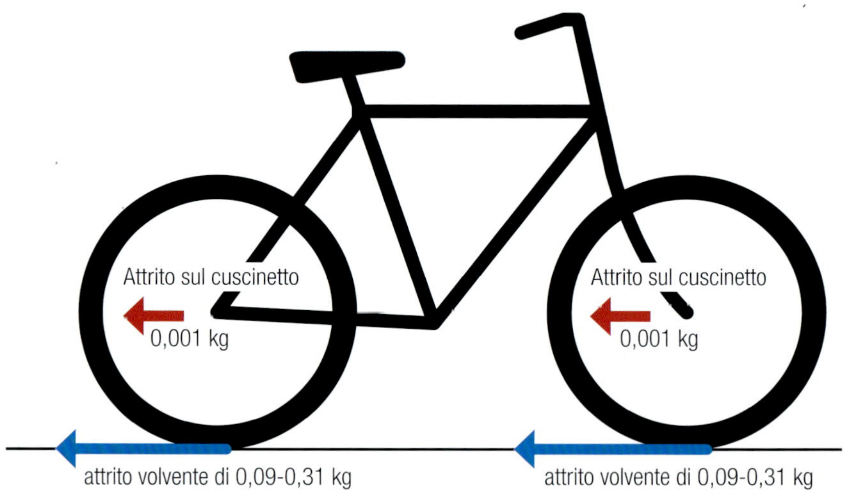

▲ ***Dov'è il blocco?*** *Se efficienti, ben lubrificati e ben tenuti, i cuscinetti assorbono pochissima dell'energia generata dal ciclista. La forza ritardante causata dall'attrito del cuscinetto di una ruota è all'incirca di 0,001 kg (0,014 N), trascurabile rispetto all'attrito volvente dello pneumatico, di circa 0,09-0,31 kg (1-3 N)*[22].

Cuscinetti presenti in un mozzo a ruota libera

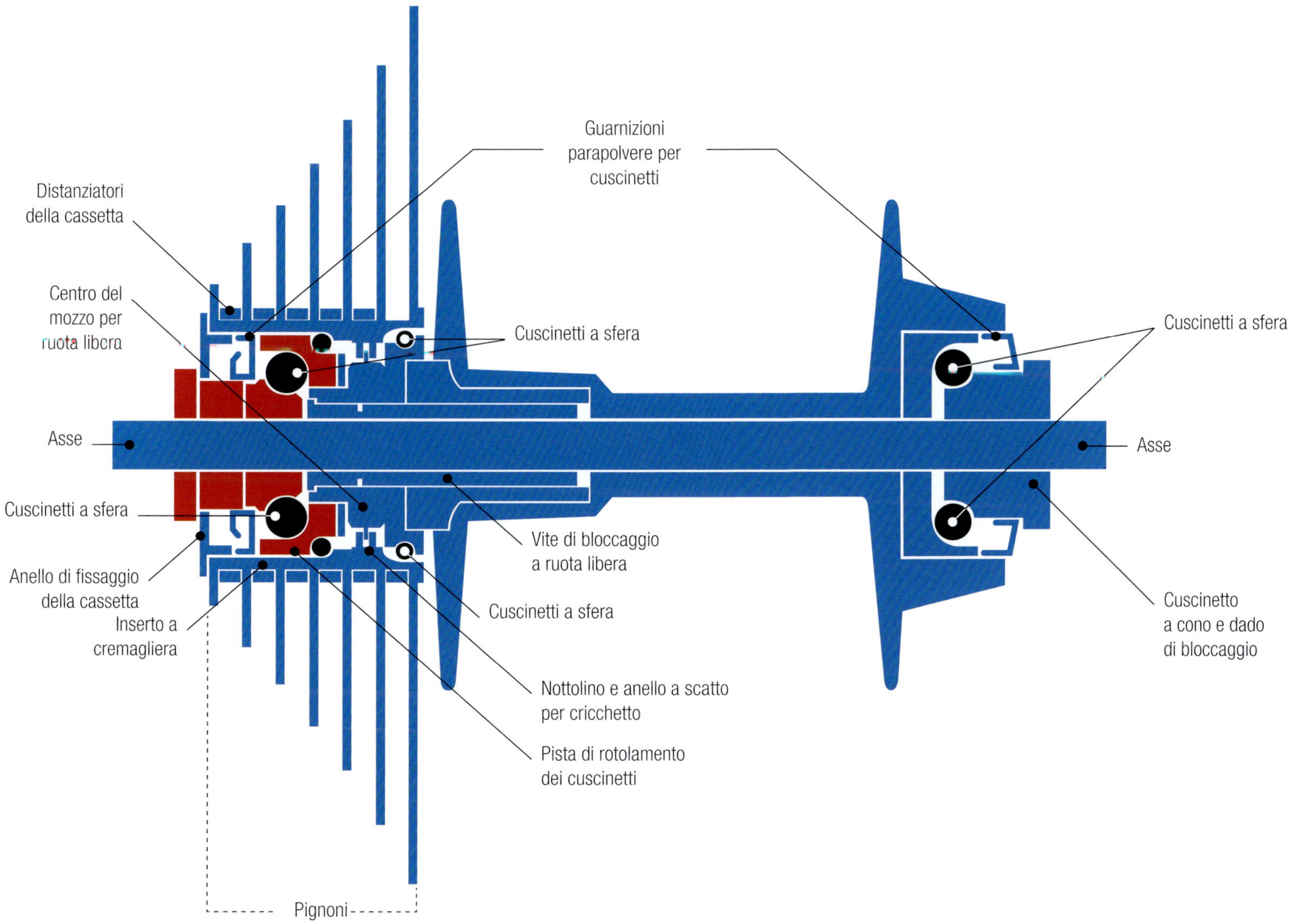

▲***Che cosa succede all'interno?*** *Il primo veicolo a due ruote manovrabile, la draisina del 1817, usava probabilmente bussole di ottone per consentire ai perni di ruotare nelle forcelle. I primi cuscinetti a sfera sono stati applicati alle biciclette nel 1869, diventando poi sempre più sofisticati e affidabili. Questo è un tipico mozzo a ruota libera di una ruota posteriore della metà degli anni '90, con cassetta, pignoni e cuscinetti integrati.*

Importante

Durante la vittoria del Tour de France da parte di Cadel Evans nel 2011, i cuscinetti del suo mozzo hanno facilitato una velocità media di rotazione della ruota di 301 giri/min. Se avesse tenuto le stesse ruote per tutte le tre settimane di gara, i cuscinetti avrebbero ruotato oltre 1,5 milioni di volte. Le ruote però furono cambiate di frequente, solo perché altri componenti (come cerchio e raggi) erano più a rischio di guasti. I cuscinetti avrebbero potuto funzionare senza problemi per altri quattro Tour [23].

Tutto ciò che è aerodinamico fornisce un'immediata impressione di velocità. Lo si può notare nelle ali a freccia di un'aquila che si tuffa per catturare la sua preda, oppure nelle linee affusolate di un'auto sportiva o di un caccia a reazione, che annunciano la loro intenzione di fendere l'aria alla massima velocità possibile. È quindi sorprendente quanto tempo ci sia voluto per riconoscere la grande importanza che questa sublime branca della scienza riveste per il ciclismo. Eppure oggi è diventata così rilevante che anche i corridori amatoriali noleggiano gallerie del vento per imparare il metodo migliore per lasciarsi alle spalle i rivali. L'equipaggiamento è stato ripensato per essere più aerodinamico e i computer programmati per prevedere flussi d'aria virtuali intorno a componenti non ancora esistenti, allo scopo di perfezionare la forma delle biciclette prima di realizzarne concretamente ogni singolo esemplare. I ciclisti stanno scoprendo come tenere la testa, il corpo, le braccia, le mani e anche le dita per non scatenare caotiche turbolenze. Quella dell'aerodinamica applicata al ciclismo è la classica dimostrazione di come la diligente applicazione della scienza possa sconvolgere il grandioso progresso di uno sport tradizionale e trasformarlo in un duello a colpi di conoscenze. Ecco di cosa parleremo in questo capitolo.

capitolo cinque

aerodinamica

Perché perdere tempo con l'aerodinamica?

Perché ho sempre il vento contrario?

L'aria è l'avversario più temibile per i ciclisti. Ci vuole più energia per sfidare questo nemico invisibile che tutte le altre forze di resistenza — anche su una strada piatta e a velocità modesta in un giorno in cui non tira un alito di vento. È l'aria che impedisce ai ciclisti di raggiungere alte velocità. Al massimo della loro potenza, i corridori élite sembrano volare, ma in realtà non smettono mai di lottare contro l'atmosfera. A livello di aerodinamica, sono semplicemente della forma sbagliata.

Il problema è che, nonostante sia un gas leggero, l'aria non è priva di peso: al livello del mare e a una temperatura di 20 °C, un metro cubo di aria pesa circa 1204 g. Certo, non è solida ed è meno viscosa (adesiva) dell'acqua, ma i ciclisti devono faticare per spostarla. La scienza dell'aerodinamica studia come l'aria si muove intorno agli oggetti (ciclista, bicicletta) e può aiutare a progettare biciclette dal design migliore, che scivolino meglio e riducano lo sforzo compiuto dal ciclista. Negli ultimi tre decenni l'aerodinamica ha avuto un profondo impatto sul ciclismo: adesso i ciclisti sanno quali cerchi, ruote, telai, caschi e posizioni sono in grado di fendere meglio l'aria per portarli alla linea del traguardo. L'aerodinamica ha condizionato i risultati di corse classiche, record e titoli mondiali e ha portato il massimo organo che si occupa di ciclismo, l'Unione Ciclistica Internazionale, a cambiare le regole diverse volte.

L'aerodinamica è un argomento complesso, perché si occupa di corpi dinamici, che pedalando cambiano forma e si muovono in un gas (l'aria) la cui velocità, direzione, temperatura e densità non sono necessariamente costanti. Come per tutte le decisioni nel ciclismo, occorre scendere a compromessi nella ricerca dell'efficienza ottimale. Questo capitolo spiega perché, come e quando vengono compiute queste scelte.

Resistenza dell'aria

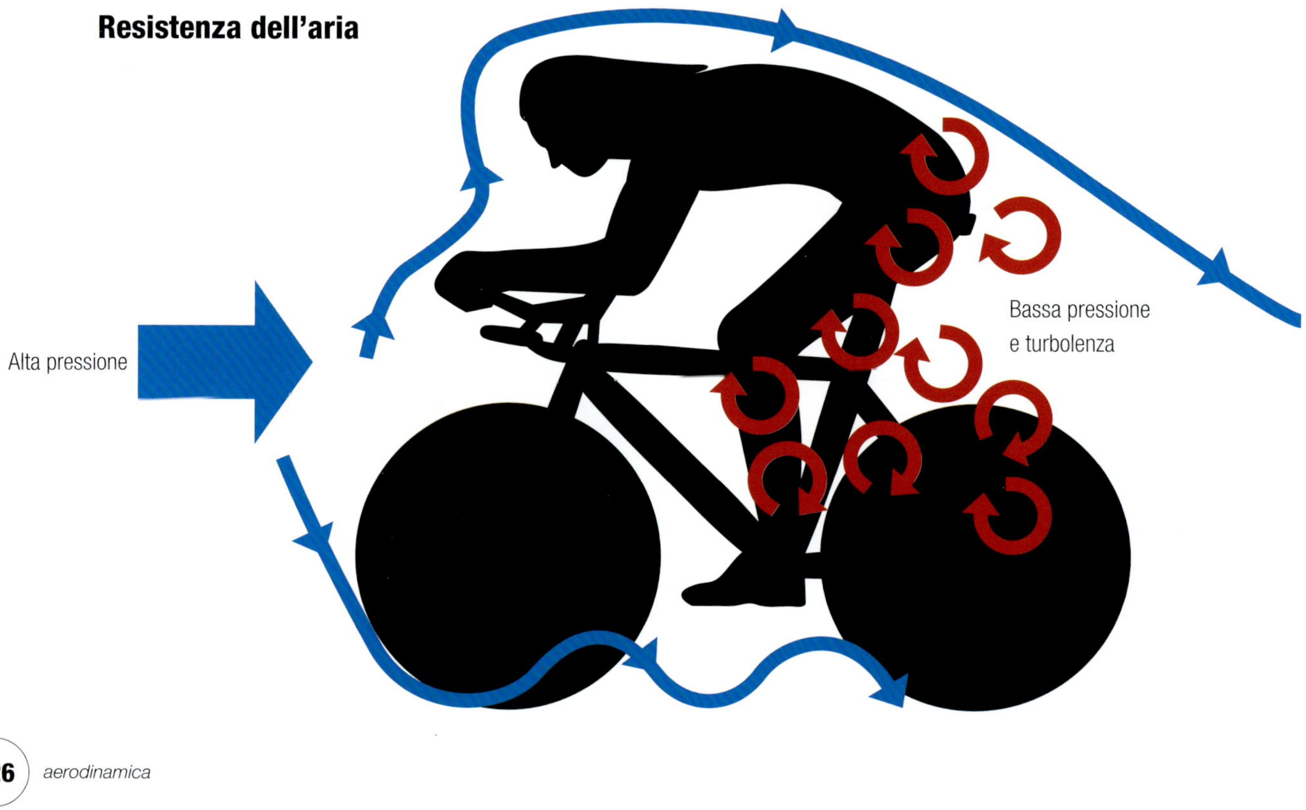

Farsi strada nell'aria

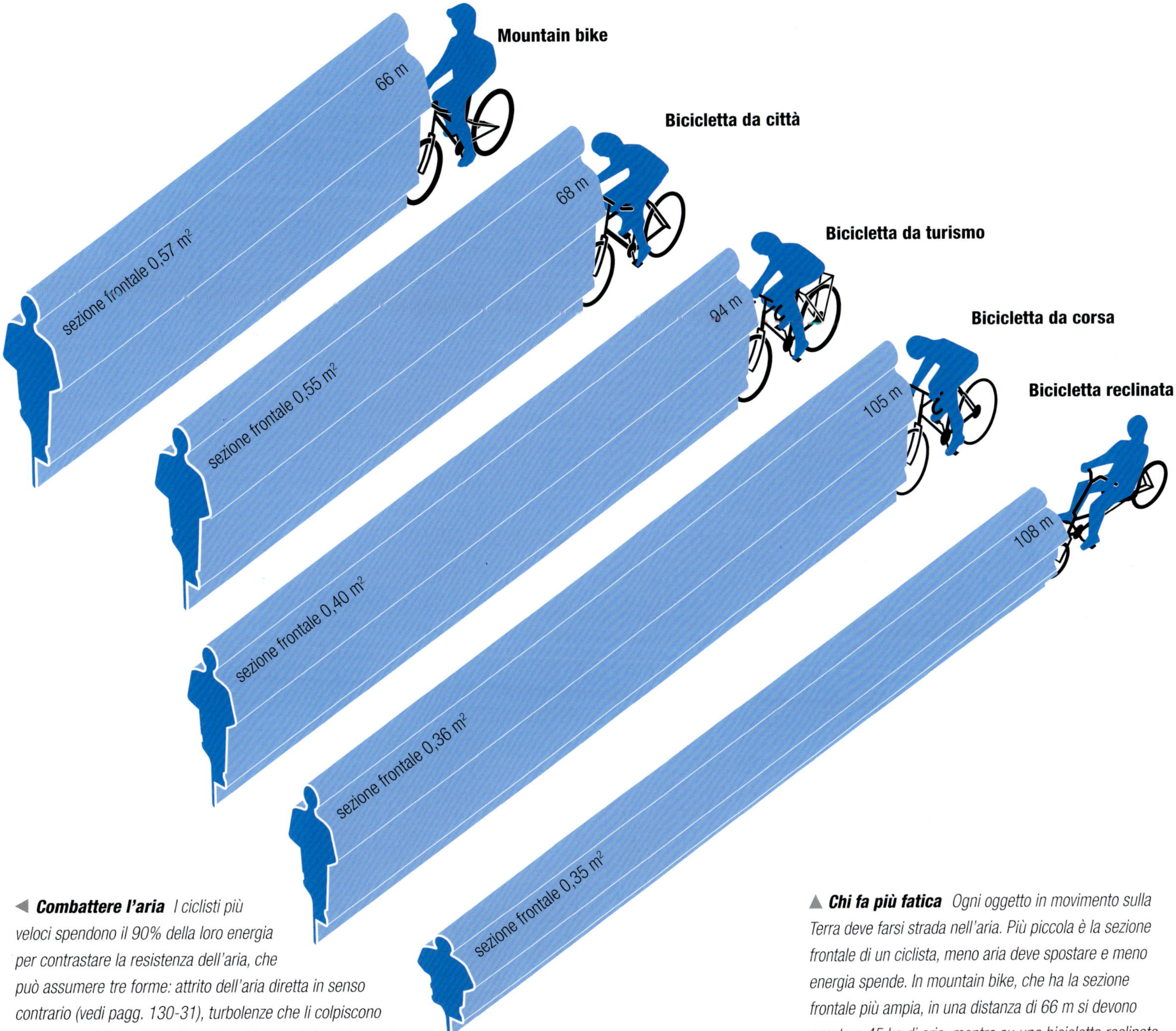

◀ ***Combattere l'aria*** *I ciclisti più veloci spendono il 90% della loro energia per contrastare la resistenza dell'aria, che può assumere tre forme: attrito dell'aria diretta in senso contrario (vedi pagg. 130-31), turbolenze che li colpiscono e una zona di bassa pressione che si forma dietro di loro e li trattiene. L'analisi della resistenza complessiva è ulteriormente complicata dal movimento delle ruote, dei pedali, delle gambe e dei piedi, che spostano l'aria e creano ulteriori flussi d'aria complessi. La resistenza può essere ridotta apportando modifiche al design della bicicletta (come telaio e ruote aerodinamici) e alla posizione del ciclista (manubri aerodinamici e posizione molto incurvata), e utilizzando appositi caschi e vestiti. Tutto può contribuire ad aumentare la velocità senza richiedere al ciclista ulteriore energia.*

▲ ***Chi fa più fatica*** *Ogni oggetto in movimento sulla Terra deve farsi strada nell'aria. Più piccola è la sezione frontale di un ciclista, meno aria deve spostare e meno energia spende. In mountain bike, che ha la sezione frontale più ampia, in una distanza di 66 m si devono spostare 45 kg di aria, mentre su una bicicletta reclinata, la più aerodinamica, si può percorrere un tratto del 63% più lungo prima di avere spostato la stessa quantità di aria. Magari non sembrerà una grande differenza, ma, per una corsa di un'ora, in mountain bike si dovranno spostare centinaia di chili di aria in più e ci si stancherà maggiormente, e più in fretta.*[1]

Come calcolare l'aerodinamica?

Come si misurano le correnti invisibili?

Misurare l'aerodinamica di un oggetto in movimento, come un ciclista in sella a una bici, non è banale. Da quando si è compresa l'importanza di questa disciplina per il ciclismo, ricercatori e tecnici hanno raffinato sempre più la raccolta di dati e le analisi tecniche, ma c'è ancora molto da capire.

Il modo più semplice per comparare l'aerodinamica di bici dal differente design è usare una galleria del vento, dove si possono tenere sotto controllo forza e direzione dell'aria. Usando sensori e strumenti di vario tipo, i ricercatori valutano le performance. Si utilizzano gallerie del vento a bassa velocità e dispositivi che permettono di far girare le ruote al posto del ciclista. Molte prove, però, vengono eseguite in gallerie "virtuali", utilizzando software di fluidodinamica computazionale (CFD): i ricercatori creano un modello digitale della bici, del componente o del ciclista e utilizzano il programma per comprendere i pro e i contro dei vari modelli in diversi flussi di aria. È più veloce e conveniente che usare vere gallerie del vento, ma si rischia di ottenere risultati non accurati. Per esempio, non si sa ancora quale sia il modo migliore per misurare la sezione frontale di un ciclista.

Dato che il mercato è in crescita, vengono condotte sempre più ricerche su possibili prodotti aerodinamici da immettere sul mercato. Purtroppo i risultati possono variare ed è possibile che alcuni dati, come errori marginali, siano omessi. Non bisogna inoltre dimenticare che il vento in strada non è mai lineare come quello di una galleria del vento o virtuale. Le performance reali possono quindi non coincidere con i risultati pubblicati.

▼ ***Misurazioni aerodinamiche con la galleria del vento*** *Il flusso di aria in una galleria del vento deve essere controllabile e uniforme e si deve muovere alla stessa velocità e direzione finché non incontra l'oggetto da testare. In gallerie del vento a bassa velocità questa operazione si esegue in due modi. Il primo (sotto) è usare ventilatori per creare un flusso costante di aria attraverso un grande tubo in grado di renderla uniforme prima di immetterla nella galleria. In alternativa, l'aria può essere aspirata nella galleria utilizzando ventole alle spalle del soggetto testato: l'aria in ingresso scorre attraverso una griglia con pale e lamelle, che assicura il costante flusso laminare richiesto. Gli effetti aerodinamici sono stimati in numerosi modi. Per quantificare le forze si approntano estensimetri e altri strumenti sulla bici e sulla pedana: una volta calibrati, raccolgono dati in tempo reale, consentendo ai ricercatori di verificare l'effetto dei cambiamenti. Per rilevare il flusso d'aria si utilizza una scia di fumo o un sistema al laser. Quando serve un'informazione più dettagliata su precise aree intorno al ciclista e alla bici, si usa un* tuft wand, *un filo corto attaccato a una bacchetta, che permette di rilevare dove il flusso si separa e diventa turbolento.*

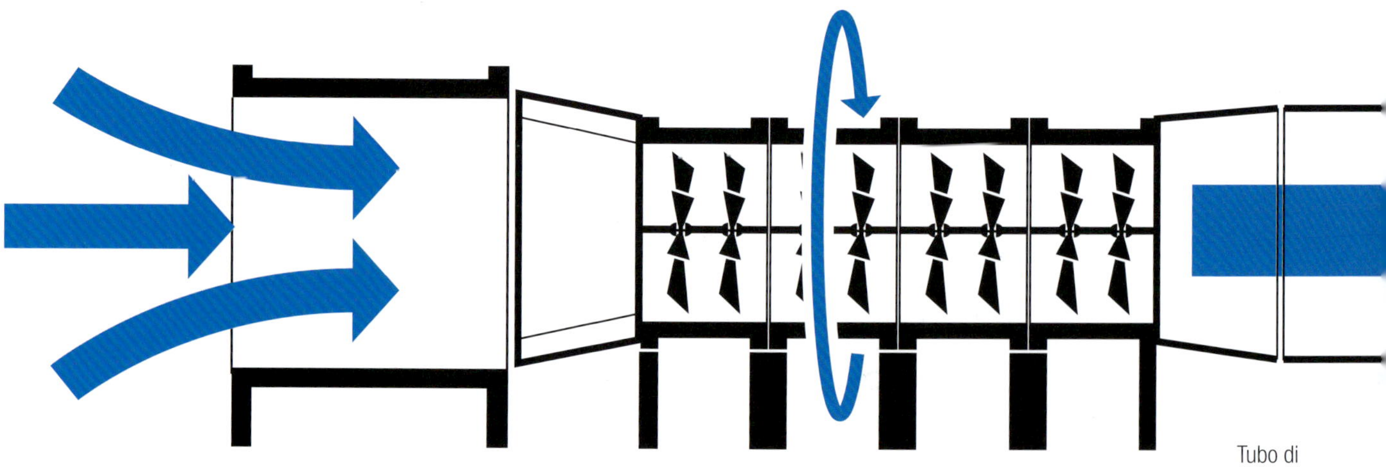

Prova in galleria del vento

▼ ***Fluidodinamica computazionale*** *La CFD utilizza computer per analizzare il flusso di aria intorno a un ciclista virtuale. Il software usa i dati per generare un modello visivo, per cui è facile visualizzare i risultati. La CFD dà al ricercatore la capacità di valutare la pressione dell'aria e la velocità in punti in cui sarebbe impossibile verificarle nel mondo reale. L'accuratezza dei modelli virtuali migliora di anno in anno, e la CFD è oggi utilizzata per studiare l'aerodinamica dei dettagli di componenti che sono a loro volta in movimento rispetto al telaio della bicicletta e al vento.*

▲ ***Galleria del vento*** *L'aria si muove oltre il ciclista, attirata nella galleria dalle ventole alle sue spalle. La pedana girevole consente di osservare come si avanza con venti che presentano angoli di incidenza fino a 25°. È anche possibile fare girare le ruote senza il ciclista, per valutare separatamente l'aerodinamica della bicicletta.*

Simulazione di flusso

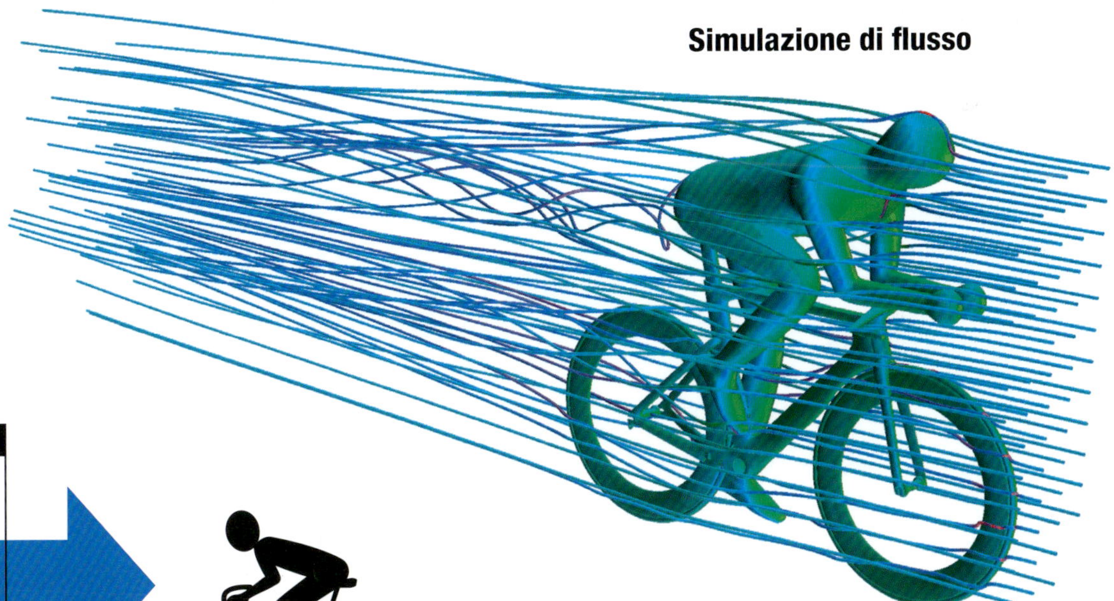

Galleria del vento

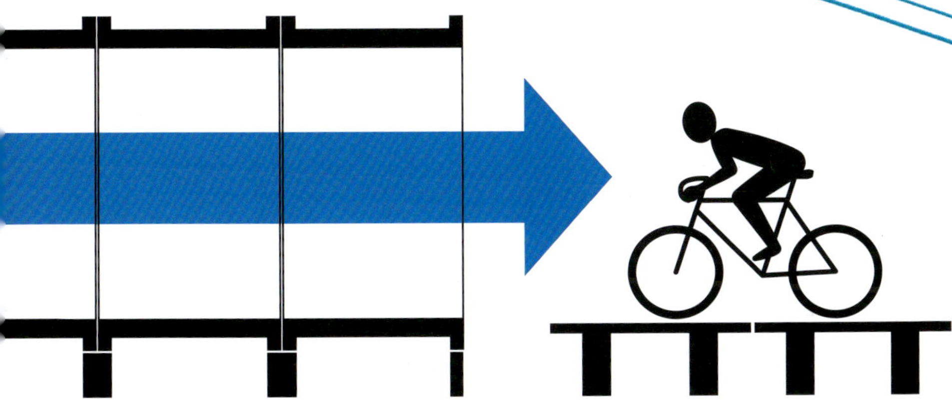

Tubo di emissione

Pedana di forza

Come scorre l'aria intorno a un ciclista?

Perché l'aria rompe?

Indipendentemente dalle dimensioni della sezione frontale di un ciclista, il flusso d'aria sulla bicicletta e sul suo corpo determina il livello di resistenza frizionale. Questa ha due componenti principali, la resistenza di pressione e la resistenza d'attrito. La resistenza di pressione (o "resistenza di forma") è associata alle dimensioni e alla forma del mezzo e del ciclista, la resistenza d'attrito alla ruvidità o texture delle loro superfici. Entrambe dipendono anche dalla velocità del ciclista nell'aria.

Per capire come questa invisibile forza di resistenza influenzi il ciclismo, è necessario concentrarsi sul sottile strato di aria a contatto con le superfici della bicicletta e del ciclista, il cosiddetto "strato limite", cruciale per l'efficienza aerodinamica. In un mondo perfetto, lo strato limite si comporterebbe come un insieme di sottili strati di aria che scivolano l'uno sull'altro con una minima frizione, il cosiddetto "flusso laminare". Vi sono zone, come lungo le braccia e le spalle del ciclista, in cui il flusso di aria è di questo tipo, ma la loro levigatezza viene presto interrotta da irregolarità anche minime della superficie, come una piega di una manica o una bottiglia d'acqua nella posizione sbagliata. Queste discontinuità interrompono il flusso laminare, sostituendolo con piccoli vortici che aumentano l'attrito superficiale e rendono più difficile procedere. Quando lo strato limite si separa del tutto dalla superficie, creando ampi vortici e correnti, diventa ancora più complesso. Se ciò accade, molta dell'energia del ciclista, invece di essere utilizzata per far avanzare la bici, viene deviata e usata per rimescolare l'aria, ottenendo l'effetto di ridurne la velocità.

> **Importante**
> Una volta che il ciclista supera i 15 km/h, la maggior parte della sua energia è utilizzata per vincere la resistenza dell'aria, con variazioni che dipendono dallo stato di manutenzione della bici. E le cose non migliorano con l'aumentare della velocità. La potenza richiesta per vincere la resistenza è proporzionale al cubo della velocità, per cui, se si raddoppia la velocità, occorrerà una potenza otto volte più grande.

Strati limite

Le componenti della resistenza

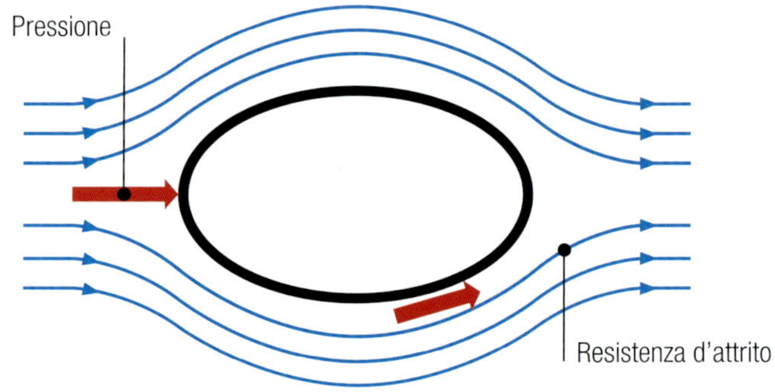

Foderi della forcella a sezione circolare

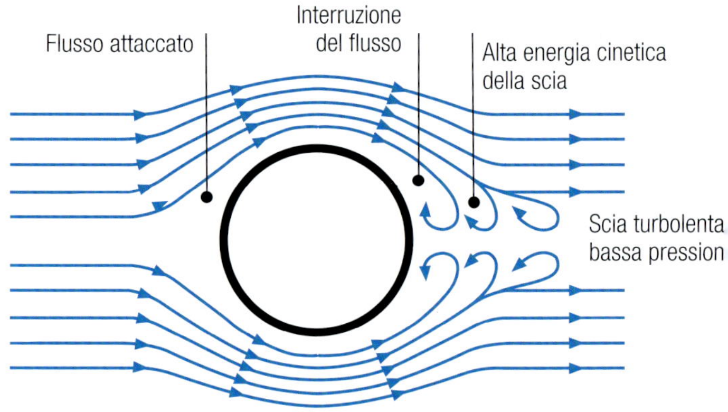

Foderi della forcella con sezione aerodinamica

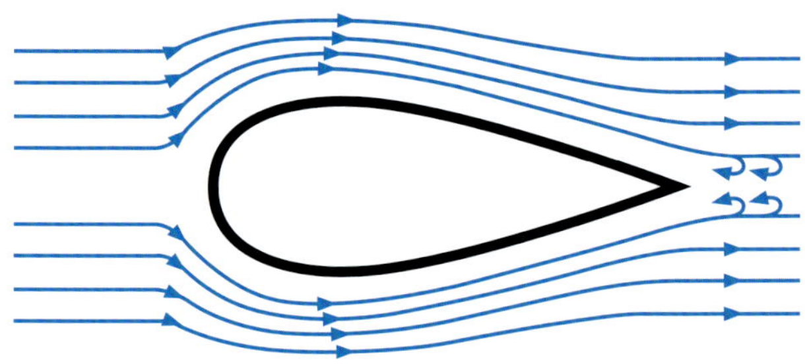

▲ ***Flusso laminare e turbolento*** *Gli esperti di aerodinamica sanno che è meglio mantenere uno strato limite laminare "attaccato" il più a lungo possibile alla superficie in movimento. Il primo schema mostra le due componenti della resistenza a contatto con un fodero a sezione ovale, con resistenza di pressione contro il bordo che sporge di più e resistenza d'attrito lungo la superficie. Il secondo schema mostra un fodero a sezione circolare. Lo strato limite mostra inizialmente un flusso laminare fluido, che però si separa dando luogo a turbolenze che creano vortici con una zona a bassa pressione e si aggiungono alla forza ritardante. Il terzo schema mostra un fodero a sezione aerodinamica. Il flusso d'aria nello strato limite resta laminare lungo la maggior parte della superficie, con poche turbolenze nella zona posteriore.*

Aumento della resistenza in rapporto alla velocità

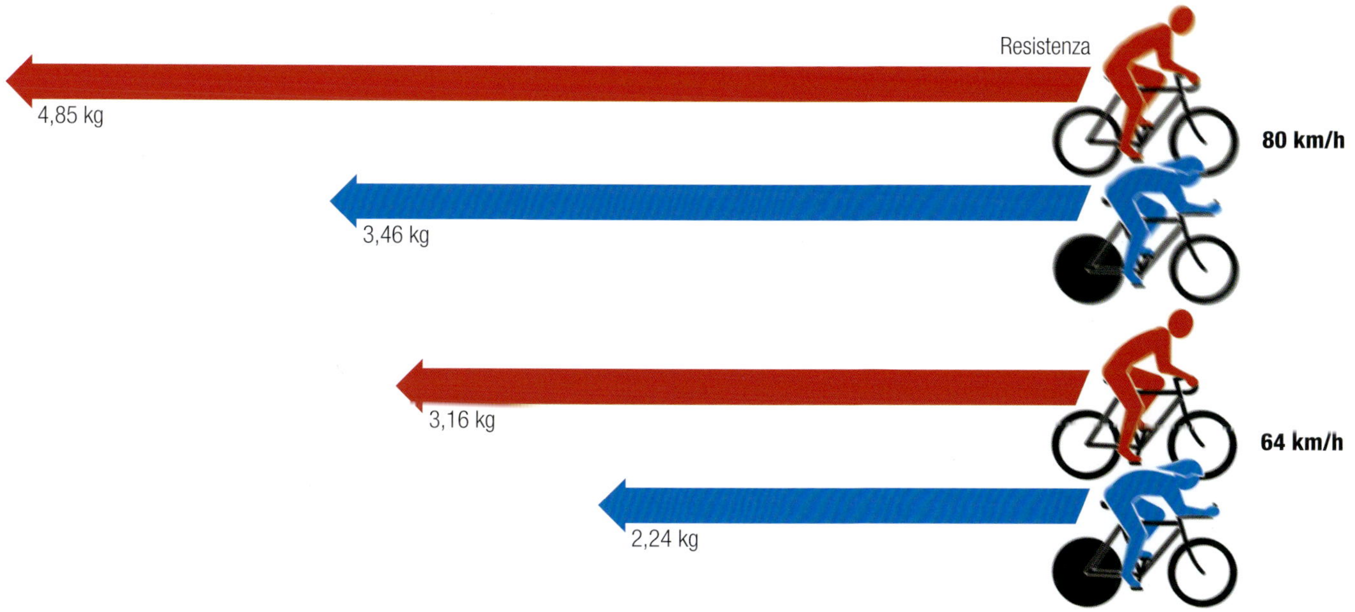

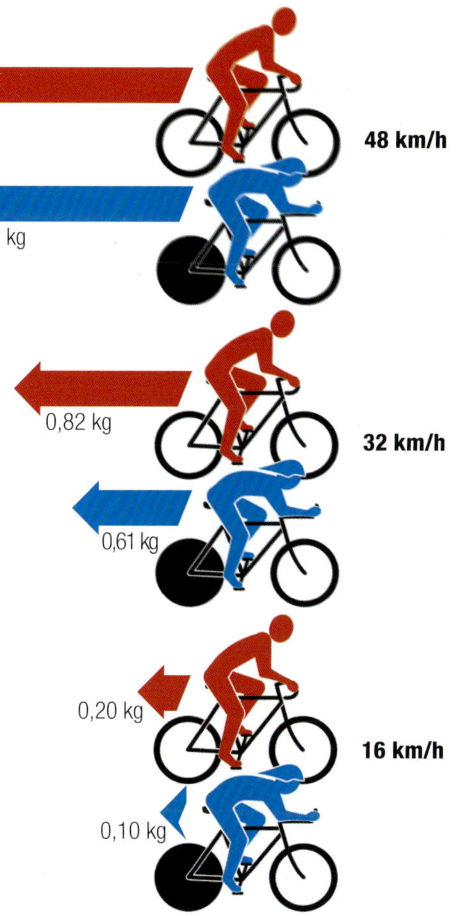

▶ ***Progettate per essere veloci*** *Nonostante la resistenza aerodinamica aumenti con la velocità, non è così per l'attrito volvente: più si va veloci, più l'attrito dell'aria assume importanza rispetto all'attrito meccanico, motivo per cui un design aerodinamico diventa essenziale. Le frecce (rosse per un ciclista normale e azzurre per un ciclista che adotta una postura e una bicicletta più aerodinamiche) indicano l'aumento della resistenza totale in rapporto all'incremento della velocità.*[2]

▼ ***Vento reale e apparente*** *Il vento relativo a un osservatore fermo su se stesso è detto "vento reale", e in una giornata in cui l'aria è immobile è pari a zero. Se però in quello stesso giorno andiamo in bicicletta, avvertiamo una brezza che ci soffia in faccia: si tratta del "vento apparente". Pedalando controvento in un giorno ventoso, il vento apparente sarà la somma della velocità al suolo della bicicletta e della velocità del vento reale: procedendo a 16 km/h contro un vento che soffia a 3 km/h la velocità del vento apparente che ci soffia in faccia sarà di 19 km/h. Se abbiamo il vento a favore, il vento apparente è la differenza tra la velocità al suolo e la velocità del vento reale: procedendo a 16 km/h con un vento a favore che soffia a 6 km/h la velocità del vento apparente che ci soffia in faccia sarà di soli 10 km/h.*

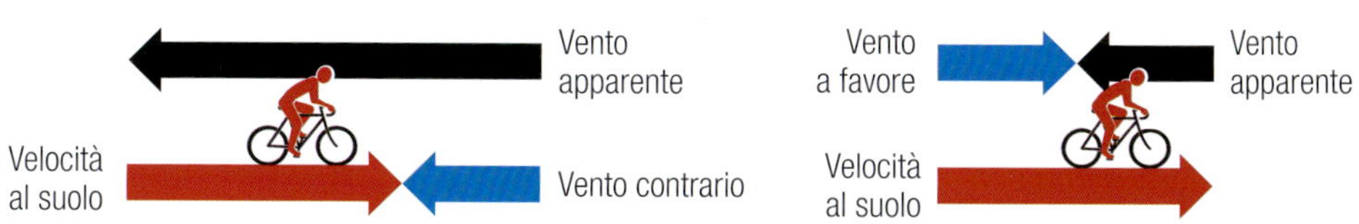

attrezzatura:
biciclette reclinate

▼ ***Challand*** *(1896)*
Sempre più giù. Nel 1896, la bicicletta reclinata Challand fu esposta a Ginevra da Charles Challand, ma probabilmente il suo peso le impedì di diventare popolare.

Le prime biciclette reclinate comparvero verso la fine del XIX secolo e si fecero notare nel 1933, quando una di esse batté il record mondiale dell'ora di ciclismo. Nel giro di otto mesi, però, l'Unione Ciclistica Internazionale le interdì dalle competizioni, grazie alla pressione esercitata dai produttori di bici tradizionali. Il divieto è tuttora in vigore, anche se a partire dagli anni '70 la loro popolarità per motivi di svago, turistici, sportivi e per gli spostamenti quotidiani è andata crescendo. Oggi nel mondo esistono decine di produttori di bici reclinate.
Le competizioni tra questo tipo di biciclette sono gestite dall'International Human Powered Vehicle Association (IHPVA), e nelle prove a cronometro le biciclette reclinate completamente carenate continuano a ottenere tempi migliori rispetto alle bici tradizionali. Il loro vantaggio aerodinamico è talmente ampio che è impossibile per un ciclista in sella a una normale bicicletta raggiungere la stessa velocità.

▲ ***Mochet*** *(1933)*
Ancora più veloce. Francis Faure, un ciclista di seconda categoria, stabilì un nuovo record dell'ora di ciclismo, di 45,055 km, su una bicicletta reclinata costruita dal francese Charles Mochet, battendo il tempo stabilito da un ciclista élite. L'anno successivo, le biciclette reclinate furono escluse dalle competizioni regolate dall'UCI.

▼ ***Street Machine GT*** *(2002)*
Largo alla praticità. La bicicletta reclinata di HP Velotechnik ha la ruota anteriore piccola, per accorciare l'interasse, e può essere usata per turismo, spostamenti quotidiani e divertimento.

Il vantaggio di una bici reclinata rispetto a un modello tradizionale risiede solo nella minore sezione frontale, che comporta una minore resistenza d'attrito. La posizione supina non assicura al ciclista alcun vantaggio in termini di potenza sviluppata, mentre il design non è molto più efficiente a livello meccanico[3]. Invece di utilizzare il peso del corpo stando diritti sui pedali, i ciclisti sfruttano diversi gruppi di muscoli delle gambe e hanno la possibilità di far leva sul supporto posteriore per spingere i pedali.

Esistono molti tipi di biciclette reclinate, con enormi differenze a livello di passo, dimensione delle ruote, sistemi di sterzo, carenatura e trasmissione. Intorno alla metà del XX secolo stavano scomparendo, ma dagli anni '70 Chester Kyle, professore di ingegneria della California State University, ha cominciato a progettarne di nuove insieme ai suoi studenti, facendole tornare in auge. Oggi la principale ragione della loro popolarità è che la bassa resistenza offerta rende più facile pedalare a una data velocità. Per viaggiare a 50 km/h un ciclista deve sviluppare una potenza di circa 420 W, quasi la potenza massima sostenibile da un atleta élite per più di cinque minuti. L'aerodinamica superiore fa sì che un ciclista su una bicicletta reclinata possa raggiungere questa stessa velocità con meno di un quinto dello sforzo, 75 W di potenza. Analogamente, la velocità massima per una bici da corsa convenzionale in una cronometro sui 200 m è di circa 72 km/h, mentre quella di una bici reclinata è quasi il doppio, poco oltre i 130 km/h. Per andare alla stessa velocità di una bici reclinata, un ciclista tradizionale dovrebbe spendere 5800 W, un'impresa impossibile. La potenza sviluppata dal ciclista su bici reclinata, invece, è di soli 350 W[4], che non corrisponde al massimo potenziale umano. Per il momento, però, non si sono raggiunte velocità superiori, perché anche i modelli reclinati hanno vincoli dettati dall'aerodinamica: per andare più veloci dovrebbero avere sezioni frontali ancora più piccole, che i progettisti non sono ancora riusciti a realizzare.

Le bici reclinate sono costruite utilizzando gli stessi materiali e componenti di quelle tradizionali, ma i problemi di progettazione non sono i medesimi. Per esempio, le catene di trasmissione sono molto più lunghe e devono essere inserite e tese con maggiore attenzione. Anche la stabilità è un problema, perché le proprietà di bilanciamento del mezzo sono assai inferiori. La proibizione dell'UCI ha comportato una mancanza di restrizioni, per cui ne esistono in forme e stili più vari, come le bici tradizionali all'inizio della loro storia.

▼ ***Varna Tempest*** *(2009)*
La bicicletta reclinata completamente carenata ha stabilito un nuovo record mondiale dell'ora, di 90,76 km, con partenza da fermo. Dentro il guscio, progettato da Georgi Georgiev, pedalava Sam Whittingham, che nel corso dello stesso evento organizzato dall'IHPVA ha raggiunto la velocità di 133,28 km/h in una cronometro sui 200 m con partenza lanciata.

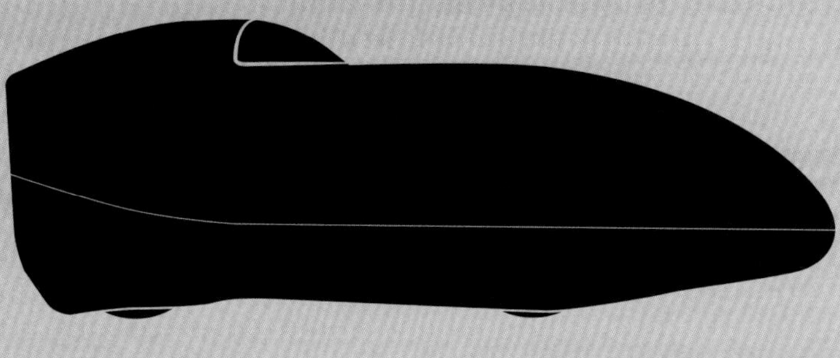

▼ ***Velokraft No-com*** *(2012)*
Sempre più affusolata. Il telaio è in fibra di carbonio monoscocca (realizzato in un unico pezzo) e le piastre di separazione presenti sotto di esso mantengono uno strato limite laminare intorno alle ruote. Il freno posteriore è schermato all'interno del telaio, così come tutti i freni e i cavi delle marce. Uno stretto mozzo sulla ruota anteriore e sulle forcelle riduce ulteriormente la sezione frontale. Il telaio e la seduta pesano 3 kg.

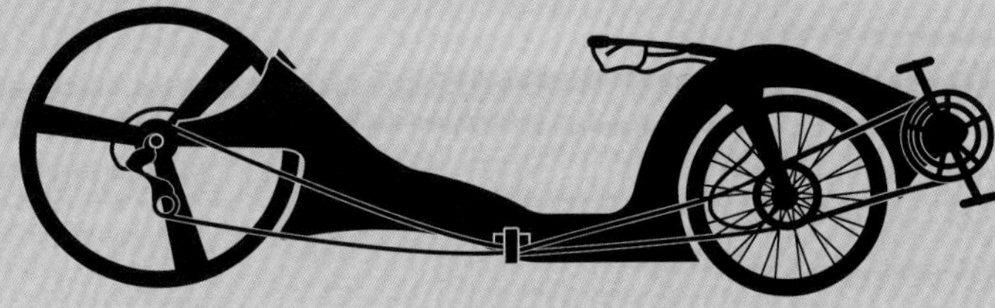

Che posizioni ottimizzano aerodinamica e potenza?

Che effetto hanno le braccia e le mani sull'aerodinamica?

È sicuramente importante poter misurare le forze invisibili della resistenza aerodinamica che frenano un ciclista, ma i tecnici che si occupano di ciclismo non dimenticano mai che il loro scopo fondamentale è migliorare la velocità. Anche se l'aerodinamica ha un ruolo importante, alcune delle posizioni più efficienti da questo punto di vista non consentono al ciclista di dare il suo meglio. Dopo una trentina d'anni di ricerche sulle posizioni aerodinamiche, si comincia a capire meglio quale sia il rapporto tra posizioni e potenza espressa.

Un gruppo di ricercatori della University of Canterbury, in Nuova Zelanda, ha studiato e classificato la relazione tra la forma di un ciclista in posizioni aerodinamiche e la sua potenza[5]. Il team si è concentrato sugli angoli del busto e della spalla, in quanto gli altri sono meno variabili per via delle restrizioni all'assetto della bicicletta imposte dall'UCI. Si è scoperto che la posizione più aerodinamica non è necessariamente la più potente, e che quella ottimale prevede un'angolazione bassa per il busto e media per la spalla.

Un angolo del busto più basso possibile, che si credeva essere il più aerodinamico, riduce in realtà la potenza espressa. Si è inoltre scoperto che non esiste una singola posizione ottimale per tutti i ciclisti e che l'angolo della spalla influenza la potenza espressa più dell'angolo del busto.

Usando una galleria del vento, il team di ricercatori neozelandesi ha raccolto altri dati utili per capire quale sia la presa delle mani su manubri "aerobar" che risulta più aerodinamica, in grado di ridurre la creazione di turbolenze[6]. Hanno scoperto che, quando un ciclista pone le mani a freccia, dietro ai pollici si sviluppa una zona di ricircolazione di aria fluida, la quale potrebbe essere preferibile rispetto alla zona di separazione turbolenta che si viene a creare con altre posizioni. I ricercatori hanno inoltre verificato che tale tipo di posizione non compromette la potenza espressa dal ciclista, ma potrebbe non essere adeguata a mantenere il controllo della bicicletta in pista o su strada. Come accade sempre nel ciclismo, potrebbe essere necessario un compromesso.

▶ ***Vincere a man bassa***
La posizione normale delle mani su un manubrio "aerobar", con i pollici in alto e diretti in avanti, è stata messa a confronto con altre tre: pollici all'interno, presa a pugno e dita poste in modo da formare una freccia. Le prove sono state condotte in una galleria del vento e i risultati mostrano quanti secondi un ciclista può aspettarsi di risparmiare per ogni minuto a 56 km/h, per gli uomini, e 53 km/h, per le donne. Un tempo positivo rappresenta un risparmio di secondi, mentre uno negativo una perdita di tempo[7].

Effetto della posizione delle mani

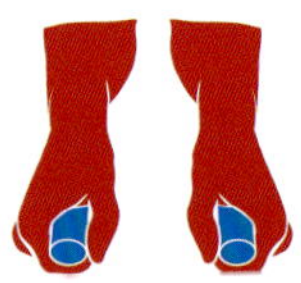

Pollici in dentro

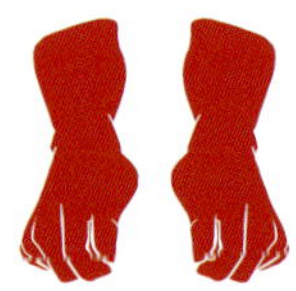

Presa a pugno

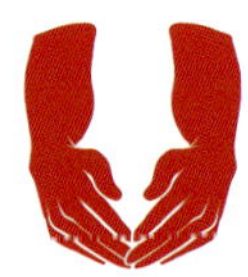

Presa a freccia

Pollici in dentro				Presa a pugno				Presa a freccia			
Atleta	Tempo (sec/min)	Resist. (g)	Potenza (W)	Atleta	Tempo (sec/min)	Resist. (g)	Potenza (W)	Atleta	Tempo (sec/min)	Resist. (g)	Potenza (W)
A	0,25	−22,23	−2	A	0,22	−19,05	−3	A	0,79	−69,85	−15
C	−0,01	0,097	−11	C	0,16	−140,2	−23	B	0,35	−34,93	−31
B	−0,11	11,34	3	B	0,03	−3,17	−18	C	0,35	−30,84	−31

Angolo del busto e fabbisogno di energia

► ***Compromesso*** *L'angolo del busto non influenza solo l'aerodinamica del ciclista ma anche la sua capacità di esprimere potenza, per cui non è facile trovare la posizione giusta. I dati relativi a cinque diverse posizioni mostrano che abbassarsi al massimo non è necessariamente la strategia giusta quando si cerca di minimizzare il fabbisogno di energia per completare una gara a inseguimento di 4000 m in 4 min e 30 sec*[8].

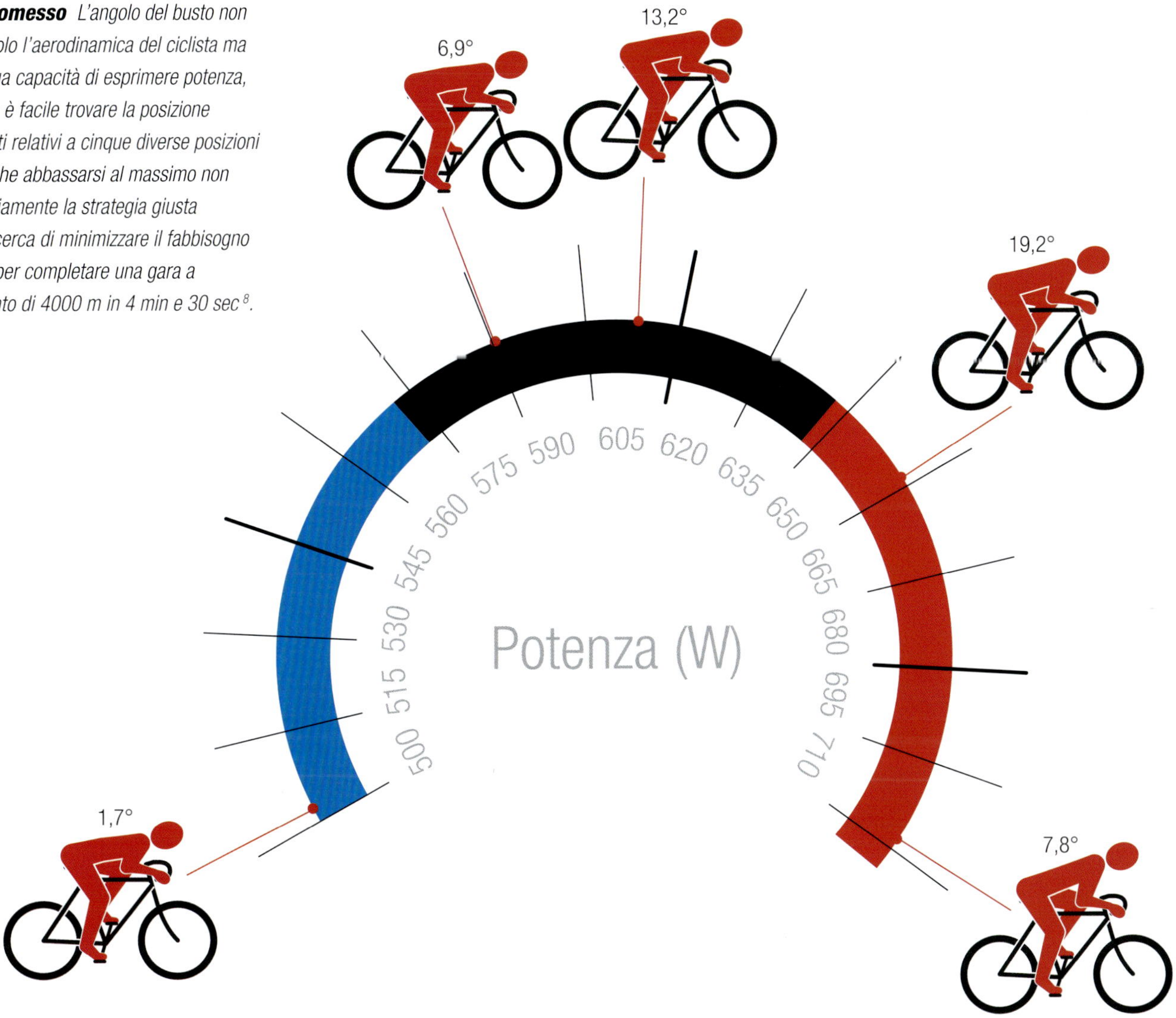

Posizione ufficiale

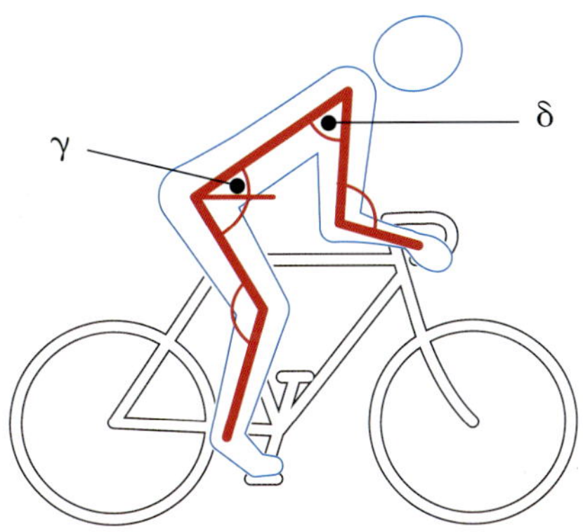

◄ ***Angoli cruciali*** *Gli angoli del busto e della spalla usati per definire la posizione di un ciclista.*

Importante
Basta un orologio e una giornata con vento costante per mettere a confronto l'aerodinamica di differenti posizioni in discesa. Partendo da fermi, scendete per inerzia da una discesa diritta e prendete il tempo in un punto a qualche centinaia di metri dalla partenza. Mantenete la stessa posizione e ripetete due volte per avere un tempo medio. Cambiate posizione e ripetete, confrontando le medie. Se non cambia nient'altro tra un tentativo e l'altro, la posizione più veloce è la più aerodinamica.

Qual è la posizione più veloce al mondo?

Come faccio ad andare veloce come il vento?

Tenendo conto di forme e dimensioni, il ciclista ha sempre una sezione frontale maggiore di quella del suo mezzo. Le bici sono relativamente strette e hanno un profilo ridotto, cosicché quasi sempre chi le monta deborda di lato e al di sopra di esse. Per un ciclista il modo più facile per andare più veloce senza sprecare ulteriori energie è ridurre la propria sezione frontale, assumendo una posizione aerodinamica: quando lo si è capito, alla fine dell'800, è stato introdotto il manubrio "a corna di bue"[9]. Ormai, l'aerodinamica è diventata vitale per i ciclisti che sfidano il tempo in corse a cronometro e tentativi di battere i record mondiali.

L'adozione di manubri curvi ha permesso di battere nuovi record poiché consente al ciclista di mantenere il controllo sulla sterzata in differenti posizioni. La posizione meno efficace è quella con le mani sopra la barra del manubrio, ma spostandole in avanti e posandole sul comando dei freni, con il corpo un po' abbassato, si riduce la sezione frontale e la resistenza dell'aria. La forma migliore si ottiene con le mani sulla parte ricurva del manubrio. Per una bici convenzionale, questa è rimasta la posizione più aerodinamica fino agli anni '80, quando estensioni aggiunte al manubrio hanno consentito ai ciclisti di allungare le braccia ancora più in avanti e di piegarsi maggiormente verso il basso. Questo manubrio, detto "aerobar", raggiunse fama mondiale quando Greg Lemond lo adottò nella tappa finale del Tour de France del 1989: una cronometro individuale terminata sugli Champs-Élysées nella quale Lemond, al termine di una gara tesissima, rimontò uno svantaggio di 50 secondi strappando la vittoria a Laurent Fignon per appena 8 ''.

Pur consentendo l'uso dell'aerobar in alcuni eventi, l'UCI ha proibito posizioni ancora più aerodinamiche, come quelle adottate da Graeme Obree. Nella sua posizione "a uovo" il ciclista è rannicchiato con il petto poggiato sul manubrio e le mani infilate sotto il petto, vicino al collo. Quando anche questa venne vietata, Obree fu il primo a sperimentare quella "Superman", con le braccia dritte di fronte a sé e il busto piatto. Anch'essa finì per essere messa al bando, ma solo dopo che Chris Boardman riuscì a battere il record dell'ora.

Importante

La formula per calcolare la sezione frontale totale di un ciclista su una bici aerodinamica per gare a cronometro è:

$$A = 0.218\, H^{0,0293}\, M^{0,425} + 0,650$$

dove:

A = sezione frontale totale stimata (m^2)

H = altezza del ciclista (m)

M = peso del ciclista (kg)[10]

Il coefficiente di resistenza aerodinamica, C_D, è un numero che gli esperti usano per illustrare le complesse interdipendenze tra resistenza e forma, angolo e flusso d'aria, e alcune delle condizioni del flusso. È ottenuto empiricamente e da stime ed è un indicatore della dimensione della resistenza dell'aria di un oggetto. Più è basso, più l'oggetto è aerodinamico.

La forza di resistenza (F_D) di un oggetto che si muove attraverso aria secca alla temperatura 20 °C è:

$$F_D = \tfrac{1}{2}\, C_D\, A\, \rho\, V^2$$

dove:

F_D = forza di resistenza (kg)

C_D = coefficiente di resistenza aerodinamica

A = sezione frontale, o area frontale, dell'oggetto (m^2)

ρ = densità dell'aria a 20 °C e a pressione atmosferica al livello del mare (circa 1,2 kg/m^3)

V = velocità dell'oggetto nell'aria (m/s)

La sezione frontale effettiva è $C_D \cdot A$, ovvero il prodotto del coefficiente di resistenza e della sezione frontale.

Posizioni aerodinamiche a confronto

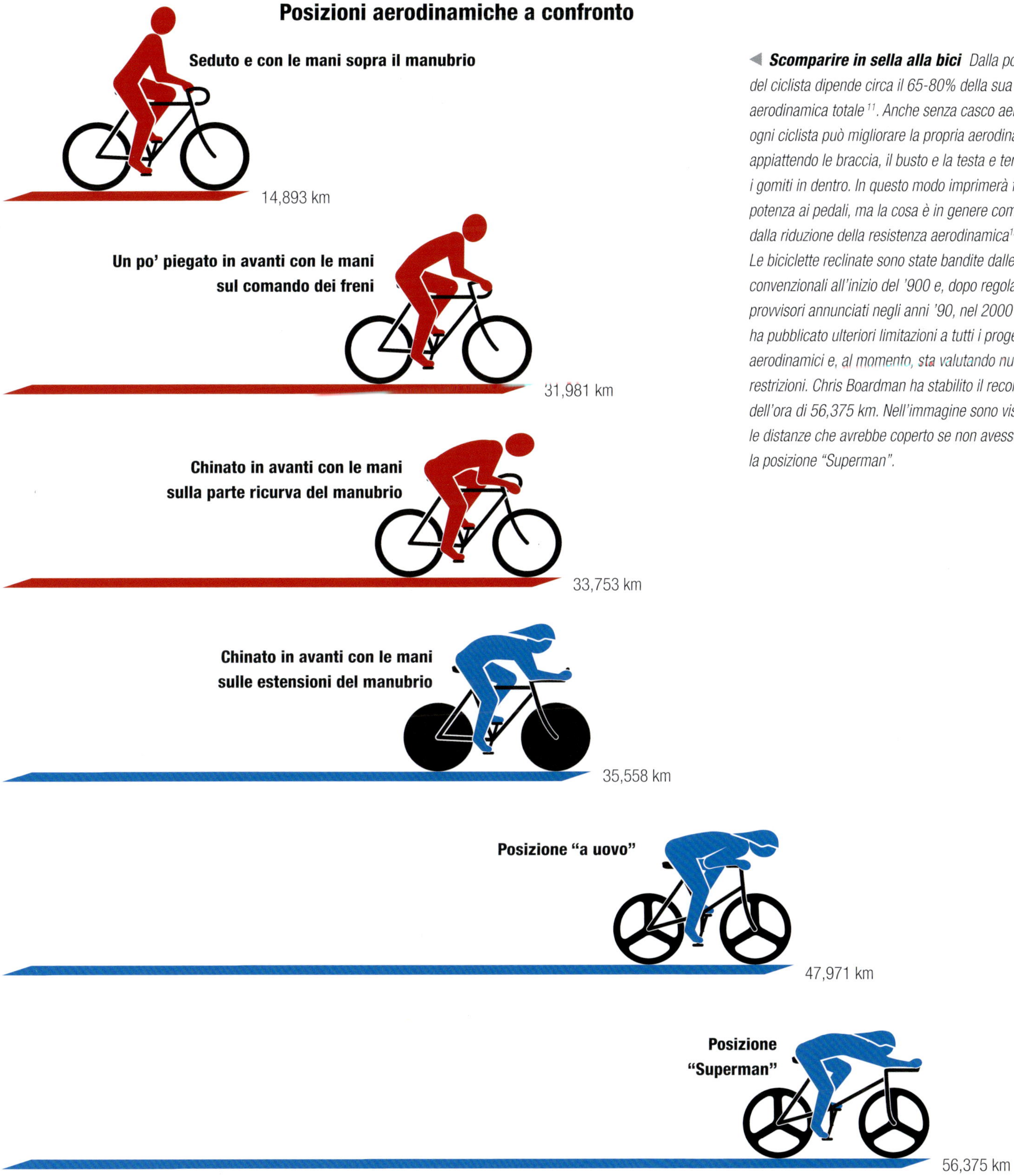

◀ ***Scomparire in sella alla bici*** *Dalla posizione del ciclista dipende circa il 65-80% della sua resistenza aerodinamica totale [11]. Anche senza casco aerodinamico, ogni ciclista può migliorare la propria aerodinamica appiattendo le braccia, il busto e la testa e tenendo i gomiti in dentro. In questo modo imprimerà forse minore potenza ai pedali, ma la cosa è in genere compensata dalla riduzione della resistenza aerodinamica[12].*
Le biciclette reclinate sono state bandite dalle gare convenzionali all'inizio del '900 e, dopo regolamenti provvisori annunciati negli anni '90, nel 2000 l'UCI ha pubblicato ulteriori limitazioni a tutti i progetti aerodinamici e, al momento, sta valutando nuove restrizioni. Chris Boardman ha stabilito il record mondiale dell'ora di 56,375 km. Nell'immagine sono visualizzate le distanze che avrebbe coperto se non avesse adottato la posizione "Superman".

scienza in azione

conquistare la vetta

Le salite esercitano una particolare attrattiva su molti ciclisti: c'è la sfida rappresentata dalla forza di gravità e, quando si arriva in cima, il brivido di convertire energia potenziale in una discesa ad alta velocità. I due lati della stessa collina richiedono abilità diverse allo scalatore e al discesista, ma in entrambi i casi la scienza può giocare un ruolo cruciale.

In salita, vista la bassa velocità, l'aerodinamica non riveste un ruolo importante: la più grossa sfida è rappresentata dalla gravità, che è direttamente proporzionale alla massa combinata del ciclista e della bicicletta. Il peso della bicicletta, in proporzione e in rapporto al totale, è minore per i ciclisti élite, più pesanti (spesso, per loro, è appena del 12%), e maggiore per gli atleti più leggeri (circa del 17%). Questi ultimi spendono quindi una percentuale più alta della loro energia per trasportare la bici verso la cima. Chi pesa meno, però, ha un vantaggio fisiologico durante la salita, perché il massimo consumo di ossigeno (VO_2 max) è maggiore e prevale sul dispendio energetico legato al peso della bicicletta, relativamente grande[13]. Questo è il motivo per cui i ciclisti più compatti tendono a raggiungere la cima per primi.

In discesa conta più la postura della taglia poiché il fattore invisibile rappresentato dall'aria può giocare un ruolo cruciale.
A velocità che possono anche superare gli 80 km/h, guadagnerà tempo il ciclista che riesce ad assumere la posizione più aerodinamica. In discesa, poi, il tracciato della strada è più importante che in salita: i tornanti costringono i ciclisti a frenare, perdere slancio e ridurre il possibile vantaggio dato dal fatto di essere più aerodinamici. Sono inoltre necessari più abilità e coraggio per individuare il percorso più veloce in una curva a gomito, soprattutto nei punti in cui la strada è costeggiata da ripidi pendii e burroni: a segnare il discrimine tra il leone e la pecora sono l'esperienza, l'istinto e l'ambizione.

▶ ***Corse di montagna*** *Le tappe di montagna delle principali competizioni ciclistiche, come il Tour de France, il Giro d'Italia e la Vuelta a España, possono essere determinanti per la vittoria finale. Nelle lunghe, lente salite capita di perdere parecchio tempo e di non riuscire a recuperarlo durante le discese, che durano molto meno e nelle quali, in media, la differenza di velocità tra ciclisti è minore. La forza fisiologica è il fattore più importante durante la salita, ma in discesa è la forza psicologica che aiuta i ciclisti a prendere le curve a velocità straordinaria. Nella salita della sedicesima tappa del Tour de France del 2012, lo statunitense Tejay van Garderen dettò il passo all'australiano Cadel Evans, vincitore del Tour dell'anno precedente. Van Garderen si tenne stretta per il resto del Tour la maglia bianca, in quanto primo della classifica giovani, risultando quinto nella classifica generale, mentre il suo compagno di squadra Evans arrivò settimo.*

ŠKODA
ŠKODA
ŠKODA
bmc
BMC
bmc

Come funziona un casco aerodinamico?

Dovrei mettermi in testa quel coso?

Importante

Il contributo del casco alla resistenza aerodinamica totale del ciclista è compreso tra il 2 e l'8%, a seconda della sua forma[14]. In rapporto a un casco da strada tradizionale, una versione aerodinamica può far guadagnare fino a 90 secondi in una corsa a cronometro sui 40 km, un miglioramento di circa il 3%.

Una volta che un ciclista ha adottato la posizione più aerodinamica, il fattore principale che influenza la sua resistenza dell'aria, a prescindere dalla bicicletta, è ciò che indossa. Come nel profilo di un aereo il muso è fondamentale per l'efficienza, il design del casco di un ciclista gioca un ruolo significativo sulla sua abilità di correre in modo più efficiente.

Il casco può aiutare a modellare il flusso di aria al di sopra e intorno al capo del ciclista in modo che l'aria si muova nel modo più uniforme possibile alle sue spalle e lungo la parte posteriore della bici. Perciò la sezione anteriore del casco deve avere contorni arrotondati che guidino l'aria in modo uniforme intorno al capo e favoriscano un flusso laminare regolare, senza gorghi e vortici turbolenti che aumentano la resistenza e rallentano il ciclista. La soluzione è rendere affusolata la forma a conchiglia, evitando bruschi cambiamenti di profilo, ed estendere il casco in modo che riempia lo stacco tra la nuca e le scapole. Quando al termine del suo percorso l'aria lascia la coda del casco, dovrebbe proseguire in un flusso laminare lungo la schiena appiattita del ciclista.

Purtroppo il vantaggio di indossare un casco high-tech, progettato scientificamente, va perduto se il ciclista non tiene la testa secondo l'angolo ottimale. Basta chinare un poco il capo per sollevare la coda che si dovrebbe trovare in mezzo alle spalle e modificare la corrente su collo e spalle. Tale perdita di flusso laminare può talvolta essere bilanciata aerodinamicamente con una riduzione dell'effettiva sezione frontale, ma è difficile che ciò compensi l'investimento fatto per un casco costoso. Non diversamente, anche normali movimenti della testa come girarsi per guardarsi alle spalle possono indurre il flusso d'aria a dividersi e a diventare turbolento, diminuendo l'efficienza.

Vantaggi di un casco aerodinamico con vento apparente a differenti angolazioni

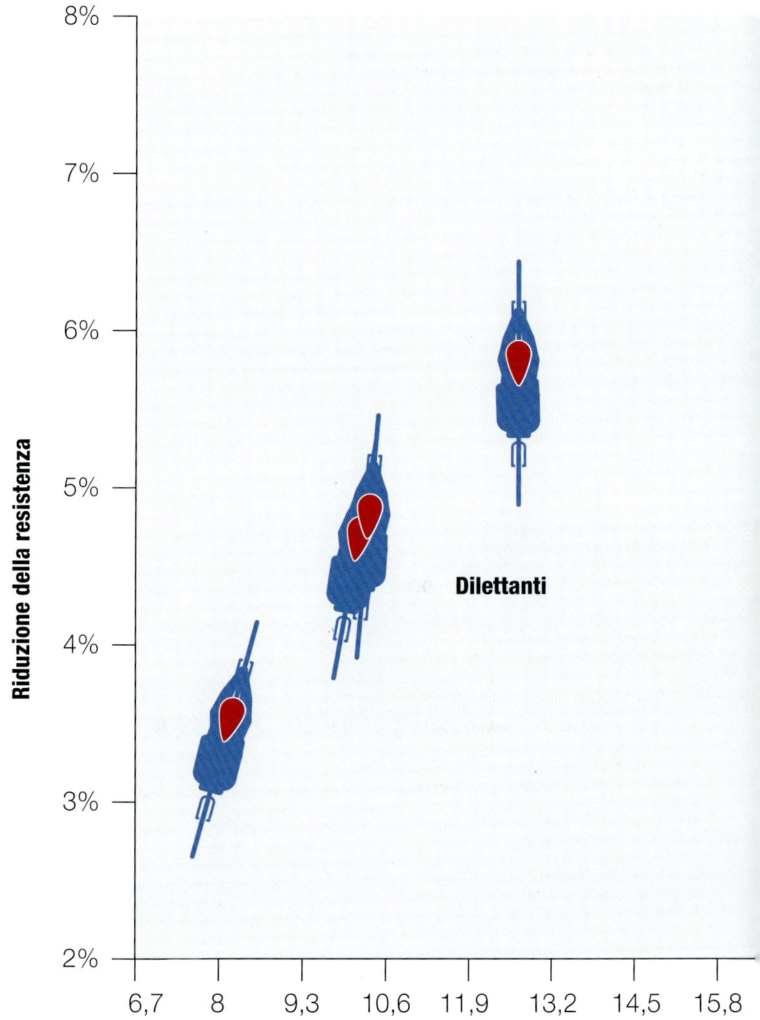

Effetto di un casco con rugosità

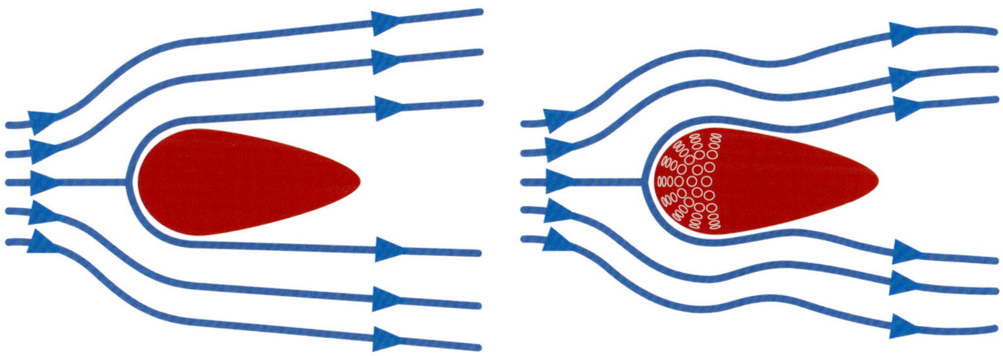

◀ ***Perché una superficie rugosa?*** *La maggior parte dei caschi aerodinamici ha superfici lisce, per favorire il flusso laminare, ma alcuni sono texturizzati. La voluta rugosità della superficie ha la stessa funzione delle fossette di una pallina da golf, che creano minuscole turbolenze sulla superficie. Proprio come accade per la pallina da golf, l'aria turbolenta resta attaccata al casco più a lungo e lo strato limite si stacca più tardi dalla sua superficie. Nonostante gli scarsi dati scientifici a sostegno dell'efficacia di tale soluzione, numerosi produttori di caschi offrono superfici con rugosità.*

◀ ***Non uscire senza berretto!*** *I test nella galleria del vento hanno mostrato che la forza di resistenza totale che si oppone a un ciclista e lo costringe a pedalare più energicamente può essere ridotta indossando un casco aerodinamico. Il beneficio diminuisce via via che l'angolo tra la direzione del ciclista e il vento aumenta. Nel peggiore dei casi testati, con un angolo del vento di 15°, un casco aerodinamico su un ciclista amatoriale ha ridotto la resistenza di circa il 3,6%. Il casco più performante su un professionista senza vento laterale ha portato a una diminuzione della resistenza di oltre il 7%*[15]*. Di conseguenza, il risparmio di potenza da parte di un ciclista durante una corsa a cronometro di 40 km può essere di oltre 29 m·kg/s (30 W).*

Tenere ferma la testa

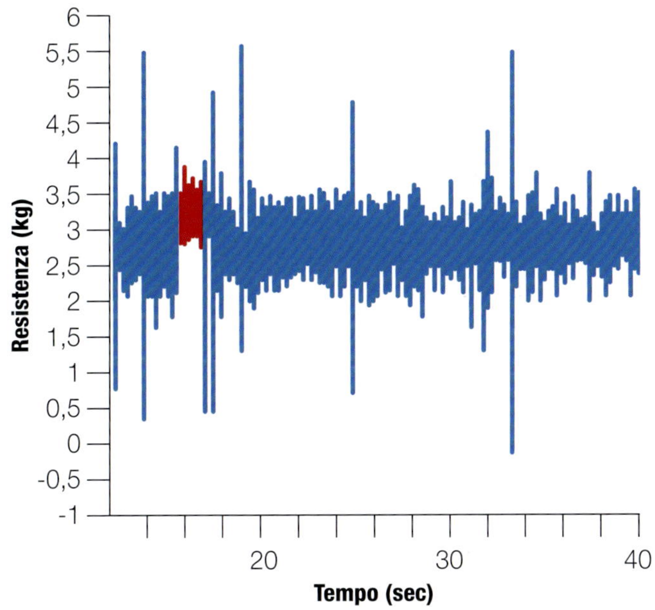

▲***Su la testa!*** *Il vantaggio di un casco aerodinamico diminuisce se il ciclista china il capo, sollevando così la coda posteriore. Il grafico mostra quanto aumenta la resistenza durante un esperimento nella galleria del vento – da 2-3,1 a 2,5-3,6 m (da 20-30 a 25-35 N, al diciassettesimo secondo, quando il ciclista ha mosso momentaneamente il capo* [16]*.*

Che differenza fa un telaio aerodinamico? → Che me ne faccio di questa bici buffa?

Da decenni i progettisti vanno migliorando l'aerodinamica delle biciclette, in un processo continuo e ininterrotto. Capita però che quando un componente viene modificato per rendere più fluido il flusso d'aria in quel punto, si alteri l'aerodinamica di un'altra zona. Le gallerie del vento e la fluidodinamica computazionale (CFD) mostrano cos'è che dovrebbe funzionare meglio; i test in corsa lo confermano o lo smentiscono. Si tratta di un processo costoso, ma ha reso le biciclette in generale più affusolate e ha creato un settore di nicchia di strani veicoli aerodinamici.

Tra i componenti della bicicletta vi sono i foderi della forcella, che sono stati appiattiti e compressi in un profilo aerodinamico in modo da ridurne la sezione frontale totale. Tubi larghi appena 6 mm possono permettere di risparmiare decine di secondi in una corsa a cronometro. Per ridurre la sezione frontale sono state inoltre progettate forcelle con un singolo fodero: i design più estremi vengono sperimentati su bici da pista, dove le condizioni della superficie sono ideali (essendo molto fragili, su strade tutt'altro che perfette rischiano di spezzarsi).

I manubri, un altro elemento fondamentale per un design affusolato, possono assumere diverse forme. I più sofisticati sono quelli per il triathlon, la corsa a cronometro e la pista: dispongono di poggiagomiti che consentono al ciclista di abbassarsi, tenendo la schiena quasi piatta e le braccia allungate in avanti. Con le mani in avanti e vicinissime e i gomiti non sporgenti, si fende l'aria facendola scorrere fluidamente lungo le braccia e il corpo. Manubri sottili, orizzontali, a sezione aerodinamica inducono turbolenze minime, e i cavi di marce e freni possono essere infilati al loro interno per non incidere sul flusso d'aria. I tubi del telaio hanno sezioni aerodinamiche per favorire il flusso laminare e a volte il tubo sella si piega avvicinandosi alla ruota posteriore, per evitare l'insinuarsi di turbolenze. I freni aerodinamici sono progettati per non sporgere dal telaio e dalla sezione frontale, diminuendo la resistenza.

Resistenza negativa

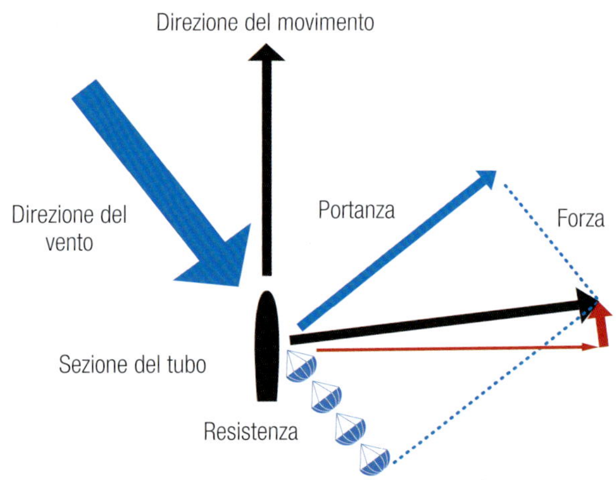

▲ ***"Stringere il vento" in bicicletta*** *In alcune circostanze la combinazione di velocità del vento, direzione e design del tubo può portare a una resistenza negativa. Conoscono bene questo apprezzato fenomeno i velisti, che assettano la velatura per "stringere il vento". Il vento crea una forza di resistenza diretta nel senso in cui tira (paracadute azzurri), ma gli effetti aerodinamici dati dal vento che attraversa la superficie modellata danno vita anche a una forza di "portanza" laterale (freccia sottile azzurra). Se questa forza laterale è abbastanza grande, la forza netta (il vettore somma dei due effetti, in nero) può in realtà puntare un po' oltre.*

Ora, se la struttura è costretta a muoversi solo in una direzione (una barca a vela dal suo scafo, una bicicletta dalle ruote), l'unica parte importante di tale forza netta è quella che punta nella direzione del movimento. Nelle condizioni qui mostrate, quella parte (freccia rossa spessa) punta in avanti, e dà alla bicicletta o all'imbarcazione una spinta nella giusta direzione.

Questo trucco si può realizzare con biciclette che hanno superfici piuttosto ampie, con i profili dei tubi che si estendono nel triangolo principale, anche se questo design potrebbe essere meno stabile con venti laterali. Un produttore di biciclette, Trek, afferma che in determinate condizioni di vento il profilo dei tubi del suo telaio aerodinamico può creare una resistenza negativa e aiutare il ciclista.

Effetto della sezione su portanza o resistenza

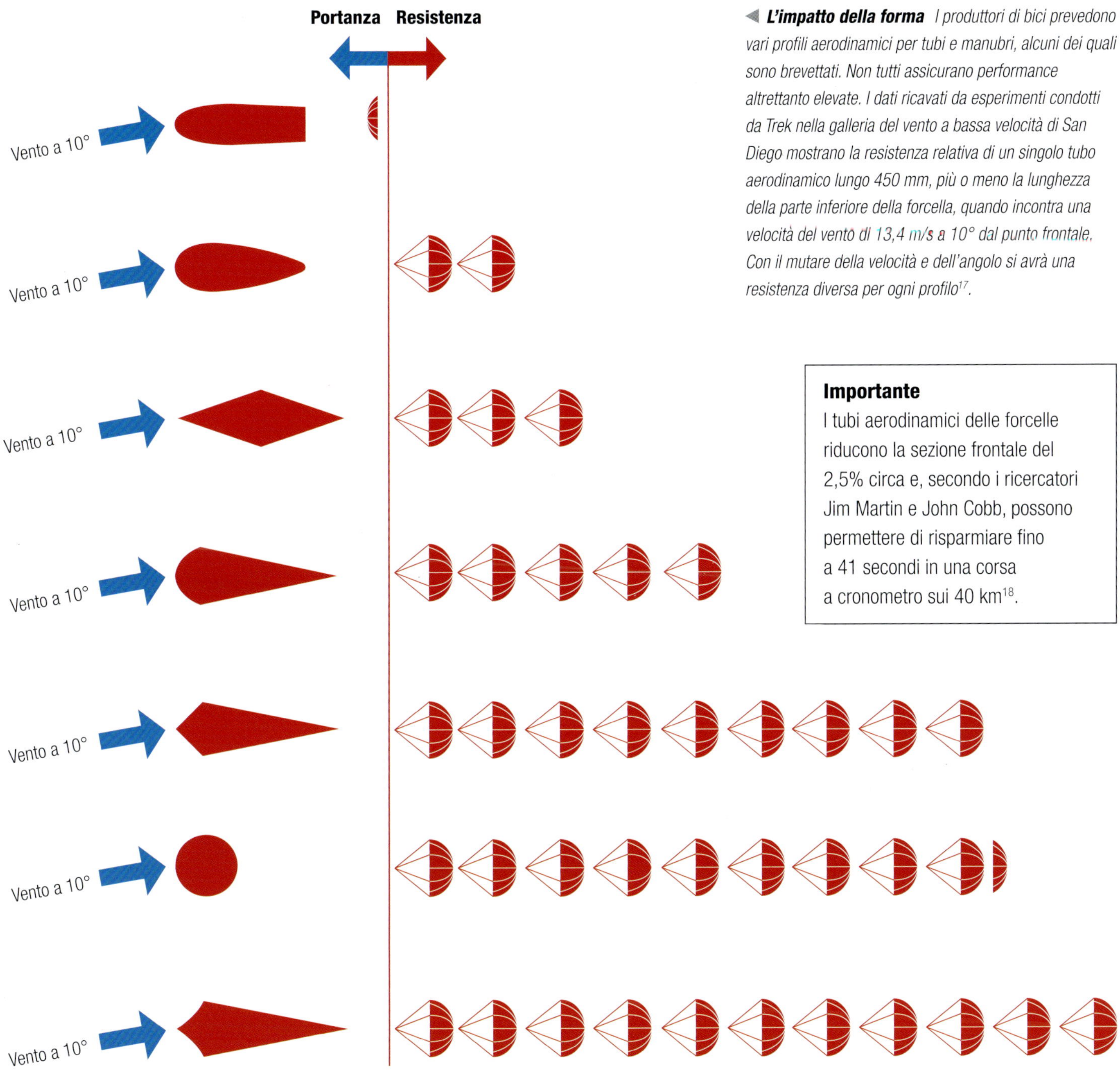

Sezione del tubo del telaio

◀ ***L'impatto della forma*** *I produttori di bici prevedono vari profili aerodinamici per tubi e manubri, alcuni dei quali sono brevettati. Non tutti assicurano performance altrettanto elevate. I dati ricavati da esperimenti condotti da Trek nella galleria del vento a bassa velocità di San Diego mostrano la resistenza relativa di un singolo tubo aerodinamico lungo 450 mm, più o meno la lunghezza della parte inferiore della forcella, quando incontra una velocità del vento di 13,4 m/s a 10° dal punto frontale. Con il mutare della velocità e dell'angolo si avrà una resistenza diversa per ogni profilo*[17].

Importante

I tubi aerodinamici delle forcelle riducono la sezione frontale del 2,5% circa e, secondo i ricercatori Jim Martin e John Cobb, possono permettere di risparmiare fino a 41 secondi in una corsa a cronometro sui 40 km[18].

attrezzatura: la pista

I primi velodromi furono costruiti a fine '800 come strutture ricreative commerciali dove gli spettatori pagavano per assistere a gare non sottoposte alle regole e ai rischi delle competizioni su strada. Entro gli anni '20, il ciclismo su pista era ormai uno degli sport più popolari degli Stati Uniti e le condizioni atmosferiche vennero escluse chiudendo piste e strutture all'interno di edifici. Nacquero nuovi tipi di competizioni adatte ai circuiti, come gare a inseguimento, "sei giorni" e la specialità chiamata "madison" (dal Madison Square Garden di New York, dove sorse uno dei primi velodromi). La loro popolarità declinò dopo la Seconda guerra mondiale, ma un revival del ciclismo ha portato alla creazione di nuove piste in Nord America, Europa, Asia e Oceania.

▶***Pronti per un giro?*** *Con una superficie perfetta, nessuna salita né vento da sfidare, i ciclisti su pista possono trarre immensi benefici da un equipaggiamento e un abbigliamento altamente aerodinamici.*

Le piste indoor permettono ai ciclisti di raggiungere velocità maggiori. La superficie è liscia a prevedibile, le curve sono rialzate per massimizzare la velocità e il vento è escluso, quindi non ostacola i loro sforzi. Quanto più il velodromo è rapido tanto più è interessante, per i ciclisti e per gli spettatori, ed è stato quindi il desiderio di raggiungere grandi velocità a guidare progetti e scelte costruttive negli ultimi 130 anni.

Con due rettilinei e due curve, l'elemento determinante della velocità è l'inclinazione perfetta, che consente ai ciclisti di concentrarsi e arrivare a 89 km/h senza doversi preoccupare delle sterzate. L'inclinazione per velodromi da 250 m (la lunghezza richiesta per ospitare campionati mondiali o competizioni olimpiche) è di norma di circa il 12% lungo i rettilinei e del 43% nelle curve. Si cerca di solito di avere una transizione tra rettilineo e

▼ ***Brevi ma intense*** *Piste più brevi tendono ad avere inclinazioni maggiori, come si può dedurre da questi esempi.*

curva più ampia possibile in modo da assicurare la massima velocità nel rettilineo, perciò sono necessarie centinaia di travature in acciaio per creare una struttura rigida, dai contorni precisi. La superficie della pista è in genere composta da assi in legno unite da migliaia di chiodi, lucidate, pareggiate e rivestite (in genere le piste outdoor hanno superfici dure in grado di resistere alle intemperie, ma non sono così lisce). Tutte le piste indoor vengono pulite con regolarità e meticolosamente, perché anche piccole quantità di polvere, accumulandosi, possono ridurre l'aderenza, rendendo più difficile raggiungere alte velocità.

Anche l'atmosfera della pista è pensata per ottenere vittorie da primato. L'aria più rarefatta offre meno resistenza aerodinamica e i velodromi vengono riscaldati al di sopra della temperatura ambiente e isolati, per impedire spifferi freddi.

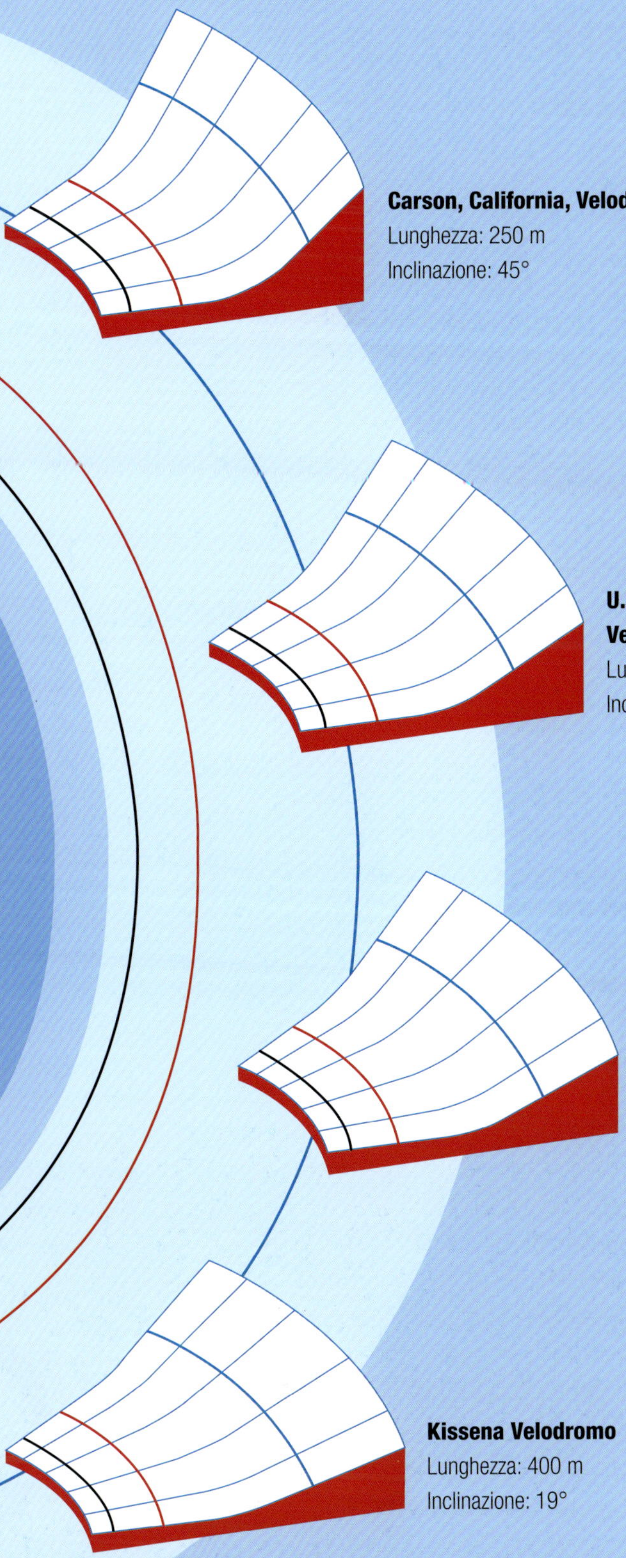

Carson, California, Velodromo
Lunghezza: 250 m
Inclinazione: 45°

U.S. Olympic Training Center Velodrome, Colorado Springs
Lunghezza: 333 m
Inclinazione: 35°

Trexlertown, Pennsylvania, Velodromo
Lunghezza: 333 m
Inclinazione: 27°

Kissena Velodromo
Lunghezza: 400 m
Inclinazione: 19°

L'aerodinamica è influenzata dalle ruote?

Le mie ruote mi rallentano?

Girando, una ruota con raggi metallici rimescola l'aria in maniera disordinata. Scatena turbini, mulinelli e vortici, che si combinano con l'aria che fluisce lungo la bicicletta prosciugando l'energia del ciclista e rallentando il veicolo. Questo effetto, però, può essere ridotto da un abile design: una ruota aerodinamica è la risposta.

Esistono tre tipi di ruote aerodinamiche: a raggi, a razze e a disco. Il primo tipo può avere anche soltanto 12 raggi[19]. Per ridurre le turbolenze, si utilizzano raggi aerodinamici in tensione con profili appiattiti di meno di 5 mm in sezione, e per la stessa ragione i cerchi possono avere profili alti fino a 100 mm. Le ruote a razze (con tre, quattro o cinque razze) sono realizzate in fibra di carbonio composita. Lo stesso materiale è usato per le ruote a disco, che possono essere piatte, convesse o lenticolari. Le ruote anteriori solide sono usate solo su piste indoor, perché all'esterno i venti laterali possono avere un significativo influsso sulla sterzata.

L'aerodinamica delle ruote sta diventando un'area di ricerca sempre più sofisticata. Le ruote subiscono due tipi di resistenza, tra l'altro suscettibili di variazioni a seconda della direzione del vento. Il movimento in avanti nell'aria causa resistenza al moto, detta talvolta "resistenza viscosa", mentre il movimento rotatorio intorno all'asse causa resistenza di rotolamento. Stranamente, in conseguenza della portanza aerodinamica, la resistenza delle ruote a disco e a razze può in realtà diminuire quando tirano blandi venti laterali[20]. I produttori di ruote aerodinamiche investono molto in test in galleria del vento per valutare il comportamento di ogni progetto in presenza di differenti condizioni di aria. Quindi a volte una coppia di ruote costa quanto un telaio di ottima qualità. Si utilizza anche la fluidodinamica computazionale (CFD), in grado di prevedere flussi e forze in località in cui è difficile eseguire prove.

▲ ***Tutta colpa delle ruote*** *Stando ai test in galleria del vento su ciclisti con caschi aerodinamici e bici da corsa dotate di manubri "aerobar", le ruote sono responsabili di una significativa parte della potenza persa. L'importanza dell'aerodinamica delle ruote diminuisce via via che il ciclista accelera, e l'impatto della resistenza al rotolamento e di inefficienze di direzionamento di ruote e movimento centrale diminuisce ulteriormente. Eppure con ruote che oppongono minore resistenza all'aria è più facile raggiungere velocità elevate. Gli schemi mostrano la potenza totale persa a causa della resistenza aerodinamica, della resistenza al rotolamento e dell'attrito volvente, con ruote a diverse velocità*[21].

▶ ***La rivoluzione delle ruote*** *Oggi è raro vedere su una bicicletta professionale, per prove a cronometro, una ruota classica a 36 raggi tensionati con cerchio sottile. Modelli sottili e aerodinamici sono più efficaci per minimizzare le turbolenze dell'aria.*

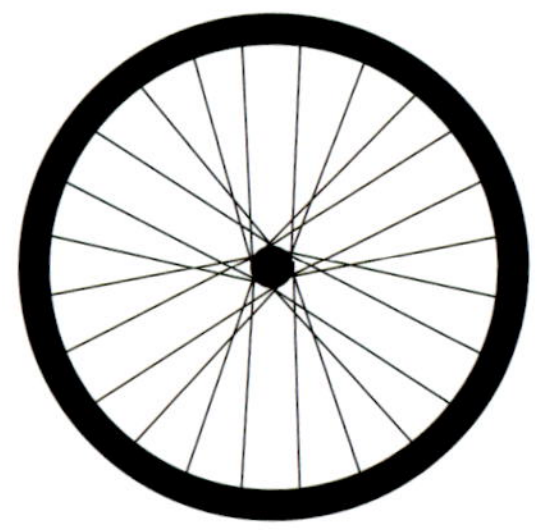

Cerchio aerodinamico con 24 raggi tensionati

Cerchio a sezione profonda con tre razze

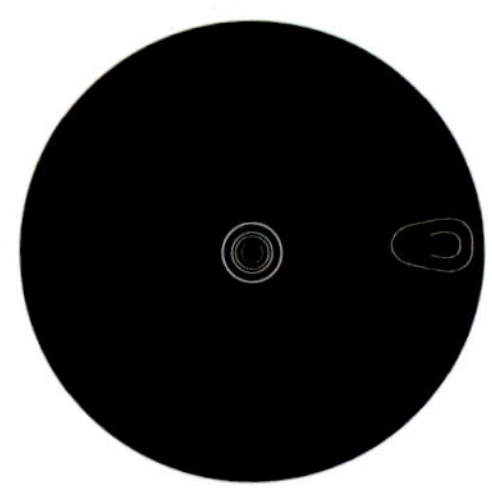

Disco in carbonio

Contributo delle ruote alla perdita di potenza causata della resistenza

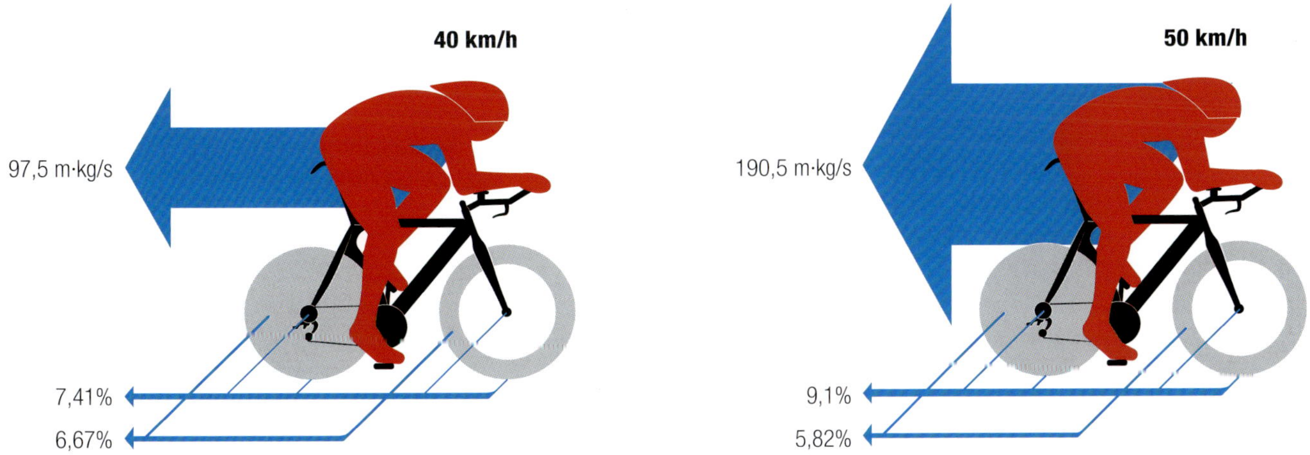

Contributo dei componenti delle ruote alla resistenza

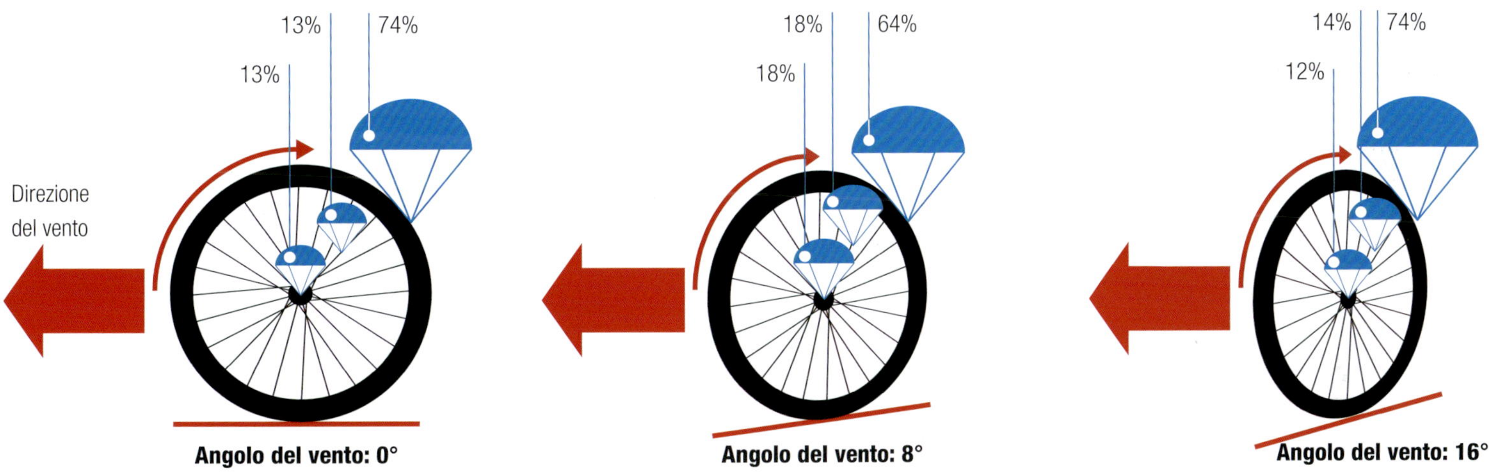

▲ ***Il vento nelle ruote*** *In che misura le differenti parti della ruota contribuiscono alla resistenza al moto? Non è possibile installare strumenti di valutazione su una ruota in movimento, quindi, per scoprirlo, Intelligent Light ha usato la fluidodinamica computazionale creando il modello digitale di una ruota anteriore aerodinamica Zip 404 con pneumatico tubolare Continental e vento a differenti angolazioni. Si è scoperto che la forza di resistenza causata da pneumatico e cerchio era circa cinque volte superiore a quella causata da mozzo e raggi. Da notare che la resistenza totale della ruota diminuisce per un'angolazione del vento contrario compresa tra 8 e 10°, risultato che si deve quasi esclusivamente a miglioramenti all'aerodinamica di cerchio e pneumatico*[22].

Importante

Test in galleria del vento hanno mostrato che un cerchio a sezione profonda, una ruota aerodinamica a raggi tensionati e una a razze possono produrre il 60% in meno di resistenza di una ruota tradizionale a 36 raggi, con vento contrario diretto. Una ruota a disco può far diminuire la resistenza del 70%[23]. A mano a mano che aumenta l'angolo, o imbardata, del vento laterale, la resistenza diventa più forte sulle ruote e i raggi risultano più esposti al flusso d'aria. Ciò accade in minor misura con ruote a razze. La resistenza per una ruota a disco può aumentare improvvisamente se cambia l'angolo del vento.

Qual è il vantaggio di pedalare nella scia di un'altra bicicletta?

Dovrei restare sempre in scia?

Esiste un modo economico per sfruttare gli effetti dell'aerodinamica: correre in scia a un altro ciclista. Detto in parole povere, il ciclista davanti fa tutta la fatica per farsi strada nell'aria, mentre quello che segue si lascia trascinare. È una tattica che si osserva in ogni gara su strada nella forma del gruppo, in cui il carico di lavoro per i ciclisti in scia diminuisce fortemente.

I ricercatori hanno analizzato il flusso d'aria e le forze coinvolte quando due o più ciclisti seguono la scia del primo. I primi esperimenti sono stati eseguiti su ciclisti a ruota libera in colonna; ricerche più recenti hanno utilizzato gallerie del vento, che però tendono a mettere in luce solo i massimi benefici perché le biciclette sono fissate in una posizione ottimale, una situazione improbabile in pista o per strada. Alcuni ricercatori hanno misurato il consumo di ossigeno di ciclisti che stanno in scia per verificare quanta potenza esprimono. Indipendentemente dal metodo usato, la risposta è chiara tanto agli studiosi quanto ai ciclisti: stare dietro è meno stancante. Alcune ricerche indicano che un ciclista in terza posizione gode di un vantaggio ancora maggiore, e che chi sta al centro di un grande plotone fa meno della metà della fatica rispetto alla persona davanti, perché è anche protetto dalle oscillazioni dovute ai venti laterali.

Vantaggio dello stare in scia (percentuale rispetto allo sforzo del leader)

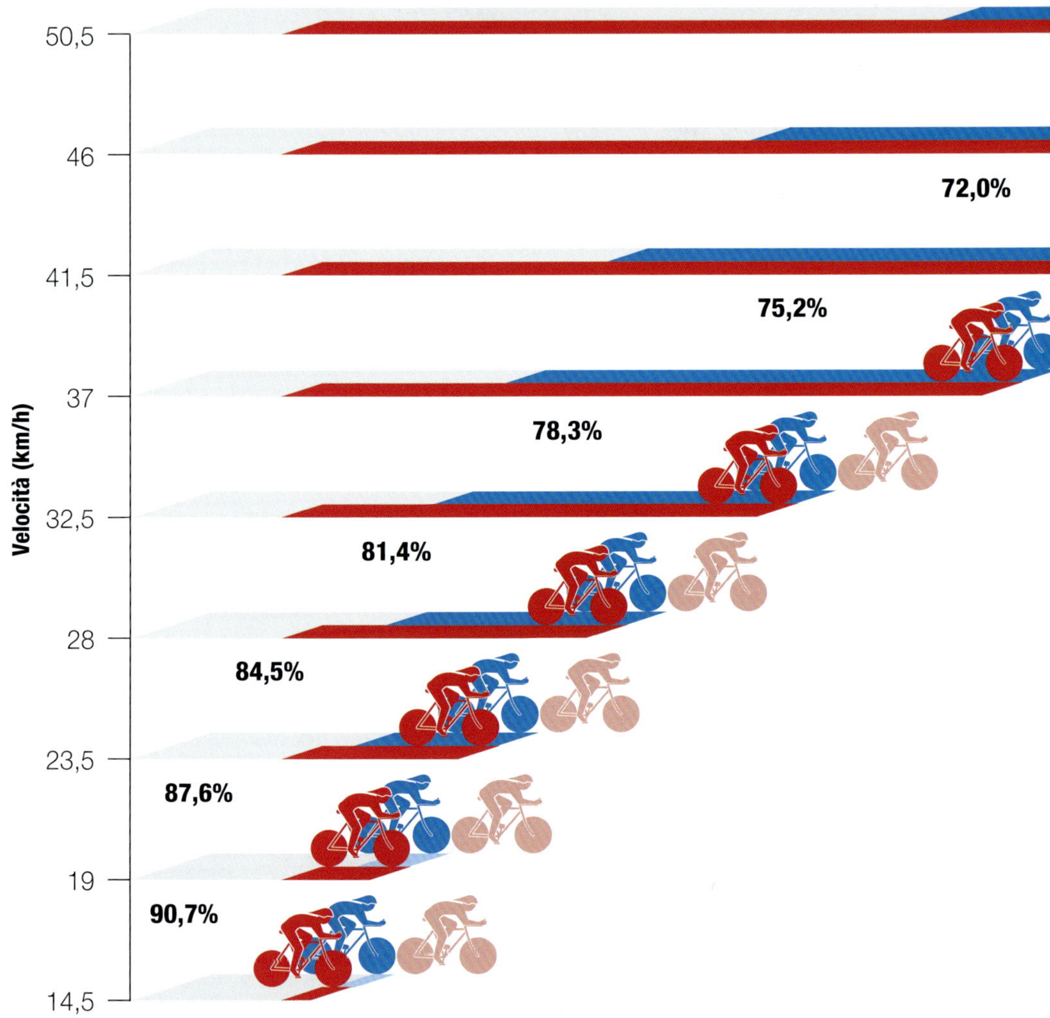

Le nuove scoperte sull'argomento hanno influenzato studi su altre questioni, una cosa che in genere non accade nelle ricerche sul ciclismo. Gli elementi scientifici e matematici della dinamica di organizzazione dei plotoni, che si compattano per consentire alla maggior parte dei ciclisti di fare meno fatica, sono stati usati per indagare come si organizzano gruppi di animali, come gli stormi di uccelli, i banchi di pesci e le colonie di pinguini[24].

◀ ***Temporeggiare*** *Seguire è molto più facile che stare in testa, anche per i corridori non appartenenti alla categoria élite. Il secondo ciclista di una colonna potrebbe usare l'1% di energia in meno del primo per ogni 1,6 km/h di velocità [25]. Quindi, quando una coppia pedala a 40 km/h, il "succhiaruote" inesperto potrebbe risparmiare il 25% di energia rispetto a chi gli sta davanti, conservando maggiori riserve da spendere nel proseguo della gara.*

▼ ***Seguite quell'uomo*** *Durante la preparazione delle Olimpiadi del 1996, la squadra nazionale statunitense di ciclisti élite usò due diversi tracciati, una galleria del vento e un misuratore di potenza per valutare quanto fosse più facile pedalare alle spalle del leader di una colonna. Si scoprì che il ciclista in seconda posizione usava dal 61 al 66% della potenza espressa dal primo e quello in terza posizione ancora meno, dal 57 al 62%. Il quarto ciclista esprimeva più o meno la stessa potenza del terzo [26].*

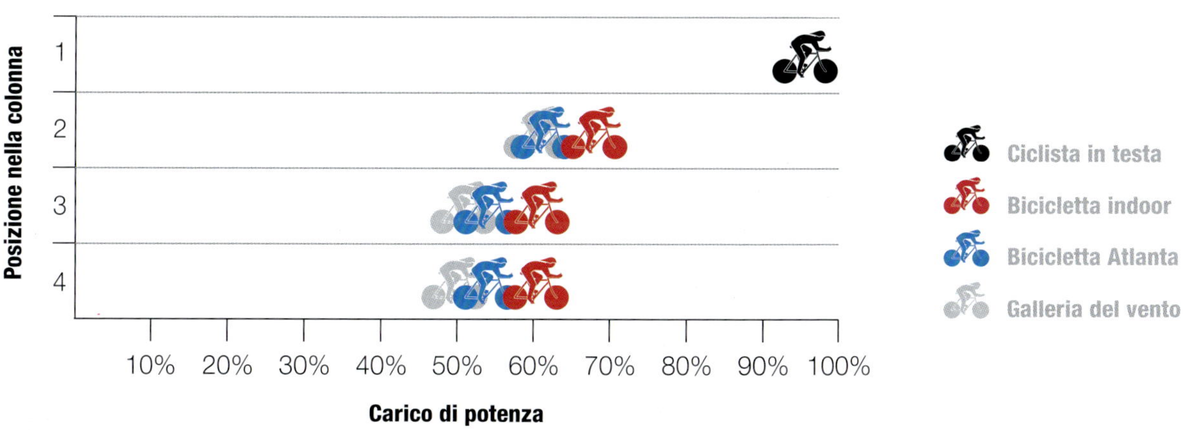

Modello CFD di scia

▲ ***Alle tue spalle*** *Questa immagine realizzata con la fluidodinamica computazionale mostra come il ciclista in scia si trovi in una zona in cui la forza del flusso d'aria è molto minore che sul leader. C'è qualche turbolenza, ma il suo effetto negativo è più che compensato dalla riduzione della resistenza dell'aria, soprattutto sulle zone sporgenti del corpo.*

Importante

Quando si sta in scia è meglio tenersi alla minore distanza possibile, anche se si può trarre qualche beneficio fino a 3 m di distanza [27]. Per velocità inferiori a 16 km/h non vale la pena di farlo[28]. Più è aerodinamica la bicicletta che si guida, minore è il vantaggio dello stare in scia.

Questo capitolo parla di noi e di come possiamo diventare ciclisti migliori. Spiega come i vari apparati e sistemi dell'organismo funzionano e come, se trattati con cura, possano collaborare meglio e regalare una migliore esperienza in sella. Anche se non si vuole diventare più veloci o più resistenti, se si conoscono le possibilità rivelate dalla scienza si può acquisire consapevolezza. Per una felice coincidenza, i ciclisti sono diventati le cavie preferite da parte della scienza dello sport: il cicloergometro è molto comodo per eseguire esperimenti controllati e ripetibili in laboratorio, con il partecipante in una posizione facile da monitorare. Così ogni anno decine di volontari si fanno ricoprire di cavi e prendono il via per prove cronometrate in laboratorio. Le informazioni raccolte hanno contribuito ad approfondire la nostra conoscenza di fisiologia e resistenza, e continuano a farlo. Questo capitolo non racconta tutto quello che c'è da sapere sul corpo umano, ma aiuterà a ricavare ancora più soddisfazioni dal ciclismo.

capitolo sei

il fattore umano

Come funziona il corpo del ciclista?

Io sono una macchina?

Da un lato la bicicletta limita il corpo, e dall'altro lo libera, riducendo le posture possibili in modo da far fluire liberamente la massima potenza. I componenti del corpo umano, però, sono nascosti, e infinitamente più sofisticati di quelli della bici. Capendo come funzionano, si può correre più forte, più a lungo e su maggiori distanze senza stancarsi.

Il corpo contiene una serie di apparati e sistemi complessi, collaborativi e interdipendenti. Per i ciclisti, i più importanti sono il sistema nervoso e gli apparati muscoloscheletrico, cardiocircolatorio e respiratorio, nonché la pelle, che lavorano tutti insieme. Per esempio, quando vogliamo accelerare, un messaggio del cervello ordina ai muscoli quadricipiti di lavorare di più, il che richiede al cuore di inviare sangue appena ossigenato dai polmoni. Pedalando più forte, il lavoro extra aumenta la temperatura del corpo e la pelle produce sudore per rinfrescarlo. Tutto questo avviene in automatico ma, proprio come nella bici, le prestazioni delle varie parti del corpo sono limitate, ed essere consapevoli di come funzionano aumenta la capacità di sfruttarle al meglio.

Mentre i componenti della bicicletta possono essere aggiornati in maniera indipendente per migliorarli, l'allenamento lavora su tutto il corpo, con un impatto olistico. È evidente che, nel ciclismo, i muscoli degli arti inferiori si sviluppino più delle braccia, ma anche l'apparato cardiovascolare e quello respiratorio ne traggono vantaggi invisibili. Oltre a favorire lo sviluppo dei muscoli utili per le accelerazioni improvvise, allenarsi allo sprint può anche avere l'effetto di accelerare le nostre reazioni. Le molteplici attività fisiologiche e biochimiche, dai movimenti delle gambe fino al metabolismo delle sostanze nutritive, possono essere affinate e allenate per rendere la pedalata più veloce, più facile e più piacevole.

Polmoni

I polmoni trasportano ossigeno dall'aria al sangue che circola. La capacità polmonare totale di un uomo adulto è di circa 6 l, quella di una donna 4,7 l.

La frequenza respiratoria aumenta da 12-15 volte al minuto a riposo a oltre 20 durante l'attività fisica, mentre il volume dell'aria espirata al minuto aumenta fino al 40%.

Muscoli

Per muovere il corpo, possiamo contrarre volontariamente circa 650 muscoli scheletrici che, insieme, costituiscono quasi la metà del peso di una persona.

Con l'attività fisica, il consumo di ossigeno da parte dei muscoli può aumentare fino a 70 volte. I muscoli allenati hanno il 50% di capillari in più rispetto a quelli non allenati, pertanto ricevono più ossigeno.

Ossa

Le ossa dello scheletro sono gli elementi rinforzanti che danno struttura al corpo. Un adulto ha 206 ossa e lo scheletro di un uomo adulto pesa 4-6 kg, mentre quello di una donna 3-4 kg.

L'attività fisica aumenta forza e densità delle ossa.

La macchina umana

Cervello

Il cervello guida le nostre azioni e trasmette i segnali attraverso midollo spinale e nervi periferici. Un cervello umano adulto pesa circa 1,4 kg e ha un volume di circa 1,4 l.

L'attività fisica può ridurre la depressione e migliorare la qualità del sonno e le funzioni cognitive negli adulti in età più avanzata.

Cuore

Il cuore pompa sangue tramite il sistema vascolare. Pesa 200-425 g ed è grande quanto il pugno di un uomo. A riposo, batte circa 72 volte al minuto.

L'attività fisica aumenta la portata cardiaca di 4-8 volte e il volume sistolico del 50-60%. Durante l'esercizio il volume del sangue può aumentare fino all'8%, mentre la percentuale destinata ai muscoli sale dal 21 all'88%.

Pelle

La pelle è l'organo più grande del corpo e costituisce fino al 15% del peso totale, con una superficie che occupa fino a 2 m^2. È impermeabile, protegge i tessuti profondi e contiene recettori sensoriali collegati al sistema nervoso.

Durante l'attività fisica, la pelle contribuisce a regolare la temperatura corporea.

Importante

La diversa efficienza nel ciclismo riscontrata tra gli uomini e le donne allenati può essere in parte dovuta alla differenza nel volume della massa magra delle gambe, legata al sesso[1].

Il mio cervello può aiutarmi a pedalare? → Posso sterzare come un professionista?

Punto in cui il ciclista individua un pericolo

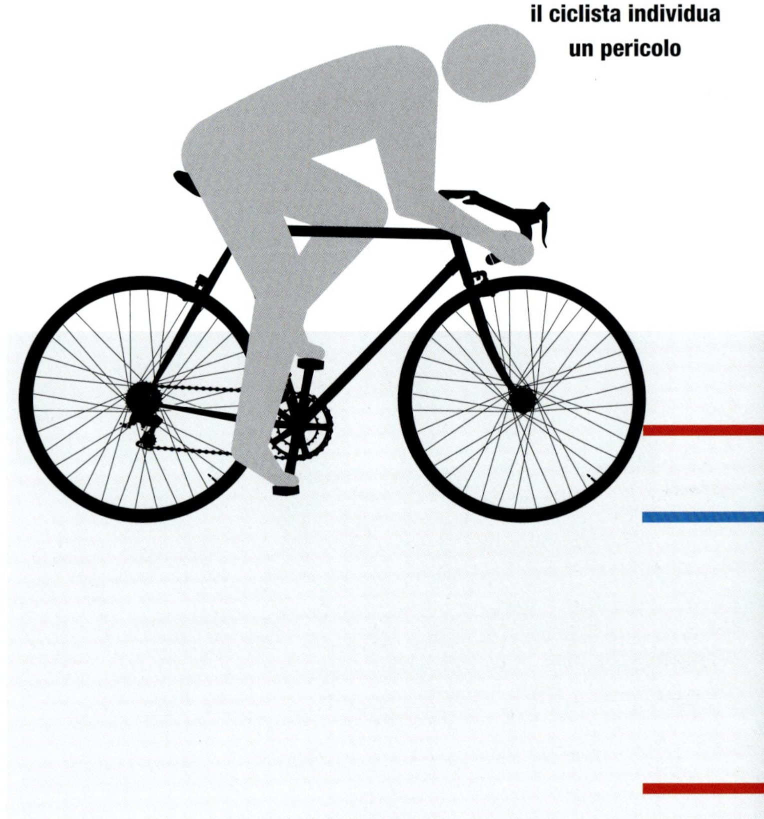

Proviamo a immaginare: siamo in bicicletta con gli amici, vento tra i capelli, sole caldo sul viso, dolce profumo di fiori nell'aria e lieve ronzio delle gomme sull'asfalto. Davanti a noi cade un ciclista e istintivamente sterziamo. Come abbiamo fatto a reagire così in fretta?

Tutte le attività dell'organismo sono coordinate dal sistema nervoso, formato da miliardi di cellule nervose, i neuroni, interconnessi tra loro e controllati dal cervello. Questo riceve ed elabora informazioni da tutte le parti del corpo e in risposta invia istruzioni. Le informazioni viaggiano da neurone a neurone in ondate di modificazioni chimiche ed elettriche, usando ioni di potassio e sodio per generare gli impulsi nervosi, segnali che provocano le nostre reazioni, consentendoci di evitare di investire i compagni caduti.

Ogni reazione fisica ha due componenti: il tempo che il cervello impiega a identificare la presenza di un pericolo e quello che i muscoli impiegano a muoversi. È noto che chi è in forma reagisce più in fretta e che durante l'attività fisica questa rapidità aumenta. Monitorando i ciclisti in sella, gli scienziati hanno scoperto che la capacità di reazione di nervi e cervello in realtà non cambia: le istruzioni viaggiano sempre a 160 m/s, ma sono i muscoli a reagire più rapidamente durante l'attività fisica.

È come se i tessuti muscolari fossero più all'erta. In effetti, durante il movimento il tempo di reazione dei muscoli migliora di oltre il 15%[2], quindi quando i neuroni sensoriali trasmettono al cervello informazioni catturate dagli occhi, che rilevano un pericolo sulla strada, il cervello invia un impulso tramite i motoneuroni di modo che i muscoli delle braccia e delle mani sterzino in tempo per evitare la collisione.

Importante

Il cervello contiene oltre 100 miliardi di neuroni, ciascuno dei quali comunica con migliaia di altri neuroni. Il cervello sa quale decisione abbiamo preso addirittura 400 millisecondi prima che ci rendiamo conto di averla presa.

Gli esseri umani possono essere del tutto consapevoli solo di quattro o cinque elementi di una scena in un dato momento[3], per cui è importante concentrarsi sulle priorità: la strada e gli altri utenti.

Tempi di reazione dei ciclisti allenati e non allenati

▼ ***Adatti allo scopo*** *I tempi di reazione dei ciclisti in forma sono significativamente più veloci di quelli dei ciclisti meno allenati. Questo miglioramento fisiologico è indotto da un buon livello di attività fisica regolare. Le differenze nei tempi di reazione sono nell'ordine di decine di millisecondi, sufficienti però a evitare la collisione con un ostacolo improvviso. Chi non si allena ha reazioni significativamente più lente e fa più fatica a evitare il pericolo*[4].

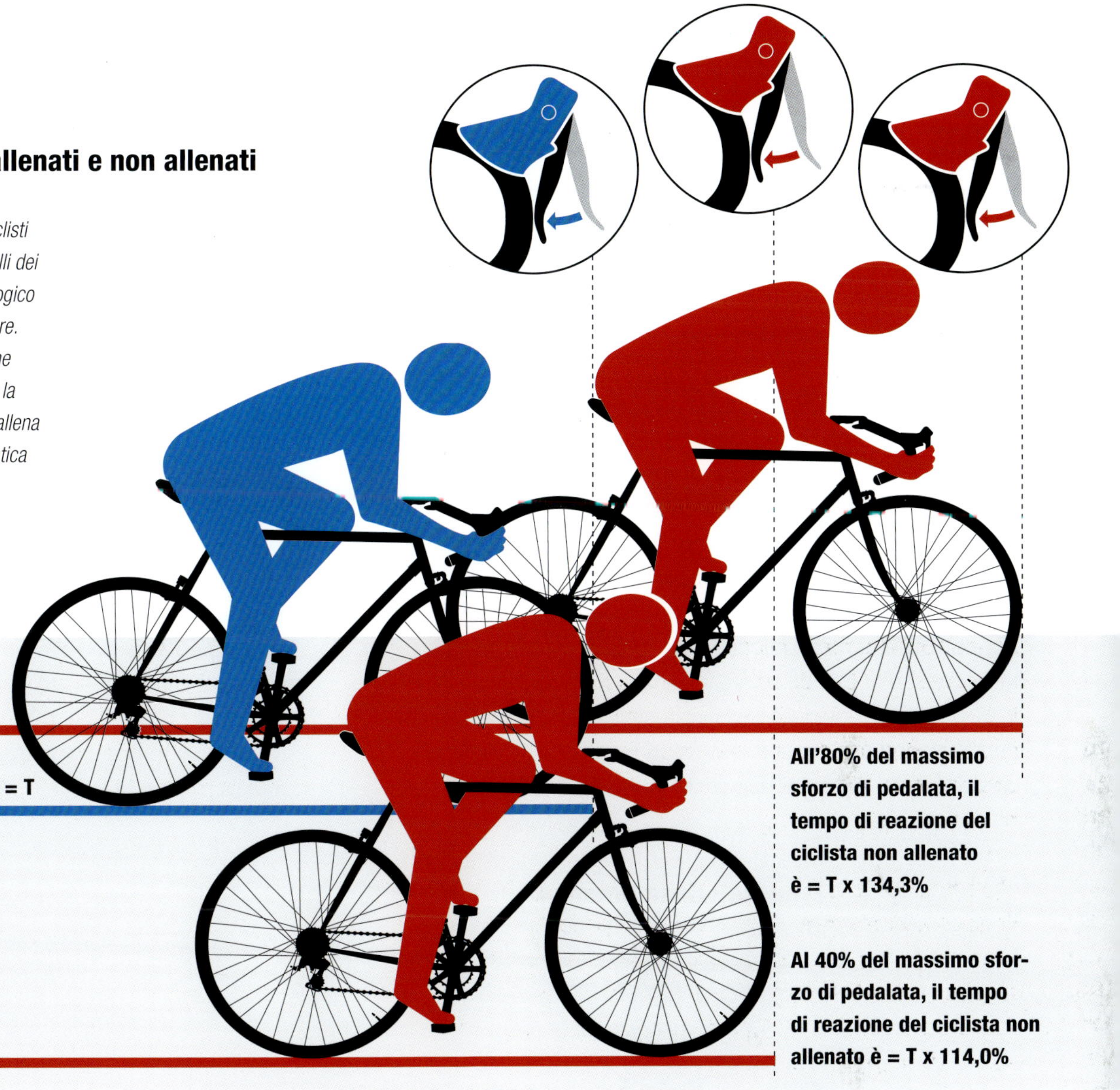

Tempo di reazione del ciclista in forma = T

Guardarsi le spalle

◄ ► ***Sesto senso*** *La tecnologia potrebbe dare ai ciclisti più tempo per reagire rilevando gli eventi non percepiti dai sensi umani. Non abbiamo gli occhi dietro la testa e non sempre siamo in grado di sentire i veicoli in avvicinamento, ma sono allo studio due nuovi strumenti, in grado di venirci in aiuto. Il primo è una telecamera posteriore in grado di inviare un'allerta al computer della bicicletta quando un veicolo si avvicina da dietro*[5]. *Il secondo studio è un sistema analogo, che rileva i veicoli in avvicinamento in base al rumore*[6].

Telecamera posteriore
Tempo medio di rilevazione: 3,5 secondi
Precisione: 73%

Microfono posteriore
Tempo medio di rilevazione: 1,4 secondi
Precisione: 81%

Come si comportano i muscoli del ciclista?

Dove devo accumulare più massa?

I muscoli scheletrici ci fanno muovere, agendo soprattutto sulle articolazioni. Reagiscono a impulsi nervosi in grado di tradurre il pensiero in azione. Il tessuto muscolare può solo tirare, non spingere, e così la ciclicità della pedalata dà a ciascun muscolo la possibilità di recuperare tra un giro e l'altro. Alle estremità del muscolo, le guaine di tessuto connettivo si fondono formando i tendini, che si ancorano all'osso. Il tendine è come una molla che modifica le forze in modo da ridurre il rischio di danneggiamento corso da muscoli che vengono fatti lavorare troppo. L'allenamento intenso con i pesi può raddoppiare o triplicare la massa muscolare (che, con il disuso, si riduce del 20% in due settimane)[7]. Usati con intelligenza, i muscoli possono condurre uno scalatore in cima a una montagna o spingere un velocista a tagliare il traguardo a oltre 60 km/h.

I principali muscoli usati in bici sono, nella parte bassa, quelli del polpaccio e, nella coscia, i quadricipiti e i muscoli ischiocrurali. Questi si contraggono in una sequenza che solleva l'arto inferiore a livello dell'anca, flette il ginocchio e muove la caviglia per avviare la pedalata. La sollecitazione di ciascun muscolo cambia durante la pedalata e quando il ciclista aggiusta la posizione per migliorare comfort, aerodinamica o potenza. Il cambiamento principale avviene quando ci si alza sui pedali per massimizzare la potenza, come avviene per esempio quando si attacca una salita. Il grande gluteo deve in questo caso lavorare di più in fase ascendente, per sollevare l'arto. Anche il tibiale anteriore, davanti alla tibia, aumenta lo sforzo per sollevare il piede che si flette alla caviglia e per prepararsi a trasmettere di nuovo la forza della pedalata in fase di spinta.

I muscoli della potenza

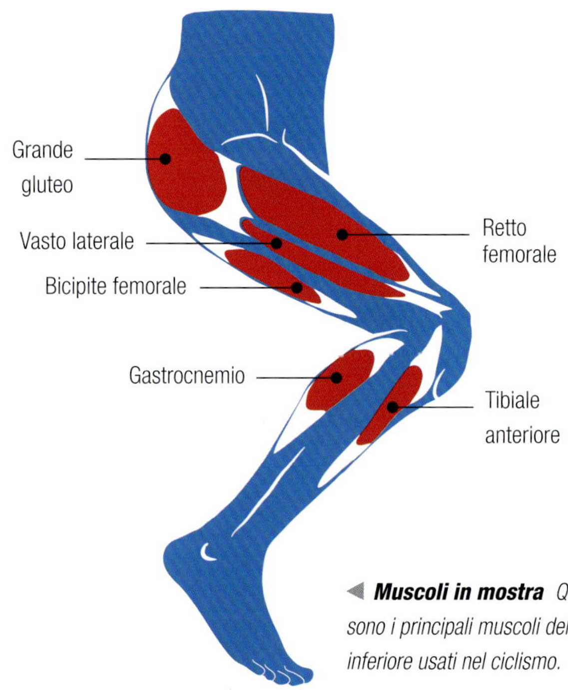

◀ ***Muscoli in mostra*** *Questi sono i principali muscoli dell'arto inferiore usati nel ciclismo.*

Importante
I muscoli costituiscono circa il 40% del peso corporeo e sono il tessuto più abbondante dell'organismo.

I muscoli scheletrici nell'adulto sono almeno 650.

▶ ***Potenza in salita*** *Le salite richiedono maggiore lavoro e qualche volta è necessario alzarsi sui pedali per produrre forza sufficiente e mantenere la velocità. Il cambiamento di postura modifica lo sforzo dei muscoli e il peso del corpo deve essere sostenuto dagli arti inferiori invece che dalla sella. Per ogni punto di rotazione delle pedivelle cambiano i muscoli che vengono usati di più, ma il lavoro eseguito dai grandi glutei (sulle natiche) e dai tibiali anteriori (davanti alle tibie) è nettamente maggiore quando il ciclista si alza*[8].

Uso dei muscoli in salita (in piedi e da seduti)

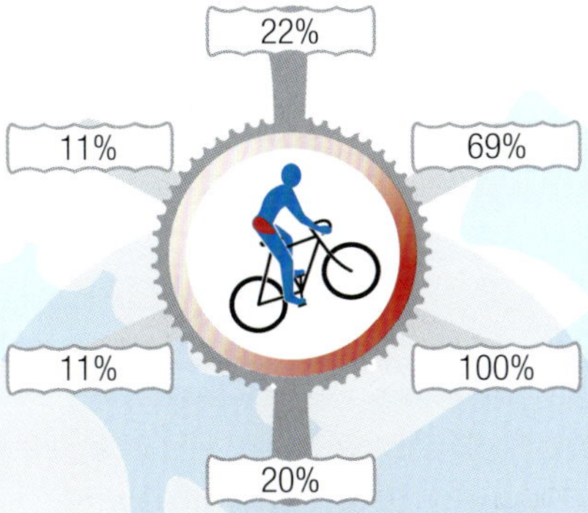

Grande gluteo

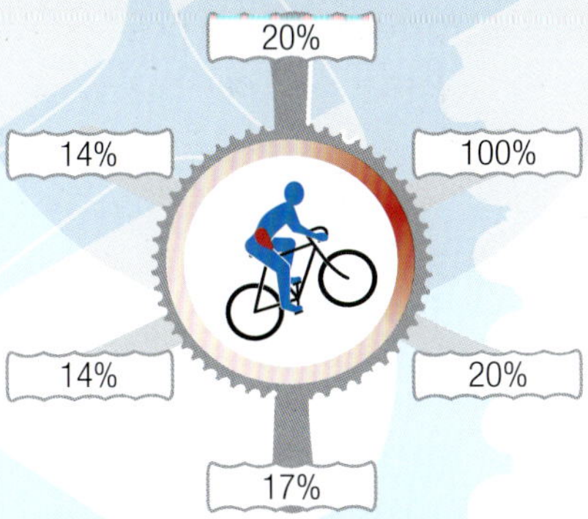

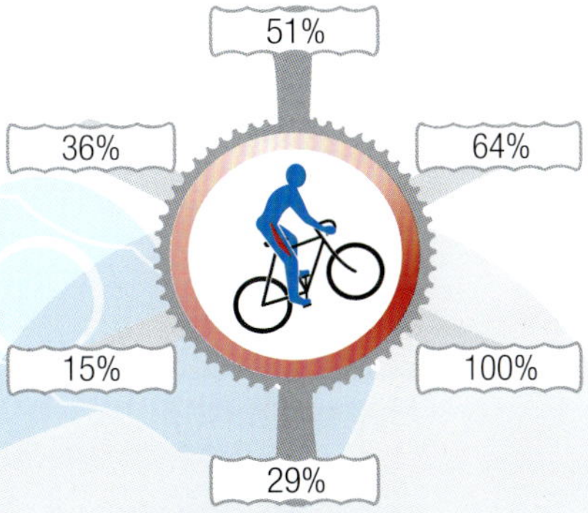

Bicipite femorale

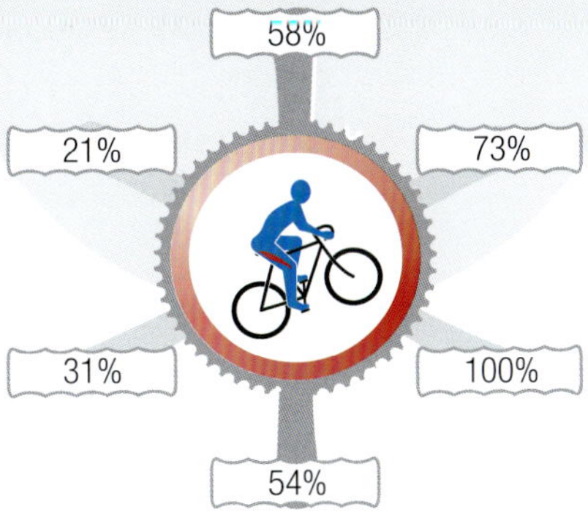

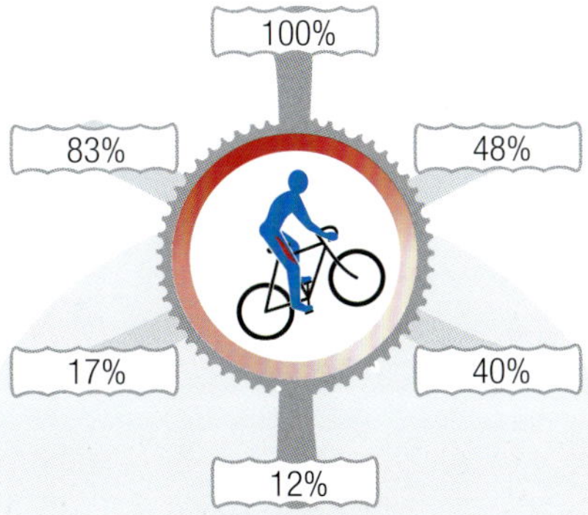

Retto femorale

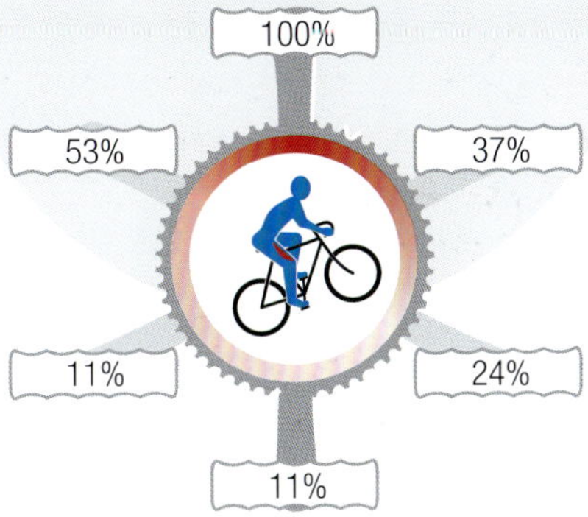

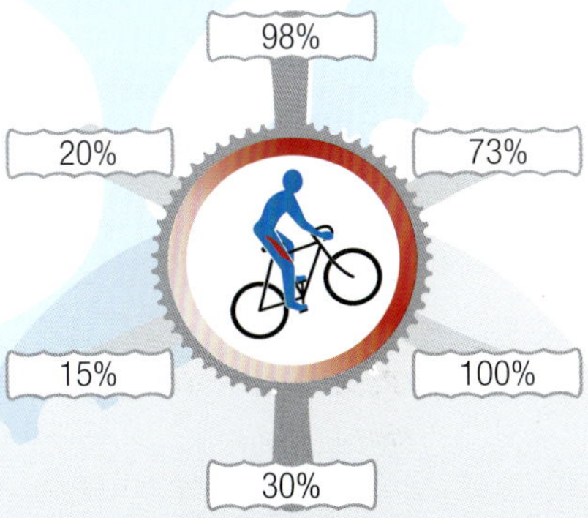

Vasto laterale

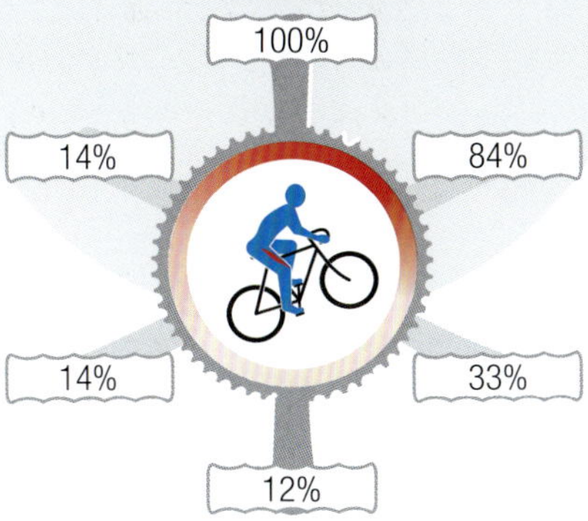

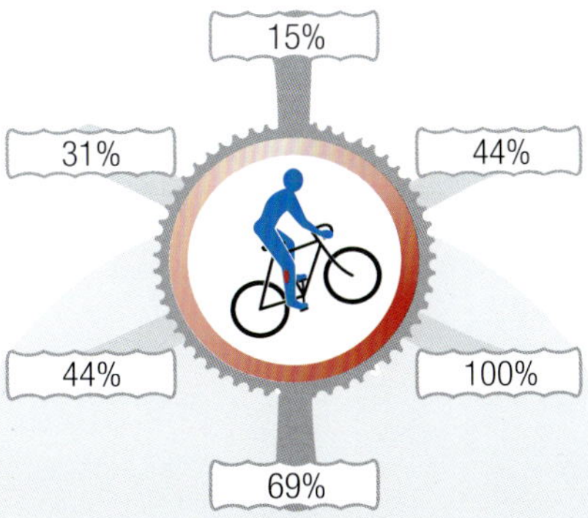

Gastrocnemio

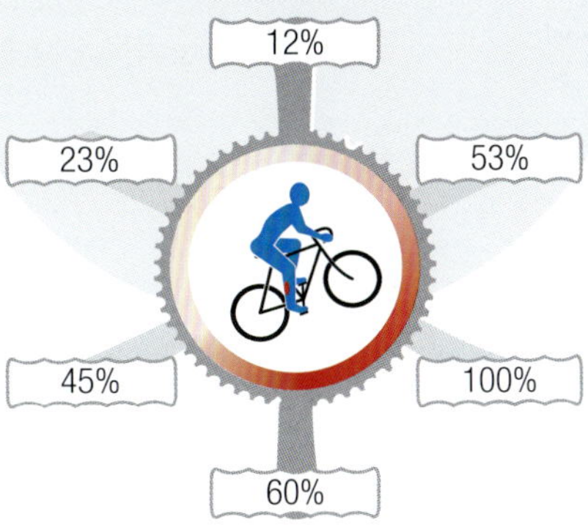

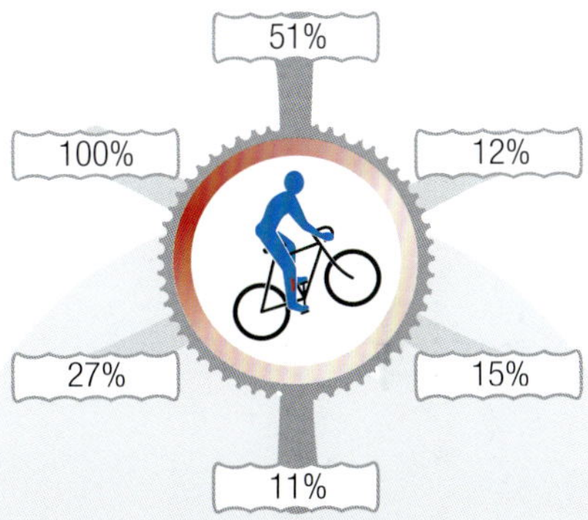

Tibiale anteriore

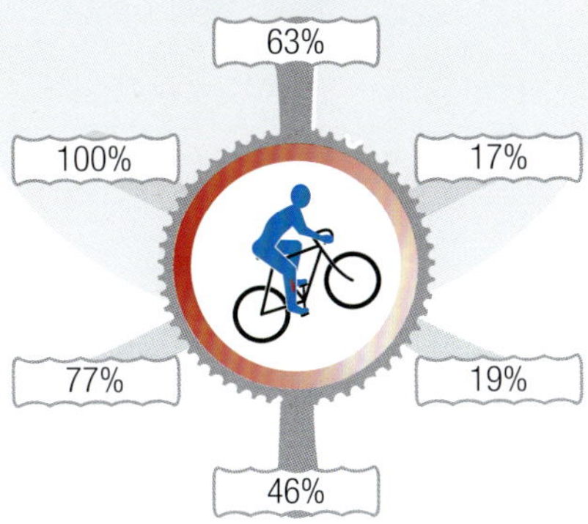

attrezzatura: abbigliamento

"Guardatevi da tutte le imprese che richiedono abiti nuovi", avvertiva il filosofo americano Henry David Thoreau. Trent'anni dopo la sua scomparsa iniziava la moda della bicicletta e si apriva un nuovo mercato di indumenti specializzati comodi, protettivi e invitanti agli occhi dei ciclisti. La Rational Dress Society, movimento sociopolitico inglese del XIX secolo, spingeva le donne vittoriane a sostituire corsetti e gonne lunghe con mutandoni e gonne pantalone, che facilitavano la pedalata. Nella seconda metà del XX secolo i tessuti sintetici hanno preso il posto di quelli naturali (lana, cotone e pelle), migliorando la funzionalità dell'abbigliamento da ciclismo. Il peso si è ridotto, mentre sono aumentati isolamento e traspirabilità, oltre a durata e comfort.

◀ ***Stile da club*** *(1880 ca.)*
Nonostante il rischio frequente di ribaltarsi di testa dai bicicli, il berretto in tessuto era l'unica protezione utilizzata dai primi appassionati. È sopravvissuto a lungo con minime modifiche, ma ora non è più consentito nelle competizioni professionistiche.

◀ ***Divide et impera*** *(1897)*
Le gonne pantalone e i mutandoni, indispensabili per la sicurezza delle cicliste, diventarono anche segno della ribellione delle donne contro le restrizioni della moda del XIX secolo.

▶ ***Anti-aderenza*** *(1925)*
L'abbigliamento in fibra naturale di Ottavio Bottecchia, due volte vincitore del Tour de France, era sì in grado di tenerlo caldo, ma presentava pieghe e grinze che non erano affatto aerodinamiche.

Tessuto e taglio distinguono i completi da ciclismo, che prevede indumenti più estremi, dalle altre tenute sportive. Il taglio aderente massimizza l'aerodinamica e impedisce ai lembi di infilarsi nelle parti mobili. Si preferiscono materiali antimacchia, antivento, che asciugano in fretta e mantengono la forma. Le opzioni migliori erano i mix di fibre naturali, come il brillantino di cotone e lana pettinata del XIX secolo. La prima gomma vulcanizzata fu usata per l'abbigliamento antipioggia.

Il sintetico cambiò tutto. Nel 1959 gli scienziati svilupparono un copolimero di poliuretano-poliurea, detto spandex (USA) o elastan (Europa). Negli anni '70 aveva ormai rimpiazzato i tradizionali short in lana di alpaca con inserti in camoscio. W.L. Gore e altri produssero tessuti traspiranti e impermeabili, con pori abbastanza piccoli da non far entrare le gocce ma sufficienti a far uscire il vapore. La freschezza dei tessuti è stata aumentata grazie alla migliore conoscenza dei batteri e delle sostanze deodoranti usate per combatterli. La scienza ha dimostrato anche che una fibra naturale può avere lo stesso effetto senza trattamenti chimici: la lana merino ha una combinazione di microbi e morfologia che assorbe e trattiene gli odori[9].

I cappelli protettivi erano inizialmente prodotti con strisce vegetali e poi di cuoio intrecciate. Oggi i caschi sono prodotti in serie, con calotta dura in policarbonato e interno in polistirene espanso, in grado di soddisfare i requisiti di sicurezza. I bottoni si trovano ancora sull'abbigliamento da turismo, mentre i capi da professionisti hanno cerniere e chiusure a strappo. L'abbigliamento da gara è aderentissimo, tanto che nel XIX secolo sarebbe stato considerato solo un intimo vistoso.

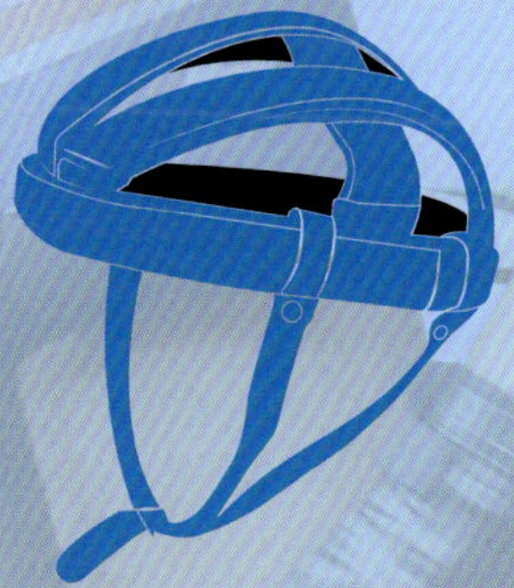

▲ ***Soluzione facile*** *(1969 ca.)*
Il casco in cuoio imbottito offriva ai ciclisti una protezione decisamente scarsa. Pesava poco, era ben ventilato, e poteva dare un senso di sicurezza rassicurante, per quanto falso.

▼ ***Teste dure*** *(1978)*
I primi caschi in plastica dura fatti apposta per il ciclismo, antenati di quelli ora obbligatori nelle gare su strada, arrivarono solo negli anni '70. Si discute tuttora sui vantaggi e svantaggi che presentano per i ciclisti "della domenica".

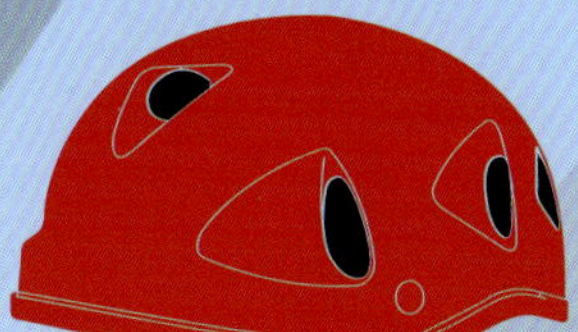

▶ ***Armatura completa*** *(2007)*
Le gare di mountain bike si svolgono sulle stesse piste usate in inverno per sciare, ma prive di neve in grado di attutire le cadute. Da ciò deriva la necessità di tute protettive per il corpo e caschi con visiera.

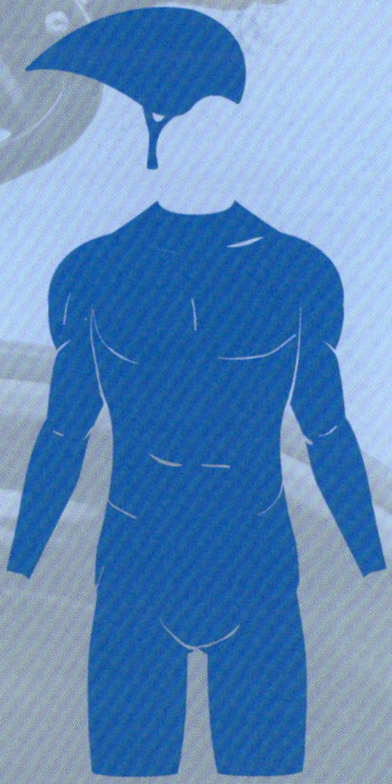

▲ ***Tute aderenti*** *(2012)*
I body da gara sono integrali, aderenti ed elastici, aerodinamici quanto il corpo umano. Sono vietati in alcune categorie di gare di mountain bike in quanto offrono poca protezione.

Come si alimentano i muscoli?

Sto pompando ioni?

Tutto ha bisogno di energia per muoversi, compresi i muscoli dei ciclisti. Il segreto è l'adenosina trifosfato (ATP), una molecola che conserva e rilascia energia e che si trova in abbondanza in molti organismi. L'ATP viene resa disponibile da fonti corporee diversificate per alimentare le diverse intensità di attività fisica. Fortunatamente, tutte queste fonti possono essere reintegrate in vari modi, anche se in tempi diversi. È proprio il tasso di reintegro a limitare la nostra velocità e resistenza in sella.

L'ATP è una molecola di adenosina, sostanza derivata dall'acido nucleico, con una coda di tre ioni di fosfato inorganico (P). Quando si rompe il legame che collega uno dei tre fosfati, si libera una quota di energia spendibile dal muscolo. Questa reazione avviene milioni di volte al secondo e libera l'energia necessaria a far muovere i muscoli. Ciascun muscolo accumula l'ATP sufficiente per soli cinque secondi di sforzo massimo, coincidenti con un'accelerata in mountain bike necessaria a farci superare una vetta[10]. Una volta usata la sua scorta di ATP, il muscolo deve farsi aiutare dai depositi di molecole di fosfocreatina (PCr), che donano all'adenosina difosfato (ADP) gli ioni fosfato necessari per ricaricare le batterie, ma solo per meno di 10 secondi, sufficienti però a un velocista per dare il massimo negli ultimi 150 metri prima del traguardo. Quindi, per gli sforzi prolungati, bisogna sintetizzare l'ATP in altri modi. Se non è disponibile ossigeno (attività anaerobica), è necessario scomporre il glucosio presente nel sangue. Ciò funziona, ma solo per pochi minuti, dopodiché i sottoprodotti acidi fanno indolenzire i muscoli e gli ioni di idrogeno causano affaticamento. L'ATP è prodotta in modo continuo durante l'attività aerobica, quando le cellule hanno a disposizione l'ossigeno. È un processo più lento ma più durevole che usa proteine, grassi e carboidrati per produrre quantità ingenti di ATP senza sottoprodotti indesiderati. È ciò che avviene nelle gambe dei cicloturisti e che consente loro di pedalare tutto il giorno.

Allenamento e dieta aiutano a ottimizzare la sintesi dell'ATP facendo in modo che l'apparato cardiovascolare e le cellule muscolari possano sostenere più a lungo l'attività aerobica prima che diventi necessario usare le meno efficienti vie anaerobiche. Allenamento e dieta facilitano anche il recupero dagli sforzi estremi, come lo sprint, aiutando i muscoli a eliminare gli acidi. Durante la corsa, gli integratori di zucchero possono ritardare la cosiddetta "crisi", il calo di energie causato dal consumo di tutto il glicogeno presente nel muscolo[11].

▼ ***Il motore della cellula.*** *Quando si rompe il legame che unisce uno ione di fosfato (P) all'ATP si libera energia. L'adenosina difosfato (ADP) e il P risultanti sono poi ricombinati dagli enzimi (catalizzatori proteici) che troviamo in cibo e bevande, per sintetizzare altra ATP quando serve ai muscoli.*

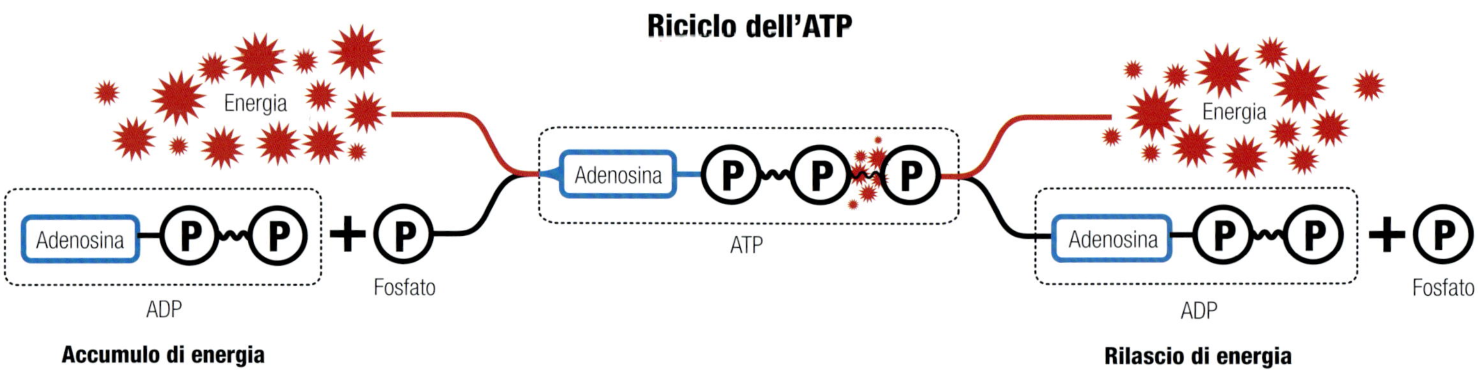

Energia aerobica o anaerobica?

*▼ **Sostegno all'attività fisica** I muscoli sono alimentati dall'energia liberata quando l'ATP si scompone, che però è subito disponibile solo in piccola quantità. Vi sono vari modi per sintetizzarne altra, con il tempo, ed è questo che limita l'intensità e la durata dell'esercizio.*

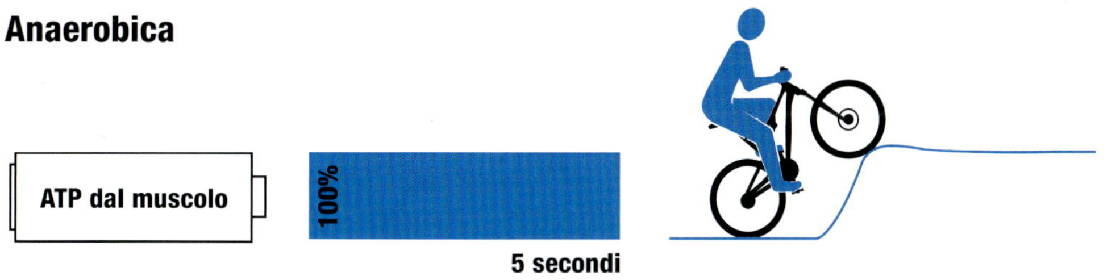

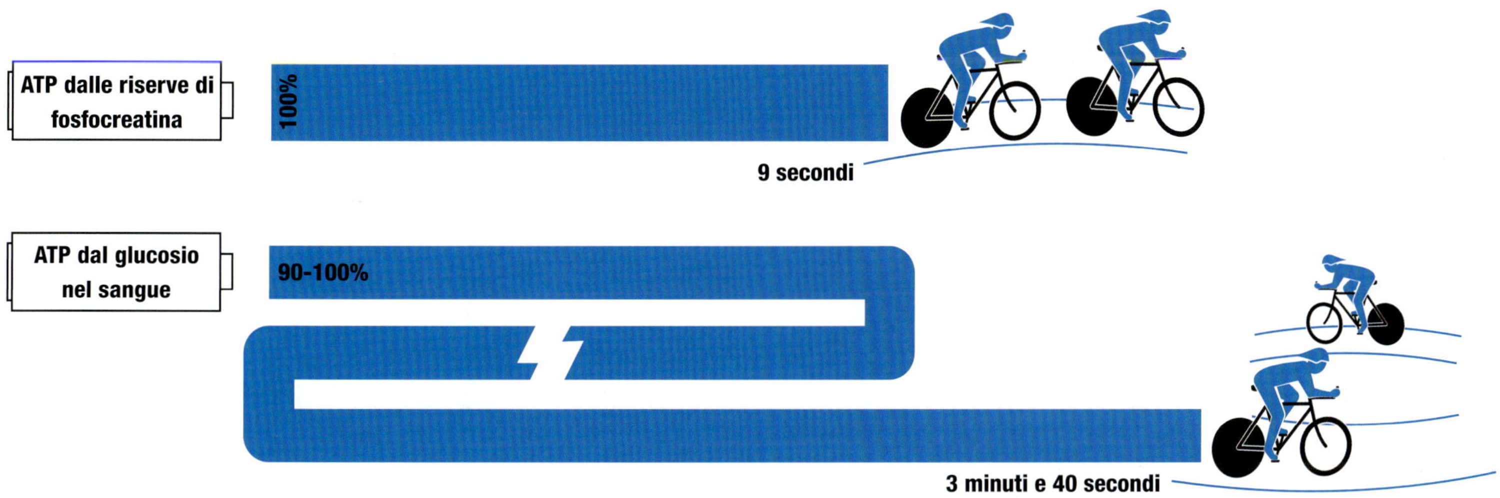

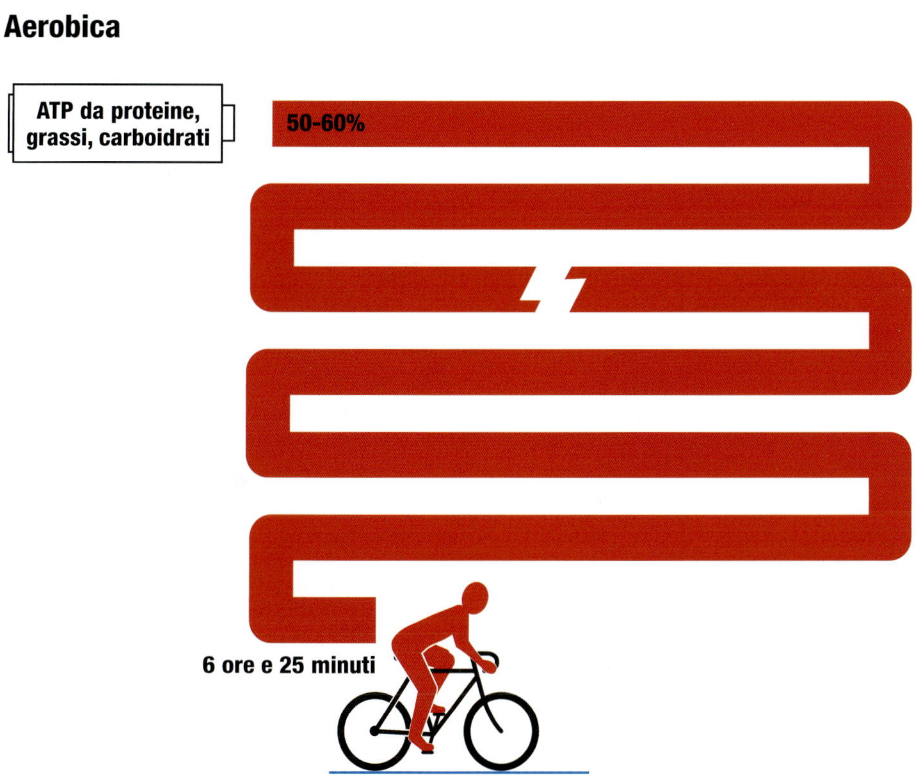

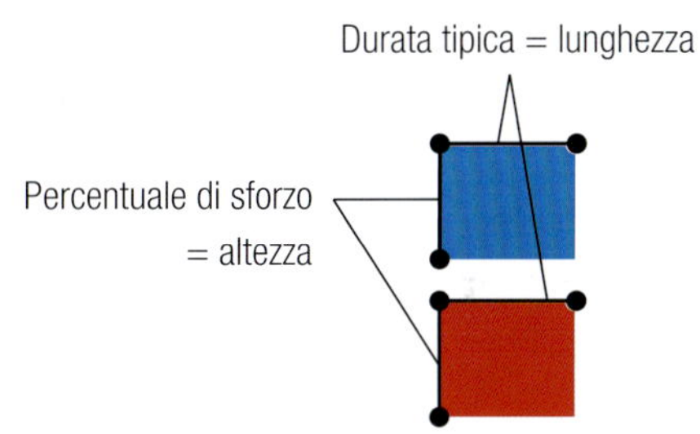

Importante
In media, il corpo umano contiene 250 g di ATP, equivalenti all'energia contenuta in una batteria AA.

Ogni giorno ricicliamo una quantità di ATP equivalente alla metà del nostro peso corporeo: con l'attività fisica, però, può raddoppiare[12].

Che significa contrazione rapida o lenta?

"LIb o non IIb?"

I muscoli scheletrici umani contengono due diversi tipi di fibre muscolari: a contrazione lenta o rapida. Come dice il nome, le fibre a contrazione lenta sono più adatte per periodi prolungati di attività a bassi livelli di forza, come corse su lunga distanza, mentre quelle a contrazione rapida per periodi brevi di attività intensa, come la volata in prossimità del traguardo.

Le fibre lente (rosse) e rapide (bianche) si comportano diversamente perché hanno modi diversi di trovare e usare energia. Le fibre lente accedono rapidamente ai depositi di ATP, e possono così lavorare a lungo senza stancarsi. Sono loro ad aiutare i ciclisti a stare in sella per ore. Le fibre rapide, invece, prendono l'ATP soprattutto da un processo meno efficiente, che causa rapidamente dolore e affaticamento. È questo che limita la capacità del ciclista di prolungare gli attacchi in salita e gli sprint energici. La massima velocità di contrazione di una singola fibra lenta è circa un decimo di quella di una fibra rapida[13]. Le fibre a contrazione rapida subiscono più facilmente lesioni da sforzo[14]. I muscoli contengono in genere fibre a contrazione sia lenta che rapida e, anche se si ritiene che il loro rapporto sia determinato geneticamente, può essere modificato con l'allenamento[15].
In realtà, le fibre a contrazione rapida sono di due tipi: IIa, che funzionano in condizioni sia aerobiche sia anaerobiche, e IIb, che sono attive solo per breve tempo, lavorano anaerobicamente e si stancano prima. I ciclisti che vogliono aumentare il proprio numero di fibre a contrazione rapida IIb per migliorare lo sprint possono fare pesi. Sembra contraddittorio perché l'allenamento con i pesi può convertire le fibre IIb nel più versatile tipo IIa, mentre i velocisti vogliono avere molte fibre IIb: il segreto sta nello smettere di allenarsi un po' prima della gara, perché in questo modo l'organismo tende a invertire le conversioni e continuare la produzione, fornire ai muscoli anche il doppio del numero di fibre IIb presenti prima dell'allenamento[16].

▼ ***Cambiare fibre*** *L'allenamento può convertire un tipo di fibra muscolare in un altro, soprattutto per quanto riguarda i due tipi di fibre a contrazione rapida, IIa e IIb. La capacità di trasformare le fibre rapide in fibre lente non è invece altrettanto chiara*[17].

I tipi di fibre muscolari in percentuale

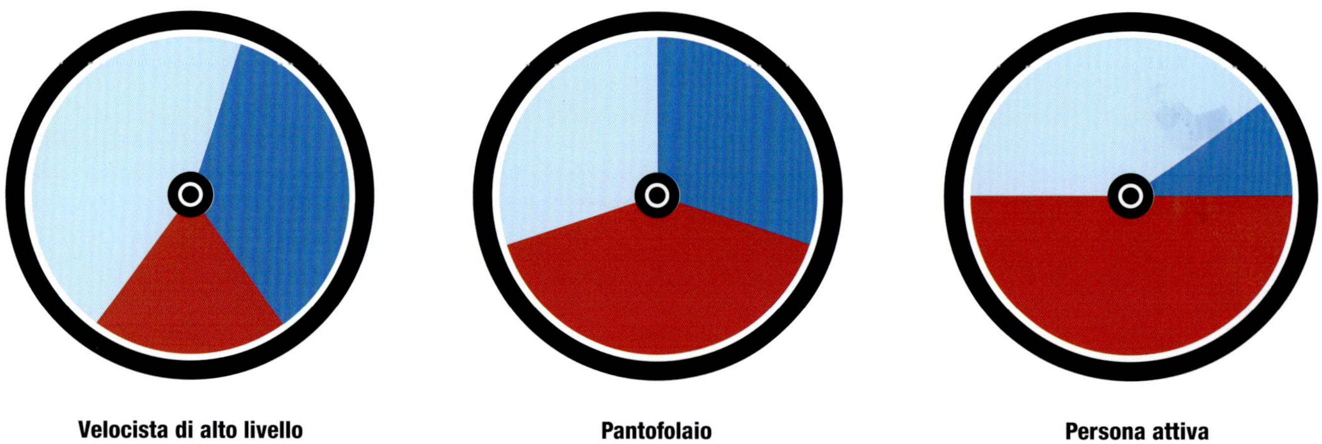

Velocità in confronto a distanza

		Fibra percentuale	Velocità di contrazione al secondo (millisecondo)	Contrazioni minime al secondo	Attività
Contrazione lenta	Tipo I	50%	100-200	16	Prolungata a bassa intensità
Contrazione rapida	Tipo IIa	35%	50-80	60	Prolungata ad alta intensità
	Tipo IIb	15%	50-80	60	Breve ad alta intensità

◀ ***Che tipo di contrazione?*** *Entrambi i tipi di fibre muscolari ci servono, ma ciascuna ha le sue caratteristiche, che possono migliorare o limitare le prestazioni del ciclista[18].*

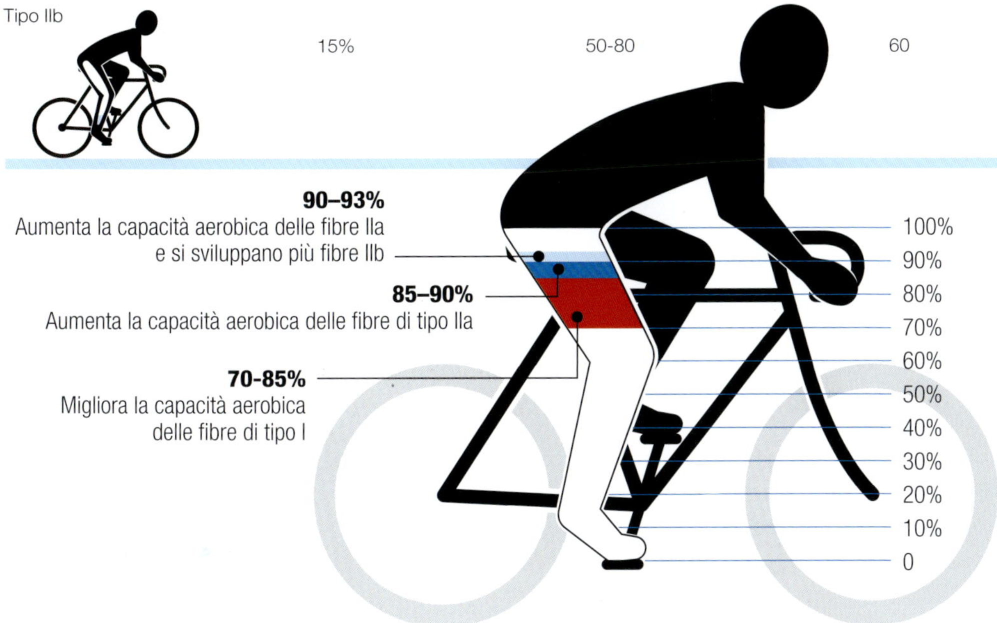

◀ ***Cambiare tipo*** *I ciclisti che vogliono massimizzare la capacità aerobica delle loro fibre di tipo I per il ciclismo di resistenza si allenano al 70-85% della loro frequenza cardiaca massima. Un allenamento più intenso, all'85-90%, può migliorare la capacità aerobica delle fibre di tipo IIa; al 90-93% le fibre di tipo IIa aumentano la loro capacità aerobica e, inoltre, si favorisce lo sviluppo di un maggior numero di fibre IIb[19].*

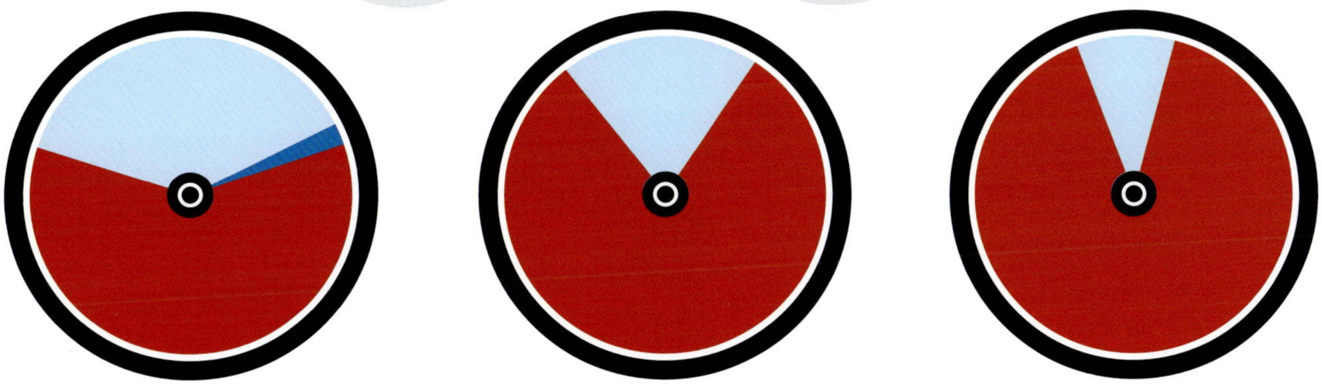

Cicloamatore **Gregario World Tour** **Corridore di resistenza estrema**

scienza in azione

sta tutto nella testa

I ciclisti vincenti devono credere in se stessi, senza però badare a ogni pensiero che salta loro in testa. È stato dimostrato che il cervello mente al corpo e gli impedisce di mettere in atto il suo potenziale[20]. Gli stimoli a rallentare o fermarsi si manifestano come affaticamento e dolore e sono creati dal cervello quando questo teme che il corpo possa subire un danno continuando l'attività fisica. I ciclisti che grazie alla pratica hanno capito di poter ignorare questi avvertimenti possono superare la "barriera del dolore" per segnare un tempo migliore, anche se poi saranno totalmente esauriti. Credere in un feedback esterno può aiutare l'atleta a migliorare, anche nel caso in cui questo contraddica i suoi sistemi sensoriali. In un ambiente molto caldo, i ciclisti a cui viene fatto credere che la temperatura sia solo moderata riescono a correre più velocemente rispetto a quelli a conoscenza dei dati reali[21].

Questo significa che la corretta preparazione psicologica alla gara può essere importante quanto l'allenamento fisico. Oggi la parola "team" fa spesso parte del nome delle squadre, proprio per motivare i ciclisti a sentirsi parte di un gruppo. Fornire ai ciclisti in allenamento un feedback comparativo ne migliora significativamente le prestazioni[22]. La scelta della musica più adatta ad accompagnare l'allenamento di ciascun ciclista è un settore in crescita[23]. È stato inoltre dimostrato un miglioramento nelle prestazioni degli atleti che prima di gareggiare prendono familiarità con il percorso e con le sue asperità[24]. Molti studi indicano agli atleti come associare stati emotivi e allenamento in modo da usare le emozioni per stimolare risultati altrettanto buoni al momento della gara[25]. Può trattarsi di ira, ansia e paura, oppure eccitazione e gioia[26]. In ogni caso, se sono state collegate ai ritmi di allenamento migliori, attivarle durante una gara può migliorare le prestazioni.

▶ ***Psicologia vincente*** *La differenza tra il primo e il secondo può essere psicologica, così le squadre investono sempre più in ricerca sui benefici dei feedback sull'allenamento, della musica e del collegamento tra stato emotivo e ritmo ottimale. Qui, nella seconda tappa della Tirreno-Adriatico del 2012, il britannico Mark Cavendish del Team Sky vince uno sprint dopo che il compagno di squadra Edvald Boasson Hagen gli ha tirato la volata. La sua vittoria è stata resa possibile dalla protezione fisica e mentale fornita dalla sua squadra nel corso di tutta la tappa.*

Qual è l'influenza della respirazione?

Posso andare a prendere una boccata d'aria?

Per correre serve respirare rapidamente e a fondo, perché l'ossigeno necessario alle cellule deve essere reintegrato dall'apparato respiratorio, che inspira l'aria contraendo e appiattendo il diaframma per ridurre la pressione nella cavità toracica. I muscoli intercostali sollevano e allargano la cassa toracica e i polmoni si espandono, facendo entrare aria fresca. Poi il diaframma si rilassa, la cavità toracica rimpicciolisce e i polmoni sono compressi per espellere il respiro usato. Anche se può essere influenzata da emozioni e processi del pensiero, la respirazione è subconscia, cosicché possiamo andare in bicicletta senza preoccuparsi di respirare.

E la qualità dell'aria? Chi pedala in campagna respira di sicuro aria più pulita, ma per la respirazione pedalare nel traffico è comunque meglio che andare in auto [27]. Il ciclista respira il doppio o il triplo dell'aria dell'automobilista, ma l'aria esterna è meno inquinata di quella all'interno dei veicoli [28]. In alcune città, i pendolari in bicicletta possono essere esposti a più fuliggine dei pedoni, perché sono più vicini ai tubi di scappamento, quindi è meglio tenersi a distanza [29]. Per fortuna l'attività fisica rinforza la capacità del corpo di resistere all'inquinamento.

Alcuni aspetti della respirazione non possono essere modificati. La capacità polmonare totale dipende da peso, sesso ed età: i polmoni tendono a essere più grandi nelle persone alte e più piccoli nelle donne. La capacità polmonare si riduce con l'età, cosicché a 80 anni un ciclista avrà solo la metà di quella che aveva a 20. In ogni caso, se l'attività fisica non è molto intensa, si usa solo una frazione della capacità totale. Non è possibile far crescere i polmoni, ma alcune ricerche indicano che esercizi muscolari specifici possono migliorare l'efficienza respiratoria, e di conseguenza le prestazioni. Dopo aver sperimentato allenamenti per rinforzare i muscoli respiratori, i ciclisti sono poi risultati fino al 5% più veloci.

Allenati a funzionare

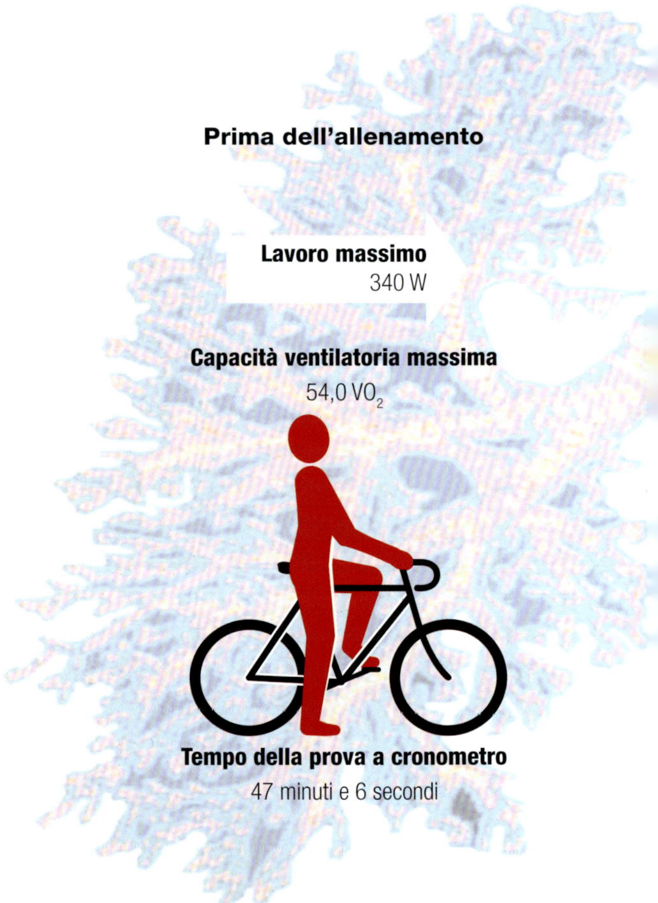

I benefici dell'allenamento respiratorio

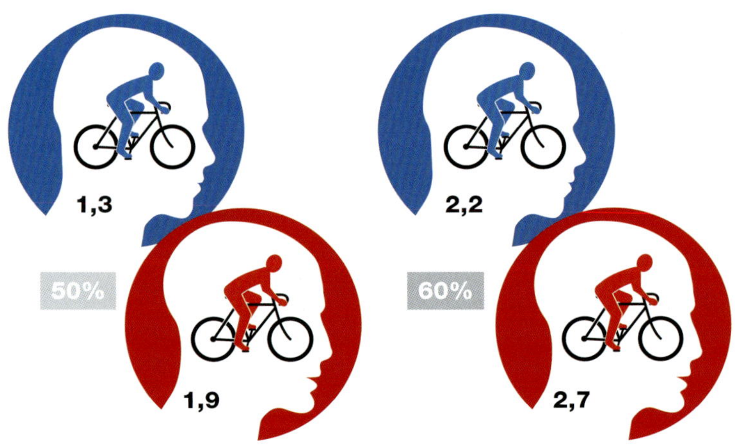

▼ ***Ricerca che i(n)spira*** *Le prestazioni di ciclisti giovani e in forma sono state misurate prima e dopo un ciclo di allenamenti finalizzati a migliorare i muscoli della respirazione, con la simulazione di una prova a cronometro. La loro capacità ventilatoria è aumentata significativamente e, inoltre, i tempi ottenuti sono stati del 5% più veloci. Un gruppo di controllo non allenato e un terzo gruppo con un allenamento placebo non hanno mostrato miglioramenti analoghi* [30].

Importante

- La frequenza respiratoria a riposo è di 12-15 respiri al minuto, e aumenta a 20 o più durante lo sforzo fisico.
- L'aria che inspiriamo è ossigeno per il 21%, quella che espiriamo ne contiene il 16%.
- Gli adulti hanno in media un volume polmonare di 5,8 l.
- L'efficienza della respirazione si riduce se il ciclista si abbassa troppo o indossa uno zaino mal regolato.
- La respirazione è una fabbrica di anidride carbonica. L'aria che inspiriamo contiene solo lo 0,038% di CO_2, quella che espiriamo il 4%.
- Con ogni atto respiratorio a riposo immettiamo 0,5 l d'aria, dalla quale assorbiamo il 4% (0,02 l) di ossigeno.
- A riposo possiamo respirare solo 12 volte al minuto, aggiungendo così 0,24 l di ossigeno al minuto nel nostro sangue.
- A riposo respiriamo almeno 17.000 volte al giorno, setacciando circa 8500 litri di aria.

▼ ***Non è aria fritta*** *Allenando la respirazione, le pedalate faticose possono risultare sicuramente più facili. Dopo aver seguito l'allenamento specifico, i ciclisti hanno trovato la pedalata meno faticosa per tutti i carichi di lavoro. I punteggi rappresentano la percezione della fatica fatta per sostenere carichi di lavoro crescenti, prima (ciclisti rossi) e dopo (blu) avere allenato i muscoli respiratori. Più il numero è alto, più sostenere il carico di lavoro viene percepito come difficile. Le percentuali indicano quanto i ciclisti stavano effettivamente lavorando al loro massimo picco di dispendio energetico* [31].

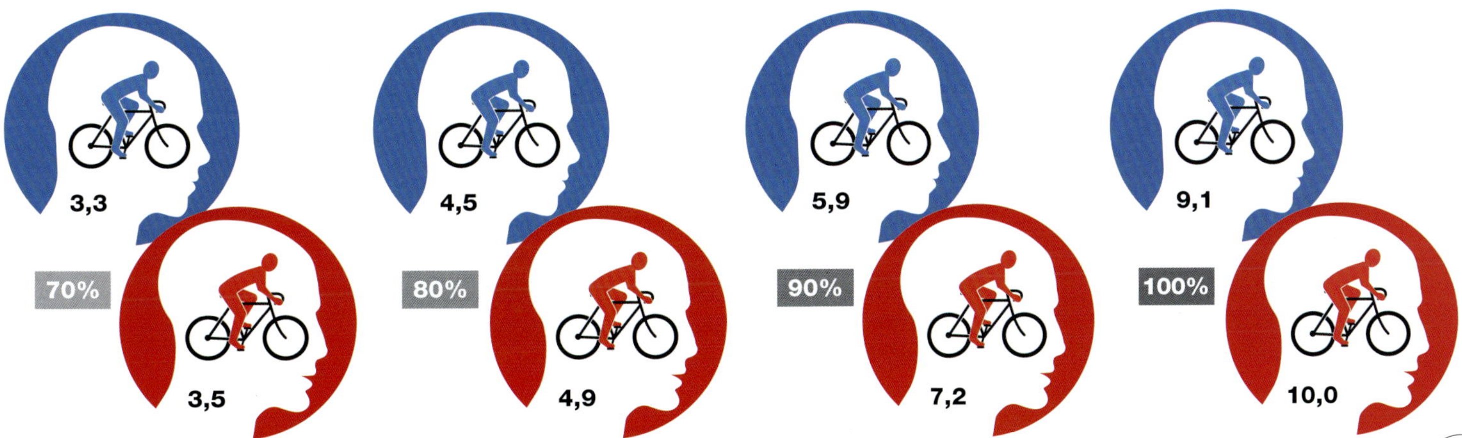

Quali effetti ha l'allenamento ad alta quota? Perderò sangue dal naso?

L'altitudine complica l'allenamento, con benefici incerti. Le prestazioni di alcuni migliorano, ma altri non vedono vantaggi. La reazione alle diverse condizioni atmosferiche, di pressione e climatiche varia da persona a persona, e perfino per lo stesso ciclista in occasioni differenti. I test sono ancora in corso, quindi l'unica certezza sull'allenamento ad alta quota, per ora, è che occorre monitorarlo con attenzione.

Generalmente, le corse che iniziano a bassa quota per poi salire possono essere difficili per chi non si è acclimatato, e non solo fisicamente. Da alcuni studi è emerso che in una corsa di due ore in una camera che simulava l'atmosfera presente a 2500 m i ciclisti professionisti erano significativamente più irritati, stanchi, confusi, depressi e tesi, nonché meno vivaci, che durante corse analoghe a livello del mare. Le emozioni svolgono un ruolo importante nella capacità di esprimere tutto il proprio potenziale in sella e gli studi indicano che nel complesso può essere utile acclimatarsi prima delle lunghe tappe in montagna[32].

La percentuale di ossigeno nell'aria respirata in quota è uguale a quella a livello del mare, ma la pressione inferiore fa sì che non entri nel sangue la stessa quantità. La capacità di fare attività fisica diminuisce salendo e il mal di montagna può manifestarsi, accompagnato da cefalea, disidratazione o addirittura edema polmonare. Per questo è consigliabile ridurre l'intensità dell'allenamento nei primi 7-10 giorni in quota. Alcuni usano tende e camere speciali per simulare le condizioni in altura, aumentando la percentuale di azoto nell'aria rispetto all'ossigeno. L'allenamento ad alta quota è interessante perché, tornati in pianura, si riesce a tollerare meglio i bassi livelli di ossigeno nel sangue e a pedalare più veloci e più intensamente, soprattutto nelle gare brevi come gli sprint su pista[33]. Secondo alcuni studi, le prestazioni stimolate in altura si mantengono fino a quattro settimane a livello del mare, anche se i meccanismi precisi non sono stati ancora totalmente compresi.

L'effetto dell'altitudine sull'umore

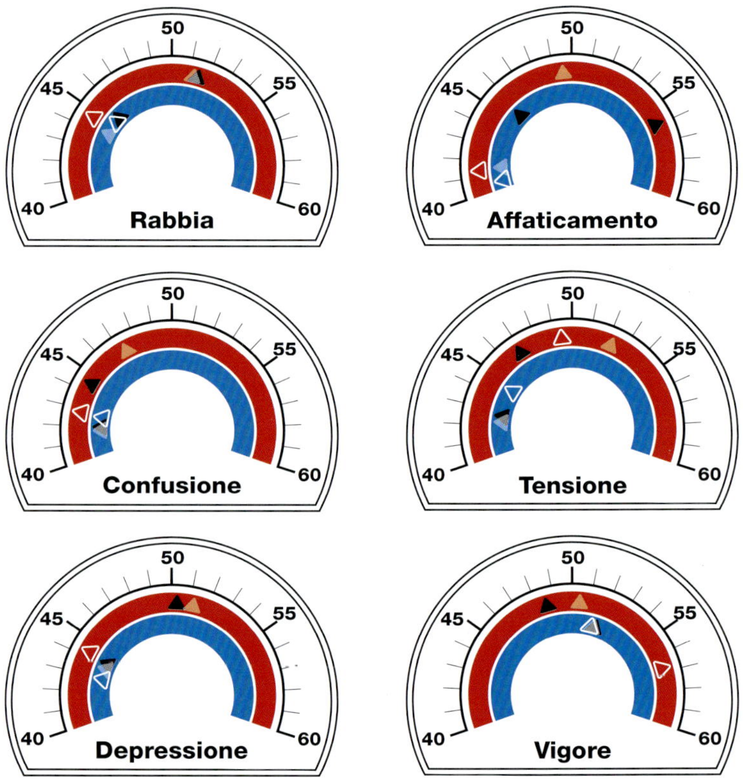

▲ ***Misurare l'umore*** *L'umore di 8 ciclisti professionisti è stato valutato prima e durante due ore sul cicloergometro, nelle condizioni presenti a livello del mare e poi all'altitudine simulata di 2500 m, tramite la scala BRUMS dell'umore: maggiore è il punteggio, più intenso è lo stato dell'umore. In quota, prima della corsa, i ciclisti avevano un senso di vigore relativamente intenso che però, una volta iniziato l'esperimento, è presto sceso sotto il normale livello misurato in pianura*[34].

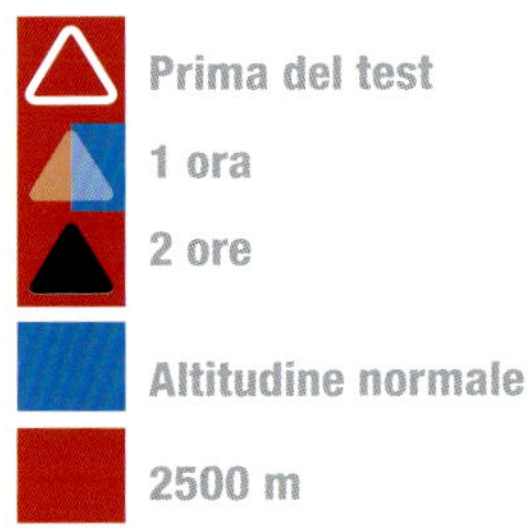

Gli alti e bassi dell'allenamento

▼ ***Vita ad alta quota*** *Non è necessario trasferirsi in cima a una montagna per allenarsi ad alta quota. Le tende ipossiche simulano l'atmosfera ad alta quota, mentre al contrario l'integrazione di ossigeno in altura può simulare le condizioni di pianura. Queste tecniche artificiali sono combinate con periodi di vita e allenamento ad alta o bassa quota in varie combinazioni, ciascuna con vantaggi e svantaggi pratici e fisiologici* [35].

2 Vivere ad alta quota ma allenarsi in condizioni di bassa quota integrando l'ossigeno

Vantaggi

- Si rimane nello stesso luogo.

Svantaggi

- Le bombole di ossigeno costringono ad allenarsi solo su cicloergometro o sui rulli.

1 Vivere ad alta quota ma allenarsi a bassa quota, in condizioni di altitudine naturale

Vantaggi

- Miglior tolleranza potenziale dell'ipossia e migliori prestazioni di resistenza.
- Vivere e allenarsi in un ambiente naturale.

Svantaggi

- Dover scendere in pianura per gli allenamenti e poi risalire.

3 Vivere e allenarsi ad alta quota

Vantaggi

- Massimizza l'opportunità di migliorare la tolleranza all'ipossia.
- Si rimane nello stesso luogo.

Svantaggi

- Perdita potenziale di qualità dell'allenamento a causa del ridotto flusso di ossigeno nelle sessioni ad alta intensità.

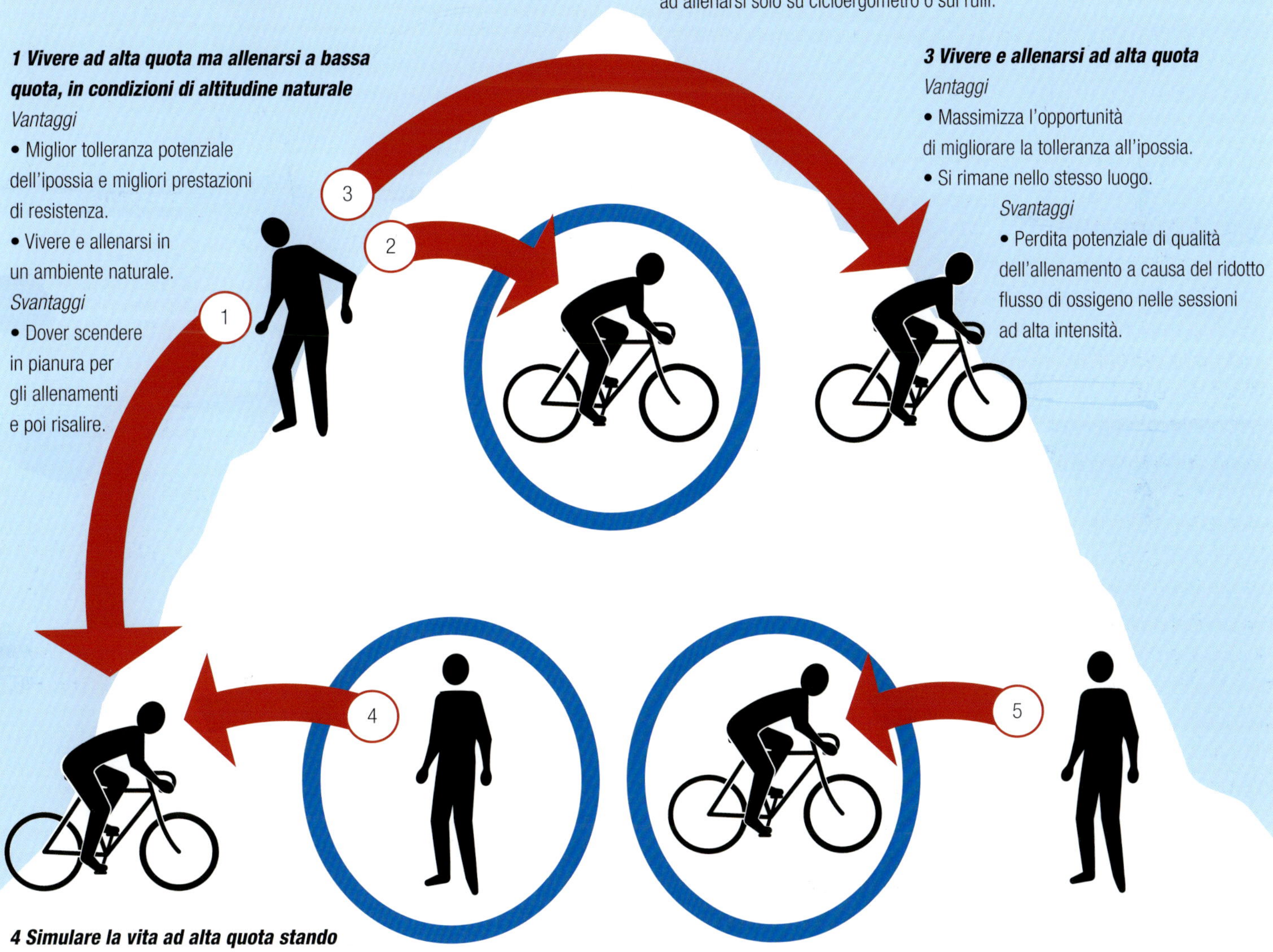

4 Simulare la vita ad alta quota stando in una tenda ipossica, ma allenandosi fuori

Vantaggi

- Si può rimanere nella zona di allenamento tutto l'anno.

Svantaggi

- Difficile accumulare abbastanza ore in tenda, perché se ne raccomandano più di 12 al giorno.

5 Vivere a bassa quota ma simulare allenamento ad alta quota in tenda ipossica

Vantaggi

- Potenziale maggior qualità dell'allenamento.
- Nessuna perdita del flusso di ossigeno nelle sessioni ad alta intensità a livello del mare.

Svantaggi

- Allenamento limitato all'esercizio statico su cicloergometro o su rulli.
- La durata dell'esposizione alle condizioni di altura simulate è insufficiente ad acclimatarsi.

Il mio cuore è importante per le prestazioni massime?

Il ciclismo mi spezzerà il cuore?

Portare ossigeno, glucosio e sostanze nutritive a tessuti e muscoli, eliminando l'anidride carbonica, gli acidi e gli altri prodotti di scarto, è il compito dell'apparato cardiovascolare, che comprende il cuore e i vasi sanguigni ed è importantissimo per i ciclisti.

Il cuore è un organo muscolare regolato da impulsi nervosi automatici. Le sue contrazioni pompano il sangue ossigenato attraverso le quattro camere cardiache (atrio e ventricoli destri e sinistri) e in tutto l'organismo. Più il cuore è allenato, più è efficace. Il ciclismo, come le altre attività, non può far superare al cuore la sua frequenza massima, che varia tra i 150 e i 220 battiti al minuto (bpm), ma l'allenamento regolare può far ingrandire il ventricolo sinistro, la camera che pompa nelle arterie il sangue ben ossigenato, aumentando il volume del sangue che circola a ciascun battito: il cuore spinge così nei tessuti una maggiore quantità di ossigeno, glucosio e sostanze nutritive. Inoltre, essendo più grande, può riposare a una frequenza inferiore rispetto a prima dell'esercizio. Se la frequenza a riposo è bassa, la sua distanza dalla frequenza massima aumenta e di conseguenza circola più sangue, che alimenta i muscoli degli arti inferiori e gli altri tessuti. La frequenza media a riposo è di 60-80 bpm, ma può essere molto più bassa, come dimostrano i risultati dei test medici effettuati prima del Tour de France del 2004[36].

La frequenza cardiaca bassa, insieme all'aumento dell'aspettativa di vita, è un effetto dell'allenamento. Qualsiasi pratica ciclistica che parta dal medio livello, aumentando la massima frequenza cardiaca almeno della metà, riduce infatti il rischio di morire per cardiopatie. A ogni allenamento, il muscolo che ci pulsa nel petto si rinforza e risponde meglio agli stress a cui lo sottoponiamo.

Velocità in bicicletta e rischio di cardiopat

■ Lenta
■ Media
■ Veloce

Meno di 30 minuti al giorno

30-60 minuti al giorno

Oltre 60 minuti al giorno

▶ ***Rischi inferiori*** *Il ciclismo protegge dal rischio di malattia coronarica, qualunque distanza si percorra, ma pedalare veloci è meglio. I dati sono stati ricavati da un alto numero di soggetti, usando come linea basale un ciclista lento che pedala solo per pochi minuti al giorno (i dati tengono conto anche di altri fattori, come fumo, alcol ed età, ed è per questo che indicano un alto rischio di morte per cardiopatia per chi pedala lentamente e a lungo: potrebbero essere persone già meno sane e meno in forma): i ciclisti più veloci presentano sempre la miglior salute cardiaca*[37].

Pedala più forte, vivi più a lungo

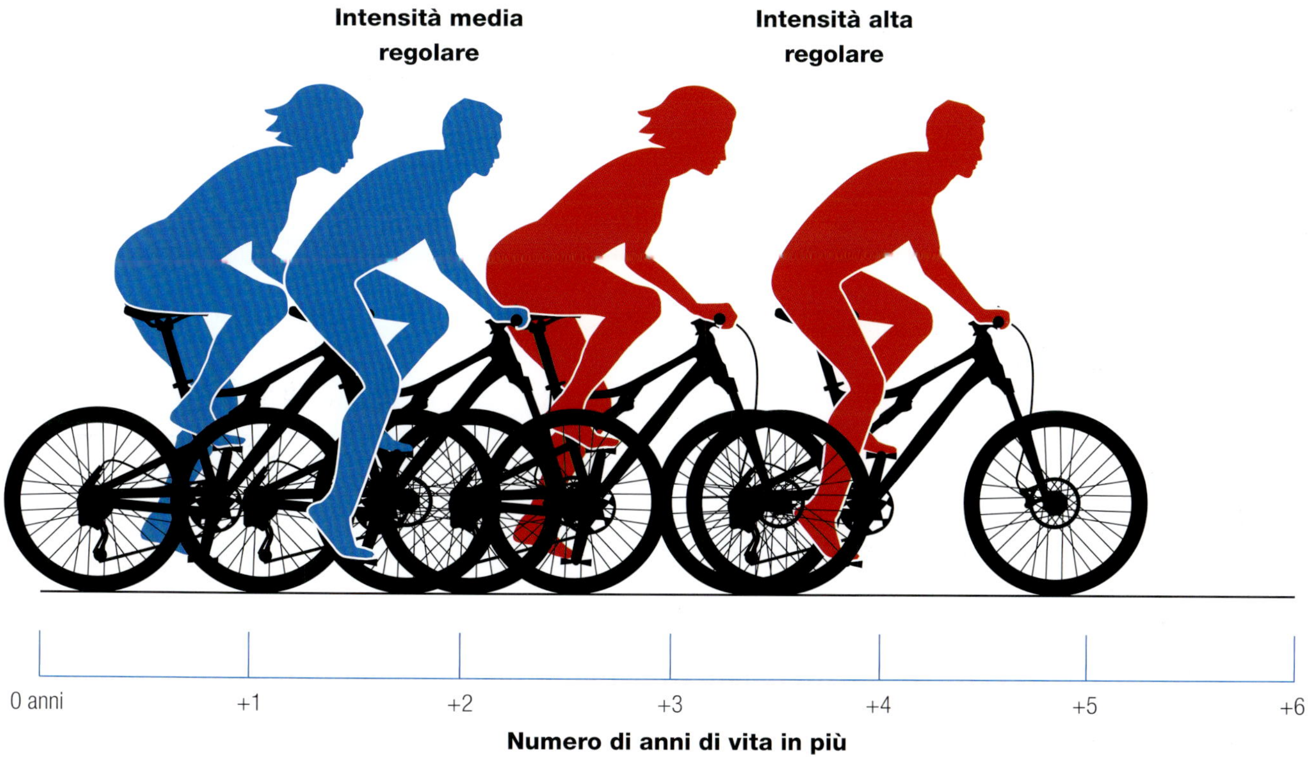

▼ ***Sotto la media*** *La frequenza a riposo per il ciclista medio è di 60-80 bpm. Prima del Tour de France del 2004 la frequenza a riposo media tra i ciclisti è risultata di 51 bpm, e quella di Miguel Indurain, negli anni '90, era addirittura di 28 bpm*[38].

▲ ***Un cuore sano*** *Gli scienziati hanno scoperto che pedalare regolarmente migliora la salute cardiaca: ciò che risulta importante è l'intensità di allenamento, non la durata. Dopo aver testato più di 5000 adulti, hanno concluso che chi si sottopone ad allenamenti più duri vive nettamente di più*[39].

Quanto si può scendere?

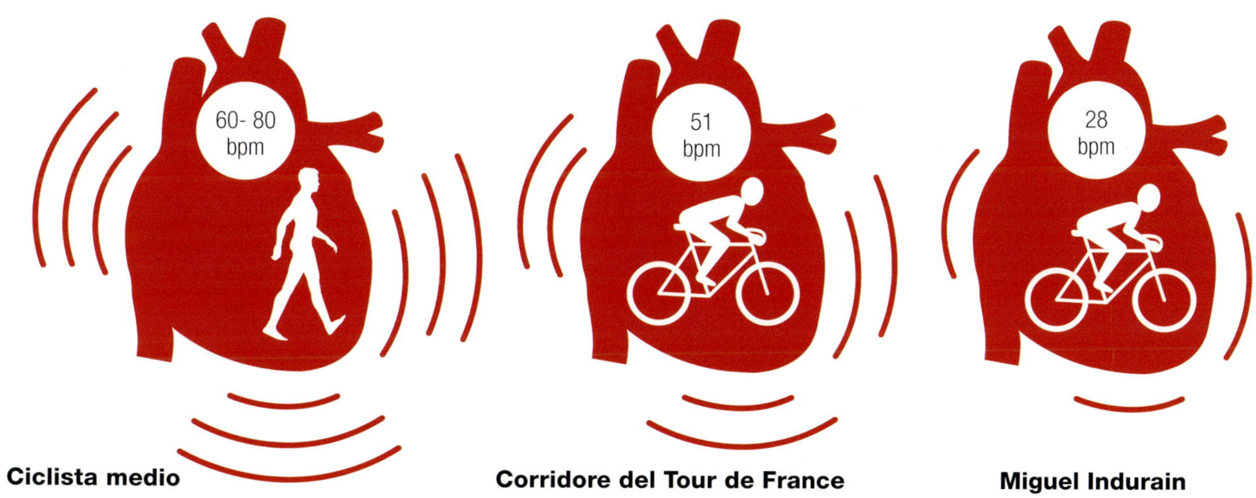

Come funziona il doping del sangue?

Quando finirà la frode?

Le conoscenze scientifiche aiutano i ciclisti ad andare più veloci, per più tempo e su maggiori distanze, e sono la base di programmi di allenamento, diete, strategie e attrezzature. Purtroppo, si possono usare anche per alterare il sangue, in modo da riuscire a superare i rivali.

Il livello di ossigeno fornito ai muscoli può limitare la potenza prodotta dal ciclista. A portare l'ossigeno al sangue sono i globuli rossi, pertanto i ciclisti più ambiziosi hanno iniziato già da molto tempo a voler innalzare la percentuale di presenza di queste cellule nel proprio sangue. Inizialmente si facevano trasfusioni di liquido ematico, che poteva essere di qualcun altro o del ciclista stesso, prelevato in precedenza. Questa pratica è stata abbandonata negli anni '90, quando fu sintetizzata l'eritropoietina (EPO), un ormone che stimola il midollo osseo a produrre più globuli rossi. Il doping e l'EPO sono contro le regole delle competizioni ciclistiche e, per individuare le frodi, si eseguono controlli rigorosi. I benefici dell'EPO sono enormi: può aumentare dell'8,1% l'assimilazione di ossigeno, migliorare del 13% la potenza massima e prolungare il tempo di esaurimento addirittura del 54%, il tutto in quattro settimane[40]. Questo spiega forse perché, dopo l'inizio dei test per l'EPO nel 2002, non si sono più registrate imprese straordinarie per tempi e potenza nelle gare principali.

Dopo l'introduzione dei test per l'EPO si è tornati alle tecniche di doping del sangue, anche se sono stati introdotti nuovi controlli per contrastarle. Naturalmente, i ciclisti vittime della propria ambizione o dell'avidità del team possono essere tentati di provare una delle decine di nuove droghe simili all'EPO e non ancora identificabili[41]. Invece di competere, questi atleti usano il proprio corpo come un laboratorio. Nel frattempo, gli enti di vigilanza sono impegnati in un'altra gara: capire come individuare gli imbroglioni prima che ottengano slealmente la gloria.

Importante
L'organismo contiene circa 4,7 l di sangue, con circa 28.000 miliardi di globuli rossi, ciascuno dei quali vive per 100-120 giorni.

Ogni globulo rosso contiene circa 250 molecole di emoglobina, ognuna delle quali può trasportare 4 molecole di ossigeno.

A ogni battito, il cuore pompa circa 80 ml di sangue.

> **"Nel frattempo, gli enti di vigilanza sono impegnati in un'altra gara: capire come individuare gli imbroglioni prima che ottengano slealmente la gloria.**

I risultati del passaggio ai test per l'EPO

▼ ***Cuori traditori*** *I campioni di sangue dei ciclisti del Tour de France hanno rivelato cambiamenti straordinari nei livelli delle sostanze che indicano l'uso di EPO e doping del sangue. Il segno rivelatore è il livello di globuli rossi immaturi, i reticolociti. Nel 2001, quasi un campione su sette rivelava livelli estremi di reticolociti, mentre nella maggior parte i livelli erano anormalmente alti, un sintomo dell'uso dell'EPO. Ai primi test delle urine per l'EPO, prima del Tour del 2003, ancora quasi un campione su otto mostrava livelli estremi di reticolociti mentre, curiosamente, la maggior parte presentava livelli anormalmente bassi, indice di doping del sangue. Dal 2008, con l'introduzione del passaporto biologico per monitorare un'ampia gamma di sostanze biochimiche per lunghi periodi, la percentuale di ciclisti con livelli estremi di reticolociti è precipitata a meno di 25 campioni, per scendere di nuovo nei due anni seguenti, con quasi tutti i campioni anormalmente bassi. Entro il 2011, solo il 2% dei campioni risultava anomalo*[42]*. L'interpretazione ottimistica è che l'uso dell'EPO è stato ampiamente abbandonato, mentre alcuni ciclisti sono ancora abbastanza disperati da ricorrere al doping del sangue*[43].

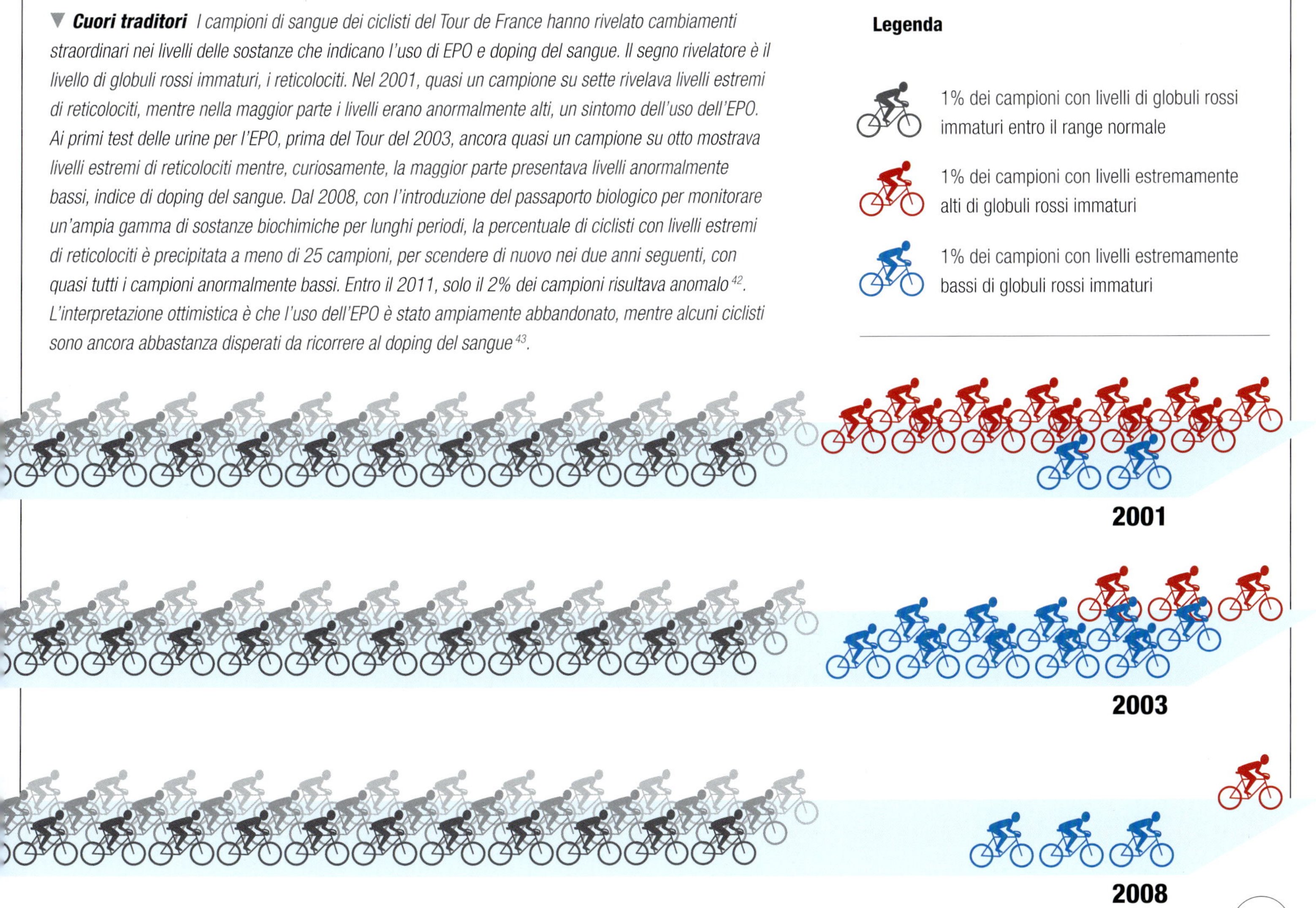

La pelle ha effetti sull'efficienza in bici? → Devo radermi anche le sopracciglia?

La World Naked Bike Ride, manifestazione ciclonudista sempre più popolare, è una forma di attivismo politico che sottolinea allo stesso tempo l'importanza della pelle, organo che ci difende dalle aggressioni fisiche, chimiche e microbiche, proteggendo organi e tessuti. Regola la temperatura corporea e usa il sole per produrre vitamina D. Sarà meno alla moda dell'elastan, ma si rinnova di continuo e dura un'intera vita.

Mentre siamo in sella, una rete di neuroni nella pelle raccoglie dati preziosi sui cambiamenti del flusso d'aria, della temperatura e della pressione. Se i dati segnalano un vento contrario, possiamo adottare una posizione più aerodinamica. Se percepiamo un vento favorevole, possiamo sollevare il busto. I recettori per la pressione nei punti di contatto di piedi, mani e natiche ci segnalano il percorso meno accidentato. Dai recettori per il dolore presenti sulla pelle, i ciclisti fuoripista imparano a non stare troppo vicini a cespugli e rami.

La pelle svolge un ruolo importante anche nella regolazione della temperatura. È dimostrato che i ciclisti ben allenati alterano istintivamente l'intensità dell'esercizio a seconda della temperatura della pelle[44]. Se la temperatura ambiente scende (magari per la presenza di una nuvola davanti al sole), la pelle isola il corpo. I muscoli erettori dei peli, nel derma, fanno rizzare i peli per intrappolare uno strato di aria calda isolante. Quando fa caldo, invece, la pelle elimina il calore in eccesso. Se la temperatura ambientale è alta, le ghiandole eccrine presenti in tutto il corpo possono liberare acqua salata (sudore), che evapora e favorisce il raffreddamento. È più comodo indossare calzoncini e lasciare scoperte le gambe per lasciar sfuggire il calore. Radere le gambe non favorisce la perdita di calore, ma rende più facile trattare le ferite e massaggiare la pelle.

Muscoli e temperatura della pelle

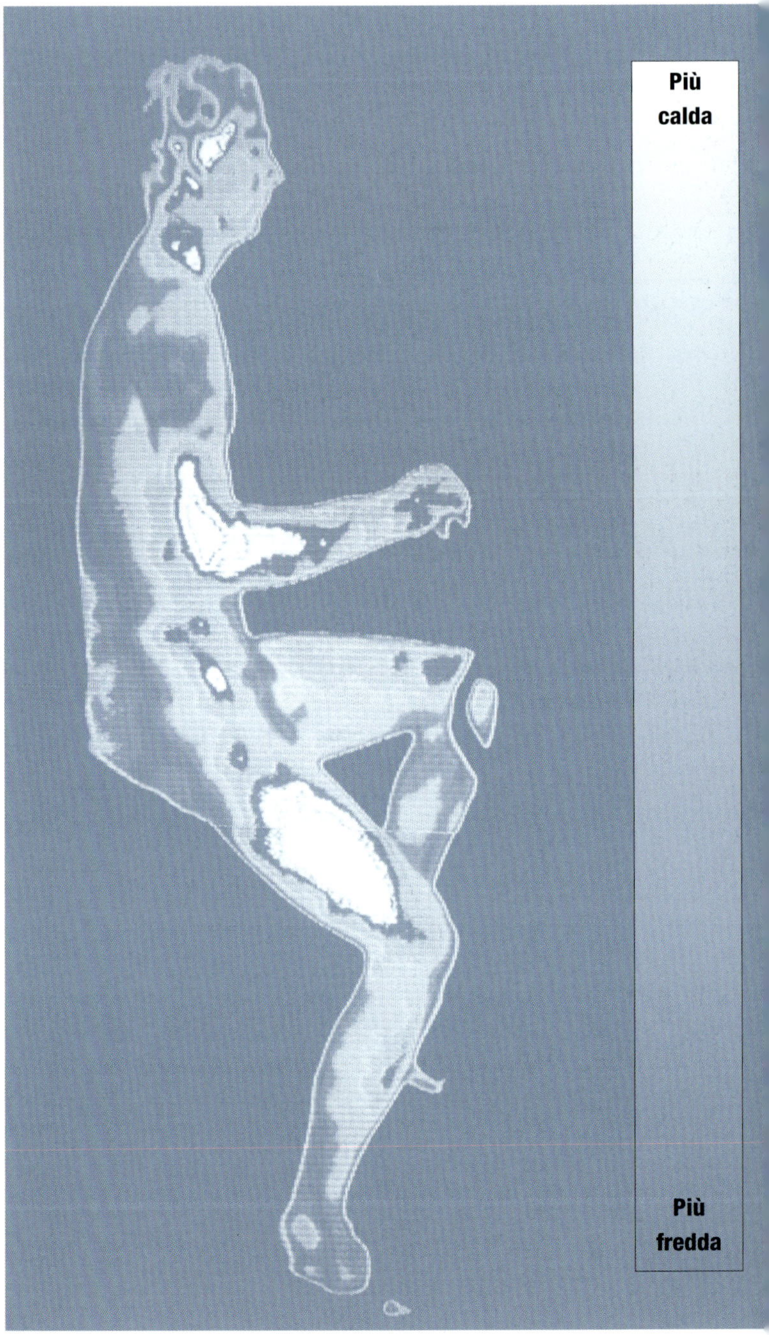

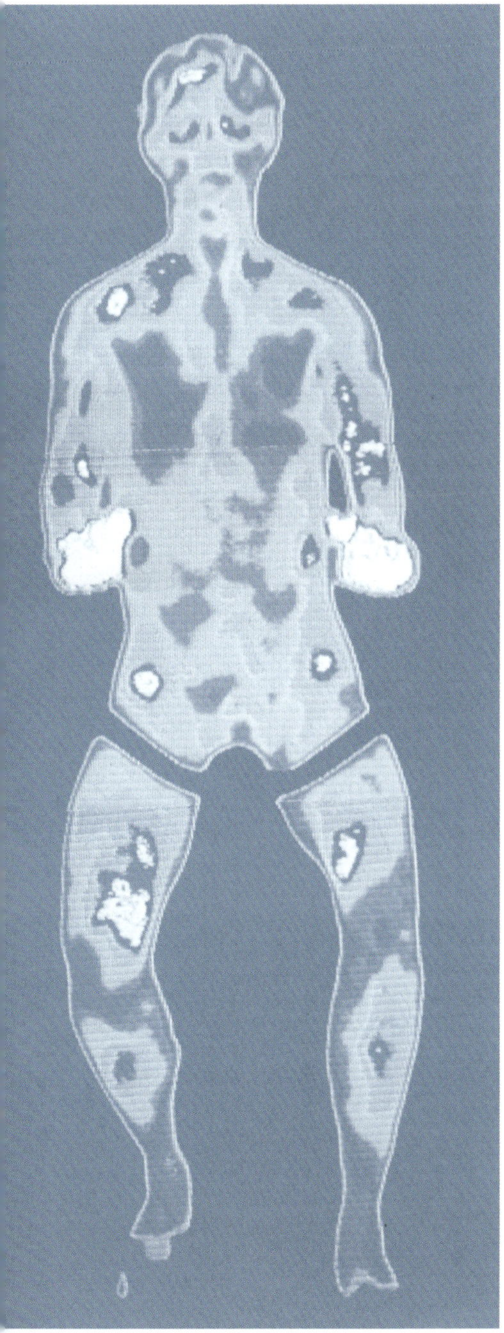

Temperatura della pelle e potenza generata

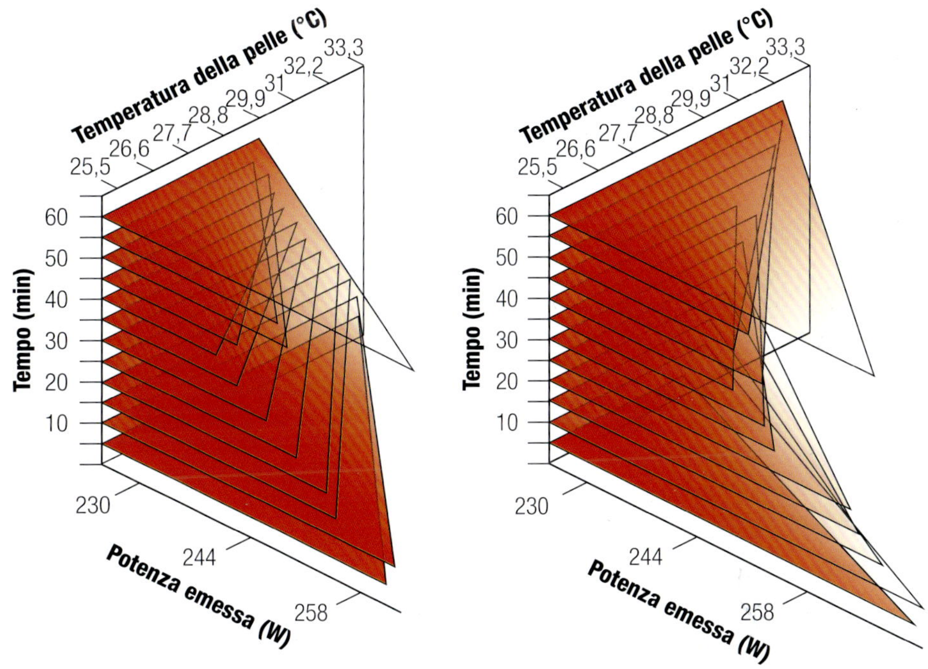

◀ ***Protezione superficiale*** *Queste immagini termografiche mostrano la variazione della temperatura della pelle di un uomo sul cicloergometro; i muscoli si riscaldano con il lavoro e il calore viene emesso dalla pelle. Le zone più fredde sono scure, mentre quelle più calde sono bianche.*

▲ ***Pelle sensibile*** *La temperatura della pelle può influenzare l'intensità della pedalata, almeno per i primi 15 minuti. Un sofisticato esperimento con camicie d'acqua, in grado di cambiare la temperatura della pelle del ciclista senza alterare la temperatura dell'ambiente, ha dimostrato che chi inizia con la pelle calda genera significativamente meno potenza di chi inizia a freddo. La differenza iniziale sparisce in fretta, però, e la potenza generata dai due ciclisti converge gradualmente e si incontra a 50 minuti, anche se la temperatura della pelle dei due va in direzioni opposte*[45].

attrezzatura: il corpo umano

La bici è progettata per il corpo dell'Homo sapiens, un organismo complesso che si è evoluto nel corso di centinaia di migliaia di anni. Anche se i nostri primi antenati inventarono la ruota e lavoravano i metalli, avrebbero avuto difficoltà a salire su una bicicletta moderna perché erano fatti diversamente, con scheletro, muscoli e cervello ottimizzati per un mondo più primitivo. Gli scimpanzé sono tra i nostri parenti più stretti, ma non sono in grado di ruotare il pollice e premerlo contro la punta delle altre dita, quindi avrebbero difficoltà a svitare i tappi delle valvole e stringere i nipple dei raggi. È possibile che anche i primi ominidi non avessero questa capacità.

Il confine tra ominidi e grandi scimmie sta nella maggiore grandezza del cervello e nella capacità di stare eretti. Sembra che la prima specie in grado di camminare senza appoggiare le nocche fosse l'Orrorin tugenensis, vissuto sei milioni di anni fa. L'Orrorin tugenensis, grande quanto uno scimpanzé, avrebbe forse potuto guidare un triciclo da bambino, per quanto

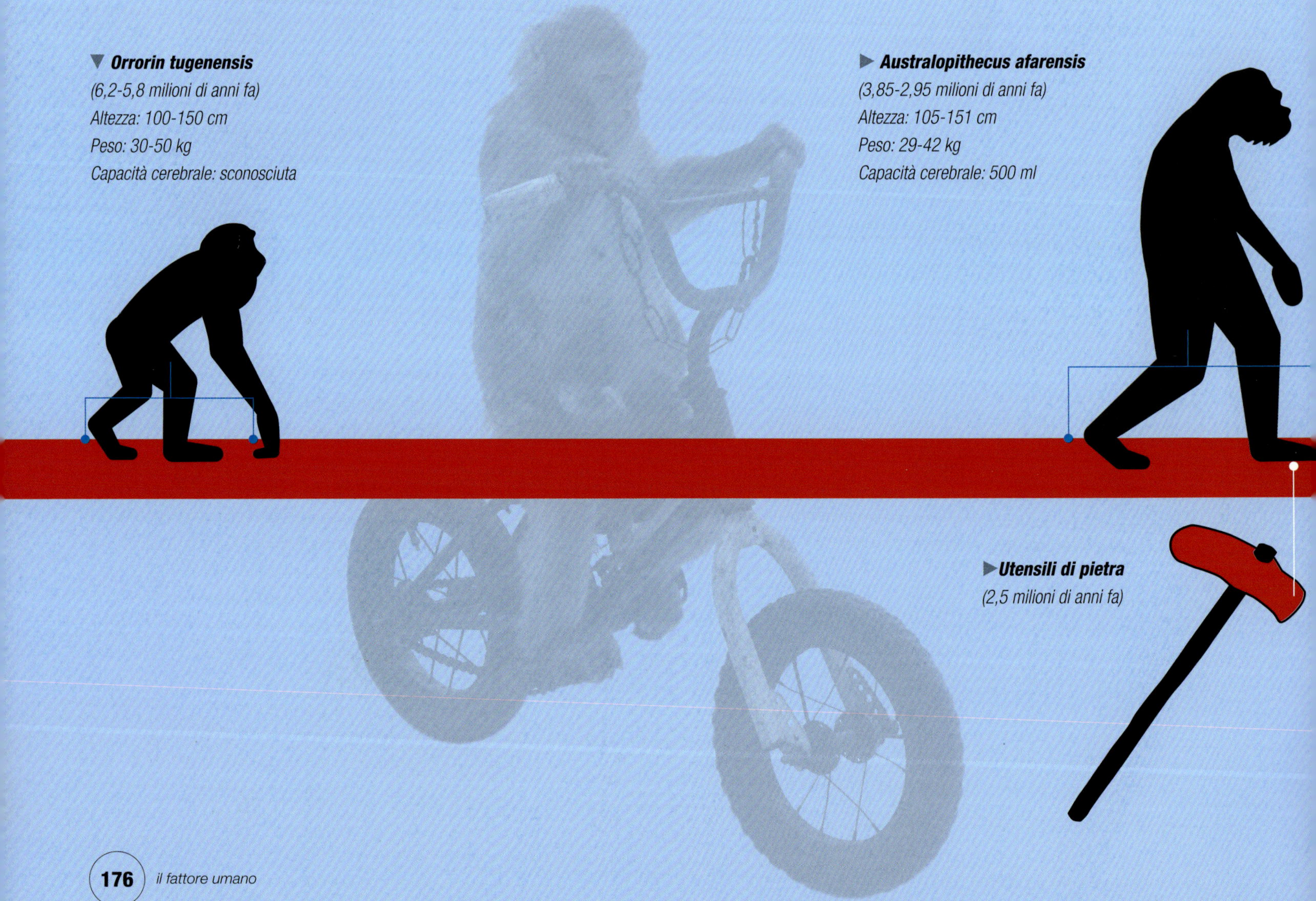

▼ ***Orrorin tugenensis***
(6,2-5,8 milioni di anni fa)
Altezza: 100-150 cm
Peso: 30-50 kg
Capacità cerebrale: sconosciuta

▶ ***Australopithecus afarensis***
(3,85-2,95 milioni di anni fa)
Altezza: 105-151 cm
Peso: 29-42 kg
Capacità cerebrale: 500 ml

▶***Utensili di pietra***
(2,5 milioni di anni fa)

rinforzato per sostenere un peso di 30-50 kg. Oltre tre milioni di anni fa comparve in Africa orientale l'Australopithecus afarensis, sopravvissuto per quasi un milione di anni con un cervello grande un terzo del nostro; l'altezza media dei maschi era di 151 cm, quella delle femmine di 105 cm. Visto il busto relativamente lungo e gli arti della stessa lunghezza, avrebbe avuto bisogno di una bicicletta dal telaio lungo e basso, simile a una bicicletta reclinata.

Il primissimo antenato con proporzioni simili alle nostre e potenzialmente in grado di andare in bicicletta è l'Homo erectus, con gambe allungate e braccia più corte rispetto al busto. Un po' più leggero dell'uomo moderno, era alto 145-185 cm e, oltre a camminare, poteva probabilmente anche correre. Si estinse circa 143.000 anni fa. Il basso e robusto uomo di Neanderthal (Homo neanderthalensis), che potrebbe essere stato ancora presente in Europa circa 30.000 anni fa, potrebbe portare a termine una gara di ciclocross, ma perderebbe contro il suo vicino più resistente, l'Homo sapiens, che si evolse 200.000 anni fa e che iniziò ad andare in bicicletta solo 150 anni fa.

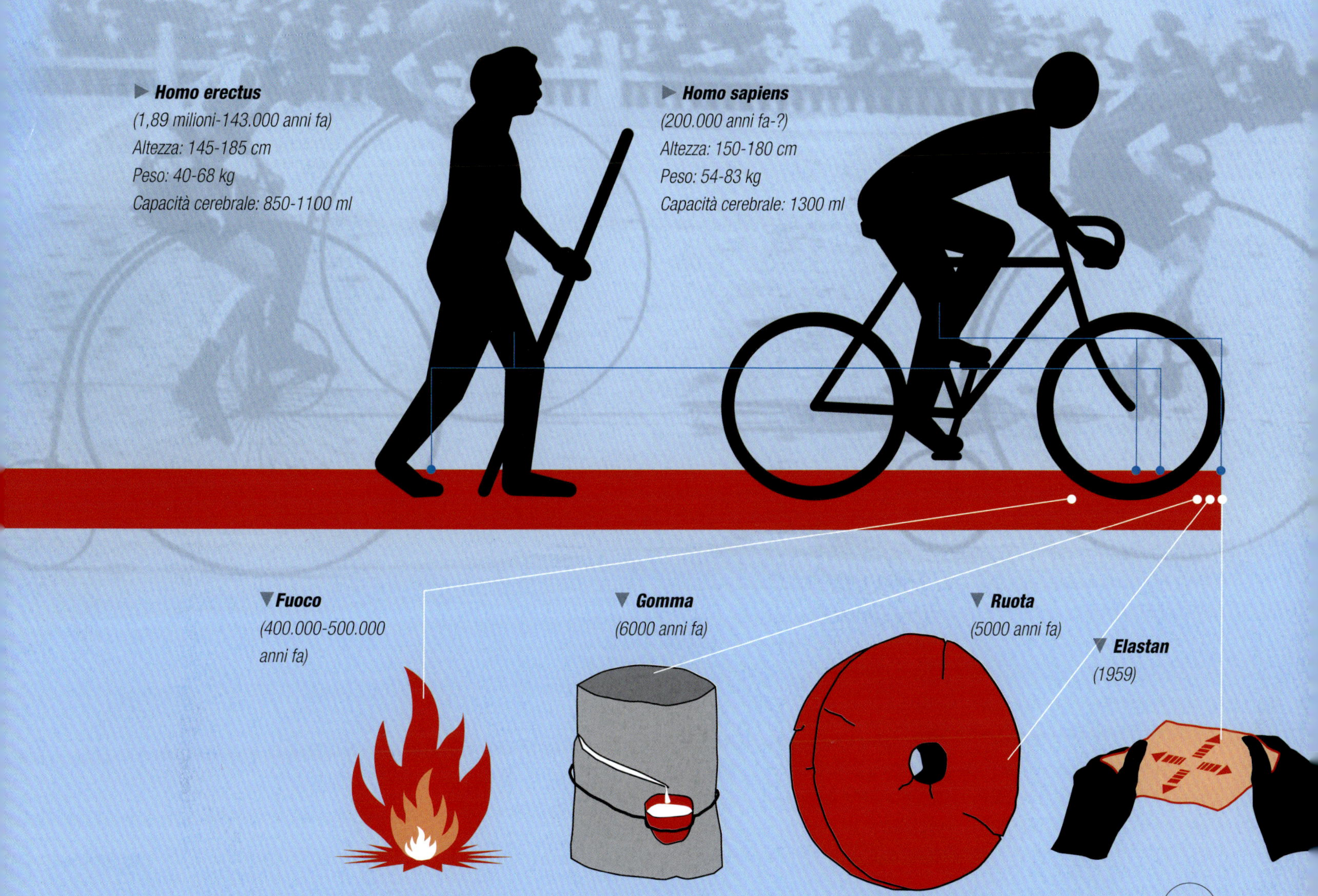

Quali fattori influiscono maggiormente sulla velocità?

Che cosa mi farà andare più veloce?

Le informazioni presenti in questo libro possono aiutare i ciclisti a prendere decisioni migliori su cosa, dove, quando e come pedalare. La maggior parte delle persone che vanno in bicicletta vuole solo arrivare a destinazione in sicurezza, con poca fatica e a un costo ragionevole, mentre altri puntano a forza e velocità. In entrambi i casi, conoscere la scienza alla base della bicicletta aiuta a trovare l'equilibrio ottimale.

Chi è determinato a usare la propria energia per andare più veloce ha tutta una serie di opzioni, e questo libro non riuscirebbe a coprire tutti i metodi possibili nemmeno se fosse lungo il doppio. Le squadre di ciclismo hanno personale a tempo pieno che si occupa di identificare i minuscoli dettagli che aumentano la velocità, ma troppe informazioni possono distrarre il ciclista medio da quello che ama di più: andare in bicicletta. Ecco qui, quindi, un riassunto delle alternative più accessibili e dei vantaggi che si possono apportare su un percorso di 40 km. Queste raccomandazioni non sono immutabili né infallibili. Ormai sarà chiaro che ogni ciclista, ogni percorso e ogni pedalata sono diversi ogni giorno: anche se il ciclismo obbedisce alle leggi della natura, le variabili sono troppe per avere la certezza che la tattica scelta produca il risultato desiderato. Dopotutto, quando è stata l'ultima volta che un ciclista ha previsto con precisione una foratura?

La sfortuna svolge un ruolo nel ciclismo come in tutti gli aspetti della vita, ma questa ricerca dimostra in modo schiacciante ciò che ha affermato il campione di golf Arnold Palmer: "Più mi alleno, più divento fortunato". L'allenamento prepara il corpo a dare la prestazione migliore possibile e consente di godersi il modo ideale di spostarsi: in bicicletta.

▶ ***Vai piano*** *È molto facile andare più piano del voluto. Non serve leggere questo libro per sapere che è più difficile spingere una bici più pesante e un corpo sovrappeso che una versione più leggera di entrambi. Tuttavia, il tempo perso a causa del peso in più non è minimamente paragonabile a quello perso per una postura non aerodinamica.*

▶ ***Allenarsi duro o investire?*** *Di quanto si può migliorare la propria velocità, avendo accesso al migliore allenamento e all'attrezzatura più sofisticata? Prendendo l'esempio di un uomo di 25 anni di 70 kg su un circuito a cronometro sui 40 km e una bici da 10 kg con ruote e caschetto aerodinamici, è chiaro che al principiante squattrinato conviene allenarsi duro. Se ha denaro da spendere, investire nell'aerodinamica darà i suoi frutti, come avviene per i professionisti. Si presume che il principiante corra a 32,91 km/h per un tempo totale di 1h 12' 56'', mentre l'esperto coprirà i 40 km in 52' 2'' a una velocità media di 46,12 km/h*[46].

Perdite di tempo potenziali su una prova a cronometro sui 40 km

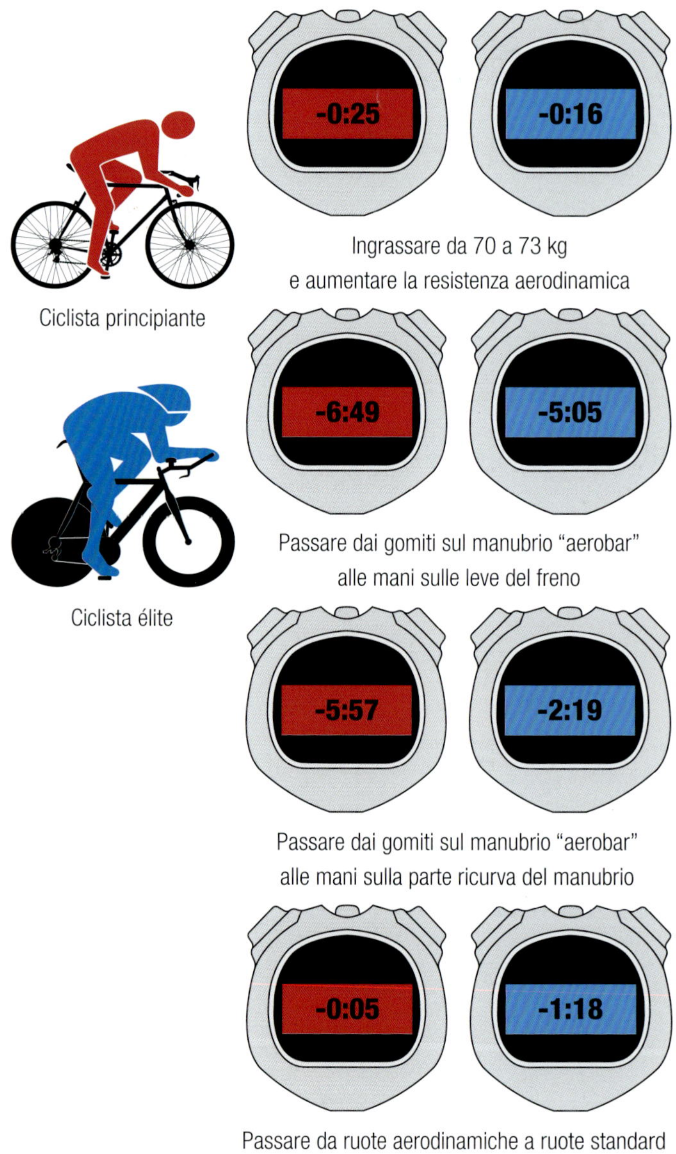

Risparmi di tempo potenziali su una prova a cronometro sui 40 km

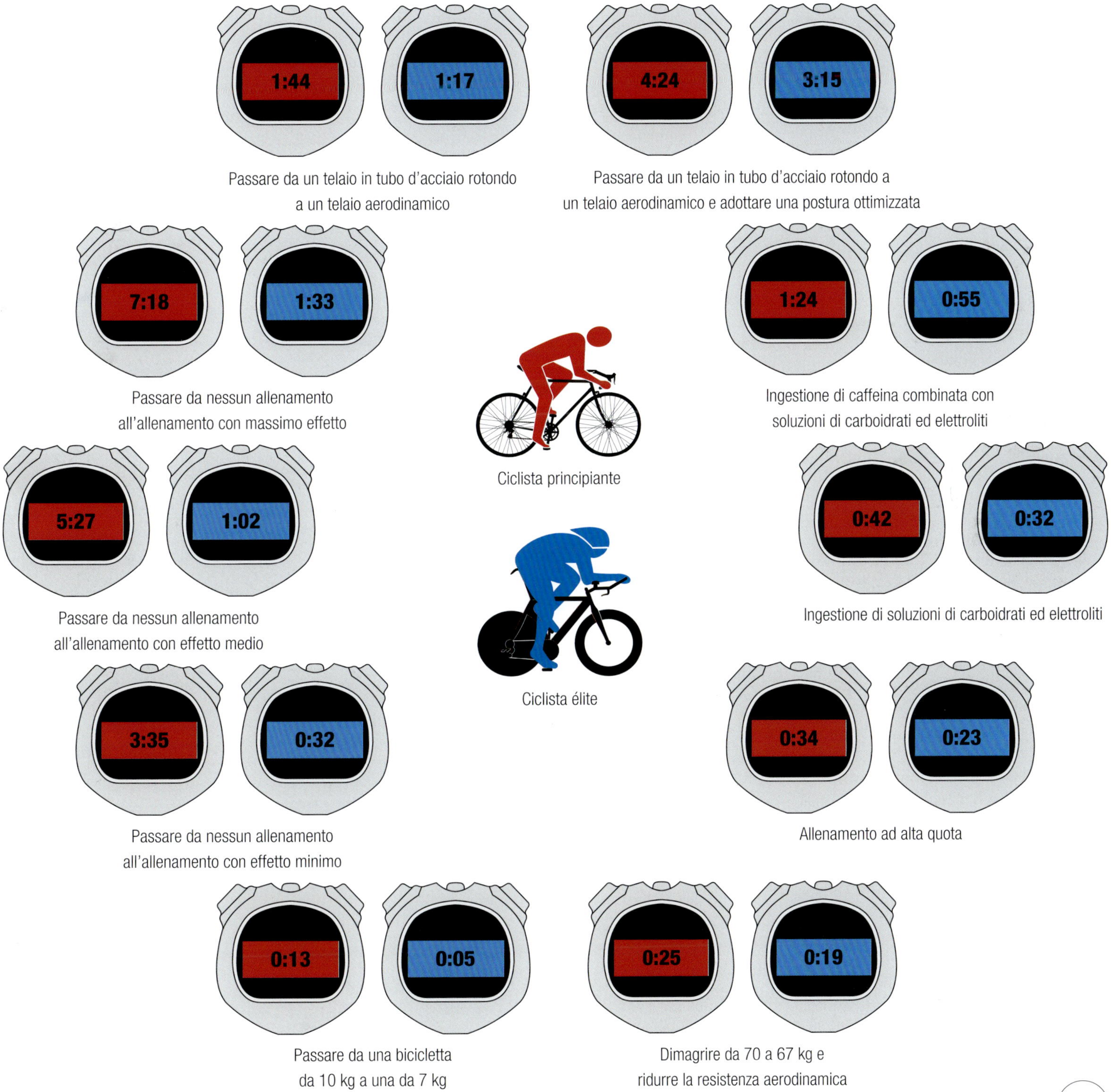

Note

CAPITOLO 1

1. Dati sull'efficienza in bicicletta da James B. Spicer, Christopher J. K. Richardson, Michael J. Ehrlich, Johanna R. Bernstein, Masahiko Fukuda, Masao Terada, "Effects of Frictional Loss on Bicycle Chain Drive Efficiency", *Transactions at the ASME* 123 (dicembre 2001); dati sull'efficienza a piedi da "Walk Without Waste", http://www.abc.net.au/science/news/health/HealthRepublish_232296.htm visitato il 12 aprile 2017.

2. Nick Carey, "Establishing Pedestrian Walking Speeds" (Portland State University, 2005).

3. Firas Massaad, Thierry M. Lejeune, Christine Detrembleur, "The Up and Down Bobbing of Human Walking: a Compromise Between Muscle Work and Efficiency", *Journal of Physiology* 582 (2007).

4. David Gordon Wilson, *Bicycling Science*, 3ª ed. (Cambridge, MA: MIT Press, 2004).

5. Rainer Pivit, http://lustaufzukunft.de/pivit/aero/formulas.html visitato il 12 aprile 2017.

6. Margaret A. McDowell, Cheryl D. Fryar, Cynthia L. Ogden, Katherine M. Flegal, "Anthropometric Reference Data for Children and Adults: United States, 2003–2006", *National Health Statistics Reports* 10 (US Department of Health and Human Services, 22 ottobre 2008).

7. Umbra Fisk, "Umbra on the Impacts of Biking", http://grist.org/article/ten-speed-demon/ visitato il 12 aprile 2017.

8. Shreya Dave, "Life Cycle Assessment of Transportation Options for Commuters" (MIT, febbraio 2010).

9. Mike Berners-Lee, "What's the Carbon Footprint of . . . Cycling a Mile?", http://www.guardian.co.uk/environment/2010/jun/08/carbon-footprint-cycling visitato il 12 aprile 2017.

10. Mirjan E. Bouwman, "An Environmental Assessment of the Bicycle and Other Transport Systems" (Università di Groningen, ottobre 2000).

11. Dave, "Life Cycle Assessment", cit.

12. Ralph S. Paffenbarger Jr., Robert Hyde, Alvin L. Wing, Chung-Cheng Hsieh, "Physical Activity, All-Cause Mortality, and Longevity of College Alumni", *New England Journal of Medicine* 314 (6 marzo 1986).

13. L. Andersen, P. Schnohr, M. Schrol, H. Hein, "All-Cause Mortality Associated with Physical Activity During Leisure Time, Work, Sports, and Cycling to Work", *Archives of Internal Medicine* 160 (2000).

14. W. Tuxworth, A. M. Nevill, C. White, C. Jenkins, "Health, Fitness, Physical Activity and Morbidity of Middle Aged Male Factory Workers", *British Journal of Industrial Medicine* 43 (1986).

15. Penny Gordon-Larsen, Janne Boone-Heinonen, Steve Sidney, Barbara Sternfeld, David R. Jacobs Jr., Cora E. Lewis, "Active Commuting and Cardiovascular Disease Risk: the CARDIA Study", *Archives of Internal Medicine* 169, no. 13 (13 luglio 2009).

16. Jeroen Johan de Hartog, Hanna Boogaard, Hans Nijland, Gerard Hoek, "Do the Health Benefits of Cycling Outweigh the Risks?", *Environmental Health Perspectives* 118 no. 8 (agosto 2010).

17. "Final Local Implementation Plan, Chapter 5 LIP Proposals: Cycling" (Haringey Council, ottobre 2006).

18. Johan de Hartog et al., "Health Benefits of Cycling", cit.

19. Ibid.

20. Ibid.

21. Ibid.

22. Tuxworth et al., "Health of Factory Workers", cit.

23. "Implementation Plan: Cycling" (Haringey Council).

24. J. S. Mindell, S. J. Watkins, J. M. Cohen, eds., "Health on the Move 2: Policies for Health-Promoting Transport" (Transport & Health Study Group, 2011).

25. Organizzazione Mondiale della Sanità, "Distribution of Road Traffic Deaths by Road User", http://apps.who.int/ghodata?vid=51312 visitato il 12 aprile 2017; Kurt Van Hout, "Literature Search Bicycle Use and Influencing Factors in Europe" (Instituut voor Mobiliteit, luglio 2008); Commissione Europea, http://epp.eurostat.ec.europa.eu/tgm/table.do?tab=table&language=en&pcode=tps00001&tableSelection=1&footnotes=yes&labeling=labels&plugin=1 visitato il 12 aprile 2017; "Annual Statistical Report 2011" (Autorità europea per la sicurezza stradale, marzo 2011); David R. Bassett Jr., John Pucher, Ralph Buehler, Dixie L. Thompson, Scott E. Crouter, "Walking, Cycling, and Obesity Rates in Europe, North America, and Australia", *Journal of Physical Activity and Health* 5 (2008).

26. http://www.milkpresents.com visitato il 12 aprile 2017.

27. Ross Tucker, "The Limit to Cycling Performance: Can Physiology Flag Doping?", http://www.sportsscientists.com/2010/07/cycling-performance-what-is-possible.html visitato il 12 aprile 2017.

28. Doug Malewicki (http://www.canosoarus.com).

29. C. Kyle, "Mechanical Factors Affecting the Speed of a Cycle", in *Science of Cycling*, a cura di Edmund R. Burke, (Champaign: Human Kinetics, 1986).

30. J. G. Seifert, D. W. Bacharach, E. R. Burke, "The Physiological Effects of Cycling on Tandem and Single Bicycles", *British Journal of Sports Medicine* 37 (2003).

31. http://www.kreuzotter.de/english/espeed.htm visitato il 12 aprile 2017.

32. Seifert et al., "Physiological Effects", cit.

CAPITOLO 2

1. Reynolds Technology Ltd.

2. A. M. Lovatt, H. R. Shercliff, P. J. Withers, "Material Selection and Processing", http://www-materials.eng.cam.ac.uk/mpsite/physics/introduction/ default.html visitato il 12 aprile 2017 (dati per gentile concessione di Granta Design Ltd.).

3. Dati ricavati principalmente da "Tube Material and Processes" (Reynolds Technology Ltd., 2009).

4. Dati sui pendolari ricavati da Robert Penn, *It's All About the Bike* (London: Particular Books, 2010).

5. Penn, *It's All About the Bike*, 77, cit.

6. http://www.ebicycles.com/article/bicycle-frame-size-charts.html visitato il 12 aprile 2017.

7. "Die Steifigkeiten der getesteten Rennräder im Detail", http://www.roadbike.de/test/bikes/die-leichtesten-renner-der-welt-im-test-zwoelf-modelle-unter-6-8-kilo.371802.9.htm?skip=5 visitato il 12 aprile 2017.

8. Jason Woznik, "Crank test #4", www.fairwheelbikes.com/forum/viewtopic.php?f=77&t=7916 visitato il 12 aprile 2017.

9. John F. Cowell, John B. Cronin, Michael R. McGuigan, "Time Motion Analysis of Supercross BMX Racing", *Journal of Sports Science and Medicine* 10 (2011).

10. Hunter Allen, Andrew R. Coggan, "Fatigability and BMX Performance at the Olympic Level", http://www.trainingandracingwithapowermeter.com/2010/05/fatigability-and-bmx-performance-at.html visitato il 12 aprile 2017.

11. James Pritlove, Michael Reid, J. Michael, Alex Lee, D. G. E. Robertson, "Comparative Study Between Suspension and Nonsuspension Front Forks on Mountain Bikes", *Atti dalla III Conferenza del Nord America sulla Biomeccanica* (1998).

12. J. Titlestad, T. Fairlie-Clarke, M. Davie, A. Whittaker, S. Grant, "Experimental Evaluation of Mountain Bike Suspension Systems", *Acta Polytechnica* 43 no. 5 (2003).

13. Ibid., figura 5.

14. J. Seifert, M. Luetkemeier, M. Spencer, D. Miller, E. Burke, "The Effect of Mountain Bike Suspension Systems on the Energy Expenditure, Physical Exertion, and Time Trial Performance During Mountain Bicycling", *International Journal of Sports Medicine* 18 (1997).

15. Pritlove et al., "Suspension and Nonsuspension Front Forks", cit.

16. Joel Fajans, "Steering in Bicycles and Motorcycles". *American Journal of Physics* 68 (7 luglio 2000).

CAPITOLO 3

1. "CERN Experiments Observe Particle Consistent with Long-Sought Higgs Boson".

2. "Pedal Power Probe Shows Bicycles Waste Little Energy", http://www.jhu.edu/news_info/news/home99/aug99/bike.html (John Hopkins University Office of News and Information, agosto 1999), visitato il 12 aprile 2017.

3. http://www.engineeringinspiration.co.uk/brakecalcs.html visitato il 12 aprile 2017.

4. James B. Spicer, Christopher J. K. Richardson, Michael J. Ehrlich, Johanna R. Bernstein, Masahiko Fukuda, Masao Terada, "Effects of Frictional Loss on Bicycle Chain Drive Efficiency", *Transactions at the ASME* 123 (dicembre 2001).

5. David R. Bassett Jr., Chester R. Kyle, Louis Passfield, Jeffrey P. Broker, Edmund R. Burke, "Comparing Cycling World Hour Records, 1967–1996: Modeling with Empirical Data", *Medicine and Science in Sports and Exercise* 31 (1999).

6. Tim Maloney, "Ernesto Colnago 50th Anniversary Interview," http://fry.cyclingnews.com/sponsors/italia/2004/colnago/?id=colnago5 accessed visitato il 12 aprile 2017.

7. Dave Perry, "Bike Cult", http://www.bikecult.com/bikecultbook/sports_recordsHour.html; "The Hour Record", http://www.wolfgang-menn.de/hourrec.htm; e "The Hour Record 2010", http://www.velominati.com/tradition/the-hour-record-2010; visitati il 12 aprile 2017.

8. Mehul P. Patel, T. Terry Ng, Srikanth Vasudevan, Thomas C. Corke, Chuan He, "Plasma Actuators for Hingeless Aerodynamic Control of an Unmanned Air Vehicle", *Journal of Aircraft* 44 (luglio/agosto 2007).

CAPITOLO 4

1. Jong-Peel Joo, Soo-Jung Moon, Yoon-Ho Ahn, Seung-Gon Oh, Jin-Bong Kim, Sung-Jae Lee, "Prediction of Cycle Shoe Performance in Relation to Outsole Materials Based on Biomechanical Testing and Finite Element Analysis", http://www.asbweb.org/conferences/2005/pdf/0310.pdf visitato il 12 aprile 2017.

2. E. M. Hennig, D. J. Sanderson, "In-Shoe Pressure Distributions for Cycling with Two Types of Footwear at Different Mechanical Loads", *Journal of Applied Biomechanics* 11 (1995).

3. Nathan E. Jarboe, Peter M. Quesada, "The Effects of Cycling Shoe Outsole Material on Plantar Stress", http://www.tulane.edu/~sbc2003/pdfdocs/0405.PDF visitato il 12 aprile 2017.

4. Hennig, Sanderson, "In-Shoe Pressure Distributions", cit.

5. R. R. Davis, M. L. Hull, "Measurement of Pedal Loading in Bicycling: II. Analysis and Results", *Journal of Biomechanics* 14 (1981).

6. G. Mornieux, B. Stapeleldt, A. Gollhofer, A. Belli, "Effects of Pedal Type and Pull-Up Action During Cycling", *International Journal of Sports Medicine* 29 (2008).

7. T. Korff, L. M. Romer, I. Mayhew, J. C. Martin, "Effect of Pedaling Technique on Mcchanical Effectiveness and Efficiency in Cyclists", *Medicine and Science in Sports and Exercise* 39 (giugno 2007).

8. Hennig, Sanderson, "In-Shoe Pressure Distributions", cit.

9. Joo et al., "Shoe Performance in Relation to Outsole Materials", cit.

10. "Bicycle Efficiency and Power – or, Why Bikes Have Gears", http://users.frii.com/katana/biketext.html visitato il 12 aprile 2017.

11. Penn, *It's All About the Bike*, 93, cit.

12. Dinh Quang Truong, Kyoung Kwan Ahn, Le Duy Khoa, Do Hoang Thinh, "Development of a Smart Bicycle Based on a Hydrostatic Automatic Transmission", *Journal of Advanced Mechanical Design, Systems, and Manufacturing* 6 (2012).

13. Chris Juden, "Internal Gears Q&A", http://www.ctc.org.uk/DesktopDefault.aspx?TabID=3816 visitato il 12 aprile 2017.

14. Kraig Willett, "Wheel Performance", http://biketechreview.com/reviews/wheels/63-wheel-performance visitato il 12 aprile 2017.

15. Tom Anhalt, "Why Wheel Aerodynamics Can Outweigh Wheel Weight and Inertia", http://www.slowtwitch.com/Tech/Why_Wheel_Aerodynamics_Can_Outweigh_Wheel_Weight_and_Inertia_2106.html visitato il 12 aprile 2017.

16. John S. Allen, "Controllare la tensione dei raggi ad orecchio", http://bikexprt.com/bicycle/tension.htm visitato il 12 aprile 2017.

17. Ian Smith, "Bicycle Wheel Analysis", http://www.astounding.org.uk/ian/wheel/index.html visitato il 12 aprile 2017; grafica basata su un'analisi FEA di Hannes Zietsman.

18. Comunicazione personale di Hans Erhard Lessing, 6 ottobre 2011.

19. "Friction and Coefficients of Friction", http://www.engineeringtoolbox.com/friction-coefficients-d_778.html visitato il 12 aprile 2017.

20. Roman Beck (Beck Forensics), http://www.beckforensics.com/BrakingGraphs.pdf visitato il 12 aprile 2017.

21. Sulla base di una media di diverse recensioni da http://www.bikeradar.com visitato il 12 aprile 2017.

22. Wilson, *Bicycling Science*, cit.

23. Otto milioni di rotazioni previste, in ibid.

CAPITOLO 5

1. Wilson, *Bicycling Science*, cit.

2. Mark Jermy, Lindsey Underwood, "Forces and Speed", http://www.sciencelearn.org.nz/Science-Stories/Cycling-Aerodynamics/Forces-and-speed visitato il 12 aprile 2017.

3. S. R. Bussalari, E. R. Nadel, "The Physiological Limits of Long-Duration Human Power Production", *Human Power* 7 (1989).

4. C. R. Kyle, M. D. Weaver, "Aerodynamics of Human-Powered Vehicles", *Proceedings of the Institution of Mechanical Engineers, Part A: Journal of Power and Energy* 218 (2004).

5. L. Underwood, J. Schumacher, J. Burette-Pommay, M. Jermy, "Aerodynamic Drag and Biomechanical Power of a Track Cyclist as a Function of Shoulder and Torso Angles", *Sports Engineering* 14 (2011).

6. Lindsey Underwood, Mark Jermy, "Optimal Hand Position for Individual Pursuit Athletes", *Procedia Engineering* 2 (2010).

7. Ibid.

8. Underwood et al., "Aerodynamic Drag and Biomechanical Power", cit.

9. Kyle, Weaver, "Aerodynamics of Human-Powered Vehicles", cit.

10. Pierre Debraux, Frederic Grappe, Aneliya V. Manolova, William Bertucci, "Aerodynamic Drag in Cycling: Methods of Assessment", *Sports Biomechanics* 10 (settembre 2011).

11. Firoz Alam, Aleksander Subic, Aliakbar Akbarzadeh, "Aerodynamics of Bicycle Helmets", *Engineering of Sport* 7 (2008).

12. Randall L. Jensen, Saravanan Balasubramani, Graham Brennan, Keith C. Burley, Daniel R. Kaukola, James A. LaChapelle, Amir Shafat, Power output, Muscle Activity, and Frontal Area of a Cyclist in Different Cycling Positions", (XXV ISBS Symposium, 2007).

13. Erik W. Faria, Daryl L. Parker, Irvin E. Faria, "The Science of Cycling: Factors Affecting Performance Part 2", *Sports Medicine* 35 (2005).

14. Alam et al., "Aerodynamics of Bicycle Helmets", cit.

15. Stephanie Sidelko, "Benchmark of Aerodynamic Cycling Helmets Using a Refined Wind Tunnel Test Protocol for Helmet Drag Research" (MIT, 2007).

16. Lindsey Underwood, Mark Jermy, "Wind Tunnel Testing of Cyclists", http://www.sciencelearn.org.nz/Science-Stories/Cycling-Aerodynamics/Wind-tunnel-testing-of-cyclists visitato il 12 aprile 2017.

17. Paul Harder, Doug Cusack, Carl Matson, Mike Lavery, "Airfoil Development for the Trek Speed Concept Triathlon Bicycle", (Trek, 2010).

18. Jim Martin, John Cobb, "Bicycle Frame, Wheels, and Tires", in *High-Performance Cycling*, a cura di Asker Jeukendrup (Champaign: Human Kinetics, 2002).

19. C. R. Kyle, "New Aero Wheel Tests", *Cycling Science* 3 (1991), citato in R. A. Lukes, S. B. Chin, S. J. Haake, "The Understanding and Development of Cycling Aerodynamics", *Sports Engineering* 8 (2005).

20. J. P. Broker, "Cycling Power: Road and Mountain", in *High-Tech Cycling* 2ª ed., a cura di E. R. Burke (Champaign: Human Kinetics, 2003).

21. J. K. Moore, "Aerodynamics of High Performance Bicycle Wheels", (Università di Canterbury, Nuova Zelanda, 2008).

22. "Studying Bicycle Wheel Aerodynamics with Computational Fluid Dynamics", (Intelligent Light, 2010).

23. G. S. Tew, A. T. Sayers, "Aerodynamics of Yawed Racing Cycle Wheels", *Journal of Wind Engineering and Industrial Aerodynamics* 82 (1999), citato in Lukes et al., "Development of Cycling Aerodynamics", cit.

24. Hugh Trenchard, "Energy Savings in Bicycle Pelotons, a General Evolutionary Mechanism and a Framework for Group Formation in Eusocial Evolution", presentato all'VIII Conferenza Internazionale sui Sistemi Complessi, 2011.

25. Comunicazione personale di Hugh Trenchard.

26. J. P. Broker, "Cycling Power: Road and Mountain", in Burke, *High-Tech Cycling*, 147-174.

27. T. Olds, "The Mathematics of Breaking Away and Chasing in Cycling", *European Journal of Physiology* 77 (1998).

28. P. Swain, "Cycling Uphill and Downhill", *Sportscience* 2 (1998), citato in Trenchard, "Energy Savings in Bicycle Pelotons", cit.

CAPITOLO 6

1. James Hopker, Simon Jobson, Helen Carter, Louis Passfield, "Cycling Efficiency in Trained Male and Female Competitive Cyclists", *Journal of Sports Science and Medicine* 9 (2010).

2. Karen Davranche, Boris Burle, Michel Audiffren, Thierry Hasbroucq, "Physical Exercise Facilitates Motor Processes in Simple Reaction Time Performance: An Electromyographic Analysis", *Neuroscience Letters* 396 (2006).

3. Benjamin Libet, "Unconsciousness: Cerebral Initiative and the Role of Conscious Will in Voluntary Action", *Behavioural and Brain Science* 8 (1985); T. Nørretanders, *The User illusion: Cutting Consciousness Down to Size* (New York: Viking, 1998).

4. J. Brisswalter, R. Arcelin, M. Audiffren, D. Delignieres, "Influence of Physical Exercise on Simple Reaction Time: Effect of Physical Fitness", *Perceptual and Motor Skills* 85 (1997).

5. Stephen Smaldone, Chetan Tonde, Vancheswaran K. Ananthanarayanan, Ahmed Elgammal, Liviu Iftode, "The Cyber-Physical Bike: A Step Towards Safer Green Transportation", presentato all'HotMobile 2011 (2011).

6. Vancheswaran Koduvayur Ananthanarayanan, "Audio Based Detection of Rear Approaching Vehicles on a Bicycle" (Rutgers, 2012).

7. Jesper L. Anderson, Peter Schjerling, Bengt Saltin, "Muscle, Genes and Athletic Performance", *Scientific American*" (settembre 2000).

8. Li Li, Graham E. Caldwell, "Muscle Coordination in Cycling: Effect of Surface Incline and Posture", *Journal of Applied Physiology* 85 (1998).

9. R. H. McQueen, R. M. Laing, C. M. Delahunty, H. J. L. Brooks, B. E. Niven, "Retention of Axillary Odour on Apparel Fabrics", *Journal of the Textile Institute* 99 (2008).

10. Wilson, *Bicycling Science*, cit.

11. http://www.cptips.com/bscphys.htm visitato il 12 aprile 2017.

12. Susanna Törnroth-Horsefield, Richard Neutze, "Opening and Closing the Metabolite Gate", *Atti dalla National Academy of Sciences* 105 (2008).

13. Anderson et al., "Muscle, Genes and Athletic Performance", cit.

14. T. J. Noonan, W. E. Garrett Jr., "Muscle Strain Injury: Diagnosis and Treatment", *Journal of the American Academy of Orthopaedic Surgeons* 7 (luglio 1999).

15. http://exrx.net/ExInfo/Muscle.html visitato il 12 aprile 2017

16. Anderson et al., "Muscle, Genes and Athletic Performance", cit.

17. Ibid.

18. http://exrx.net/ExInfo/Muscle.html visitato il 12 aprile 2017; http://michaeldmann.net/mann14.html visitato il 12 aprile 2017; Dario Frederick, "Making the Most of Muscle", *Velo News* 33 (20 dicembre 2004).

19. http://exrx.net/ExInfo/Muscle.html visitato il 12 aprile 2017.

20. Timothy D. Noakes, "The Central Governor Model in 2012", *British Journal of Sports Medicine* 46 (2012).

21. P. C. Castle, N. Maxwell, A. Allchorn, A. R. Mauger, D. K. White, "Deception of Ambient and Body Core Temperature Improves Self Paced Cycling in Hot, Humid Conditions", *European Journal of Applied Physiology* 112 (gennaio 2012).

22. A. R. Mauger, A. M. Jones, C. A. Williams, The Effect of Non-Contingent and Accurate Performance Feedback on Pacing and Time Trial Performance in 4-km Track Cycling", *British Journal of Sports Medicine* 45 (2011).

23. *The Sport and Exercise Scientist* 28 (British Association of Sport and Exercise Sciences, Summer 2011).

24. J. Swart, R. P. Lamberts, M. I. Lambert, E. V. Lambert, R. W. Woolrich, S. Johnston, T. D. Noakes, "Exercising with Reserve: Exercise Regulation by Perceived Exertion in Relation to Duration of Exercise and Knowledge of Endpoint", *British Journal of Sports Medicine* 43 (2009).

25. B. Baron, F. Moullan, F. Deruelle, T. D. Noakes, "The Role of Emotions on Pacing Strategies and Performance in Middle and Long Duration Sport Events", *British Journal of Sports Medicine* 45 (2011).

26. *The Sport and Exercise Scientist* 29 (British Association of Sport and Exercise Sciences, Autumn 2011).

27. J.H. van Wijnen, A.P. Verhoeff, H. W. Jans, M. van Bruggen, "The Exposure of Cyclists, Car Drivers and Pedestrians to Traffic-Related Air-Pollutants", *International Archives of Occupational and Environmental Health* 67 (1995).

28. Jette Ranka, Jens Folkeb, Per Homann Jespersena, "Differences in Cyclists and Car Drivers Exposure to Air Pollution from Traffic in the City of Copenhagen", *Science of The Total Environment* 279 (2001).

29. C. Nwokoro, N. Mushtaq, C. Harrison, M. Ibrahim, I. Dickson, O. Hussain, Z. Manzoor, C. Ewin, I. Dundas, J. Grigg, "Inhaled Black Carbon in the Lower Airways of London Cyclists", presentato al Congresso Annuale della Società Respiratoria Europea, Amsterdam 2011 (2011).

30. Paige Holm, Angela Sattler, Ralph F. Fregosi, "Endurance Training of Respiratory Muscles Improves Cycling Performance in Fit Young Cyclists", *BMC Physiology* 4 (2004).

31. Lee M. Romer, Alison K. McConnell, David A. Jones, "Effects of Inspiratory Muscle Training on Time Trial Performance in Trained Cyclists", *Journal of Sports Sciences* 20 (2002).

32. Andrew M. Lane, Gregory P. Whyte, Rob Shave, Sam Barney, Matthew Stevens, Matthew Wilson, "Mood Disturbance During Cycling Performance at Extreme Conditions", *Journal of Sports Science and Medicine* 4 (2005).

33. *The Sport and Exercise Scientist* 30 (British Association of Sport and Exercise Sciences, Winter 2011).

34. Lane et al., "Mood Disturbance During Cycling Performance", cit.

35. *The Sport and Exercise Scientist* 30 (British Association of Sport and Exercise Sciences, Winter 2011).

36. http://www.guardian.co.uk/sport/2004/jul/26 /tourdefrance2004.tourdefrance1 visitato il 12 aprile 2017.

37. Peter Schnohr, Jacob Marott, Jan Jensen, Gorm Jensen "Intensity Versus Duration of Cycling, Impact on All-Cause and Coronary Heart Disease Mortality: The Copenhagen City Heart Study," *European Journal of Preventive Cardiology* 19 (febbraio 2012).

38. http://www.heart.org/HEARTORG /Conditions/ HighBloodPressure/PreventionTreatmentof HighBloodPressure /Physical-Activity-and-Blood-Pressure_UCM_301882_Article.jsp#.TtUN_2BzjgQ visitato il 12 aprile 2017; William Fotheringham, "Fotheringham's Tour de France Trivia", http://www.guardian.co.uk/sport/2004/jul/26/ tourdefrance2004.tourdefrance1 visitato il 12 aprile 2017; Keith Moore, "How is Bradley Wiggins Different from the Average Man?", http://www.bbc.co.uk/news/health-18959642 visitato il 12 aprile 2017.

39. Schnohr et al., "Intensity Versus Duration of Cycling", cit.

40. C. Juel, J. J. Thomsen, R. L. Rentsch, C. Lundby, "Effects of Prolonged Recombinant Human Erythropoietin Administration on Muscle Membrane Transport Systems and Metabolic Marker Enzymes", *European Journal of Applied Physiology* 102 (2007).

41. John Mehaffey, "Doping—Undetectable New Blood Boosters available Says Expert", http://www.reuters.com/article/2012/03/15 /doping-epo-idUSL4E8EF70520120315, visitato il 12 aprile 2017.

42. Eric Niiler, "Is the Tour de France Turning Around?" http://news.discovery.com/adventure /tour-de-france-drugs-120629.html visitato il 12 aprile 2017.

43. Mario Zorzoli, Francesca Rossi, "Implementation of the Biological Passport: The Experience of the International Cycling Union", *Drug Testing and Analysis* 2 (novembre/dicembre 2010), citato in Ross Tucker, Jonathan Duga, "The Biological Passport – Giving Some Context to the Performances in the Tour", http://www.sportsscientists.com/2011/07 /tour-de-france-biological-passport.html visitato il 12 aprile 2017.

44. Zachary J. Schlader, Shona E. Simmons, Stephen R. Stannard, Toby Mündel, "Skin Temperature as a Thermal Controller of Exercise Intensity", *European Journal of Applied Physiology* 111 (2011); Koen Levels, Jos J. de Koning, Carl Foster, Hein A. M. Daanen, "The Effect of Skin Temperature on Performance During a 7.5-km Cycling Time Trial", *European Journal of Applied Physiology* (2012).

45. Schlader et al., "Skin Temperature as a Thermal Controller", cit.

46. Asker Jeukendrup, Luke Moseley, "Effective Training" in Jeukendrup, *High Performance Cycling*, cit.

Glossario

accelerazione angolare (o rotazionale) Variazione della velocità angolare di un corpo in rotazione al variare del tempo; tasso a cui la rotazione aumenta o diminuisce.

aerobico Che si verifica in presenza di ossigeno. Nella respirazione aerobica, che è il processo utilizzato dalle cellule della maggior parte degli organismi, la produzione di energia dal metabolismo del glucosio richiede ossigeno. L'esercizio aerobico è l'attività fisica che aumenta il fabbisogno di ossigeno. Un organismo che richiede ossigeno per vivere è un aerobico.

anaerobico In riferimento a un organismo o a un processo, indica che non è dipendente dalla presenza di ossigeno. Gli anaerobi sono batteri in grado di produrre energia dal cibo in assenza di ossigeno. Nell'esercizio anaerobico, l'ossigeno viene consumato più rapidamente di quanto il corpo sia in grado di reintegrarlo all'interno del muscolo che lavora.

apparato cardiovascolare Gli organi e i tessuti, come il cuore e i vasi sanguigni, che fanno circolare il sangue in tutto l'organismo. Questo apparato trasporta alle cellule le sostanze nutritive e altri elementi essenziali, rimuovendo i rifiuti.

attrito Forza che agisce su oggetti o sostanze in contatto tra loro e che resiste al loro moto relativo.

attrito volvente Nel caso dello pneumatico di una bicicletta, resistenza al movimento derivante dalla deformazione dello pneumatico e della superficie su cui esso rotola, che provoca la perdita di una parte di energia in calore. È espresso come forza resistiva.

cadenza Velocità alla quale il ciclista fa girare i pedali, misurata in rotazioni per unità di tempo, per esempio giri al minuto (rpm).

carico di rottura Massimo stress di tensione (forza di allungamento per unità di sezione trasversale) che un materiale può sopportare prima di assottigliarsi e rompersi.

cassetta (o pacco pignoni) Gruppo di pignoni presenti sulla ruota posteriore, attraverso i quali la catena si muove grazie al deragliatore consentendo al ciclista di impiegare una serie di diversi rapporti tra le marce. In precedenza si usava la ruota libera, che si monta sul mozzo in modo leggermente diverso ma che ha la stessa funzione. Entrambi i sistemi contengono un meccanismo a cricchetto che consente alla ruota di continuare a girare anche se il ciclista smette di pedalare e la cassetta – o la ruota libera – smette di ruotare.

cerchio Anello di metallo o fibra di carbonio intorno al quale si trova lo pneumatico e la camera d'aria. È collegato al mozzo tramite i raggi.

ciclismo su pista Si pratica su circuiti chiusi o velodromi, in cui gli atleti competono su biciclette a scatto fisso, con un solo rapporto.

coefficiente di attrito Rapporto tra la forza necessaria a muovere due superfici che scorrono una sull'altra (come lo pneumatico e la strada) e la forza che le tiene unite. Maggiore è il coefficiente, migliore è la tenuta di strada.

composito Materiale solido ottenuto dalla combinazione (fisica, non chimica) di due o più sostanze tesa a creare un nuovo materiale con proprietà superiori a quelle delle sostanze originali, in un'applicazione specifica. Il termine si riferisce in particolare a una matrice come la plastica nella quale si inserisce il rinforzo, solitamente un materiale fibroso, come le fibre di carbonio.

corone Fanno parte della guarnitura e sono anelli dentati collegati a un lato del movimento centrale e fatti ruotare dai pedali tramite le pedivelle, in modo da agganciare la catena e mettere in moto la trasmissione. Vi sono in genere da una a tre corone di diversi diametri.

crisi Perdita improvvisa di energia quando l'organismo di un ciclista finisce il carburante.

deformazione Cambiamento delle dimensioni di un oggetto dovuto alla pressione o allo stress.

deformazione relativa Misura della distorsione frazionale – o relativa – di un oggetto sottoposto a una forza.

deragliatore Meccanismo con cui la catena della bicicletta viene fatta muovere da un pignone all'altro nella cassetta posteriore o nella ruota libera (cambio posteriore), oppure tra le corone in quello anteriore. In genere, i deragliatori sono azionati da cavi collegati a leve presenti sul manubrio. Il deragliatore posteriore contiene anche un sistema per rimediare all'allentamento della catena causato dal movimento tra i denti. Pur con variazioni, ha in genere un meccanismo a parallelogramma con una gabbia avente un sistema di pulegge e molle e una guida attraverso cui passa la catena seguendo un percorso a S.

doppia sospensione Tipo di mountain bike con forcella ammortizzata e ammortizzatore posteriore solidale al telaio o foderi snodati in grado di assorbire eventuali colpi posteriori.

efficienza Rapporto tra il lavoro utile svolto da una macchina (un motore o un altro dispositivo) e l'energia che le viene fornita, spesso espressa in percentuale.

energia cinetica L'energia che un oggetto possiede grazie al suo movimento, pari a $\frac{1}{2}mv^2$, dove m è la massa dell'oggetto e v la sua velocità.

energia potenziale L'energia posseduta da un oggetto per effetto della sua posizione. Si definisce "potenziale" perché può, potenzialmente, essere convertita in altre forme di energia, come quella cinetica. Una bicicletta all'inizio di una discesa è soggetta a un'energia potenziale gravitazionale.

energia termica Energia interna di un oggetto derivante dall'energia cinetica dei suoi atomi e/o molecole. Quando l'energia termica passa da un oggetto ad alta temperatura a un oggetto a temperatura inferiore, si parla di trasferimento di calore.

foderi orizzontali Tubi del telaio paralleli alla catena, posti tra la scatola del movimento centrale e gli sganci rapidi posteriori (intagli nel telaio in cui si inserisce il perno della ruota posteriore), sui due lati della ruota posteriore.

foderi verticali Parti del triangolo posteriore del telaio, i foderi verticali scendono dal tubo sella fino ai foderi orizzontali e agli sganci rapidi posteriori. Spesso questi foderi sono paralleli tra loro, collegati da un ponticello sopra la ruota posteriore.

forcella I due bracci ai lati della ruota anteriore, che la tengono in sede e possono essere girati per sterzare.

forza Descrizione quantitativa dell'interazione tra due sistemi fisici, come un oggetto e il suo ambiente. Una forza può essere direttamente correlata ai cambiamenti nel movimento di un oggetto, in particolare all'accelerazione.

forza centripeta Forza che agisce su un corpo e lo mantiene in moto circolare; è diretta verso il centro intorno a cui il corpo si muove. Per un satellite, la forza centripeta è la gravità; per una bicicletta in movimento è l'attrito tra pneumatici e terreno.

forza di compressione (o compressiva) Forza applicata a un oggetto in modo da schiacciarlo o comprimerlo.

forza di rottura Lo stress maggiore (in particolare la tensione maggiore) che un materiale è in grado di sopportare prima di rompersi.

freni I tipi principali di freno sono due: a cerchio e a disco. I freni a cerchio sono quelli tradizionali e utilizzano il cerchio della ruota come superficie frenante, stringendo i pattini sui due lati grazie a un sistema di cavi. I freni a disco usano invece una superficie frenante che non è parte integrante della ruota: un disco di metallo attaccato al mozzo. Il maggior controllo della potenza in condizioni di bagnato e fango rende i freni a disco ideali per le mountain bike.

gravità Forza naturale di attrazione esercitata reciprocamente da due corpi, per esempio la Terra e gli oggetti presenti sulla sua superficie o vicini a essa, che tende ad attirarli verso il centro. Il peso dell'oggetto corrisponde alla forza gravitazionale che questo subisce.

gregario Ciclista su strada che si impegna per aiutare il team e il capitano, invece di gareggiare per vincere.

guarnitura Complesso formato da pedivella, ragno e fino a tre corone su ogni lato del movimento centrale.

guasto Quando una struttura non sopporta gli stress a essa imposti. Il guasto si manifesta con una deformazione permanente o una rottura.

ibrida Tipo di bicicletta che integra aspetti della tradizionale bici da strada e della mountain bike, spesso usata nei tragitti casa-lavoro o per divertimento.

inerzia Tendenza di un corpo a resistere a qualsiasi cambiamento del suo stato di moto (velocità o direzione), cioè a restare in stato di quiete o di moto rettilineo uniforme a meno che non intervenga una forza esterna.

interasse (o passo) Distanza tra i centri delle ruote anteriori e posteriori.

ipossia Carenza nella quantità di ossigeno che raggiunge le cellule e i tessuti dell'organismo.

lavoro Prodotto tra una forza e la distanza su cui agisce. Il lavoro eseguito su un oggetto causa una variazione della sua energia.

limite elastico (o snervamento) Lo stress maggiore che può essere applicato a un materiale senza causare deformazioni permanenti o guasti.

Madison (o americana) Corsa su pista che prende il nome dal Madison Square Garden di New York, dove ha avuto origine. È impegnato un corridore alla volta, che deve toccare il compagno di squadra, lanciandolo con una spinta delle braccia (cambio all'americana).

massimo consumo di ossigeno (VO_2 max) Volume massimo di ossigeno che il sangue può assorbire dai polmoni (detto anche "capacità aerobica"), espresso tipicamente come quantità di ossigeno assorbita per kg di peso corporeo per minuto di attività fisica. In genere, è considerato l'indicatore migliore di resistenza cardiorespiratoria e forma aerobica.

materia Qualsiasi sostanza che abbia massa e occupi spazio. Tutti gli oggetti fisici sono composti di materia, sotto forma di atomi che, a loro volta, sono formati da protoni, neutroni ed elettroni.

metabolismo Insieme dei processi chimici che si verificano all'interno di una cellula o un organismo viventi, necessari per mantenerli in vita.

modulo di Young (o modulo di elasticità) Misura del rapporto tra lo sforzo (forza per unità di superficie) applicato a un materiale e la deformazione relativa che ne deriva (distorsione relativa). Più un materiale è rigido, più elevato è il suo modulo.

momento (meccanico) Forza che imprime una rotazione e causa un cambiamento nel movimento rotatorio di un corpo intorno a un asse.

momento di inerzia Descrive quanto è difficile cambiare il movimento angolare di un oggetto intorno a un asse particolare, cioè la sua tendenza a resistere all'accelerazione angolare. Per una particella semplice, è il prodotto della massa per il quadrato della distanza dall'asse.

movimento centrale Componente che attraversa il telaio, contenuto nella scatola del movimento centrale, che consente al perno pedale di ruotare liberamente all'interno del telaio. Comprende un'unità cuscinetto a tenuta stagna e un alberino su cui è montata la guarnitura.

mozzo Centro di ciascuna ruota attraverso cui si inserisce il perno e dal quale si irradiano i raggi che tengono il cerchio sospeso.

nipple Raccordo che fissa il raggio al cerchio. Somiglia a una vite cava con il filetto all'interno; la testa è fissata al cerchio e il raggio si avvita nel raccordo. Può essere stretto o allentato per regolare la tensione del raggio e allineare la ruota.

pedale Uno dei punti di contatto tra ciclista e bicicletta. Può essere una semplice piattaforma piana, oppure essere "clipless", a sgancio rapido. In questo caso, la scarpa deve essere dotata di una tacchetta che si agganci al pedale. Il termine inglese deriva dal fatto che, fino all'invenzione di questi pedali, per mantenere scarpa e pedale in contatto costante, e quindi trasferire meglio l'energia, si usavano fermagli (clip) e lacci.

pedivelle Leve poste tra i pedali (perno pedale) e il movimento centrale, collegate alle corone.

pipa manubrio Componente che collega il manubrio al tubo sterzo, la parte superiore della forcella, che entra nel cannotto di testa del telaio.

polimero Composto chimico formato da piccole molecole identiche (monomeri) unite tra loro. Alcuni polimeri, come la cellulosa, si trovano in natura, altri, come il nylon, sono artificiali.

potenza Velocità a cui si effettua un lavoro o si trasferisce energia; si misura in chilogrammi per metro/secondo (kg·m/s) o in watt (W), ed è la quantità di lavoro eseguita per unità di tempo.

puleggia Ruota dentata che gira sul braccio del deragliatore posteriore.

ragno Parte della guarnitura che collega il braccio della pedivella alle corone.

raggi Disposti a raggiera dal mozzo al cerchio della ruota, i raggi moderni lavorano per tensione, mantenendo la posizione del cerchio rispetto al mozzo. Per evitare che il cerchio si deformi, la tensione dei raggi deve essere uniforme.

resistenza alla trazione *Vedi* carico di rottura.

resistenza dell'aria (resistenza aerodinamica) Forza resistiva associata al movimento attraverso l'aria e causata da una combinazione di attrito, turbolenza e pressione dell'aria; agisce nel verso opposto al movimento di un oggetto attraverso l'aria.

respirazione Atto o processo di inspirare ed espirare. La respirazione è anche il processo ossidativo all'interno delle cellule viventi con il quale l'energia chimica delle molecole organiche viene liberata in una serie di fasi metaboliche che comprendono il consumo di ossigeno e la liberazione di biossido di carbonio e acqua.

rigidezza Capacità fisica di essere inflessibile, difficile da piegare. La rigidezza di un corpo è una misura della sua resistenza ai cambiamenti della forma. *Vedi anche* modulo di Young.

ruota lenticolare Ruota piena, senza raggi a collegare il mozzo al cerchio.

ruota libera *Vedi* cassetta (o pacco pignoni).

serie sterzo Gioco di cuscinetti presenti nella parte superiore del tubo sterzo, attraverso cui il tubo sterzo della forcella ruota o scorre.

sgancio rapido Intaglio nel telaio o nei bracci della forcella che accoglie il perno della ruota.

sospensioni anteriori Mountain bike dotata solo di sospensioni anteriori.

stare a ruota Tecnica in cui un ciclista rimane dietro a un altro corridore per poterne sfruttare la scia, risparmiando così energia. Se un corridore non fa mai il turno davanti, viene definito "succhiaruote".

stress (o sforzo) Misura della distribuzione di un carico applicato su un materiale, espressa come forza per unità di superficie su cui si applica la forza.

tensione Forza, applicata a un oggetto, che tende a tirarlo o allungarlo.

trasmissione Meccanismo che trasmette la potenza dal corridore alla ruota di trazione. La forma più comune di trasmissione usa una catena a maglie metalliche che gira tra i pignoni, con la parte anteriore collegata a pedivelle e pedali e la parte posteriore collegata alla ruota. Sono però in uso anche altri sistemi, come le trasmissioni a cinghia e a cardano. I sistemi a motore comprendono anche alcuni ingranaggi.

tubo obliquo Parte del triangolo anteriore del telaio tradizionale, che scende dal tubo sterzo al movimento centrale.

tubo orizzontale Noto anche come "canna", è la parte del telaio che va dal tubo sterzo al tubo sella.

tubo sella Parte del telaio in cui s i inserisce il cannotto sella; scende fino al movimento centrale. Il deragliatore anteriore è in genere collegato al tubo sella, su cui a questo scopo sono spesso saldati dei piccoli supporti.

tubo sterzo Parte del telaio che contiene la serie sterzo e attraverso cui scorre il tubo forcella, che si muove liberamente e collega il manubrio alla forcella anteriore.

vantaggio meccanico Numero puro che esprime la capacità di una macchina, come un sistema di leve o pulegge, di moltiplicare la forza; è il rapporto tra la forza prodotta da una macchina e la forza applicata su di essa.

velocità angolare (o di rotazione) Misura della velocità di rotazione; tasso di cambiamento della posizione angolare di un oggetto nel tempo.

viscosità Resistenza di un fluido allo scorrimento.

Tabella delle unità di misura

Distanza
1 in = 25,4 mm
1 mm = 0,039 in
1 ft = 0,305 m
1 m = 3,281 ft
1 miglio = 1,609 km
1 km = 0,621 miglia

Velocità
1 ft/s = 0,305 m/s = 0,682 mph = 1,097 km/h
1 m/s = 3,281 ft/s = 2,237 mph = 3,6 km/h
1 mph = 1,609 km/h = 1,467 ft/s = 0,447 m/s
1 km/h = 0,621 mph = 0,911 ft/s = 0,278 m/s

Accelerazione
1 ft/s^2 = 0,305 m/s^2
1 m/s^2 = 3,281 ft/s^2

Forza
1 lb = 4,448 N
1 N = 0,225 lb

Massa
1 slug = 14,594 kg
1 kg = 0,0685 slug

Conversione massa/peso sulla Terra
1 slug = 32,174 lb = 143,117 N = 14,594 kg
1 lb = 0,0311 slug = 4,448 N = 0,454 kg
1 kg = 9,807 N = 0,0685 slug = 2,205 lb
1 N = 0,102 kg = 0,225 lb = 0,00699 slug

Energia
1 ft·lb = 1,356 J
1 J = 0,738 ft·lb

Potenza
1 ft·lb/s = 0,00182 hp = 1,356 W
1 hp = 550 ft·lb/s = 745,7 W
1 W = 0,738 ft·lb/s = 0,00134 hp

Superficie
1 ft^2 = 0,0929 m^2
1 m^2 = 10,764 ft^2

Pressione
1 psi = 6894,757 Pa
1 Pa = 0,000145 psi

Volume
1 in^3 = 0,0164 l
1 l = 61,0237 in^3
1 ft^3 = 0,0283 m^3
1 m^3 = 35,315 ft^3

Densità
1 lb/ft^3 = 16,018 kg/m^3
1 kg/m^3 = 0,0624 lb/ft^3

Viscosità
1 $lb \cdot s/ft^2$ = 47,88 Pa·s
1 Pa·s = 0,0209 $lb \cdot s/ft^2$

Temperatura
°F = (°C × 9/5) + 32
°C = (°F – 32) x 5/9
K = °C + 273,15
°C = K – 273,15

Energia alimentare
1 caloria = 4,187 kJ
1 kJ = 0,239 calorie

Abbreviazioni

in	inch (pollice)
ft	foot (piede)
mm	millimetro (0,001 m)
cm	centimetro (0,01 m)
m	metro
km	chilometro (1000 m)
s	secondo
h	ora
oz	ounce (oncia)
lb	pound (libbra)
N	newton
kg	chilogrammo
g	grammo
hp	horsepower (cavallo vapore)
W	watt
J	joule
psi	pound square inch (anche lb/in^2) (libbra per pollice quadrato)
Pa	pascal
kPa	chilopascal (1000 Pa)
MPa	megapascal (1.000.000 Pa)
°F	grado Fahrenheit
°C	grado centigrado
K	kelvin

Indice analitico

I numeri di pagina seguiti da una "g" si riferiscono alle voci del glossario.

Ringraziamenti

L'autore sa che non avrebbe potuto scrivere questo libro senza la saggezza di Sally Cranfield e il sostegno di Ruby e Vivi Glaskin. L'aiuto di Jeremy Torr è stato prezioso. Rory Hitchens ha dato il via all'idea e Tony Peake della Peake Associates l'ha condotta in porto. Tom Kitch della Ivy Press è stato un editor paziente e sensibile. Anche le biblioteche del Regno Unito sono state quanto mai utili, in particolare quelle di Acomb, Aldershot, Bewdley, Brighton, Farnborough, Kidderminster, Maidstone, Stourport e Ulverston. Siete invitati tutti a sostenere le biblioteche di zona. Voglio ringraziare anche le seguenti persone, liberandole da qualsiasi responsabilità nei confronti del risultato: Keith Noronha e Reynolds Technology Ltd; Paul Lew, direttore del reparto Tecnologia e Innovazione alla Reynolds Cycling e AD di Unmanned Systems Design; Stuart Evans; Mark Jermy; Lindsey Underwood; Hugh Trenchard; Tony Durham, Helen Viner del Transport Research Laboratory; Geoff Booker della Trykit Conversions; John Cobb; Bob Cranfield e il Dr Hans-Erhard Lessing. Inoltre, per il loro contributo alla grafica, Ivy Press desidera ringraziare: Iva Adlerova, Scott Drawer, Riin Gill, Andrew Griffiths, Ewald Hennig, Brandon Kelly, Rob Lewis, Doug Malewicki, Rainer Pivit, Dave Salazar, David Sanderson, Hugh Shercliff, Ian Smith, Jason Woznick e Hannes Zietsman.

Per il permesso di riprodurre materiale coperto da copyright, Ivy Press desidera ringraziare: Getty Images: Bryn Lennon (7 e 69), Carl De Souza/AFP (39 e 144), Joel Saget/AFP (125), Lionel Bonaventure/Stringer/AFP (11), Getty, Keystone-France/Hulton Archive (132) Getty Images Sport (158), Chu Cancan (176) e Archive Holdings Inc/Archive Photos (177); Fotolia: Oleg Zabielin (22), Hamurishi (30), Apfelweile (48), Pavelsh (76), Torsten Lorenz (112); Science Photo Library: Carol e Mike Werner, Visuals Unlimited (26), Gustoimages (152), Pasieka (166) e Dr Ray Clark & Mervyn Goff (174); Calfee Design (82); Corbis: Tim De Waele (97) e Benati/Epa (151); Benedikt Saxler/Shutterstock (104); A2 Wind Tunnel www.a2wt.com (129 in alto); Saddleback saddleback.co.uk (129, al centro) e UK Sport Research & Innovation (149).